献给在国有企业风控岗位上辛勤付出、默默做出贡献的风控人！

—大风控系列丛书—

国有企业风控融合体系实践与案例

State-owned Enterprises Integrated Risk Management Practice and Case Study

孙友文◎主编

引领企业风险管理发展方向

“多位一体”应对不确定时代

10家典型国企风控融合案例

中国财经出版传媒集团

经济科学出版社
Economic Science Press

图书在版编目（CIP）数据

国有企业风控融合体系实践与案例／孙友文主编．
—北京：经济科学出版社，2022.4（2024.11重印）
（大风控系列丛书）
ISBN 978-7-5218-3612-7

Ⅰ．①国…　Ⅱ．①孙…　Ⅲ．①国有企业-企业管理-风险管理-研究-中国　Ⅳ．①F279.241

中国版本图书馆CIP数据核字（2022）第062950号

责任编辑：杜　鹏　常家凤　郭　威
责任校对：刘　昕
责任印制：邱　天

国有企业风控融合体系实践与案例
孙友文　主编
经济科学出版社出版、发行　新华书店经销
社址：北京市海淀区阜成路甲28号　邮编：100142
编辑部电话：010-88191441　发行部电话：010-88191522
网址：www.esp.com.cn
电子邮箱：esp_bj@163.com
天猫网店：经济科学出版社旗舰店
网址：http://jjkxcbs.tmall.com
固安华明印业有限公司印装
710×1000　16开　24.25印张　380000字
2022年7月第1版　2024年11月第3次印刷
ISBN 978-7-5218-3612-7　定价：98.00元
（图书出现印装问题，本社负责调换。电话：010-88191510）

编写委员会

主　　编：孙友文

副 主 编：周国芳　中国石油天然气集团公司法律和企改部副总经理

王　岩　国家电力投资集团公司法律部副主任

吴明场　广东粤海控股集团有限公司总法律顾问

张　伟　淮河能源集团风险管理部部长

编委会秘书：贾　琰

力，这也算是“中国航油事件”为中国国有企业防控风险起到的积极意义。

孙友文先生在企业风险管理领域耕耘多年，由他组织编写的这本《国有企业风控融合体系实践与案例》，用最前沿的理论和最鲜活的实践，给国有企业下一步探索如何整合协同风险管理工作提供了很好的参考资料。

这几年，为了提升我国企业的综合竞争力，更好地参与国际竞争，我们从国家层面对中央企业提出了加快建设一批世界一流企业的宏伟目标，而其中一个重要的衡量因素就是风险管理。

希望本书的内容可以为中国企业早日迈向世界一流添砖加瓦！

陈九霖

北京约瑟投资有限公司董事长

中国航油集团前副总经理

中国航油（新加坡）股份有限公司原总裁

序　二

继2021年3月推出《企业风险管理全球最佳实践与案例精选》并广受好评后，孙友文老师又推出力作《国有企业风控融合体系实践与案例》，把中国企业多年的努力总结成文，推广于世。我在不同的高校和企业讲授风险管理和企业内控建设已近20年，深知友文老师此书的意义及成书背后的不易。

国际风险管理文献中，一向缺少中国声音。究其原因，一方面是从事理论研究和教学的专家学者对企业实践缺少深入了解，泛泛而论者多，切中要害者少；另一方面在企业风控一线从事实际工作的人又欠缺理论修养和国际化视野，难以提炼出让国外同行耳目一新的、成体系的理论。友文老师跟踪国际风控体系发展多年，深有心得，又有与国内多家大中企业深入合作的经验，各种鲜活的实例，信手拈来，皆成妙趣。由他来提炼、总结并推广中国企业的风险管理经验，并在分析现状的基础上探索未来的进化之路，是再合适不过的了。

最近这20年，我们见证了太多的企业失败。一些看起来风光无限的明星企业转瞬间轰然倒塌，留下一地的未偿债务和无数追债无门的苦主。等企业陷入深坑再想办法显然为时已晚，堵漏洞、治未病、防危机成为企业普遍的努力方向。今天，轻视风险管理、无视合规要求的管理者已经不多了。毕竟，前车之鉴，不由你不重视。但是，重视并不能保证一定会做好。知道风险管理重要，希望企业长治久安，但对如何做好这项工作还缺乏系统性理解是目前中国绝大多数企业的真实状态。本书的价值就在于以鲜活的实例而不是说教来帮助管理者从成熟的实践经验中汲取养分，举一反三，自我提升。

需要指出的是，对别人的成功经验绝不能囫囵吞枣、生搬硬套。本书所总结的成功实践离不开当时当地的应用背景，实践本身也在时时更新、调整和发展。更何况本书中涉及的企业都具有相当的规模，又都是国有企业，它们的实践对小微企业、民营企业虽然也具有普遍意义，但借鉴时仍应保持清醒的认识。对书中总结的实践，一要学，二要化，三要改。学其原则与理念，化为适合自己的体系和制度，然后改善、改进、优化。

推进风险管理实践，难在克服懈怠、持久发力。风险管理本质上是成本中心，你从来看不到今年的业绩中有多少是风险管理带来的。经济下行、经营困难时，管理者往往不得不做出一些取舍。这种情况下资源的配置更容易向带来收入和利润的项目倾斜，严格的风险管理常常不受欢迎。顺风顺水时重视风险管理实非难事，在诱惑和压力下，杜绝侥幸心理，坚持制度为本、防范为先才是真正的英雄本色。这是所有从事这项工作的同行都应该警醒的。

相对于成功的经验，失败的教训可能对我们的启示意义更大。期待友文老师和其他有志于中国风险管理体系建设的研究和实践人员持续发力，不断有力作问世。

苏锡嘉

中欧国际工商学院荣休教授

2022 年 6 月 2 日

目　录

第一部分　企业风控融合体系探索

第二部分　国有企业风控融合体系案例

第一部分

企业风控融合体系探索

孙友文

1.

巨变时代，把握企业最大的风险与挑战

这是一个最好的时代，也是一个最坏的时代。

——狄更斯《双城记》

英国作家狄更斯在《双城记》中记录了世界第一次工业革命时期在工业发展的中心英国伦敦和法国巴黎之间的一段往事，描述了那个以工业革命作为分界点的前后两个世界的巨变！

不到300年的时间，工业革命改变了世界，如果未来再回望今天的话，可能会得出和当年狄更斯在第一次工业革命时同样的结论。我们正在经历的应该是下一个巨变时代，是一个百年大变局，如果把握不住当下正在发生的深刻的历史变革给世界带来的巨大冲击，那将是最大的风险。

皮之不存，毛将焉附？我们一直在和大家谈风险管理，侧重在一些技术和实施层面，但如果没有把我们认为即将到来的最大风险揭示出来，微观层面搞得再好也没有用！

为什么说是百年大变局？如果我们说当下是一个千年大变局，其实也不为过。一场新冠疫情深刻地改变了世界格局，让我们提前感受到了巨变时代的威力，在这样的巨变时代，只有抓住重大机遇，管理好巨变风险，才能弯道超车。这是对客观环境的一种趋势分析和认识，组织的发展必须和外部环境的趋势吻合才能取得最大限度的成功。

我们从以下几个方面来解释这样的观点。

一、外部环境的巨变

美国陆军军事学院（U. S. Army War College）在20世纪90年代苏联

解体后提出了一个词“VUCA”（我们可以简单称其为“乌卡”），用此来形容世界所处环境将要面临的重大变化，即 volatility（波动性）、uncertainty（不确定性）、complexity（复杂性）和 ambiguity（模糊性）的缩写。

这些理论虽然在几十年前就已经提出了，但从我们切实的感受来看，这种巨大的变化从预言到萌芽、发展，再到让每个人都感受到这种变化，是存在一个过程的。

英国的领导力专家尼克·奥博伦斯基（Nick Obolensky）对这种 VUCA 的时代变迁进行了深入研究。经过研究，他绘制了跨度超过4000 年的各种技术和思想的变化路线，从图 1 中我们可以看出，公元2000 年以后开启的各类变化都将以一个前所未有的姿态，在一个陡峭的斜率上近乎直线上升。

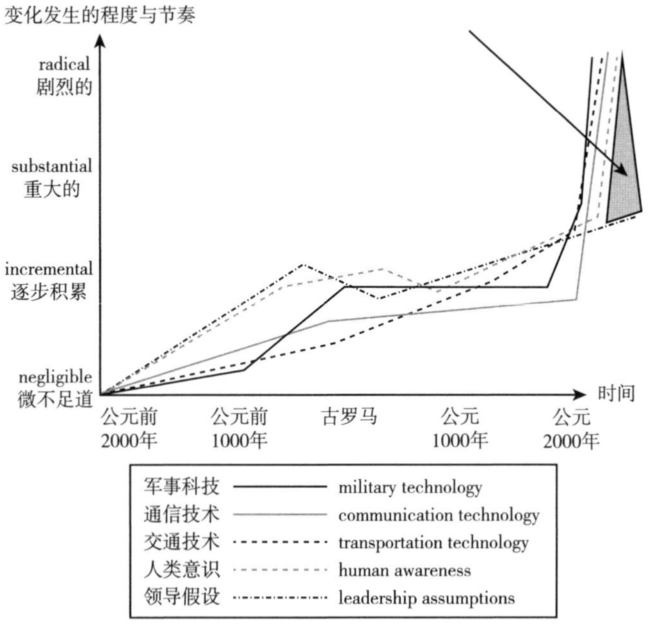

图 1　技术和思想的变化路线

二、第三次浪潮的来临

在工业革命之前，是几千年的农耕社会，农耕文化是文明的起源，农业技术的发展将世界分成了“文明人”和“原始人”，中国就是农耕文明的受益者。

1750 年左右开启的工业革命，用了 200 多年的时间就使工业文明超过人类积累了几千年的农业文明。今天的世界放眼望去，能够看到的一切无不充斥着工业革命带来的影响。

工业革命也在企业管理领域影响深远，我们今天看到公司自上而下的管理方式、部门、职能、组织架构图，应该说都是工业革命阶段的产物。

法国启蒙哲学家笛卡尔鼓励人们把问题分为一个个的独立单元分别处理，就是现代企业管理设立专业职能部门的起源。

而伴随工业革命的发展，泰勒在 20 世纪初出版《科学管理原理》，则是将这种企业管理方式发展到了极致。“泰勒制”是工业革命时期企业管理学发展的精髓和起点。

简单来讲，“泰勒制”的宗旨就是寻找工业生产的每一个环节的最佳实践，将其追求到极致并推广，提高了效率，带来了工业化大生产。

对我们今天来讲，这些都不陌生，但在一个多世纪以前，这还是十分先进的管理思想。

管理大师德鲁克说：没有泰勒的管理创新，美国在“二战”中根本无法打赢纳粹德国。因为没有泰勒奠定的管理基础，克努森就无法在几十年后指挥美国企业在短时间内生产的大量的飞机和坦克。

进入 21 世纪之后，以信息为载体的大数据、人工智能等科技为代表的新知识信息革命作为第三次浪潮，已经让大家越来越多地感受到它将会带来的巨大变革，这些科技带来的新文明也必将会以比工业文明取代农业文明更快的速度席卷几百年积累的工业文明。

因此，从这个角度讲，将未来的知识信息革命定位为工业革命 4.0 是不准确的，也不会是新文明的全貌，只是新文明在工业领域的应用而已。这种新文明的形成未来将颠覆前期人们形成的所有认知和意识形态。

我经常思考社会和技术加速发展的现象是否与宇宙的加速膨胀有隐约的关联，如果真的有关联，那倒是可以推测宇宙应该还是在抛物线前半段的上升期吧。

三、权力的来源

这其实是一个很有意思的话题，对这个问题的追寻源自很久之前读到国防大学乔良将军的一篇文章，里面提及了关于垄断和权力问题的探讨。

按照著名的未来学家艾文·托夫勒在《权力的转移》中提到的观点，权力来源于三个方面：暴力、金钱、知识。

在文明的国家里，暴力已经被法制所代替，使用金钱获得权力的情形还会一直存在，但是真正的高品质权力来自信息（知识）。而且目前世界已经离开暴力和金钱控制的时代，正在向信息拥有者手中转移。过去很长一段时间，由于信息的有限流动，我们社会和企业的运作模式都是建立在信息不对称的基础上的，这也是许多行业存在的基础，对此，在经济学领域已经有充分的认识。

但是，今天我们想要提的是另外一个观点——信息的不对称带来了权力！

想象一下，你的上级为什么会成为你的上级，你的领导为什么会成为你的领导？是因为这些管理者被赋予了管理权限，从而有权力接收和汇集其应该掌握的信息，通过处理这些信息，传达给下级人员执行实施。

试问一下，如果在一个信息极度透明的环境里，一个部门的领导和下属都可以同时接收到一样的信息，甚至下属可能会先接收到最前沿的市场信息。在这样的情况下，领导的权力到底靠什么维系？

如果领导不能做出让下属信服的决策还要强加施行，其威信必将会大打折扣。你不会当面揭穿还是顾及他手里有可以影响你升迁和改善待遇的权力，而这些权力的品质已经很低了。这些有损形象的事情，在以前大多数情况是被掩盖了的。

四、这是一个消灭权威的时代

最近几年有很多的公知、专家和公众人士，由于各类事件导致形象崩塌，一个红极一时的权威可以一夜之间，在自己还没有反应过来的瞬间，其辛苦经营了多年的公众形象就轰然倒塌！

什么原因？

信息的充分流动让所有人的认知急速提升，一些仅仅靠传授过去经验和倒买倒卖知识，以及利用炒作形成的认知围墙被快速推翻，靠信息垄断和封闭而塑造的“完美形象”越来越难维系，能够让人们发自内心崇拜的权威好像越来越少了。

与传统权威和公知形成鲜明对比的是，“民间”的高手不断涌现，人们不再关心你是谁？是什么单位？是什么职务？只要你有真知灼见，能带给别人启发，能创造真正的价值，就有人愿意听你说话。

群众的眼睛是雪亮的，在充分信息流动的环境下，人们可以分辨出什么是好和坏。这里不得不感谢微信为大众提供了一个这样的平台，其最初的口号“再小的个体，也有自己的品牌”，无疑是伟大的。

未来在企业中称职的领导，应该是有能力在冗繁的信息中提炼有效信息形成真知灼见，并能协助下属找出正确方向的人。

在这样的情况下，会使人们更多地聚焦于事情本身，不断地追求真理而不是迷信于是谁提出的观点。信息时代会让一切“专家”的光芒褪色，刺破泡沫，显露出真实水平，专家们只有增强自身知识，持续造血而非固守才是正道。

因此，信息互联必将剥夺权威的权杖！

五、控制的无力感会越来越明显

巨变时代外部环境的不确定与工业革命期间形成并延续至今的组织内部严格的层级结构之间形成了一对矛盾，领导者突然发现，用原来建立以最大追求确定性结果的组织形式越来越无法应对不确定的商业环境，组织控制的无力感会越来越明显。

特别是对于基层和市场一线变化情况的反应迟缓会越来越制约组织的生存和发展。

先前组织建立严格层级结构的前提条件，是管理者作为信息汇集的节点，通过信息的汇集和分析可以做到信息对称最大化，这会优于任何一个下级单元做出的独立判断。

但在快速变化的环境下，信息上传汇集、整理分析、下达实施的成本要远远高于下级单元做出独立判断的成本，而且效率会拖住后腿，在当前讲求时效的商业竞争中必然会败下阵来。

原来组织可以控制到神经末梢，现在只能控制到主动脉了；原来可以控制到大树枝叶，现在只能控制到树干了。如果死守住原来的控制力度不变，组织会发现控制成本会与过去相比以几何程度增长。

六、领导，请放手吧

信息技术的发展和信息的充分流动让每一个层级的业务单元都有了平等地接受和汇集信息的可能，当下组织需要做的不是加强控制或维护控制，而是有前提地放松控制，充分地授权和赋能，让每一层业务单元发挥自己的主观能动性以面对复杂多变的环境。

而领导的角色，应该由原来的发号施令者转变为老师、园丁或教练。

放松控制不等于没有控制，而是需要在激活组织灵活性和应变性的基础上设计针对性的控制，抓大放小，这需要更高超的控制能力。

在组织基层，可能主要体现在如何平衡效率和控制、风险和回报。在遵守大原则的前提下，更多地通过过程监督和结果考核来体现管理控制职能。

这样的观点不仅适用于国有企业，也适用于民营企业；不仅适用于中国企业，也适用于国际企业。

当下是一个抓得越紧失去越多的年代！

七、企业该如何应对

工业时代的发展是软、硬两条线共同推进的，硬的是科学技术进步推动的企业发展，软的是现代管理制度的形成推动的企业发展，而软、硬两条线都是建立在经典物理学领域基础上的确定性，是自上而下发展起来的。

知识信息新经济迎来的新文明时代，也会在这两条线的共同作用下完成。

在变革来临的时期，企业最大的风险莫过于在硬的方面忽视了知识信息经济在各领域将要掀起的技术变革，这种变革是人工智能、大数据、区块链等在各个领域的深度应用；软的方面是对企业管理方式没有适应新文明的要求，导致组织僵化、缺乏灵活性和应变能力，没有发挥基层的主观能动性，这两条线需要向量子物理不确定性和仿生学的适应性学习，自下而上地去寻找答案！

这个过程需要两手抓，两手都要硬！

八、中国企业的特殊挑战

美国百年前走向强大的三个法宝之一是企业管理理论的发展，中国复兴首先是经济振兴，经济振兴离不开经济发展主体——企业的贡献。

站在变革的关口，中国企业管理面临的挑战非常紧迫，主要是由于工业革命期间发展形成的企业管理成果我们还未完全吸收，新的挑战却已来到门口。

此外，我们目前有很多亟待改进的中国特色的管理问题需要注意，无论我们今天的成绩多么辉煌，这几个重点工作补不上，基本功就不会扎实，必须实现如下三个转变。

第一，从围绕“人”转，到围绕“事”转。定目标、做决策要以事实和规律为基础，而不是个人的愿望和偏好。事实和规律提供的确定性极高，而人的偏好不确定性极高，系统稳定性差。

第二，从重“关系”，到重“规则”。克制“情”，崇尚“理”，以情为基础建立起来的关系，不确定性高、波动大，只有以“理性”为基础建立起的“规则”可以平抑“关系”带来的不确定性，在规则面前，一视同仁，可以为持续稳定发展提供保障。

第三，从重“级别”，到重“知识”。以崇尚专业和知识为荣，而不是屈从于级别和权力。专业和知识带来的权力才是高品质的，而由级别和权力带来的命令，如果违背了专业和知识的前提，将带来灾难。

巨变时代，面临的有风险，也有机遇，既要看到时代给了我们弯道超车的机会，也要看到艰巨的任务需要付出巨大的努力，但我希望中国企业可以抓住这次像第一次工业革命那样的历史转折点带来的发展机遇！

2.

大风控势起，推动企业风险管理工作进入 2.0 时代

2006 年，国务院国资委发布了《中央企业全面风险管理指引》，这个文件象征着中国企业风险管理工作的发端。从 2006 年开始，中国企业特别是国有企业开始了探索开展企业风险管理工作之旅。

在那个年代，风险这个词并没有像今天这样流行，企业界对风险的理解是非常初级的，对于风险的认识还局限在一个行业和一个领域，就是金融行业和安全管理领域，一个侧重金融资产，一个侧重实物资产，这也是风险管理发展由来的两大分支。

《中央企业全面风险管理指引》以体系化的方式将风险纳入企业管理领域，从此，企业开展风险管理工作有了开展工作的原则、参考的风险分类、三道防线的划分方法、风险管理的组织设置等。

这是一份非常超前的文件，尤其是在很多企业还停留在传统风险认知、不知道内部控制是什么东西的时候，给企业注射了一剂风险管理的“强心针”。

根据这个文件，不少地方省市的国资系统也出台或转发了开展企业风险管理工作的要求。十几年过去了，今天看来，这个文件的观点和要求一点儿也不落伍，特别是在强调风险既是威胁也是机会的两面性认识上，这个文件起到了很大的推动作用。

COSO 在 2017 年 2 月更新的新版企业风险管理框架，应该说其中有很多是中国十几年前《中央企业全面风险管理指引》中就已经明确表明的观点，比如，关于绩效波动区间的新概念。

但是，在中国企业管理基础普遍比较薄弱的时代，以体系化、规范化

的方式大力推行企业风险管理，就像我之前文章中打的一个比方，像是吃了一粒“十全大补丸”，企业的体质很弱，虚不胜补，导致虚火很旺，有的还出现的一定程度的“副作用”。

这个过程中，在企业亲身参与这项工作的人体会最深。

我们把过去中国探索企业风险管理工作的时代叫作 1.0 时代，今天来和大家一起总结一下 1.0 时代的风险管理工作特征。

一、懵懵懂懂风险管理 1.0 时代

（一）一项独立的新职能

2006 年之后，中央企业中出现了一个新职能设置，有的企业成立了新的“风险管理部”来行使风险管理职能，有的企业将风险管理的职能并入现有的职能部门中。

这个新职能干的工作都是企业之前没有开展过的，是从零开始的，建立风险管理制度、建立风险数据库、评估重大风险、进行风险应对等。

但是，新职能和其他职能的融合问题，一直在磕磕绊绊地探索。

（二）最“全面”的风险管理

在各国出具的风险管理指引或文件中，中国文件的名字最拉风：全面风险管理。

在推行企业风险管理工作的时候，有一句非常形象的表述：风险管理横到边、纵到底、全方位、无死角。

在企业识别风险时，也贯彻了上述口号，不管风险大小，将企业犄角旮旯的风险都挖掘了出来，包括不是风险的管理问题，都上了我们的风险清单。

但是，找到这些零散的、大大小小的风险到底是为什么？这种“全面”是不是这项工作的初衷，很多人搞不清楚。

（三）建立完善的新体系

中国企业对“体系”和“系统”这样的管理方式尤其热爱，风险管理

工作也按照建成“全面风险管理体系”的方式开展，建立了组织体系、流程系统、报告体系、考核体系等。

今天，企业的体系不是太少了，而是太多了，而且最缺乏的是体系和体系之间的关系研究、协同研究。管理没有边界，各体系之间都有交叉和重复的区域，如何避免重复建设、多重领导、互相冲突的问题，是体系设计之前就需要的考虑的。

（四）独当一面的二道防线

按照《中央企业全面风险管理指引》中的设计，当时我们认为的企业风险管理三道防线中的第二道防线，就是前面第 1 个问题中提到的风险管理“新职能”，三道防线如图 2 所示。

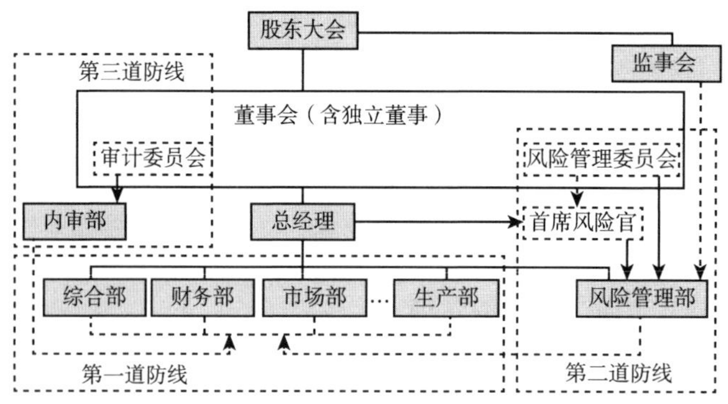

图 2　三道防线

现在我们可能都了解了，关于第二道防线我们有了新的理解，第二道防线不仅仅包括风险管理部这一个职能。

（五）服务于风险管理的总体目标

我们在建设全面风险管理体系、开展风险管理工作时，都要明确一个风险管理工作的总体目标，强调所有这些工作应该围绕风险管理总体目标进行。

但实际上，这些目标都是建设目标、开展目标，而不是真正的工作目标和宗旨，风险管理工作本身没有独立目标，而实现企业目标就是风险管理的目标。

虽然在1.0阶段我们碰到了上述很多问题和挑战，但这也是探索成本的一部分，因为企业风险管理理论的发展，在全球来说都是一个新东西，中国的实践并不比国外的企业落后多少年，甚至有些是超前的。

没有任何一个国家在那么早的时期出台推行力度这么强的文件，形成了一大批企业风险管理领域的实践经验。今天，中国的专家能在国际舞台上和全球专家交流，回答他们面临的问题，提出他们也解答不了的问题，就是这些年的实践给了我们这样的底气。

二、“大风控”模式，开启中国企业风险管理探索2.0时代

结合我们这些年的实践以及这两年国际一系列风险管理领域新成果的发布，我提出了一个新的概念“大风控”。

这几年，“大”字号的名字特别流行，大监督、大内控、大合规等，但是我认为，“大风控”的内涵和外延最丰富。

2020年，我写了一个系列和“大风控”有关的文章，很多企业同仁看到后发来感想，并按照其中的一些思路进行风险管理职能和工作的迭代升级。

2021年，我走访了一些典型企业，不仅仅是中央企业，还有地方国有企业、知名的民营企业，在风险管理工作的探索上，开始进入我们之前提倡的“大风控”模式，让我也越来越坚信，“大风控”模式就是企业风险管理工作2.0时代模式。

那么，“大风控”模式和之前的模式有什么不同？

（一）风险管理职能的扩充

我们对于风险管理工作的理解，由原来的风险管理部扩展到整个第二道防线的职能，之前专门写到风险管理≠风险管理部这样的观点，所有的第二道防线职能都是为一线输出风险管理能力，都属于风险管理职能。如图3所示。

（二）整合式风险管理而非“全面”风险管理

全面风险管理的内涵并不是单单强调覆盖面广，而是提供了一个更全

防线	职能					价值
第三道防线	保证	审计				
第二道防线	支持	财务　法务　风险管理　人力　研发				
第一道防线	基本价值创造	采购	加工生产	销售	客户服务	价值
第二道防线	支持	信息化　技术　内部控制　安全　质量				
第三道防线	保证	纪检　监察				

图 3　三道防线职能

面的视角，可以进行整合式的风险管理，从整体角度更好地定位和排列风险的优先级。

要以组织目标为锚，自上而下地去识别风险，而不是广泛、漫无目标地去收集风险信息，这是 Integrated Risk Management 的真实含义。

（三）拉通式的风险管理

整合强调内容，拉通强调职能，拉通式的风险管理指的是打通风险管理职能边界，进行信息共享，之前我们提议短期可以通过风险管理职能联席会的方式实现。

有条件的企业可以建立“大风控部”或“大风控中心”等类似机构，整合风险管理职能。

我们现在看到不少企业案例，开始出现了上述设计的雏形。目前最多的做法是将原来风控、内控、合规、法务等职能合并在一个分管领导负责，彻底一点儿的合并为一个部门统筹管理风控、内控、合规、法务工作。

第二道防线中其他职能不适合融入的原因有两个方面：一是像人力、财务、信息化等职能的工作内容不仅仅包含风控职能；二是像质量管理、安全管理等职能之前已经形成了专门的管控体系。

这样整合后的企业主管领导就和我们之前提到的首席风控官（CRO）职责越来越接近了。

这样做的好处是显而易见的，和一线部门的触点增多，信息在部门内就可以流通，很好地改善了对于之前独立的风控部门介入一线或信息获取困难的问题。

当然，第一步实现的是形式上的整合，几个职能的协同运作机制还在摸索中前行。

（四）大风控体系是一个新任务

原有的全面风险管理体系如果转换为今天的大风控体系，将不同职能整合融入进来，将是一个有创新性的工作。

有人会问，那原来的三道防线职能是否可以划入大风控部？比如内部审计？

在实践中，有企业确实将审计职能划入了我们设计的大风控职能，形成了风控、内控、法务、合规、审计“五位一体”的大风控体系。

没有理论说一定不行，我们之前说过第一道和第二道防线可以合并，第二道和第三道防线也可以合并，但是希望大家注意我们之前谈到过的第二道防线和第三道防线的区别，第二道防线的定位是赋能，第三道防线的定位是监督，虽然都是风险管理，视角是不同的。

如果合并了三道防线，容易被业务部门认为大风控履行的是监督职能，从而产生防范心理。

另外，大风控部还可以考虑和另外一个部门深度融合，就是企业管理部，一般有企业设置了企业管理部负责公司制度体系的建设和维护，以及运营管控、绩效考核等，和大风控职能中的内容逻辑上存在整合的可能，鼓励大家去尝试。

还有几个部门是可以深度协作的，如战略规划部、投资管理部等。

大风控模式是在中国企业风险管理多年实践的基础上，结合当下进入到不确定时代、外部商业环境剧烈变化的背景下提出的，我们希望可以更好地完善它、发展它，作为中国特色的企业风险管理理论提出来，参与目前全球范围内展开的由传统确定性管控的企业管理范式，过渡到新型强调不确定性管理的企业管理范式的浪潮中去，形成别具一格的中国实践。

在此，也希望各位身在实践一线的风险管理同仁可以互相参考借鉴，分享实践过程和心得，共惠行业发展。

3.

大风控，如何打开风险、内控、合规、审计、监察的职能边界

一、一切都和信息有关

信息论的创始人香农认为，信息是用来消除不确定性的，信息的度量就是对不确定性的降低程度。但信息是什么？到现在没有人可以定义！

按照香农的说法，有信息，就表明有某种不确定性存在。而我们说，风险本身就是一种不确定性，没有了不确定性，就没有了风险。这样的话，我们就将风险和信息进行关联，足以看出信息对风险产生的影响。

从这个角度讲，风险来自我们和未来的信息不对称性！在我们经典的风险管理和内部控制理论框架中，包括 COSO 和 ISO 的理论中，都有一个必不可少的要素，就是信息与沟通。

最开始接触它的时候，觉得无比抽象，今天再看的时候，认为这个要素背后可以承载那么多重要的意义。我们通常把含有一定发生概率会对我们产生不利影响的事件信息称为风险信息，这类风险信息应该被组织的相关机构或职能及时接收并做恰当处理，这是我们对企业管理风险的基本要求或者叫组织保障。

但如果这个基本要求达不到，第一，本身就是风险；第二，在这样的情形下去管理风险，效果会大打折扣。

二、变革时代企业组织体系的变化

在之前我提到过关于巨变时代对于传统企业管理带来的冲击，为了应对

不确定性，企业的组织架构和管理方式未来都会做出相应的适应性调整。

原来的“科层制”式组织架构不再适合高度变化的环境，信息的高速传播和变化让传统的决策方式变得太过迟缓，企业只有选择授权业务一线，才能够做出最适当的决策。

因此，纵向上的层级被压缩，上下级之间的关系被颠倒，领导从高高在上的“权威”变成服务一线的后勤部长，这是企业应对不确定时代必须要做出的转变。

海尔砍掉中层、华为让听见炮火的人做决策，阐述的都是一样的道理。

这是从组织架构的纵向上看，从组织架构的横向来看，又会有什么样的困难和变化？那就是原来明晰的部门划分、清晰的权责设置，在外部不确定环境下开始慢慢成了出现信息孤岛、无法协同、大量管理灰色地带的原因。

企业管理其实就是那么简单，所有人都要盯着共同的目标，做的都是同一件事，只是离现场的距离和角度不同而已，所以我们划分了众多部门来分别负责不同的事，这也是确定性时代强调的专业化细分的结果。

上一个商业时代，核心是效率和成本的竞争，但今天，它显然不适用了。

想成功应对不确定时代的原则，就需要尽量减少内耗和沟通成本，以价值为导向，让尽量多的资源都用于生产“粮食”，而不是在抢“粮食”。

最近看到陈春花教授在数字化时代的一个观点表述，就是当下企业都要转向以客户为中心，这就是数字化对企业赋能，最大限度消除冗余和信息不对称，这在于内部不同职能的充分协同，可以瞄准共同目标力出一孔。

那么在企业中怎样体现？让尽量同质化管理的职能集合到一起，把边界打开，信息在大职能中可以充分自由流动，对于同质化内容，进行拉通管理！

因此，如果我们看不确定时代的组织变革，应该是包括纵向压缩和横向拉通两个方面的表现。

三、大风控概念

几年前，基于这些年的思考，我提出了“大风控”的概念。

企业的核心职能就是管理风险、实现价值，所以管理风险和实现价值本身就是对立统一的两个方面。

谁是企业的风控职能执行者和风控人？我之前说企业的关键决策层是最大的风险管理者，但落实到我们各个风控职能，不是每个职能都可以深度参与公司战略层面的重大决策，大部分风控职能是在战略实施层面。

因此，以风险为主要工作对象的职能部门都算风控职能部门。企业中第二、第三道防线职能部门的底层逻辑和主要的工作对象都是风险管理，但角度和距离风险的位置不同。风险、内控、合规、法务、审计、监察（纪检）所有职能都是更好地管理和防范风险，我们以一个采购业务为例。

• 风险侧重的是采购决策做出时是否综合考虑了未来的各种情景对采购活动本身和生产运营产生的影响，而做出最佳采购计划和安排。

• 内控侧重的是采购的程序和流程中的关键控制点是否被设计全面并有效执行。做出采购决策之后，内控需要合理保障整个采购实施的控制和效率，与决策时考虑到的部分风险进行前后呼应。

• 合规关注的是采购工作是否符合相关外部的法律法规要求，是否遵循内部制度的规定。对于外部相关方来说，合规还需要关注供应商本身的合规情况，如诚信情况、黑名单、制裁等，以及可能诱使我方出现合规问题的情形（合规文化、招待标准等），内控实施的其中一个目标就是要达到合规。

• 法务重点关注法律风险，很多企业把法务和合规放在一起，但也有很多企业分设，因为合规主要是管理边界性风险，而法务需要管理的风险更综合。就采购业务来讲，法务的主要工作是为了达到采购目标、执行采购决策与外部相关方订立相关约定时，用法律的语言达到这一点并最大限度保护自身利益，确保各种情形下风险可控。

• 审计关注的是整个采购过程中对采购制度的健全、适当，并被有效执行进行确认，采购部门和采购管理、控制部门是否恰当履行了职责。

• 监察（纪检）的目标性比较明确，主要针对的是整个采购过程中人的要素，比如廉洁风险，与上面各个环节都有交叉；比如做采购决策、采购实施过程、采购验收付款，都有散落着廉洁风险点。

它们之间既有不同侧重点又有协同效应，但针对的对象都是同一类业务的风险。所以我提出“大风控”的概念，可以整合与风险相关的职能，打开部门边界，实现信息的互通共享，拉通风险管理职能，实现端到端的一体化风险管理。把所有职能的目标整合到实现业务目标上来。“大风控”的概念，以风险之名，集合第二、第三道防线职能，最大限度整合了内部资源，除此之外，还没有任何一个词可以担此大任。

“大风控”的概念，就是让企业的风控人联合起来，以最高效的方式进行协同，支持企业做价值创造！

四、企业实践的方式

对于“大风控”概念，不同的企业会有不同的理解，我觉得从企业来讲，有三种实践方式可以参考。

其一，最简单的方式是培养“大风控”意识，重视第二、第三道防线职能部门之间的配合和协作，而不再是“各负其责”，不再有明显的“条线思维”。从风险出发，统一规划落实每类风险在各个职能的职责权限。

其二，对待同一种风险源，形成风险管理的一体化协作交流机制。风险管理职能是头，负责设计和决策阶段的风险，内控、合规、法务是身，负责实施和运行阶段的风险，审计监察（纪检）是尾，负责监督检查全过程的风险状况。

其三，有条件的企业，可以尽量整合职能，形成大风控部，或大风控中心。我们看到很多企业从务实的角度出发，将第二、第三道防线的职能尽量多地集中到一个部门。

唯一需要拿捏的就是关于内部审计的职能是否可以纳入大风控部，之前一直强调是企业大监督的范畴，对此我也做了一些调研。

结论是，从企业内部管理和外部监管的角度没有太大的障碍说一定不行，因为就算合并之后各职能也是根据需要设置不同的工作组，所以在这方面企业可以大胆探索，实践出真知。

风控本一家，不分你我他！

为了企业更好地发展，风控人，联合起来吧！

4.

如何用一个简单的生活场景解释风控、内控与合规的关系

很多从业者表示，在企业跟大家解释风控、内控、合规关系时，总是有人搞不清楚，也不知道它们之间的边界如何划定，大家在解释时也觉得有点吃力，不是那么让人信服，能不能找个简单易懂的生活场景说明这三者之间的关系？

其实，之前我们解释过这三者之间的关系，但都是用企业管理和专业领域的解释方式。如果之前没有接触过这几个专业领域的企业从业者，没有经验和基础，要想清晰地理解，还是有一定难度的。

我考虑了一下，如果用通俗易懂的方式把事情说清楚，能够让企业人员更好地理解这些工作的内容和侧重点，有利于我们推动风控工作在企业的职能发挥，还是非常有必要的。

今天，我们就试着结合一个大家都非常熟悉的场景来澄清这个问题。很多人都有开车过红绿灯的经验，我们来分析一下这个场景。

过红绿灯的目标：

安全目标：可以安全通行，不要发生任何对人和车造成伤害的事件。

时效目标：要高效地通过路口，不浪费任何不必要的时间，准时抵达终点。

合规目标：遵守交规，不违反任何道路交通规则。

在企业经营过程中，同样面临上述三个目标，即运营目标（包含安全子目标）、经营目标（包含工作效率子目标）、合规目标。在这个场景下，十字路口好比我们的经营环境，车好比我们的企业，驾驶员是我们的管理者，其他车上的人是公司员工，车上载的货代表企业的价值创造物。

一、合规管理

我们之前提过，这几年企业如此重视合规管理，是由于中国企业大规模走出去引发的合规风险使然，但合规管理对企业来讲，仍然属于最基本的要求，属于边界性管理，划定边界，约束企业行为。

如同过红绿灯时，我们需要知道，红灯停、绿灯行、黄灯亮了等一等，分清行车道、转弯道、限速要求甚至是限号要求等。除了对车辆行驶环境的交通规定，对车辆本身也有规定，比如车辆定期需要进行检测，保证关键行驶系统有效，保证处于适行状态，不能私自改装、不能超载、不能遮挡车牌等。另外，还有对驾驶员的要求，需要考取驾驶证，不能醉驾、酒驾、疲劳驾驶，按要求系上安全带等。

上述这些内容，都有明确的规定和要求，属于硬性底线合规范畴。

企业经营也是一样，需要收集整理企业所处环境的政策规定、企业自身的合规要求以及对管理者和全体员工有要求的信息，根据这些“规”制定遵循性制度、程序并实施。

这些“规”，是企业经营的边界，也为企业风险承受度提供了参考。

那么，如果合规管好了，是不是就可以了？

合规目标提供的是最基本目标，但是企业根据自身的风险偏好和自身发展要求，可以选择比合规更高的要求和标准，以彰显企业地位和价值观等。

就像一辆奥拓和奥迪都可以顺利通过检测，达到上路标准。加速慢一些、刹车松一些也没问题，只要功能具备即可“合规”。

但是，我们开车不违规通行是不是就可以了？或者说合规目标达到了是不是就可以了？

单从合规管理工作本身来说，也许可以。但从企业来说，还不足够。

二、内部控制

如果把车比做我们的企业，内部控制体系就是车的各个子系统，如传动系统、制动系统、转向系统和行驶系统等。

之前有人将内部控制比做企业的制动系统（刹车），是一个误解。

内部控制体系的作用存在于任何一个系统中，设置控制环节和控制方式，主要是能够让各个系统及关键环节能够持续稳定地发挥作用，提高系统响应的可靠性。

各个子系统及关键部件设计精良、严密、逻辑紧凑、布局合理、安全性高，都是内部控制关注的内容。每一个控制环节的设计并不是要降低效率，而是要在能够实现控制目标的前提下实现设计最优。

如果仅仅将内控理解为监督业务部门履行关键控制点的工作，那就太狭隘了。

内部控制的每一个环节都关系到你的驾驶体验。

拿上面的奥迪和奥拓举例，奥迪的各个系统肯定要优于奥拓。绿灯亮了，并排在一起的奥迪和奥拓，奥迪马上加速快速通过，而奥拓尽管狠狠踩下了油门，还在慢吞吞地起步。

三、风险管理

如果完全按照交通规则通行，开着的是一辆奥迪，合规目标也实现了，系统可靠性又高、安全性也有了一定的保证，是不是就完全 OK 了？

也不是，这些还都只是达到最终目标的保障，因为想要快速、高效地通行，做到这些还不够。也就是说，如果企业想要更好地创造价值，合规和内控做得好了，为实现这个目标奠定了基础。还差什么？对风险的判断，包括对时机的把握。

从企业整体的风险管理来讲，合规和内控都是管控风险的手段，都属于风险管理范畴。

合规和内控都是侧重提升组织本身的确定性，而风险管理工作侧重的是对不确定性的把握，对环境的判断和取舍，这取决于“驾驶员”或者说有决策权限的管理层和各业务主管。

同一个车道上的车很多，我们以先抵达终点为胜，你如果没有浪费时间，在绿灯转变为黄灯那一刻之前通过，把竞争对手留在上一个红绿灯；或者绿灯一亮就以最快的速度启动加速，那你就取得了先机和竞争优势。

我们说的当然是以安全为前提，但绝对的安全是不存在的。

为什么企业家精神的内核是冒险？因为没有风险就没有收益，而风险管理强调的是聪明的冒险，而不是不计成本和后果的傻冒险。

四、三者的关系

从上面的场景来看，风控、内控、合规三者既有区别又有联系。

（一）内控和合规

知道不能闯红灯，但是红灯亮了，踩刹车却不管用了，直接冲出了停止线。轻则被罚款，重则可能出现车毁人亡的交通事故。

要想遵守合规要求，需要通过建立促合规的内部控制程序和流程来实现，这些都是内部控制的内容。

反过来，内部控制的搭建也要考虑如何实现合规目标，这一直是内部控制体系强调的三大目标之一。比如，如果不系安全带，车速达到一定程度安全系统就会报警。

（二）风控与合规

合规工作的内容是管理合规风险，而且是有明确目标的合规风险，本来就是风险管理体系的一个子集。

如果风险管理的是一个圆，那么合规管理的就是画这个圆的圆圈。公司整体的风险偏好和对风险的承担态度，决定了这个圈的大小。

比如，在风险偏好比较保守的情况下，可以设定看见黄灯就要停，而较激进的情况下，黄灯就变成了可以争取的区间。

（三）风控和内控

内控做得好，系统可靠性高，就可以及时准确地响应命令，绿灯一亮，油门一踩，立刻全速出发，内控是实施风控的基础。

而内控做得再好的企业，如果判断出现失误，也无济于事。

也许我们想要做一个近乎完美的决策需要丰富的经验甚至是天赋，但内部控制却是每个组织都可以完善和优化的。

我们不要求每个企业的决策者都具有赛车手的技能，可以驾驭高度的不确定性，但可以把企业从奥拓变成奥迪，提高自身的确定性。

有一个醉汉说，别说这些没用的，我经常喝完酒开着超载的奥拓闯红灯，没事儿！有些企业也确实这么做过，而且把这些看成一种高超的技术炫耀，但这样的企业走向灭亡几乎是注定的，只是时间问题。

我们希望看到的是，在遵守交通规则的情况下，有头脑清醒、反应灵活的掌舵者，开着质量上乘的大奔，带着一车员工和货物，高效、安全地驶向终点，这才是基业长青之道。

我所倡导的理念是：不争一分巧，不费一寸机！

5.

三道防线新进化，从“防线”到“价值网”的蜕变

一、三道防线的理论

在之前的章节中大家分享过关于企业建立“三道防线”来管理和应对风险的理论与实践，也指出了近几年关于“三道防线”理论的最新发展，最主要的就是扩展了第二道防线的范围，先带着大家回顾一下三道防线的基本内容。

第一道防线

核心业务部门：指的是企业经营管理中和外部市场接触最前台的部门，如销售部门、采购部门等核心业务部门，作为风险管理的第一责任机构。

第二道防线

支持职能部门：这部分作为第二道防线和前些年的提法变化最大，一般我们认为风控、内控、合规等部门是典型的第二道防线的内容，但最新的三道防线是将所有的支持职能部门包括法务、合规、财务、人力、质量、安全等，所有可以协助一线核心业务部门进行风险管控的职能，都归到支持职能部门，即第二道防线。

第三道防线

保证职能部门：主要指的是独立监督和审计部门，包括内部审计和外部审计，部分企业还包括纪检和监察职能。

我参考迈克尔·波特提出的“价值链分析法”（value chain model），重新绘制了三道防线的示意图（如图 3 所示）。

二、审计、风险与防线

三道防线理论广泛用于金融业，因为金融业的风险属于风险集中管理类型，其原因在于，往往风险管理的职能越集中，三道防线的边界就会越清晰。

近些年来，三道防线的方法也被引入一般的企业进行风险管理，用于更好地划分不同的职能在管理风险时的不同职责。

我们能够看到的是，这样的方法最开始是从内部审计职能引入的，有很多关于企业三道防线的资料都是出自一些国际的审计相关组织。

审计工作的底层逻辑是基于风险的，因此，在企业风险管理发展的历程中，其中有一个脉络就是从审计中来。这也是我们看到很多企业的风险管理职能是从内部审计中慢慢分离出来的原因。

当然，基于风险的职能不仅只有审计，企业所有防守职能的底层逻辑都是基于风险的。

三、对立统一皆为二

三道防线的理论本质上是两道防线，正反思维对撞，在对立中发展，所有的管理莫出其外，决策与制衡、效率与控制、执行与监督都是一样的道理。

因此，三道防线中最核心的内容是第一道和第三道，即执行与监督，缺一不可，第二道防线实为衍生物，所以在之前的文章里，我提到实践中第一道防线和第二道防线可以融合，第二道防线与第三道防线可以融合，但第一道防线和第三道防线则不可融合。

而对第二道防线的理解，在三道防线理论中是个重点，之前在企业的实践中讨论得也最多。

第一道防线和第二道防线融合侧重的是核心业务层风险的自控制，将风险管理工作最大限度地嵌入业务职能。

第二道防线和第三道防线融合侧重的是对风险的监督检查，将风险管理工作要求最大限度地通过监督检查职能实现。

实际上，这两种融合方式最后的效果是一样的，只不过从不同的两个侧面驱动而已。

四、从防到攻防并重

今天我们谈到的风险和之前传统的认知相比已经发生了变化，传统上认为风险就是一种损失，而最新的认知认为风险就是一种不确定性，不确定性不仅有带来损失的可能，还有带来积极的可以利用的可能，因此，我之前对风险有一个定义：影响目标实现的不确定性。

站在传统的视角，风险是要“防”的，因为它会带来损失，特别是从审计视角出发的风险，也往往是针对这类传统的风险。但在当下的认知中，风险的属性也和从前大不相同，有些风险是“防不胜防”的，我们对风险的态度，也需要从最开始的恐惧、逃避、抗争、防范，转变为对风险的理解、接受、管理和更好地利用，特别是在当下不确定的环境下，对风险的态度以及学会如何与风险共处将决定一个企业的前途命运。

传统的风险会带来损失，因此，风险管理的主要目标是防范损失、保护价值，但当我们可以更好地把握和利用风险时，我们就可以利用风险管理创造价值，形成创造和保护价值并重的理论体系。

因此，单纯谈“防线”已经越来越不能满足企业风险管理的需要，因为作为一个企业整体来看，不仅要防，还需要攻，每一个理论都需要有攻防结合的双向意识才可以帮助企业更好地发展。

五、三层价值网

关于三道防线的理论如何发展进化以适应这样新时代的要求，我思考了很长时间，怎么才能体现风险理论的最新发展，实现攻与防统一，这不仅要侧重价值保护，更需要聚焦价值创造，帮助组织最终实现价值。

我们今天谈到的授权和赋能，是应对不确定性的有效手段，那么风险管理工作本身是否也需要更多的授权和赋能核心业务部门，我想也是必然的，提升业务部门自身的风险管理能力，是风险管理工作的下一步重点目标。

因此，我提出一个“三层价值网”（three layers value net）的概念，供大家参考，如图 4 所示。

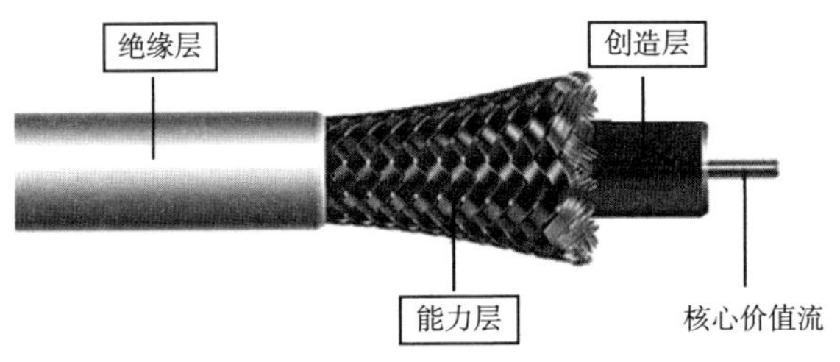

图 4　三层价值网

组织的存在是为了实现价值，而这种价值是在创造和保护中取得的，因此，企业有一个核心价值流，所有的经营管理活动都应该围绕核心价值流展开。

三层价值网如下。

第一层：创造层

核心业务部门：主要进行价值创造，同时具有价值保护职能，在创造中保护，负责打赢战争。对应于原来三道防线理论的第一道防线。

第二层：能力层

支持职能部门：主要负责能力输出，在专业领域形成价值创造和保护的专项能力，并支持第一层更好地进行价值创造和保护，以提升第一层的专项能力为主要目标，负责提供弹药。对应原来三道防线理论中的第二道防线。

第三层：绝缘层

保证职能部门：主要职能是保护价值，防止价值外流，建立审计和监督的价值外流“绝缘机制”，负责督战，更好地帮助企业实现价值。对应原来三道防线理论中的第三道防线。

三道防线理论在很多企业已深入人心，今天只是结合风险理论的最新发展提出了一个发展参考方法，是否有指导意义还需要看企业下一步的实践。

6.

如何测量三道防线的“防火距离”

大风控是企业应对不确定性时代的风控方式，是配合整个环境变化下整体组织变革的延伸和在风险管理领域的具体展现。之前文章的许多观点都表达了这样的职能变革方向。为什么要将大风控职能拉通管理，一是因为日益复杂的经营环境需要；二是因为这些职能的底层逻辑都是针对风险的管理。

原来的部门划分是为了专业化分工、效率提升的考量，但今天，快速变化的环境已经让这种原来职能边界非常清晰的设置变成了企业快速应对的阻碍，拉通管理、突破边界成了大的变革方向。

一、三道防线的防火职能

按照传统的风险管理理论，在企业里，为了防范风险有一个三道防线的提法，这也是目前企业认知度最高的一种风险防范方式，通常我们对三道防线的职能描述如下。

第一道防线

核心业务部门：指的是企业经营管理中和外部市场接触最前台的部门，如销售部门、采购部门等核心业务部门，作为风险管理的第一责任机构。

第二道防线

支持职能部门：这部分作为第二道防线和前些年的提法变化最大，一般我们认为风控、内控、合规、法务等直接支持第一道防线进行风控防控的职能部门是典型的第二道防线内容。

第三道防线

保证职能部门：主要指的是独立监督和审计部门，包括内部审计和外部审计，部分企业还包括纪检和监察职能。

二、量化防火距离

我们用火比喻为风险，既然是“防线”，那就是以防范为主要职责，对于业务部门来说，创造价值和防范风险是一体的，所以业务部门处在一线，是风险防范的第一责任主体。

二道防线在一道防线之外，根据专业化分工不同，帮助一道防线从不同的侧面更好地做好防范风险的工作。

三道防线在最外层，监督评价整个风控体系或特定领域的运行效果。

我们之前按照三道防线大致划分了哪些职能属于哪道防线，但历史上国内外从来没有人具体再细化过各职能的“防火距离”。

之前和各个风控职能部门打交道比较多，根据各职能的定位结合个人理解，今天给大家细化一下三道防线各职能的防火距离。

我亲自手绘了一张图，因为实在找不到现成的示意图，其实，之前的文章您要是留意，有很多图都是我自己画出来的，市面上绝对找不到类似的示意图。

如图 5 所示，三个颜色代表三道防线，最内侧的浅灰色代表第一道防线、中间的灰色代表第二道防线，最外层的黑色代表第三道防线。

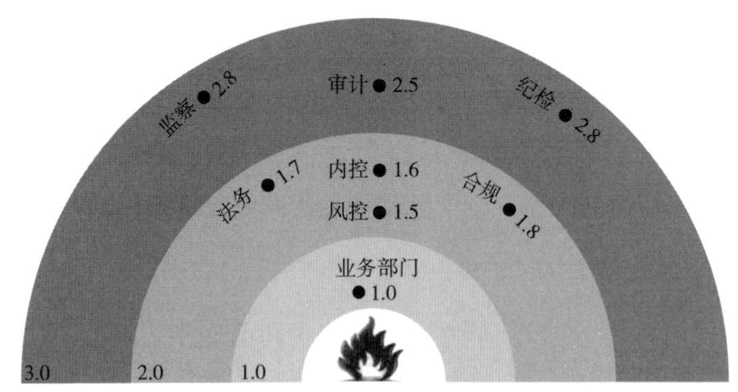

图 5　三道防线防火距离测度

第一道防线

业务部门，防火距离 1.0，防火等级★

业务部门处于一线，离“火”的距离最近，因此，防火距离也最近，但是防火等级却最低，我们后面解释。

第二道防线

风控部门，防火距离 1.5，防火等级★★

内控部门，防火距离 1.6，防火等级★★

法务部门，防火距离 1.7，防火等级★★☆

合规部门，防火距离 1.8，防火等级★★☆

第二道防线各职能根据和第一道防线的协作距离及牵制程度，以及对整体风险防控的作用，进行了排列。

风控最靠前，因为风控强调的是事前控制，强调风险和收益的平衡，在设计和决策阶段嵌入业务流程；内控虽然也强调前期设计，但更多的是针对业务实施阶段的设计和控制。

法务管理主要针对法律风险内容，事中事后的控制居多，大多数企业把法务作为事后应急处理，承担“灭火员”的角色，实际是不准确的。

合规属于红线管理，规定了公司的经营边界，合规不是一种能力，而是企业经营的基本要求。

第三道防线

审计部门，防火距离 2.5，防火等级★★☆

监察部门，防火距离 2.8，防火等级★★★

纪检部门，防火距离 2.8，防火等级★★★

第一道防线距离火最近，为什么防火能力最差？因为业务部门总是背对着火，业务部门的第一要务是往前冲，所以常常后院空虚，防火能力欠佳，这也是第二道防线和第三道防线之所以存在并且可以向前线输出能力的原因。

防火能力越高，说明以防火为主要工作内容的比重越大，但是，防火能力越强，越难和业务部门达成一致，实现融合，因为视角差异也越来越大，也正是这种看似不可调和的对立成就了各自的矛盾生存之道。

所以，就算是审计除了确认还有一个咨询的职能，到了纪检和监察那里，它的眼里就差不多只有“火”了！

最理想的模式是离火越近，防火能力越强，防火等级越高，这也是强调第二道防线和第三道防线赋能一线的原因，是未来风控拉通管理、扁平化管理和嵌入式管理的目标。

三、未来的“防”与“攻”的结合

如果火代表可能出现损失的风险，我提出的三层价值网的概念，就打开了仅仅用于防范损失的边界。

第二道防线要服务一线，做能力输出的“磨刀石”，支持价值创造；第三道防线要保护价值，做用于绝缘隔离的黄金甲。

7.

大风控 VS 大监督，第二道防线的主要职责不是监督

一、大监督的拉通管理

关于国有企业的大监督体系，相信很多人并不陌生，前一段时间，有人找到我，说大风控理念感觉很像是这两年正在推行的大监督体系。

所谓大监督体系，指的是国有企业整合公司各种相关监督力量、形成合力，一般会涉及纪检监察、审计、监事会、法律、风控、内控、合规甚至是人资、财务、工会等。

通过内部监督与外部监督相结合、专业监督与综合监督相结合、群众监督与组织监督相结合的方式，使监督工作渗透各个管理环节，实现监督工作的全方位、全过程和全覆盖。

大监督体系中涉及的职能，其实包含了两部分，一部分是真正履行监督职能的部门；另一部分是为更好地监督提供支持的部门。

这种监督力量的整合也是为了适应企业发展新形势、应对新挑战，将监督职能尽量整合，以解决原来零散的监督职能带来的监督成本高、监督效果差的问题。

2015 年 9 月 13 日，中共中央、国务院出台有关国有企业改革非常重要的一个文件——《关于深化国有企业改革的指导意见》，其中谈到的国有企业监督也是今天大监督体系的一个重要理论来源：“强化企业内部监督。完善企业内部监督体系，明确监事会、审计、纪检监察、巡视以及法律、财务等部门的监督职责，完善监督制度，增强制度执行力。”

二、大风控和大监督的范畴

如果大家看到之前我分析的大风控的模式，听上去好像和大监督有点像，但是，它们之间是有明显差异的。

不管是大风控还是大监督，有一点是相同的，它们有一个共同的工作对象，就是风险，目标都是更好地管理风险。但是，两者在很多方面都体现出了一定的差异。

广义上来讲，如果谈大监督和大风控的范围，大风控是可以涵盖大监督的，就像我们之前说的，大监督体系的初衷，也是管理风险，只是管理的风险类型和对象有一定的针对性。

大监督体系一般是由纪检部门推动，主要工作内容是组织内部的风险，而且大多是和人有关的风险。

因此，我们说大监督也是公司大风控体系的一个组成部分。

如果只是包含关系，我们谈区别就无从谈起了，为了更好地区分大风控和大监督的出发点与侧重点，我们可以从两个体系的狭义上进行区分。

还是用之前给大家画的“三道防线的防火距离”这张图来展示。如图6所示。

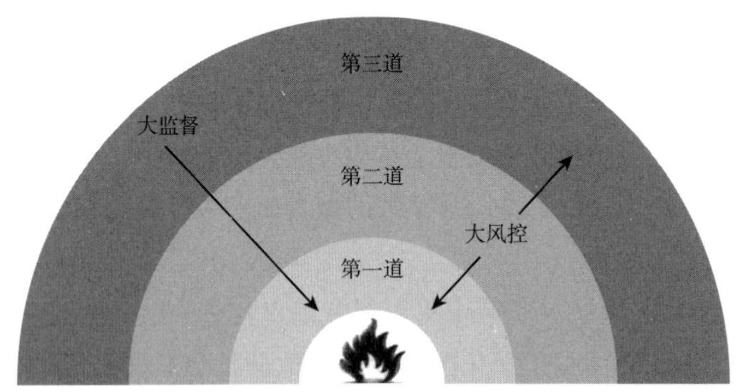

图6　三道防线的防火距离

大监督是由第三道防线从外向内延伸，通过第二道防线向第一道防线延伸，实现监督目的。而大风控则是由第二道防线向第一道防线和第三道防线延伸，对第一道防线进行支持，对第三道防线进行引导，为了共同的风险管理目标。

三、大监督和大风控的定位

大监督强调独立监督，突出独立性和客观性。而大风控体系如果只强调其中的监督成分，就丢掉了它最宝贵的部分。

因此，当大监督体系推行的时候，将所有有监督职能的部门打通，包括第二道防线的部门，最大限度整合了和监督有关或能为监督提供支持的力量。

由此带来的另外一个效应是，第二道防线部门都被从背后涌来（我们认为所有的防线都是面向一线核心价值创造活动的）的监督工作占据了大量的时间，反而忘记了本来的职责。

就像我们之前提到的，第二道防线最主要的职责"磨刀石"，是提供炮火，而不是督战，第二道防线需要支持第一道防线上战场、打胜仗，这是主要目标。

再有就是，监督虽然也强调全过程监督，但实际侧重事后发现的居多。而大风控由于要融入业务去做管理和控制，更便于进行事前和事中控制。两者各有侧重，应该发挥协同效应。

四、大监督是冷威慑，不应轻易调用

大监督的独立、客观定位本身决定了它不可能跑到前台去做支持和咨询，这样违背了内部控制中的不相容岗位原理。

设想一下，如果纪委的人跟做业务的人说，我来帮帮你们吧！做业务的人可能得打一个寒战，心想，我们还是距离产生美吧。

因此，大监督体系最大的作用是威慑力，这种力量在于可以震慑我们企业人员不敢越雷池，而不是要查办多少案子。

十几年前某央企纪委书记的话仍然使我记忆犹新：把制度建立完善，更好地保护我们的干部。

监督的尺度如果把握不好，容易产生对立和逆反心理，而且会产生副作用，让有些人错误地认为："什么也不做是最没有风险的！"

大监督主要防的是内部的和人相关的"火"，而企业目前面临的外部的关系到企业生存和发展的"火"才是最大的挑战，从这一点上来讲，所有职能的目标都是一致的。

企业内部的监督力量要用统一的思维，不要用统战的思维。监督的出发点应该是关爱！

因此，强调大风控的理念会好一些，更中性一些，既有"黄金甲"的作用，又可以做"磨刀石"，支持千军万马上战场！

五、大监督和大风控：关爱和赋能

大监督也好，大风控也好，都是企业实现目标过程中的手段。经营企业，把握风险和收益匹配原则是总纲。

对于监督和风控成本的投入也要符合风险收益原则，要一盘棋，算总收益。

其实，最好的监督是自我监督，最好的风控是自我控制！

8.

最大误解：在第三道防线谈赋能、在第二道防线谈监督

曾经受一家地方国有企业的委托，我对其进行了一个简单的内控视角的管理评价。

因其当前主营业务属于集团赋予的资源优势业务，本身风险不大。但是，由于业务集中度极高，未来几年这部分业务将会面临市场化竞争的压力，如果主营业务一旦出现闪失，对这家企业来讲将是灭顶之灾。

因此，管理层计划提前谋划，在主营业务资源优势失去前寻找新的出路。

探索新出路的同时，管理层想真正了解自己企业的管理水平到底如何，能不能支撑未来新业务的拓展？

管理层心里没底，因为之前主营业务的优势并不能真正体现企业的竞争力，包括管理能力。在这样的情况下去开辟新战场，与长年在市场化环境下锤炼的竞争对手肉搏时，自身的能力是有欠缺的。

陈春花教授说过一句话：当管理水平超过经营水平，企业就离死不远了！意思是企业的管理要为经营服务，管理能力不能超越经营能力，管理能力超过了经营水平，就会造成管理资源的浪费。

她说的没有错。但是，她说对了一半，因为：如果经营水平超过了管理水平，企业也离死不会太远！

经营水平很高，但管理水平跟不上，同样是巨大的风险，有可能发展受限甚至是失控。跑得太快了，灵魂跟不上了。

其实，经营和管理是相辅相生，两者任何方向上的背离都会产生风险。我与这家企业的总经理分享了这样的观点，他深以为然。

他们的问题，就是怕后一种情况出现，当经营有更多的挑战和期待时，企业的管理能不能跟得上？

因此，尽管经历了一轮轮上级单位的审计、巡视、巡查，他们还是想从管理层的角度出发，从企业自身发展出发，看看管理的短板到底在哪里。

最后，通过大面积的访谈和广泛的资料查阅分析，找出了几十个当前面临的主要管理问题，如果从内控的角度来讲，也可以称其为内控缺陷。

他们内部的一位工作人员反馈：为什么我们提出的这些问题和之前上级审计、巡视、巡查查出来的问题有很大出入，重合度很低？但是管理层明显对我们提出的问题更加重视？

因为在最开始我们便明确了工作原则：不仅要关注控制，还要关注效率；不仅要关注问题，还要关注能力差距；不仅要关注当下风险，还要关注持续发展。

按照我们之前和大家分享的三道防线的概念，企业审计（含内部外部）、巡视巡查属于第三道防线，而我们的管理评价，是要站在第二道防线甚至是第一道防线。

虽然都属于大风控的范畴，但是，站位不同，看问题的角度不同，得到的结论也不同。同样是内控和风控，不同的职能理解也不相同。

- 对于第三道防线来讲，虽然也是风险为导向、内控为抓手，但是，是从监督的角度以加强控制和防范损失为主要工作目标。

- 而对于第二道防线来讲，需要从赋能的角度，平衡地看待控制和效率，以实现经营目标为出发点。

因此，我们看到很多从第三道防线监督职能出发的工作都是问题导向，问题越细，越能表明工作细致。

而第二道防线从赋能角度，需要区分重要性水平，抓大放小，不仅看到问题，还有看到出现问题的逻辑与解决问题的思路。

在这样的定位下，有些环节不仅不需要加控制，甚至还可以简化控制，提升效率，需要体现管理的竞争优势，什么是管理的竞争优势？

同样的控制水平下，成本更低；同样的效率水平下，可控度更高。

现在很多企业在进行大风控式的组织职能整合，如果第二、第三道防线职能一起整合的企业，比如风控、内控、审计、监察等职能在一起，风控、内控的工作很容易偏向第三道防线的监督职能。

在这样的职能设置和定位下，风控、内控就不适宜承担风控和内控体系的建设工作，就算是承担了，业务部门也不会毫无忌惮地配合，因为其可以随时挥舞起审计监察的大棒，内心生怯。

业务部门需要风控和内控的赋能，但不要让监督的大棒打死了赋能。

目前最大的误解是：站在第三道防线谈赋能，站在第二道防线谈监督。

因此，我们今天谈大风控组织体系时，请先将第二、第三道防线各自的不同职能整合，效果会更好一些。

更重要的是，拉通第二道和第三道防线各自的不同职能后，从整体的角度，建立第一、第二、第三道防线之间的沟通、协同和成果共享机制，让企业管理系统可以更好地运行。

2020 年，国际内部审计协会（IIA）之所以将“三道防线模型”改成了“三线模型”，如图 7 所示，其中一个主要原因就是希望第二道防线可以更好地拥抱业务、赋能经营！

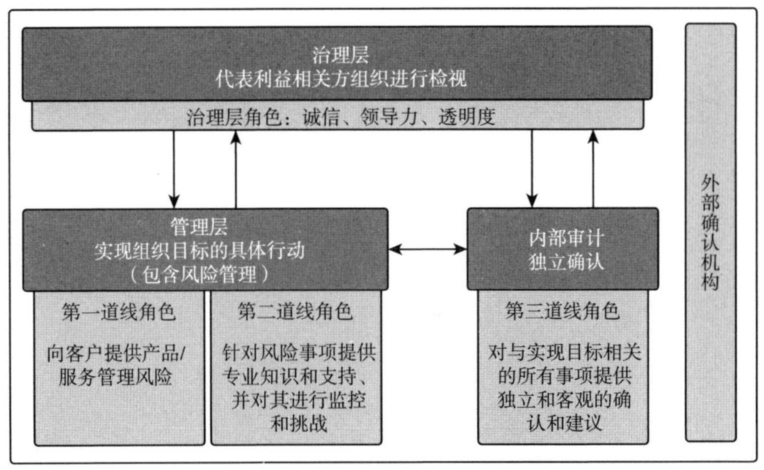

图 7　三道防线更新模型

归根结底，虽然职能不同，但我们的最终目标都是一致的！

第二部分

国有企业风控融合体系案例

案例一　中国石油的内控风险管理实践

周国芳　张九如　宋越萍　李　敏　吴文静　程　胜*

一、公司基本情况

中国石油天然气集团有限公司（以下简称中国石油）的业务范围涵盖了石油天然气勘探生产、炼油化工、油气产品国际国内贸易、石油装备制造、油田技术服务、石油工程建设、金融服务和新能源开发利用等多个领域，是全球主要的综合性国际能源公司之一。

---

* 周国芳，西安石油学院财务会计专业毕业，英国邓迪大学会计学硕士，高级经济师，中国石油天然气集团有限公司法律和企改部副总经理。1986 年进入中国石油（原石油部），先后从事财务管理、内控风险管理、企业管理、国企改革等工作。在财务管理、内控体与风险管理、国有企业改革及管理方面具有丰富的经验。2007 年，其参与的大型跨国石油企业内部控制体系构建与实施项目，获第十四届国家级企业管理现代化创新成果一等奖。

张九如，北京大学哲学专业本科毕业，中国社科院科技哲学专业硕士。高级经济师。1999 年进入中国石油，从事人力资源管理工作，2008 年起从事内控、风险及 HSE 管理工作。具有企业内控体系建设及海外项目内控管理经验。

宋越萍，上海大学企业管理专业硕士，注册会计师，高级经济师，从事过财务管理、内部控制与风险管理工作。2007 年进入中国石油，从事内控与风险管理工作，在业务流程管理、信息系统控制设计与实施、内控体系建设、内控监督评价方面具有丰富经验。

李敏，中国石油大学（华东）会计学、首都经贸金融学专业毕业，注册会计师，高级经济师职称，从事过财务管理、内部控制与风险管理、企业能力评价及深化改革等工作。2006 年进入中国石油，2008 年起开始负责内控风险管理工作，在风险评估、风险事件管理、投资项目风险防控、流程管理等方面具有丰富经验，曾制定出台多项风险管理相关制度办法和标准规范，参与国家投资项目风险评估规范标准制定，组织开展公司重大风险预判研究等多项课题。

吴文静，财务管理专业毕业，高级会计师职称，先后从事财务管理、内控管理与风险管理工作。1997 年进入中国石油长庆油田公司，2004 年开始负责内控体系建设、流程管理、内控运行监督工作，在投资管理、物资管理和财务管理方面具有风险管理经验。曾刊发《油气田企业内控管理探索》《油气田企业效益资产管理探索》等文章。

程胜，清华大学工商管理专业毕业，高级会计师职称，从事财务及风险控制工作。2005 年进入中国石油国际事业公司，2018 年开始负责风险控制工作，在市场、信用等方面具有风险管理经验。

中国石油的前身是1950年4月成立的燃料工业部。1955年7月，在燃料工业部石油管理总局的基础上成立了石油工业部。1988年9月，出于发展市场经济和转换政府职能的考虑，国务院撤销石油工业部，成立中国石油天然气总公司。1998年7月，根据国际国内环境变化和国务院组建国际化大集团、大公司的要求，通过对中国石油天然气总公司业务进一步重组，成立了中国石油天然气集团公司。从此，中国石油成为一个上下游、内外贸、产销一体化、按照现代企业制度运作，跨地区、跨行业、跨国经营的综合性石油公司。1999年11月，按照《中华人民共和国公司法》成立了中国石油天然气股份有限公司（以下简称股份公司），所发行的美国存托证券、H股及A股于2000年4月6日、2000年4月7日及2007年11月5日分别在纽约证券交易所、香港联合交易所有限公司及上海证券交易所挂牌上市。2017年12月，经国务院国有资产监督管理委员会批准，中国石油由全民所有制企业整体改制为有限责任公司（国有独资），改制后名称变更为中国石油天然气集团有限公司。

进入新时代以来，面对国内外宏观环境的深刻变化，中国石油开启了新一轮改革和绿色低碳转型。大力实施“创新、资源、市场、国际化、绿色低碳”战略，以改革创新为根本动力，以“绿色发展、奉献能源，为客户成长增动力、为人民幸福赋新能”为价值追求，以建成世界水平的综合性国际能源公司为目标，全面提升竞争能力和盈利能力。

2020年，中国石油全年实现营业总收入20 871亿元，利润总额875亿元，受新冠疫情影响，石油需求和价格大幅下降，收入、利润同比降幅较大。国内油气资源勘探成果丰硕，油气结构进一步优化，绿色低碳转型取得重要进展。全年国内油气产量当量首次超过2亿吨，达到2.06亿吨。其中，原油产量10 225万吨，保持了稳中有增；天然气产量1 306亿立方米，首次突破1亿吨油当量并超过原油产量。炼化产品结构继续优化，高效化工装置高负荷运行，合理安排生产和销售，协调线上线下、油品与非油品营销，市场份额和经济效益保持稳定。全年国内加工原油16 002万吨，生产成品油10 723万吨，销售10 651万吨；全年国内生产乙烯635万吨，化工产品销量达到3 666万吨。国际业务方面，截至2020年底，中国石油在全球35个国家和地区开展海外油气业务，全年完成贸易量4.9亿吨，贸易范围遍及全球80多个国家和地区。

“十三五”期间，中国石油较好地完成了规划目标，累计实现营业收入11.8万亿元，综合实力和国际竞争力不断提升，名列《财富》世界500强第四位、世界50家大石油公司第三位，为中国能源工业和国民经济发展做出了应有的贡献。

二、内控与风险管理体系建设历程及现状

（一）内控与风险管理体系的建设

股份公司于2000年4月6日在美国纽约证券交易所上市后，为了满足上市地监管要求，按照《萨班斯—奥克斯利法案》有关上市公司建立内部控制体系的规定，于2003年启动了内控体系建设工作。股份公司管理层对内控体系建设高度重视，成立了以总裁、财务总监为主任和副主任，总部各部门主要领导为成员的内部控制项目建设委员会，就如何建设内控体系进行了整体策划，明确建设目标、思路和方法。委员会下设内控项目组，成员从各部门和所属企业抽调骨干组成，负责推进日常工作。

内控体系建设成为股份公司2004年、2005年的重点工作。经过公司上下数千人、一年多时间的艰苦努力，股份公司《内部控制管理手册》于2005年7月1日发布试运行，并于11月下旬通过了国家有关部门、监管机构和内控理论界专家的评审。专家们一致认为，该手册具有全面、系统、先进、实用的特点，处于国内内控管理领先水平，基本满足了内控体系建设要求。《内部控制管理手册》的发布，标志着股份公司内控体系由准备阶段全面进入运行完善阶段。

2006年是股份公司内控体系的第一个执行年，也是第一个审计年。当年1月，由公司财务总监带队，赴美就《萨班斯—奥克斯利法案》第404条款遵循情况与美国证券管理委员会（SEC）、美国上市公司会计监管委员会（PCAOB）官员会晤，介绍公司内控体系建设开展情况，并就建设过程中遇到的问题交换了意见。SEC、PCAOB官员对股份公司的态度和做法给予了高度赞赏，对公司面临的挑战和困难表示愿以积极的态度给予帮助。股份公司还聘请美国COSO委员会主席拉里（Larry E. Rittenberg）先生为

公司董事会审计委员会财务顾问，对公司内控工作提供咨询、指导。在第一年的实施过程中，股份公司通过狠抓强化执行、持续完善改进，推动了经营管理的规范化和程序化，实现了内控体系的有效运行，顺利完成了管理层确定的工作任务。2007 年 5 月，普华审计师出具了“无保留意见”的审计报告，股份公司以“零缺陷”通过了内控审计，在资本市场充分展示了中国特大型国企的治理水平。

随着国家监管机构陆续出台政策文件，要求中央企业全面开展并加强内控与风险管理工作，2008 年 5 月，中国石油发布《全面风险管理体系建设实施方案》，推动全面风险管理体系建设工作有序开展，同时将内控体系建设重点转移到未上市业务。又用了一年多时间，到 2009 年 11 月，完成了所有未上市业务单位的《内部控制管理手册》发布，2010 年 1 月 1 日正式运行。至此，中国石油内控与风险管理体系搭建全面完成。

自 2010 年起，中国石油的内控与风险管理体系建设由财务领域向其他经营管理领域延伸，从满足监管要求向提升经营管理水平转变。内控与风险管理体系及监督机制持续健全完善，对提升企业管理整体水平发挥了重要作用。自 2006 年起，股份公司连续 15 年通过外部审计，中国石油向国资委连续 9 年报送内控有效性评价报告、连续 13 年报送年度风险管理报告，满足了国资委和资本市场的监管要求。公司内控与风险管理工作受到了国资委等国家有关部委和业内专家的高度评价。公司“大型跨国石油企业内部控制体系的构建与实施”管理成果获得第十四届国家级企业管理创新成果一等奖。公司 2011 年、2012 年连续两年在“迪博中国上市公司内部控制指数”评价中位列榜首。

经过近 20 年的建设和运行实践，内控与风险管理理念已经深度融入中国石油的企业文化，极大地促进了公司经营管理的持续进步。近年来，随着中国特色社会主义建设进入新时代，国有企业的改革面临许多新课题、新任务。按照国务院、国资委的要求，中国石油持续优化治理结构和管控模式，完善市场化经营机制，积极稳妥地实施了一系列深化改革举措，取得了明显成效。与此同时，内控与风险管理体系建设遵循“针对性、实用性和严肃性”原则，随着重组改制的进展，以体制、机制调整为契机，优化完善内控与风险管理体系，确保总部和各级企业内控与风险管理体系持续有效运行，并进一步增强了体系的整体性和有效性。

（二）内控与风险管理体系现状

——组织架构

中国石油按照“分类分级、专业管理、立体防控”的原则，建立了集团公司、专业板块和所属企业分级管控的内控与风险管理体制如图1所示。各层级均设置业务部门、内控与风险管理部门和内部监督部门三道防线，涵盖经营管理各领域和所有业务单元，贯穿战略制定与实施全过程，实施全方位的立体风险防控。

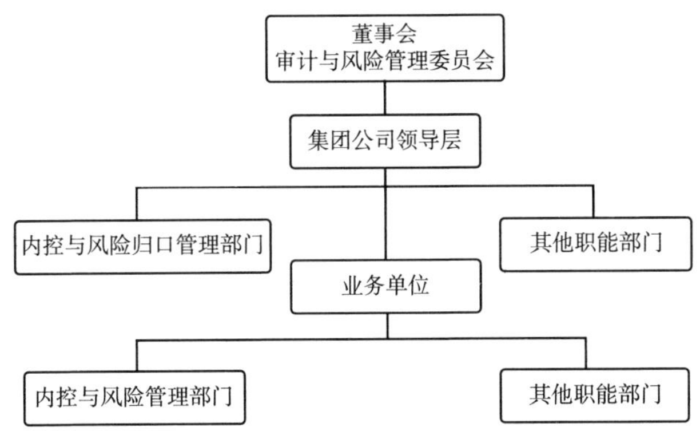

图1　内控与风险管理工作组织架构

——职能定位

集团公司董事会，是内控与风险管理的最高决策机构，负责批准集团公司内控与风险管理政策，审定集团公司年度风险管理报告、年度内控体系工作报告。

集团公司审计与风险管理委员会，是内控与风险管理的最高监督机构，对内控与风险管理情况进行监督和评估，审核集团公司年度风险管理报告、年度内控体系工作报告，并报董事会审定。

集团公司内控与风险管理的归口管理部门（法律和企改部），负责内部控制、风险管理、流程管理，内控与风险管理体系的运行、维护、监督、考核、信息披露工作，组织内控与风险管理相关培训工作。

集团公司其他职能部门，负责所辖业务的内控与风险管理工作。负责本业务的流程管理、风险评估等内控与风险管理体系运行及考核评价等工作，组织本业务内控监督发现问题的整改工作。

集团公司各专业板块，负责本专业领域风险管理工作。具体负责本业务的流程管理、风险评估等内控与风险管理体系运行及考核评价等工作，组织本专业内控监督发现问题的整改工作，指导所属企业开展内控与风险管理工作。

集团公司所属企业，负责本企业的内控与风险管理工作。执行集团公司内控与风险管理制度和标准，制定本企业实施细则；组织本企业内控与风险管理系统的运行、维护、监督、考核及报告工作，负责本企业内控与风险管理的相关培训工作。

——风险管理主要运作流程

中国石油规范了“风险事件”“年度重大风险评估”“重大风险管控措施制定与跟踪监测”“风险管理报告”等流程。

风险事件管理。各级风险管理部门按标准建立风险事件库，随时收集发生的风险事件。按季度开展风险事件分析，并于每季度结束后10日内将风险事件和分析报告报送法律和企改部。法律和企改部汇总各部门、专业公司和各所属企业的风险事件，同时开展外部典型案例分析，预判下一季度风险发生的发展趋势，作出季度风险提示，形成集团公司风险事件季度分析报告。季度分析报告经上级审批后，作为公司管理层、各相关部门和专业板块决策经营的参考资料。

年度重大风险评估。每年10月启动年度重大风险评估，总部相关部门、专业板块及所属企业于12月底前完成重大风险评估，并将评估结果报送法律和企改部。法律和企改部按照评估标准，综合评价公司管理层、总部部门、专业板块和所属企业的风险评估结果，采用加权平均方法评估确定集团公司年度重大风险，明确主责部门，经集团公司党组暨董事会审议通过后上报国资委。

重大风险管控措施制定与跟踪监测。每年1月份，总部部门和专业板块针对本年度重大风险，组织制定管控措施及监督检查计划，由法律和企改部汇总分析后，形成集团公司重大风险管控措施列表并颁布执行。总部各部门及专业板块、所属企业于每季度结束后5日内，报送重大风险分类指标跟踪监测情况及重大经营风险事件。由法律和企改部汇总分析后，于每季度结束后10日内报送国资委。

风险管理报告。法律和企改部负责编制集团公司年度风险管理报告，于每年4月经审计与风险管理委员会审议、董事会审批后报送国资委，并在集团公司范围内发布。各所属企业负责编制本企业年度风险管理报告，于每年3月上报法律和企改部备案，同时在本企业范围内发布。

——实施效果

中国石油持续有效运行的内控与风险管理体系，满足了资本市场的监管要求，使国家部委相关政策得以落实，有效保障了依法合规经营和企业发展战略的顺利实施。

重大风险总体可控。中国石油按照国资委要求大力推进全面风险管理，科学制定公司内控与风险管理工作目标，完善业务流程梳理和风险评估程序，提升风险量化管理能力，强化风险监督检查，促进内控与风险管理同业务管理的深度融合，有效提升了风险管控能力，内控与风险管理体系持续有效运行，重大风险管控到位，守住了不发生系统性、颠覆性风险事件的底线。

管控要求全面落实。通过制定中央企业风险分类监测指标、建立重大经营风险跟踪监测及分析报告机制、加强对重大投资项目的风险评估，形成了“指标→监测→分析→报告→预警→反馈”的完整闭环，全面落实国务院国资委对于内控与风险管理工作的各项要求，同时也得到了外部董事和监管机构的高度认可。

风险事件数量逐年减少。“十三五”期间，中国石油风险事件数量总体趋于下降，特别是后三年下降明显，由此造成的人员伤亡数量、运行中断时间、环境污染面积等指标呈现波动向下的趋势，充分体现了内控与风险管理的成效。

经营管理效率得到提高。中国石油建立了业务流程梳理和风险评估一体化工作程序。以目标为导向，以风险防控和效率提升为重点，在提高流程优化和风险评估工作效率的同时，进一步理顺了管理界面、落实了职责划分、优化了业务链条和管控模式。

三、以顶层设计指导内控风险体系建设

（一）把监管要求融入《内部控制管理手册》

股份公司作为上市公司，必须严格执行上市地监管要求。《内部控制管理手册》作为内控体系设计的载体，严格按照COSO五要素，结合公司业务及管理实际，进行框架和内容设计，集中体现了公司的各项内控要求，成为达到内控目标的纲领性文件，是内控体系建立、运行和维护的统一标准和行动准则。为了加强和规范企业内部控制，提高企业经营管理水平和风险防范能力，促进企业可持续发展，维护社会主义市场经济秩序和社会公众利益，财政部会同证监会、审计署、国资委、银监会、保监会先后于2008年和2010年发布了企业内部控制规范及其配套指引，要求上市公司、境内大中型企业分阶段实行。中国石油充分分析了企业内部控制规范及其配套指引的相关要求，对《内部控制管理手册》进行同步梳理和完善，确保内控体系设计的合规性。与此同时，为全面落实科学发展观，进一步加强和完善国有资产监管工作，深化国有企业改革，加强风险管理，促进企业持续、稳定、健康发展，国资委于2006年发布了中央企业全面风险管理指引，要求中央企业全面开展并加强内控与风险管理工作。中国石油内控管理工作也从财务合规向全面风险管理转变，内控体系建设重点转移到未上市业务。

之后，中国石油以“设计有效、执行有力”为原则，每年结合监管要求、公司业务及管理模式变化等情况，对《内部控制管理手册》进行修订，确保在设计层面满足外部监管和公司管理要求，且符合企业经营管理实际。持续关注体系执行，通过内控测试检查，进一步发现设计和执行层面的问题，复盘设计的有效性和合理性，不断完善体系设计，形成内控体系运行的闭环管理。运行初期，内控体系设计和维护的主要目的是通过外部监管检查，因而重点关注体系设计和执行的合规问题。当内控体系逐渐进入平稳运行期并与业务的融合度不断提升后，在合规的基础上，越来越关注其对实际业务效率效果的提升，有效激发了内控体系强基固本的作用。

（二）完善规章制度

为全面贯彻外部监管各项要求，中国石油高度重视内控与风险管理的建章立制工作，相继制定了《业务流程管理办法》《风险管理办法》《内部控制运行评价管理办法》等一系列管理制度。经过多年的努力，内部控制制度体系基本搭建完毕，为内控与风险管理工作的规范有效开展奠定了坚实基础。

《业务流程管理办法》明确了总部部门、所属单位在业务流程管理中的职责界面，业务流程管理的主要内容包括业务流程架构的设计、业务流程的描述、审批发布、变更以及运行监督等；《风险管理办法》明确了风险管理的目标、原则、管理职责，规定了风险管理的程序、方法以及时限要求，确保风险管理责任落到实处，提高了风险管理能力和水平；《内部控制运行评价管理办法》规定了内部控制体系评价的范围、标准、程序等内容，强化了内控激励约束机制，旨在保障内控体系的长期有效运行。

2019 年以来，随着国资监管对内控体系制度建设的不断强化，中国石油也对现有内控制度建设重新进行了审视和完善，2020 年，完成了股份公司《内部控制与风险管理运行评价管理办法》，以“强内控、防风险、促合规”为目标，整合风险管理相关内容，构建相互融合、协同高效的内控与风险管理监督评价制度；完善总部各部门和所属单位内控与风险管理运行评价职责，形成上下贯通、全面覆盖的内控与风险管理运行评价体系；加强海外企业（项目）内控与风险管理体系建设与监督，强化信息化管控，将有关违规经营投资追责要求纳入评价标准，提高违规成本，加强内控监督的震慑作用；强化考核力度，队伍建设由处罚警示向奖罚并重转变。

（三）推广管理标准

中国石油注重将内控与风险管理成果通过标准进行固化，有力发挥标准的技术支撑作用，为构建全面、全员、全过程、全体系的风险防控机制提供了坚实保障。截至目前，已基本确立内控与风险管理标准的整体架构，将内控与风险管理标准划分为框架类、方法类、基础类与工具类，共涵盖15项企业标准。中国石油结合五年规划制定标准建设计划，有序推进标准制定和完善工作。目前已累计完成11项标准的制定，包括《重要会计科目和披露事项确认》《财务报表认定指南》《重要业务单位确认》《业务流程描述规范》《信息系统应用控制设计规范》《风险分类分级规范》《风险事件分类分级规范》《风险评估程序规范》《风险事件管理程序规范》《年度风险管理报告程序规范》《投资项目风险管理规范》等。

《重要会计科目和披露事项确认》《财务报表认定指南》《重要业务单位确认》为最早制定并沿用至今的3项标准，从财务报告角度出发，明确了内控体系建设和监督的范围和重点内容；《业务流程描述规范》统一了业务流程描述的要素和表达形式，结合信息系统对规范进行固化，使流程描述工作更加简洁、规范，提升了流程管理的标准化与规范化，为实现流程运行与风险管控一体化提供了基础条件；《信息系统应用控制设计规范》总结提炼了ERP、财务融合系统、加油站管理系统等信息系统控制设计与实践中的经验，明确规定了信息系统应用控制设计的原则、程序、内容及方法；《风险分类分级规范》《风险事件分类分级规范》《风险评估程序规范》《风险事件管理程序规范》《年度风险管理报告程序规范》《投资项目风险管理规范》等一系列标准的颁布实施，逐步提高了风险管理工作的规范化水平，进一步夯实了风险管理基础，切实促进了风险管理与业务管理的充分融合。这些标准的建立与完善，为公司规范开展内控与风险管理工作提供了依据，有效支撑了内控与风险管理工作的正常运行，目前，架构中剩余标准的建设工作也已纳入“十四五”规划中。

（四）强化培训工作

对于中国石油来说，内控体系建设和运行是一项时间紧、要求高的全新工作。出于兼顾质量和效率的目的，采取了“培训→试点→推广”的方式，有计划、分步骤地推进全系统内控体系建设的有序开展。为了让公司上下形成合力，必须尽快使全体员工全面、系统、及时地了解内控体系建设的背景、意义、总体方案和工作要求，营造良好的工作氛围。只有这样，才能在公司内部普及内控理念，得到更广泛地认知和支持，使体系建设得以顺利推进。为此，在建设初期，中国石油始终把培训宣传工作放在重要位置。先后编印《内控管理文件汇编》《内控体系建设丛书》5 000 余册，组织编写了130余万字的培训材料；由公司管理层亲自担任培训讲师，举办了50余期高管人员、内控专业骨干培训班；在《中国石油报》《中国石油企业》等报纸杂志上开辟内控体系建设专栏，组织发表了70余篇宣传文章。通过大范围、高强度地宣传和培训，迅速培养了一支业务素质过硬、执行到位的内控专业队伍，提高了广大员工对内控工作的认知度，在系统内初步形成了“凡事讲内控、自觉执行内控”的文化氛围。

在内控体系进入运行期后，中国石油围绕年度重点工作和业务需要开展日常培训，每年在全公司范围内对各单位内控与风险管理工作负责人和业务骨干开展业务培训，为提高风险管理队伍的专业素质和能力水平发挥了重要作用。培训内容不仅包括内控与风险管理基础知识和信息系统使用等常规内容，还对最新的监管政策变化进行解读与宣贯，分享国内外典型案例及最佳实践，针对财务、审计、巡视等领域进行知识拓展；在授课环节增加案例演练等实操内容，进一步强化实际应用能力。所属单位也积极开展对本单位内控与风险管理以及相关业务人员的二级培训，实现了宣贯常态化，推动了内控风险与企业经营管理的融合，让培训更接地气。

从内控体系建设之初，中国石油就高度重视专业队伍建设，内控人员必须先培训，获得相关资质后方可持证上岗。十多年来，取得内控执业资质人员已近两千人，并实现了全公司内控人员信息动态管理，在人员流动性大的情况下，仍然保持了一支规模稳定、水平较高的专业队伍，有力地保障了内控风险管理的正常进行。

（五）以信息系统建设为支撑

中国石油将内部控制设计充分融入信息系统建设过程中，确保信息系统数据传输的安全性、准确性和有效性；同时，充分利用信息化建设成果，不断创新管理方法、提升管理效率。

中国石油信息系统建设完成了从分散到集中，从集中到集成的两次跨越，目前正为从集成到数字化、智能化的飞跃而努力。内部控制也从单一财务系统控制设计扩展到经营管理类信息系统的控制设计，未来系统控制设计也会更多地向远程、在线以及共享转变。信息化的飞速进步，有效支撑了集团公司的各项业务发展，同时也有利于将管控要求更多地固化在信息系统流程设计与权限管理中，减少人为干预和操作失误，降低风险发生概率，从源头上保障信息的安全、准确和有效，最终促进了流程优化和管理效率效益的提升。

内部控制既是信息化建设的参与者，也是受益者。内控体系建设伊始，信息化建设就是其中非常重要的一项工作。在国外先进的业务流程管理系统 ARIS 平台基础上，通过定制化开发和功能完善，中国石油建设了自己的内控管理系统，覆盖总部部门和所属各级管理部门和业务部门，多维度支持了体系建设、流程管理、内控测试等主要工作。随同全面风险管理工作的开展，中国石油同步推进风险管理信息系统建设，实现了风险事件、风险识别、评估和报告等领域的信息化管理，目前所有企业均已应用风险管理系统开展工作。此外，中国石油通过内控管理系统、风险管理系统以及制度标准综合管理平台之间的集成互联，加速推动了制度、流程和标准的统一与深度融合。

四、内部控制与风险管理同步推进

（一）同步建设

内控体系建设的起点和指向是风险管理，风险管理的理念、标准、方法已内嵌于内控规范之中。内控管理与风险管理紧密联系、不可分割。中国石油内控体系的初创阶段，各部门和所属企业均成立了内控项目建设委员会和内控部门，以落实工作责任与要求。随同内控体系建设，公司各层级同步开展了风险管理工作。在梳理流程、识别风险的基础上，初步完成内控体系框架设计。自此，确立了内控与风险管理相互支撑、协调统一、同步推进的建设原则。

——同一领导机构

公司总部的审计和风险管理委员会统一负责内控和风险管理体系的建设。所属企业的内控项目建设委员会（风险管理委员会）统一负责本企业的内控和风险管理工作。

——同一部门设置

内控体系建设初期，集团公司总部设置内控与风险管理部，之后部门名称和职能构成历经变迁，但始终由同一部门负责内控与风险工作。所属企业虽然部门名称不完全相同，但是也遵循了由同一个部门负责内控与风险管理工作的原则。

——同一专业队伍

同一领导机构、同一部门设置保证了内控与风险是同一支专业队伍。保证了内控与风险管理工作的协调进行，也保证了队伍自身的稳定，有利于专业素质的长期培养。

——统一工作安排

领导机构和部门设置的统一，实现了内控与风险管理工作的统一部署、统一安排，既保证了体系建设的协调性，又提高了工作效率。

（二）一体化的工作程序

中国石油不仅注重制度和标准的建设，不断完善内部控制的顶层设计，同时也非常注重制度和标准在实际业务中的执行和应用。为了让制度和标准得到更好地贯彻执行，中国石油充分总结实践经验，提炼形成了内控与风险管理一体化的工程程序。工作程序以目标为导向，以风险为核心，以流程为载体，结合业务，融合管理，建立工作准则，从中国石油整体战略出发，分解战略和管理目标，搭建业务能力架构，梳理业务流程，评估风险，评价文件，优化控制，设计及监控关键指标，促进实现全过程管理。目前，内控与风险管理一体化的工作程序已运用于实际工作，支撑了总部部门流程梳理优化等多个专项工作，并得到了总部和所属单位以及外部审计师的充分肯定，一体化的工作程序在培育良好风险管理文化、落实业务目标、提升效率、实现合规管理方面起到了大力的推动作用。

业务流程梳理和风险评估一体化工作程序，以目标为导向，以业务流程为起点，以风险防控和效率提升为重点，通过对流程的全面梳理和分析，确认存在的风险，对风险进行评估分级，确定控制要求；将现有的管理制度所规定的风险控制措施与标准要求，在制度设计和实施两方面进行缺口分析，完成各项规章制度的补充和完善；建立评价标准，通过测试运行对内控体系进行全面评价，并对发现的问题及时整改；同时，将“大庆精神”“铁人精神”的传统管理优势融入现代管理理念，以落实岗位责任制为主线，形成流程优化的方法论，打造一批可复制推广的流程优化模板，基本实现了流程规范适用、权责清晰、简洁高效、风险可控，责任落实到人、检查到位、执行有力。在提高流程优化和风险评估工作效率的同时，进一步理顺了管理界面、落实了职责划分、优化了业务链条和管控模式。

以财务管理流程为例：针对财务报告风险，建立了以重要风险和关键控制为核心内容、统一的财务报告流程，全面规范了与财务报告风险相关的控制设计，提升了财务报告质量，不仅满足了监管要求，也为公司经营管理提供了真实可靠的决策支持。在此基础上，促进了财务管理向业务管理领域的延伸。通过全面的业务流程梳理，将财务风险控制融入业务流程管理之中，转变了财务管理模式。例如，在费用管理上，对业务部门的签证与财务部门的复核、记账的关键环节设计了详细的控制步骤，规定生产管理部门必须定期向财务部门提供预提费用表，物资管理部门必须进行存货跌价准备检查，基建部门必须定期对在建工程进行减值准备检查等。由此实现了财务管理控制向业务前端延伸，使之贯穿业务的全过程，明确了各相关部门、相关岗位的责任，强化了全员、全方位、全过程的财务管理要求。

五、逐步完善内控与风险动态和量化管理

（一）定期维护内控管理手册

内控管理手册是中国石油内控与风险管理体系的载体，由统一分册、总部分册及所属企业分册组成。其中，统一分册规定了中国石油内控与风险管理体系的框架和总体要求，总部及所属企业在统一分册的基础上，结合本单位业务及管理实际进行完善，形成更具针对性和指导性的本单位分册。为了确保内控与风险管理体系持续有效运行，中国石油每年对内控管理手册进行维护。对外部监管要求变化、组织机构改革及职责调整、规章制度更新、管理模式和实际业务变化情况等进行深入分析，评估对内控与风险管理体系的影响，形成内控管理手册更新调整方案，充分结合总部部

门、各所属企业以及外部审计师等各方意见，对中国石油内控管理手册统一分册进行修订，并同步修订总部分册。根据统一分册的调整情况，对所属企业进行培训，启动所属企业手册修订工作。在内控管理系统中完成手册修订并发布执行，发布后正式执行。

（二）强化内控体系监督

中国石油严格按照内外部监管要求，以风险为导向，对公司经营管理领域全面开展内控监督工作。同时，中国石油也将内控体系监督工作作为有效揭示企业管理的薄弱环节和深层次问题的手段进行强化，从而不断拓展内控监督的广度和深度。

作为内控与风险归口管理部门，法律和企改部组织开展公司管理层测试工作，每年按照风险评估结果，根据重要性水平和覆盖率要求，科学选取部分单位纳入内控监督范围，合理制订测试计划，筹措内外部力量，组建测试队伍，分中期和年报两阶段开展内控现场测试。在测试过程中，一是坚持强化规范与简化程序“两轮驱动”，按照“精简、高效、便捷”的原则，不断规范测试程序与方法，简化测试底稿及表单填写程序，积极探索利用信息系统创新测试方法，加强测试质量过程控制。二是锁定管理短板和弱项，近些年陆续将屡查屡犯问题、“两金”压控、合同及招投标管理等业务领域作为测试重点，进行专项检查和分析，提出管理改进建议。三是建立测试、整改的闭环监督机制，有效发挥多部门监督合力，从问题产生的根源入手，坚决堵塞管理漏洞，推动体制机制优化创新。各所属企业按照统一要求，开展本单位年度自我测试，较为真实客观地揭示经营管理中存在的内控缺陷、风险和合规问题，促进了企业经营管理水平的不断提升。例如，辽河油田分公司连续两年开展资产转资、基建项目管理、采购管理执行成效、物资仓储和质量管理等专项测试，推动业务部门修订制度5项47条，优化业务流程14个，测试发现例外事项数量由上一年的106个下降到55个，实现了内控管理职能从发现问题向发现问题与解决问题并重的转变。

（三）规范风险事件管理

制定《风险事件分类分级标准》，完善风险事件管理工作的基础。明确事件管理的对象，建立综合评价事件等级的标准；总结事件类型，按照能力框架进行分类；建立事件收集模板，明确收集、分析工作所需事件的基本信息；明确事件收集各模板、各字段的填写指引与要求。

持续优化风险事件收集分析工作程序，定期收集分析公司内外部风险事件，剖析典型风险案例，发布风险警示，收集、分析的频率从年度逐步提高到半年度、季度。每年底通过收集、分析本年度内外部风险事件，结合年度风险评估结果，研判公司下年度的重大风险，制定年度重大风险应对方案，明确管控目标，落实管控责任。年中按季度收集、分析风险事件，并发布季度风险事件分析报告，预判下季度需要重点关注的风险和可能发生的事件类型。同时，建立重大经营风险事件报告机制，及时提示需关注的重大风险，为公司领导、各部门和专业板块提供决策参考。

（四）探索建立动态监测预警机制

探索应用风险预判模型、预警指标和量化分析方法，提升风险量化管理水平，强化风险动态监测预警能力。从对标、溯源、预警三方面着手，研究项目投资、财务管理、合同管理、物资采购及成品油零售等重点领域的风险量化分析框架及预警监测指标，为落实国资委中央企业风险分类监测预警指标的相关要求打牢基础。

按季度组织相关部门和所属企业填报重大风险季度跟踪监测表、重大风险监测指标体系并报送国资委，动态监测重大风险变动情况和重大风险事件整改情况，提升风险动态管控能力。

（五）建立健全考核评价机制

中国石油对内控与风险管理体系建设及运行情况开展年度评价工作，并按要求向国务院国资委报送年度内控体系工作报告。所属企业结合全年内控与风险管理工作开展情况，对本单位内控与风险管理体系运行情况进行评估。中国石油充分利用监督评价结果，加大考核力度，按照运行评价管理办法，对所属企业的内控与风险管理工作情况进行考核，考核结果纳入各企业年度绩效指标，与工薪总额挂钩。通过建立健全内控体系监督评价机制，有效地促进了内控体系的规范运行。

六、内控与风险管理和运营管理的融合

（一）风险管理的“三道防线”

1. 业务部门是第一道防线。第一道防线的使命是提升能力、强化责任。按照“谁主管业务，谁控制风险”的原则，明确管业务必管风险、风险管理责任与业务管理和权限范围一致。业务决策必须充分考虑风险，各层级管理岗位针对重大风险的直接责任、主管责任和领导责任必须清晰、具体，相关防控措施必须层层落实到所属部门、单位、岗位及责任人，营造“业务有人管，风险有人防，责任有人担”的风险防控氛围。同时，将内控与风险管理工作纳入企业、部门、岗位的业绩考核指标，强化风险管理问责机制，对引发风险事件并造成损失的单位和个人进行严肃处理，从而切实做到风险管理关口前移，把好第一道关口。

2. 内控与风险管理部门是第二道防线。第二道防线的使命是充分发挥承上启下、有效衔接的组织协调作用。这一作用体现在三个方面：一是支持董事会在审议重大投资、重大项目、重大生产经营事项以及重大资金安排等项目决策中，把防范风险作为决策的必选项，高度关注风险分析和应对，在形成决议的同时，就风险防控问题提出改进意见和建议，指导相关部门强化风险主体责任，深入开展重大风险管控、风险事件分析和监督检查，实现重大风险管控到位、内控体系运行有效。二是支持各级风险管理委员会充分发挥审议决策、组织协调的作用，做好重大风险事项审议工作和决议事项的执行督办。三是内控与风险管理部门自身要认真贯彻落实国资委的各项监管要求，遵循“有效、高效”原则，持续完善内控与风险管理体系，制定更新制度标准，引入先进管理工具，着力加强业务培训，不断提升内控与风险管理能力以及工作的规范性、针对性、有效性。

3. 内部审计部门是第三道防线。第三道防线的使命是对公司重大风险状况进行再评估，对第一、第二道防线的管理措施和效果进行再监督。各级内部审计部门以风险为导向，对重点风险领域开展检查，揭示重大违法违规问题和重大风险。同时，从专业角度出发，提出管理和咨询建议，查

漏补缺、弥补短板，推动实现全面风险的闭环管理。

三道防线各司其职、各负其责，加强信息共享和沟通协作，加强过程监督检查，形成风险管理与内部控制、内部审计、纪检监察等工作的联动机制，发挥合力，严肃追责，坚守风险底线。

（二）内控与风险管理体系和其他管理体系的融合

几十年来，随着管理专业化程度的逐步提高，中国石油先后建立了质量、HSE、内控等多个成熟的管理体系。这些管理体系使相关业务管理的系统性、规范性、可靠性不断提升，帮助企业增强了竞争实力、创造了良好业绩。同时，由于这些体系分别关注各自的管理目标，随着企业管理规模扩大、管理层级增多，在实际工作中逐渐暴露出交叉重复、协同不畅的问题，降低了管理效率、增加了管理成本。如何解决管理体系交叉重复、彼此冲突、不够协调的问题，已成为公司管理提升的重要课题之一。

为此，中国石油自2016年起启动了管理体系融合工作。目的是加快制度与标准、体系与体系之间的融合，解决相互之间的重复交叉问题，形成一套系统完备、科学规范、运行高效的综合管理体系。主要做了以下三方面的工作。

其一，融合体系文件。对照业务需要和监管要求，通过消除重复、弥补缺失、优化完善，将原有的质量、HSE、内控、法律风险防控、惩防等管理体系与规章制度融合形成一套统一的综合管理体系文件。在实施路径上，通过梳理体系现状，明确融合内容，将不同时间形成的规章制度与管理体系标准文件全面融合，形成统一的综合管理体系文件，作为企业制度规则的唯一载体。同时，确保该综合体系文件能够体现和满足各专业体系的管理目标和控制要求。从架构上避免了多套分散独立体系带来的文件重复和要求不统一，强化了制度规则的权威。

其二，调整体系管理机制。将原本各负其责、各搞一套的体系管理方式，改为统一管理、分工负责的方式。由“体系融合工作领导小组”牵头、各部门共同参与，坚持以优化业务流程、明晰职责界面、提高操作效率为目标，以建立协同运行、协同维护工作机制为保障的原则，从源头保证综合管理体系的自身质量和顺畅运行。

其三，统筹协调各类检查工作。综合管理体系出台后，避免了管理上的冗余和互斥，实现了立足业务和岗位的“规则统一、标准完整”。公司可以此为依据，统筹安排各类专业检查，改变以往因多头检查、重复检查造成基层迎检负担过重的情况，提高检查效率的同时也降低了管理成本。

中国石油的管理体系融合工作取得了明显效果。例如，辽河油田分公司原有公司级规章制度 820 项，通过优化整合，废止 494 项，纳入综合管理体系 326 项，其中，保留使用 155 项，新建 51 项，修订制度 120 项；优化修订业务流程 33 个，新建业务流程 37 个，精减流程控制环节 67 个，撤销实施证据表单记录 207 个，修订 120 个，实现了业务流程、风险控制文档和实施证据表单记录与规章制度的严格对应。融合后的制度文件更加系统、完备、科学，形成职责明确、工作协调、信息共享、制度规则有效执行的综合管理体系运行机制，为企业依法合规经营、持续稳健发展奠定了坚实的制度基础。

管理体系融合并非“为了融合而融合”，不是各专业管理体系的简单叠加，更不是文件整合，而是在提高管理效率的同时，使风险管理与业务运行紧密结合、有效衔接，提升公司整体风险管控能力和管控效果。因此，在做减法、做合并的同时，必须保持公司管理的规范化、专业化、标准化。在此过程中，内控和风险管理发挥了重要作用。首先，坚持风险管理和过程控制的思想，充分考虑内外部监管要求，将内部控制相关内容与融合后的综合体系文件做好对照关系，做到体系无缺陷、风险无遗漏，并明确负责维护该部分内容的部门和岗位，确保能够独立接受外部审计监督审查。其次，坚持“业务主导”，从业务需求出发，提出对体系融合的要求，使体系融合紧紧围绕业务运行来开展，全面梳理业务流程中的风险因素，优化风险控制，提高控制效率。在设计阶段就避免了体系建设与业务运行的“两张皮”，确保融合后体系的系统性、有效性和可维护性，推动管理体系融合的健康、可持续发展。

自 2018 年起，中国石油连续三年对管理体系融合后的所属企业开展了体系合规性检查。结果表明，融合后的综合管理体系基本解决了以往制度体系分散独立所带来的问题，使业务流程更加优化，制度质量明显提高，各专业管理职能发挥得更加顺畅，生产作业更加规范高效，风险防控能力进一步增强，企业管理水平得到进一步提升。

（三）内控与风险管理和业务管理的融合

1. 建立业务能力框架。坚持“以业务为基础”的原则，从中国石油整体战略出发，建立业务能力框架，进行风险评估和分类分级管理，优化控制效率，将内控风险管理和业务运行融为一体。主要做法是：从集团公司战略目标出发，自上而下进行业务目标的层层分解，并通过关键成功因素分析，识别影响各业务目标实现的关键成功要素；对各业务领域现状展开评估，从业务实现的角度梳理完善各业务领域的业务全景；通过逐级拆解业务目标，形成各业务领域一级、二级、三级业务能力框架；明确每级能力的建设目标、管控模式、职能归属；基于能力框架对目前已有的业务流程架构进行梳理，将能力要素与流程目标相匹配，确定业务流程目录。

2. 问题导向、持续优化。通过内控测试整改，聚焦关键业务、重点领域和管控难点，兼顾合规与效率，梳理优化流程、完善风险控制设计。在实施全面风险管理取得成效的基础上，以面向业务、面向过程为目标，持续推动内控与风险管理和业务经营的深度融合。

3. 参与重大事项决策。2014 年以来，中国石油以重大项目投资为切入点，组织开展程序性审核研究，制定了审核指标及标准，颁布了投资项目风险管理程序性审核办法，对项目前期、项目实施和运营、项目后评价等阶段的风险管理工作进行审核，将投资项目风险评估细化落实到项目可研、论证、审批的全过程。

（四）内控与风险管理和监督职能的融合

就公司内部管理而言，风险管理、内控、审计、合规、监察等在管理上各有侧重。以采购业务为例，风险管理侧重的是采购决策做出时是否综合考虑了未来的各种情景对采购活动本身和生产运营产生的影响，从而做出最佳采购计划和安排。内控侧重的是采购的程序和流程中的关键控制点是否被设计全面并有效执行。做出采购决策之后，内控需要合理保障整个采购实施的控制和效率，与决策时考虑到的部分风险进行前后呼应。审计关注的是整个采购过程中采购制度是否健全、适当，是否得到了有效执行，相关部门是否恰当履行了职责。合规关注的是采购工作是否符合相关法律法规要求，是否遵循了内部制度的规定。监察（纪检）主要针对的是整个采购过程中人的要素（如廉洁风险）。

各部门的工作目标都是控制风险，但侧重点不同且存在明显的协同效应。如何建立风险管理与合规、审计、监察等部门间的协调运作机制，整合、优化相关职能，是提高内控与风险管理工作效率和管控水平的一个重要促进因素。

中国石油在内控风险管理体系建设与实践中，逐步形成了内控与风险管理和相关职能的协调机制。通过这种协调机制的建立，促进了相关职能部门之间的配合协作，而不再是“各负其责”“条块分割”。

首先，合理划分职责权限，打牢部门协作的基础。内控是风险管理、审计的基础，内控实施的其中一个目标就是要达到合规；风险管理负责风险防控的方案设计，为内部审计提供逻辑和方向；合规管理也是一种风险管理，合规管理环节包括合规风险的预防控制和监督问责；内控、监察是合规的监督检查追责环节，是合规管理的内容和环节。

其次，打开部门边界，实现信息的互通共享。在管理层测试准备阶段，充分发挥联合监督作用，向审计、纪检监察等部门征集在各类专项监督和检查工作中发现的问题线索，结合测试安排进行深入检查，共同推动问题整改，促进管理提升。测试结束后，及时将内控测试发现的例外事项分专业分领域通报相关部门，对测试发现的存在违规经营迹象的例外事项，及时移交审计部门，共享管理信息，形成整体合力，共同解决测试整改工作中面临的体制障碍、制度缺陷和管理漏洞等问题，提升监督效能，促进全面整改。

最后，优化工作方法，提高协作效率。合理安排各类监督检查，加强统筹协调，能够多专业联合开展的工作尽量统一组织，不能联合开展的也尽量避免内容重复。在管理层测试和外部审计安排上，加强与外部审计师沟通协调，科学选取测试范围及重点领域。按照“精简节约、提高效率”的原则，管理层测试和外部审计重合的单位，确保“同进同出”，减轻企业负担。测试过程中双方加强沟通，及时解决出现的问题，提高工作效率，保证测试质量。

七、中国石油国际事业公司衍生品风控实践

（一）公司简介

中国石油国际事业公司（以下简称国际事业公司）是中国石油的全资子公司，于2002年1月18日注册成立，注册资金180.96亿元人民币，主要职责是经营原油、成品油、天然气、石化产品进出口及转口等国际贸易业务，组织实施中国石油境外石油加工、储运码头、终端销售网络的建设和经营管理，以及境内沿海沿边口岸原油、成品油商业储备库和原油码头的建设与经营管理。

国际事业公司所从事的油气大宗商品贸易具有高风险、资金密集等特点。长期以来，受地缘政治、世界主要经济体的货币财政政策及供需市场等多重因素影响，国际油气价格跌宕起伏。衍生品业务是对冲实货交易市场风险、保证公司业绩平稳、健康发展的必要手段。与此同时，衍生品交易自身风险很高，若得不到有效控制，最终不但事与愿违，还可能产生重大损失。因此，衍生品业务是一把锋利的双刃剑，而完善的风险控制体系是开展此类业务的必要条件。

（二）内控风险管理体系的建设及主要特点

始终重视内控风险管理体系建设工作，坚持“防风险，强内控，促合规”的工作理念，经过十多年的实践和经验积累，逐步建成了一套设计严谨、组织严密、运作高效的内控风险管理体系，提高了经营管理水平和风险防范能力，促进了公司的健康、可持续发展。

成立由总经理担任主任的内控与风险管理委员会，作为内控与风险管理工作的最高管理机构，统一领导内控风险管理体系整体建设工作；风险控制部为内控与风险管理委员会常设机构，主要负责体系建设、运行、维护的组织及日常监督；各部门按照分工，负责本部门内控与风险管理相关工作；各分支机构负责组织本单位内控与风险管理相关工作。

连续16个年度更新《内部控制管理手册》。现行2021版内控手册共有基本业务流程306条，重要业务流程147条，识别风险861个，涉及制度127项，涵盖办公、财务、风险控制、计划与投资、人事、信息、项目安全环保等公司经营管理的各个方面。

通过建立健全内控监督机制，形成了内控体系测试、考核评价、持续改进的良性循环。各项业务都用制度、流程来规范，“讲流程、讲规范、讲控制”成为各级管理人员的广泛共识和工作习惯，促进了内控体系的持续有效执行。同时，国际事业公司通过强化内控宣传培训，提高了广大员工对内控工作重要性、必要性的认识，树立了“风险无处不在、风险无时不在、风险管理责任重大”的管理理念，形成了以守法意识、诚信意识为重点的风险管理文化，丰富了企业文化内涵、提升了内控执行力。

立足国际贸易业务特点，从市场风险和信用风险入手，搭建国际贸易风险控制框架：坚持交易授权和授权内容“差异化”原则，全面分析交易员和交易审批人员的履职能力，做好事前风险防控；实现了贸易业务全面风险监控和限额管理，通过市场风险日报监控体系的持续运行，客观展示公司贸易业务的风险全景，确保了市场风险被及时识别和防范化解；不断深化、细化管理要求，促进衍生品业务健康合规发展；所有贸易客户均执行客户准入流程，严格执行客户量化准入标准，资信和合规审核率达到100%，守住了客户准入关；规范贸易业务担保管理，确保对各分支机构担保总额控制在股比范围内；公司信用管理委员会审批大额授信与分支机构授权内审批授信管理界面清晰、明确，将重大授信列入国际贸易重大决策项目，按照“三重一大”程序审批，保证信用风险全面受控。

（三）衍生品业务风控体系的建立和完善

公司上下对风险防控工作高度重视，从公司领导到普通员工，始终将风控放在突出位置，这是做好风险防控工作最重要的前提。多年来，公司严格遵守国务院国资委的要求，始终坚持衍生品业务为实货业务服务、以实货套期保值为目的的原则，坚持以实货业务和衍生品业务的合并经营成果作为对各业务部门和分支机构的预算和评价依据，守住合规经营、不发生重大系统性风险的底线。经过多年摸索，公司不仅培养了一支高水平、高素质的交易和管理团队，也逐步建立了一套较为完善的风控体系，对交易授权、操作风险、市场风险等进行全面管理。

公司所遵循的证监会、国资委相关制度包括：证监会2001年对于境内企业参与境外期货业务所建立的许可证制度（仅对境外场内商品衍生品业务进行监管）；国资委2009年发布的《关于进一步加强中央企业金融衍生业务监管的通知》（以下简称《监管的通知》）；国资委2010年发布的中央企业金融衍生业务“临时监管机制”（对中央企业参与境外商品衍生品交易采取核准制、境内商品衍生品交易采取备案制）；国资委2015年落实简政放权措施，取消对境外商品衍生品交易的核准事项，改由各中央企业董事会或有关决策机构对商品衍生品业务进行决策核准；国资委2020年1月颁布的《关于切实加强金融衍生业务管理有关事项的通知》以及2021年4月颁布的《关于进一步加强金融衍生业务管理有关事项的通知》。此外，国际事业公司还遵循中国石油内部的相关衍生品业务管理制度。

国际事业公司自成立起就建立了风险管理专业部门，对衍生品业务进行管理；2004年成立期货业务管理委员会和期货风险管理委员会，对期货业务和市场风险进行管理；同年，国际事业公司交易管理信息系统上线，建立了衍生品业务合规检查机制。此后，不断完善衍生品业务风控体系，于2009年建成了具有本公司特色的三级市场风险监控体系。在此期间，国际事业公司不断参照国际大石油公司标准持续优化风控体系，强调贸易业务中台管理职能，对市场风险和客户信用风险进行专业化管理。

在制度方面，国际事业公司2006年制定了《市场风险管理规定》，2009年根据国资委颁布的《监管的通知》进行了修订，其后又数次修订；在流程方面，建立了交易授权、衍生品贸易、交易确认、市场风险控制、保证金收付、衍生品贸易交割、衍生品交易结算等十余条流程，具体如表1所示。

表1　衍生品流程

序号	衍生品流程名称
1	KP11.01.09.11.01 衍生品贸易交易确认
2	KP11.01.09.12.02 衍生品贸易境外交割
3	KP11.01.09.12.03 衍生品贸易境内交割

续表

序号	衍生品流程名称
4	KP11.01.09.12.04 衍生品贸易交易
5	KP11.01.09.12.05 衍生品贸易结账
6	KP11.01.09.12.06 衍生品贸易境内保证金收付
7	KP11.01.09.12.07 衍生品贸易境外保证金收付
8	KP11.01.09.12.09 衍生品贸易境外场外结算
9	KP11.01.09.12.10 交易授权
10	KP11.01.09.12.11 市场风险日报（EOD）
11	KP11.01.09.12.12 市场风险控制

（四）衍生品业务风控体系的主要特点和运行效果

国际事业公司对衍生品业务的风险管控涵盖交易的全生命周期，包括交易人员授权管理、操作风险管理、前中后台设置与人员配备、资金风险管理以及市场风险管理。

——交易人员授权管理

衍生业务操作人员需经过专业的授权审批。人事部根据制度对衍生业务操作人员的资质进行审核，具备资质的人员需按照标准的衍生业务操作人员授权审批流程，对交易员、衍生业务合同确认人员和衍生业务资金调拨人员等关键岗位实行授权上岗制度，并仅允许在获得授权批准后，在授权范围内进行业务操作。

——操作风险管理

公司制定了完备的衍生品交易授权、成交、确认、盘位盈亏监控、保证金、结算等相关制度和操作流程，对交易信息进行多重复核，通过事前、事中和事后的层层把关，保证公司衍生品业务的规范操作。具体如下。

（1）交易前保值计划制作与审批。业务单元实货交易员书面制订保值计划，保值计划明确保值产品的选择、保值产品与实货的对应关系以及保值思路。业务单元在单元内细分审批权限，分级授权，对保值计划分别审批。审批后的保值计划抄送分支机构风控人员、单元风控人员和总部风控部风控人员，确保后续监控的有效开展。

（2）进行交易。保值计划经审批后转交给纸货操盘手，纸货操盘手在授权范围内，按照保值计划进行交易。公司要求交易成交原则上必须在办公场所内进行交易，通过录音电话、电子邮件，或使用经过公司审批的电子交易系统等具有法律效力的工具成交。

（3）交易录入。交易操盘手在交易成交后，应立即将交易录入公司业务管理系统。

（4）风控岗对交易初核。风控人员于交易次日，对照保值计划和交易审批文件，检查本单位纸货操盘手和实货交易员的交易情况。

（5）合同岗对交易二次复核。合同岗每日根据经纪商日报对交易员报送的交易信息进行复核，确保信息一致。确保系统记录的交易信息准确无误。

（6）盯市评估和报告。风控人员更新市场价格并导入业务系统，对风险敞口进行评估和报告。

（7）保证金追加发起与审核。如因市场价格变动需要追加和收取保证金，保证金岗每日审核业务系统浮动盈亏计算结果与期货公司、经纪商或交易对家进行核对，核对无误后发起保证金收付程序，经适当审批后，由资金调拨人员负责追加保证金，根据实际收付款情况，保证金岗每日更新保证金报表报相关领导和人员。

（8）合规岗对交易流程定期检查。为确保交易操作合规，合规人员定期对流程操作合规情况进行检查，每月向管理层和全系统通报合规情况。

——前中后台设置与人员配备

国际事业公司对衍生品业务管理遵循前中后台分离的原则，实行前中后台的岗位分离设置。

国际事业公司全系统有交易员 230 人，有衍生品交易授权的交易员 89 人，其中，中国籍交易员 47 人，均获得期货从业资格证书，且有多年贸易执行经验；外籍衍生品交易员 42 人，多数具有国际大型石油公司或贸易公司的 5 年以上交易经验。国际事业公司全系统风控人员共计 103 人，境内风控人员 35 人，境外风控人员 68 人。85% 以上的中台人员在相关岗位的工作年限超过 5 年，整体经验丰富。国际事业公司全系统财务人员负责贸易流程上的预算、结算、资金调拨以及会计核算等事宜，对收付款等重要环节实施双岗复核制。如图 2 所示。

前台

纸货交易员/操盘手
进行场内外纸货交易，将交易录入信息系统

中台

风险控制	信用管理	合同管理	保证金管理	合规管理
监控持仓盘位 监控PL的变化 预估远期价格 监控交易授权 监控保值计划执行 管理维护商品和市场信息	管理交易对家名单 设置信用额度 监控信用风险 违规预警	制作合同 与经纪公司或交易 对家确认交易	保证金的发起、审核	内部合规检查

后台

财务：结算、资金调拨、会计核算
– 发票的制作 – 资金收付与核算 – 月结和年结

图 2　衍生品业务岗位设置

——资金风险管理

为确保资金安全，国际事业公司制定了严格的保证金收付审批流程和审批权限。支付保证金时，由保证金管理人员发起，业务部门负责人、风控部门负责人、财务部门负责人审批、会签，超过一定金额的还需总会计师和期货业务主管领导审批后进行支付。衍生品业务产生浮盈时，在保持仓位安全的情况下，保证金管理人员向经纪商、期货公司发出调回保证金的指令。保证金管理人员定期更新保证金监控报表，报相关领导和人员。

——市场风险管理

建立三级市场风险管理体系。由期货风险管理委员会（总部风控部为日常办事机构）、业务单元风控岗以及分支机构风控岗组成，该体系按照自上而下进行授权（如风险限额指标的审批与分解）、自下而上进行汇报（如风险监控报告上报汇总）的模式进行运转，对市场风险进行管控。

科学设置市场风险控制指标。对实货和衍生业务统一管理和监控，动态监控套期保值效果。设定净持仓盘位限额和月亏损限额作为控制市场风险的手段：净持仓盘位要求业务部门必须根据实货持仓盘位，通过衍生品保值手段对冲实货盘位，控制总持仓盘位，从而做到盈亏变化可控，是一种事前控制风险的手段；月度亏损限额是通过动态监控变化，在业务盈利大幅度减少或出现亏损时，及时采取应对措施以防止风险的进一步扩大。

建立市场发生重大变化时的应急机制。当发生以下事件时触发业务应急机制：公司设定两级风险预警机制，亏损达限额的50%时为黄色警告线，亏损达限额的80%时为红色警告线；净持仓盘位限额和月亏损限额超限时；发现违规交易时；在风控指标未预警或超限，但持仓盘位或盈亏状况有不合理变化时；其他重大市场风险情况发生时。针对上述风险情况的发生，三级风控体系有规范的应急预案应对，在规定的时间、人员范围内进行及时的风险报告与处理。

建立能源交易和风险管理系统（ETRM）集群。国际事业公司通过自主开发、外部采购等方式，建立了对整个贸易流程进行监管的信息系统集群，包括先锋系统、Symphony 系统、Endur 系统、Entrade 系统，能实现交易录入、合同会签、交易执行、信用敞口监控、盘位和盈亏监控、结算等一系列功能。针对不同业务的特点，国际事业公司还在不断对这些系统进行开发完善，采购新的系统对特殊业务进行管理，开发不同系统之间的接口，不断提高业务和风险管理的自动化水平。

八、长庆油田分公司风险管理实践

（一）公司简介

长庆油田成立于1970年，总部位于陕西省西安市，是中国石油的地区分公司，主营鄂尔多斯盆地油气及伴生资源的勘探、开发、生产、储运和销售业务，工作区域横跨陕甘宁蒙4省（区），是目前我国油气产量最大的油气田。现有采油单位14个、采气单位10个、输油单位3个以及相关科研、生产辅助单位，拥有员工6.8万人。营业收入、利润等指标连续多年排名中国石油首位，确保了国有资产保值增值。

50年来，长庆油田不断发展壮大，已成功开发34个油田和13个气田，累计生产油气当量超过7亿吨，长期向京津冀、陕西、内蒙古等省份稳定供应天然气。2009 年以来，长庆油田遵循习近平总书记到长庆陇东油区视察时“建西部大庆、创和谐典范”的指示精神，加快了增储上产步伐，2013 年油气当量突破 5 000 万吨，如期建成“西部大庆”，并连续 8 年保持高效稳产。

2018 年，长庆油田制定了“二次加快发展”战略规划，推动油田从持续稳产转入快速上产，进入又一个高质量发展的新阶段。2020 年，长庆油田生产油气当量超过 6 000 万吨，创造了中国石油工业新的里程碑。

（二）风险管理实践

——健全风险管理组织机构

油田公司内控与风险管理委员会是风险管理工作最高领导机构，负责贯彻落实国务院国资委、中国石油的有关工作部署，对油田公司重大风险管理事项进行决策，如图 3 所示。

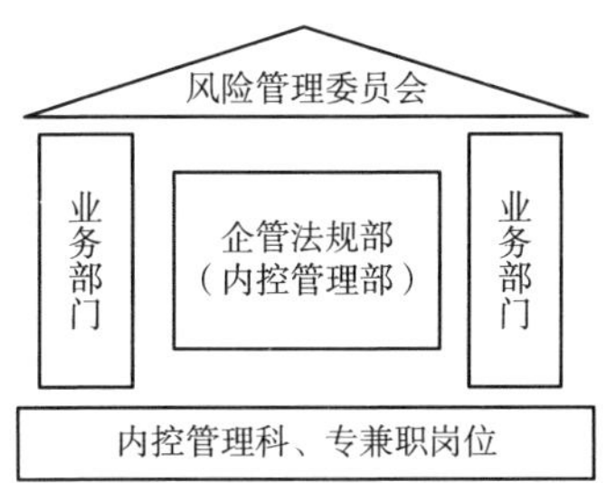

图 3 油田公司风险管理组织机构

油田公司机关职能部门均设立兼职内控与风险管理岗位；所属二级单位均设立内控与风险管理业务部门和专职岗位。在各层级明确内控与风险管理体系建设和运行监督的职责，为深入推行全面风险管理提供了组织保障。

——培育风险管理文化

良好的风险管理文化首先贯彻在企业规章制度的建设过程中。油田公司在重大经营风险事件管理、法律风险防范、生产安全风险治理、廉洁风险防控、危险化学品管控等业务领域建立了一系列规章制度，将风险管理的理念融入日常业务活动的方方面面。在油气田开发建设、财务管理、物资管理等 28 大类业务、519 个流程中，识别业务风险 528 个，制定关键控制措施 446 项，形成了完善的风险防控制度体系。

良好的风险管理文化是合规管理的基础。油田公司在日常管理过程中，始终注重对风险管理理念、知识、流程和规章制度的宣贯培训，培育和塑造良好的风险管理文化。经过多年持之不懈的努力，公司上下形成了“有风险没有及时发现就是失职”“发现风险没有及时提示和处置就是渎职”“不把风险防控责任推给上面、留给后面，更不在工作中制造风险”的风险监管氛围。积极推进风险管理由事后处理向事前防范转变，实现了“全部业务流程、全过程控制、全面风险管理”的管理目标。

——做细做实风险评估

风险评估是风险管理的重要基础工作，也是体现风险管理与业务管理有效融合的重要环节。按照“谁主管业务，谁控制风险”的原则，业务部门全程参与风险识别、风险评价、风险管控以及风险监督，如图 4 所示。

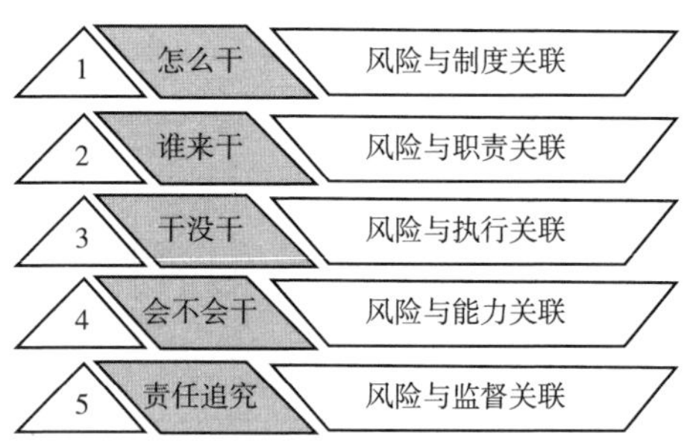

图 4　风险评估内容

建立完备的风险数据库。在开展风险评估前期，围绕年度生产经营和战略发展目标，通过调查问卷、头脑风暴等方式，深入分析、辨识影响业绩指标实现的潜在风险，形成油田公司风险数据库，涵盖了健康安全环保、法律合规等 28 大类 123 项风险。

合理确定评估范围。参与风险评估范围以油田公司领导、机关职能部门、机关附属及直属机构、基层单位副处级及以上管理人员为主。

细化评估标准。油田公司以中国石油颁布的风险评估规范为依据，结合自身实际情况，细化了风险“可能性等级”和“影响程度”的评估标准。考虑风险发生的可能性时，从发生概率、大型灾害/事件类、日常营运等角度进行评估；考虑风险的影响程度时，从财务损失、企业声誉、法律、安全环境、营运五个方面进行评估，每个维度分为五级，分别以5、4、3、2、1分值进行评分。

保证参与率。每年定期以内控与风险管理委员会文件、工作联系函等形式，将风险评估表及参考标准送达各单位，组织开展风险评估工作。油田公司领导层参与风险评估比例达到90%以上，副处级以上管理人员参与率达到85%以上，单位覆盖率达到100%。根据汇总结果，按公司领导、机关职能部门、所属单位5：3：2的比例划分权重，通过加权平均计算，确定风险等级。根据风险评估结果，生成风险热力图。

——细化风险管控方案

内控风险管理部门针对每个风险明确了公司主管领导、主管业务部门和需要配合的部门。重大风险管控方案由业务主责部门围绕年度业绩指标、年度计划重点工作，制定风险管控目标、管理策略、解决方案和监督检查计划。方案制定后经过公司主管领导、公司党委会、年度职工代表大会审核后下发执行，进一步落实风险管控责任，如表1和表2所示。

表1　　健康安全环保风险管控方案——安全环保

风险描述	在油气及伴生资源的勘探、开发、生产、储运和销售等业务过程中，导致人员伤亡、环境污染、财产损失、作业中断，以及由此引发的法律诉讼等不可预料或者危险的情况发生，使公司在经济或声誉上遭受损失
关键成因	1. 公司主要涉及油气及伴生资源的勘探、开发、生产、储运和销售等业务领域，具有高温高压、易燃易爆等特点 2. 公司生产经营活动区域沟壑纵横、梁峁交错，水源、林区等自然保护区较多，环境敏感，环保风险较高 3. 生产作业过程中受洪水、山体滑坡等自然灾害影响，容易导致油气生产设施受到破坏，引发安全环保风险 4. 作业过程中监管不到位、教育培训不到位，作业人员安全责任意识不强等，容易造成违章操作，引发安全环保风险 5. 含硫气田管线、高含水输油管线腐蚀问题较为突出，污油泥处置、采出水处理、伴生气综合利用、泥浆不落地等环保要求严格 6. 油区外部环境恶劣，管线打眼、偷油事件时有发生，容易造成油气泄漏，引发安全环保风险
涉及业务领域及管理环节	健康安全环保风险涉及油气资源勘探与开发、生产运行、工程项目建设、油气产品储运等业务领域的生产管理环节
风险管控目标	杜绝井喷失控事故，杜绝一般A级生产安全事故（含火灾、爆炸），杜绝一般A级环境事件，主要污染物排放全面受控，环境风险得到有效管控，追求“零事故、零伤害、零污染”

续表

风险偏好（回避\追求\中立）	回避	预警指标	一般A级及以下安全环保事故	风险管理工具（接受/分担/规避/减轻）	规避
风险容忍度	杜绝井喷失控事故、较大及以上火灾爆炸事故、较大及以上职业病危害事故、较大及以上亡人事故。杜绝较大及以上环境事件（突发环境事件、环境保护违法违规事件），油气区生态环境质量总体改善，主要污染物排放全面受控，环境风险得到有效管控				
风险解决方案	1. 整合质量及HSE量化审核标准，加强关键领域、管理薄弱环节、高风险作业的审核力度，扎实开展QHSE体系审核 2. 完善考核评价标准，强化重复性“低老坏”、习惯性“三违”和较大安全环保事故隐患等管理问题的考核评价 3. 加强双重预防机制建设与运行，持续开展隐患排查治理，落实分级防控机制，针对重点项目实施治理效果后评估 4. 狠抓作业过程管控，强化“反违章六条禁令”“四条红线”“六项较大风险”“五个零容忍”及“三十一条禁令”的贯彻落实，严格落实作业过程安全措施 5. 按计划推进《安全生产专项整治三年行动计划实施方案》实施，落实好2个专题、3项任务、4个专项整治行动 6. 持续强化生态环境风险防控，突出抓好管道泄漏风险，实现“管道泄漏次数每年下降20%、5年内清零”的目标 7. 全面推进清洁生产，以厂处单位为单元，开展清洁生产审核，实施承包商清洁作业许可管理				
具体职责	1. 公司领导职责：贯彻落实国家法律、法规及集团（股份）公司、油田公司相关规章制度。安排部署公司健康安全环保方面的重大决策，协调解决重大事项 2. 责任部门职责：负责组织制定公司生产安全、环境保护、职业卫生、标准化等业务规章制度。负责组织公司QHSE管理体系的建立、实施、培训、审核和持续改进。负责对所属单位健康安全环保责任落实情况考核。负责组织制定安全环保事故应急预案；负责安全环保事故内部调查处理。负责职业健康、劳动防护、有毒有害作业场所检测及危害控制的监督管理 3. 所属单位职责：负责贯彻执行公司健康安全环保方面的规章制度。制订并落实本单位安全环保规章制度和操作规程。建立、推行健康安全环境（HSE）管理体系。负责保障本单位安全环保所需资金投入，实施安全环保隐患的排查、立项，重大隐患治理。负责开展安全环保风险辨识，制定应急措施，实施监督检查，及时消除事故隐患。负责制定安全环保事故应急救援预案，定期开展应急救援预案演练，如实报告生产安全环保事故，并落实整改措施				
执行细则及要求	《长庆油田分公司安全生产管理办法》 《长庆油田分公司生产安全事故事件管理办法》 《长庆油田分公司作业许可管理办法》 《长庆油田分公司安全环保事故隐患管理办法》 《长庆油田分公司承包商QHSE监督管理实施细则》 《长庆油田分公司环境保护管理办法》 《长庆油田分公司环境事件管理考核实施办法》 《长庆油田分公司油气田建设项目环境保护实施细则》				
责任部门	质量安全环保部				

表 2　　健康安全环保风险监督检查计划

风险名称	检查方法	公司主管领导	监督检查牵头部门	监督检查配合部门	时间计划
健康安全环保风险	每半年组织 QHSE 管理体系一体化量化审核	××	HSE 负责部门	QHSE 专业委员会办公室、相关业务部门、监督监理单位	半年
	每季度组织一次 QHSE 过程业绩量化考核				季度
	日常工作中不定期开展现场督查、专项检查				日常
	按照“四不两直”要求，深入基层单位、油田社区、人员集中办公区域、重点场所和关键岗位开展疫情防控措施落实督导督查		行政事务负责部门	油田疫情防控专业小组	日常
……	……	……	……	……	……

——强化过程监督

油田公司将重大风险评估、日常管控和监督检查计划的落实情况纳入年度合规管理进行检查。健全信息沟通、线索移交、成果共享等工作机制，整合运用内控、纪检监察、审计、法律等监督力量，重点关注以下内容：针对重大风险是否建立相应的应急预案等事前管控方案和手段；风险监督检查计划是否与业务部门日常工作相结合；监督检查后是否形成记录或报告并可跟踪可评价；发生风险事件后是否能及时规范处置；风险事件是否存在迟报、瞒报、漏报等情况。

——探索开展风险预警

近年来，油田公司结合内外部环境变化和生产经营形势，探索开展风险预警，积极推进风险管理由“事后处理”向“事前防范”转变，力争做到重大风险早识别、早预警、早发现、早处置。开展预警的业务包括投资、财税、征地、疫情、价格、招标、合同、用工、集体企业改制、退休人员社会化等领域。预警方式包括电话预警、下发风险预警函、发布风险预警报告。

（三）防范重大风险实例

2020 年以来，面对新冠疫情和油价波动的严峻形势，油田公司强化重大风险动态监测，组织开展专项风险评估，不断完善预警、防控、监督检查的协同联防机制，实施精准管控，有效化解了安全环保和投资风险。

——完善预防控制体系，消减安全环保风险

认真贯彻落实习近平总书记关于安全生产重要论述和对黄河流域生态保护的要求，牢固树立“以人为本、质量至上、安全第一、环保优先”的安全发展理念，深刻汲取企业内外部风险事故事件教训，狠抓油气管道隐患治理、黄河流域生态保护和安全生产专项整治，健全完善风险防控体系和长效机制。

建立风险分级管控清单。定期更新发布安全生产风险分级管控清单、安全风险四色图及风险矩阵评分体系。在公司各单位实施安全风险防控方案网上备案，做到风险分级防控“四个到位”（辨识到位、措施到位、管控到位、责任到位），解决安全生产管理上“想不到、管不到、治不到”的问题，为建立安全生产长效机制打牢了基础。

强化风险源头管控。将钻（试）修井井喷失控、原油储备（生产运行）库火灾爆炸、原油长输管道泄漏爆炸、重大自然灾害、危险化学品运输泄漏等七项风险列为公司级重点生产安全风险进行防控。制订应急处置救援保障方案，实施设备在线状态数字化监测预警，推进油气泄漏实时监测等先进技术的现场应用，不断提升安全风险防控能力。

提升环境风险防控能力。油田公司以“既做国家能源的开发者，也做美好环境的保护者和绿水青山的再造者”为理念，制定了黄河流域生态环境保护方案。修订发布突发环境事件专项应急预案，组建了环保应急专家库、专业应急救援队伍；完善资源配置，设立多个环保应急中心库、应急物资库和拦油坝；建立应急预警监控平台，油区主要河流安装多套视频监控系统和红外线溢油监测装置。

目前，油田公司生态环境保护水平不断提升，油区生态环境质量持续向好。计划通过 2 ~ 3 年使油田公司成为黄河流域生态环境保护的模范企业，生态环境保护工作达到国内油气行业领先水平。

——突出经济效益论证，有效应对投资风险

为了克服疫情及低油价的不利影响，油田公司持续优化完善投资管理机制，深入推进提质增效专项行动，投资管理规范化、科学化、精细化水平大幅提升，投资回报率保持较高水平。

完善投资项目管理体系。进一步优化投资管理制度和流程，将储量、产能产量、工作量、投资控降等指标纳入部门、单位主要领导业绩合同，严考核、硬兑现、强追责，压实各部门、各单位投资管理责任，形成“总量控制、全面优化、先算后干”的投资管理体系。

加强项目前期评估论证。为提升项目前期工作质量，对重大投资项目、纳入中长期发展规划的项目，开展风险评估及程序性审核，严格按照审批权限，组织项目方案编制、风险评估、预审和报批工作。以项目基准收益率和完全成本指标为底线，倒逼资本投入和方案优化，达不到效益指标的项目坚决不立项、不实施，确保新建项目对经营利润的正向拉动。

严格投资总量控制。围绕油气勘探开发主营业务，投资向优质项目倾斜。优先保障重点工程及效益工程，压减非生产性支出。合理把握投资计划下达节奏，确保年度投资总量和各专业投资规模控制在计划之内。2020年以来，油田公司对已审定的地面工程进一步筛选优化：优先保障油气重点项目、安全环保隐患治理项目及基本民生工程；暂缓实施或取消对当年生产经营指标影响较小的多个改扩建、公用配套等项目，极大幅度地控减了投资。

强化投资执行过程管控。采取月度统计进展跟踪、季度对标分析、年度考核兑现、组织开展重点项目监督检查等措施，掌握投资项目实施动态，及时发现、反馈并协调解决问题，定期开展建设项目结转投资清理检查。2020 年，投资完成率达到 90% 以上，项目验收结算工作明显加快，跨年结转投资规模、投资沉淀现象大幅下降。

九、结语

基于 COSO 框架和《萨班斯—奥克斯利法案》的内控与风险管理体

系，代表了西方企业风险管理的主流文化。对于传统中国企业来说，引入内控与风险管理体系，相当于一次“老树嫁接新枝”。从嫁接到融入需要一个相当长的过程。尽管中国石油用了比较短的时间就完成了全系统的内控风险管理体系建设，并坚持不懈地实施维护更新，但嫁接之后的融入过程至今仍未结束。我们认为，这是一个从形态上的融合逐步走向文化融合的过程。最初只是引入一种新的世界通用的风险管理语言，然后推广了一系列管理技术及相关标准，进而形成一种新的风险管理理念，最终改造了原有的企业文化。也就是说，这是一个从语言到方法再到理念和文化的嬗变过程。这一嬗变过程体现为风险管理体系的逐步建立和持续优化，风险管理部门与业务部门及职能部门在工作机制层面上的融合程度不断加深，进而解决风险管理与业务管理“两张皮”的问题。其背后则是国际通行管理文化的引入和中国企业管理制度变迁的交相辉映。

因此，我们不应孤立地看待中国企业风险管理的现代化问题，而应将其放在中国企业建立现代企业制度，引入先进管理文化及其实践成果，以完善公司治理体系、实现治理能力现代化为目标的改革大背景下加以考量。对于大型国企来说，建立健全风险管理体系的过程，就是世界先进管理理论与中国企业管理实际相结合的过程。作为国企的内控与风险管理从业者，应该具备更开阔的眼界、更开放的胸襟、更务实的态度，一切从实际出发，不断开拓创新，为探索建立中国特色现代企业管理模式做出应有的贡献。

案例二　国家电力投资集团基于多维度协同的风险管理体系建设

王　岩*

国家电力投资集团有限公司（以下简称国家电投）应用控制论、系统论和信息论原理，推进权责配置制度化，实现风险管理领导体制协同；推进管理行为集约化，实现风险管理组织方式协同；推进实施“一岗式审查”“一站式评价”“全程式管控”“全景式支持”实现风险管理工作机制协同；推进工作职责角色化，实现风险管理岗位履职协同，进而形成面向业务、基于流程、根植岗位的基于多维度协同的风险管理体系。利用信息化、智能化和数字化技术，建立“一级部署三级应用”的一体化管理平台，形成以“风险（隐患）台账”和“问题（缺陷）台账”为中心的数据中台，实现风险数据收集汇总、分类梳理、分析预警，实现风险管理集团化、体系化、制度化，实现风险控制流程化、标准化、数字化。该体系

---

* 王岩，女，蒙古族，中共党员，1971 年 3 月出生，毕业于沈阳工程学院计算机应用专业、东北电力大学工程管理专业，硕士学位。现为国家电力投资集团公司法律部副主任，公司律师、一级法律顾问，高级经济师。

曾参与：

1. “十三五”国家重点图书《一带一路沿线国家法律风险防范指引（土耳其）》；
2. 《发达国家国有企业承载国家战略国际比较研究》；
3. 《能源企业法律实务——典型案例精析与法律风险防范》。

曾承担：

1. 国家电投《基于法治框架的法律合规风险内控协同运作研究》；
2. 国家电投《国有资本投资公司制度体系研究》；
3. 国家电投《国有资本投资公司授权体系研究》；
4. 国家电投《集团公司合规体系研究》；
5. 国家电投《合同法律合规审查指引》《章程法律合规审查指引》《制度法律合规审查指引》《绿地项目法律合规审查指引》《并购项目法律合规审查指引》等 24 部指引和指南的研究；
6. 承担《中电投管控一体化改革方案》《中电投与国家核电联合重组方案》《国家电投一流总部建设方案》等近百项方案的起草工作。

的建设为把风险管理纳入战略管控体系、融入业务发展格局提供了方法论，该体系的运行为一体化平台建设提供了可操作、可推广的解决方案。

国家电投是中央直接管理的大型国有重要骨干企业，成立于2015年7月，由原中国电力投资集团公司与国家核电技术有限公司重组组建。国家电投是我国五大发电集团之一，是全球最大的光伏发电企业，2021年在世界500强企业中位列第293位，业务范围覆盖46个国家和地区，产业覆盖核电、光伏、火电、风电、水电、协同板块（煤炭、铝业、陆港）、重燃、能源工业互联网、综合智慧能源、能源服务和营销网络等板块。国家电投肩负保障国家能源安全的重要使命，负责牵头实施“大型先进压水堆核电站”“重型燃气轮机”两个国家科技重大专项，是“能源工业互联网”平台建设任务的主责单位，也是国务院国资委确定的国有资本投资公司试点企业。截至2021年底，国家电投员工总数12万人，二级单位62家，资产总额1.4万亿元，总电力装机容量1.8亿千瓦，清洁能源占比60%。

党的十八届四中全会对全面推进依法治国做出战略部署。习近平总书记强调要把全面依法治国放在“四个全面”战略布局中来把握，全面推进依法治国总目标是“建设中国特色社会主义法治体系，建设社会主义法治国家”，这是法治央企建设的根本和行动指南。国务院国资委于2015年印发《关于全面推进法治央企建设的意见》，鼓励中央企业探索建立法律、合规、风险、内控一体化管理平台；2021年印发《关于进一步深化法治央企建设的意见》，要求中央企业探索构建法律、合规、内控、风险管理协同运作机制。

国家电投是中央直接管理的能源骨干企业，也是国务院国资委确定的国有资本投资公司试点企业，始终站在确保国家能源安全的高度，坚持践行新发展理念，构建新发展格局，以积极推进能源革命、构建新型电力系统为己任，瞄准核心竞争力和产业控制力的顶端，建立零碳智慧生态能源体系；始终牢记中央企业使命责任和出资人重托，坚持国有资本投资公司改革方向，深入推进体制改革，规范董事会建设，做实战略管控；始终坚信构建基于多维度协同的风险管理体系是深入推进法治央企建设的内在要求，是建成世界一流清洁能源企业的必由之路，是探索国有资本投资公司风控规律的必然选择。国家电投积极落实国务院国资委法治央企建设各项部署，将法治央企建设要求作为从根本上防控风险的战略部署纳入“2035一流战略”，列入“十三五”和“十四五”规划，将其作为推进战略转移、战略转型和战略发展以及实现市场化、现代化、国际化的重要支撑和保障。为推进风险管理与公司业务深度融合，2018年国家电投党组提出，在法治央企建设的框架下，推进风险管理三道防线协同运作，把依法治企要求全面融入企业决策、运营各个环节，贯穿各业务领域、各管理层级、各工作岗位，并将法律、合规、风险、内控四项职能统一归口法律部门管理，探索构建基于多维度协同的风险管理体系。

一、基于多维度协同的风险管理体系建设基本思路和总体目标

国家电投脱胎于计划经济时代的传统发电企业，传统产业集团的管理烙印根深蒂固。2018年以前，国家电投与大多数中央企业一样，法律、合规、风险、内控四项职能分散管理，系统风险防控能力不强，对价值创造的贡献率不高。从职能管理的角度看，四项职能各有来源，各有依据，但体系交叉、界面不清、多头领导、工作重叠，所属企业应接不暇，疲于应付；从集团管控的角度看，四项职能管理目标基本一致但实现方式不同，管理的标准化水平不高、集约化程度不高、成果利用率不高，尚未形成集团化、体系化的风险防控体系；从监督合力的角度看，第一道防线的职能监督，第二道防线的法律合规监督和内部控制监督，第三道防线的审计监督和巡视监督实施主体各异，均在风险发现环节投入较大精力，对各类风险形成原因和防控措施分析研究不够，问题和缺陷整改建议的针对性不强，尚未形成三道防线协同运作、融合高效的风险监督机制。从风险管控的效果看，投资项目决策前、合同签署前、工程建设定标前法律合规审查和风险评估较严，实施过程中风险跟踪防控较弱。已经发生的风险事件、纠纷案件在不同的企业，或同一企业的后续项目、后续交易，同一项目的后续环节中重复出现。

随着国家电投内外部经营环境的剧烈变化，风险管理成为公司保护价

值的重要手段，并逐步演变为创造价值的重要保证。国家电投实现创新发展必须解决上述问题，而解决上述问题单纯靠增加人员跟踪管控风险难以为继，只有在实践中不断创新风险防控机制、方式和方法，借助信息化、智能化、数字化技术创新管理工具，建立起动态覆盖投资项目、市场交易、工程建设等重要经营活动“全生命周期”的风险防控体系，提供跨时间、跨空间、跨组织的全景化风险防控支持服务，才能适应从大型能源基地建设到县域分散式、分步式综合智慧能源开发这一重大战略转型需要，才能适应从甲方身份的能源供应商转变为乙方身份的综合性能源服务商这一经营模式创新需要。

从企业战略发展目的角度看，法律、合规、内控以防范化解企业风险为最终目标，是企业核心的风险管理活动；从企业战略发展规制角度看，只有在法治框架下，依法依规而行，才能实现四项职能的有机融合、协同运作。

（一）指导思想

以习近平法治思想为指导，以推进国家电投“2035 一流战略”为引领，深入贯彻国务院国资委关于法治央企建设的各项部署，认真落实国家电投党组依法治企的各项要求，以风险管控和价值创造为目标，以解决问题、治理隐患、整改缺陷为导向，面向业务、基于流程、根植岗位，通过领导体制协同、组织方式协同、工作机制协同、岗位履职协同，实现法律管理、合规管理、风险管理、内部控制与业务深度整合、力出一孔，发挥协同效应，为国家电投实现安全状态下可持续经营，建设世界一流清洁能源集团提供支撑和保障。

（二）基本原则

一是坚持顶层设计原则。高度重视并统筹协调顶层设计是集团化企业开展基于多维度协同的风险管理体系的重中之重，以国家电投“2035 一流战略”为引领，学习世界一流企业法治建设与风险防控的思路和方法，统筹开展顶层设计，总体布局，精准发力，分步推进，持续提升。二是坚持问题导向原则。聚焦集团公司法治建设存在标准化水平不高、集约化程度不高、成果利用率不高等问题，通过基于多维度协同的风险管理着力提升管理体系和管理能力的现代化水平，着力提升法治建设和风险防控的质量和效率。三是坚持创新驱动原则。紧紧跟进业务创新、技术创新和管理创新步伐，优化完善制度流程，建立完善一批规范、指南、指引和标准，依托法务信息化系统，推动智能法务和数字风控建设，打造一体化管理平台。四是坚持融合发展原则。在能源革命与数字革命深度融合发展，国资国企改革和电力体制改革深入推进的背景下，基于多维度协同的风险管理体系，在国家电投战略引领下，与国企改革三年行动及提质增效工作相结合，推进风险防控质量变革、效率变革、管理变革。

（三）总体目标

在国家电投战略统领下，以价值创新创造为本，以领导体制协同为纲，以组织方式协同为要，以工作机制协同为魂，以岗位履职协同为基，依托三道防线建立一套权责配置、制度流程、岗位职责、标准规范高度适配、精简高效的风险管理体系；建立一个以风险数据信息治理为中心的信息化、智能化、数字化的一体化管理平台；打造一支专业能力强、综合素质高，适应风险管理集团化、体系化要求的人才队伍，聚焦投资项目全周期、改革任务全过程、管理活动全流程，提升运营效率和风险管控能力，实现风险事项超前预判、科学防范、动态追踪、可控在控。

（四）体系构成

基于多维度协同的风险管理体系主要内容包括“四个协同”和“一个平台”。一是领导体制协同，是指四项职能在组织领导和责任划分方面建立的协同关系，主要解决四项职能在公司治理和职能管理中的定位问题。二是组织方式协同。在职能配置方面，法律、合规、风险、内控在管理理念、机构设置、职责划分、制度规范、方法工具、人员配置等管理要素方面建立协同关系，建立四项职能与业务有机联系和高效运转的管理方式，把属性类同、高度关联的工作事项一次完成，最大限度地避免工作重复、交叉。三是工作机制协同，通过开展“一岗式审查”“一站式评价”“全程式管控”“全景式支持”，聚焦关键环节、重点领域、风险事项和应用场景，赋能经营活动各业务场景下的风险防控，使四项职能提供高质量服务保障业务发展。四是岗位履职协同，是指按照面向业务快速、高效响应的要求设置岗位职责，最大限度地减少信息不对称情形，最大限度地降低信息传递与沟通成本，提高工作效率和质量。“一个平台”是指支撑基于多维度协同的风险管理体系运行的一体化管理平台，依托该平台整合资源优势逐步实现风险管控规范化、信息化、智能化、数字化。如图1所示。

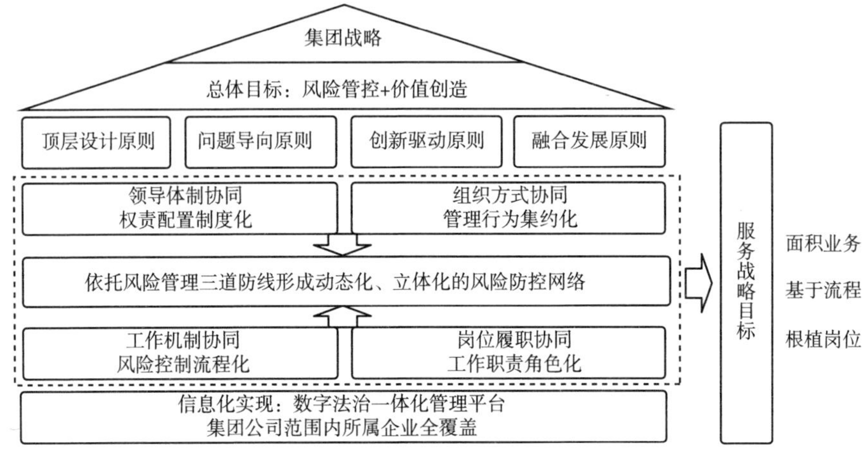

图1　基于多维度协同的风险管理体系逻辑框架

二、推进权责配置制度化，实现风险管理领导体制协同

明确治理主体法治建设和风险管理的权责划分是构建基于多维度协同的风险管理体系的前提。企业党组织是法治建设领导决策机构，董事会是合规管理、风险管理、内部控制的最高决策机构，对其有效性负责。国家电投把四项职能统一在法治建设框架下，党组织决定法治建设的目标任务和重大事项，定期听取法治建设汇报，对合规管理、风险管理、内部控制履行前置研究，由董事会履行决策程序。实践中，国家电投成立法治央企建设领导小组，在党组领导下开展工作，负责贯彻落实中央精神和国资委要求，研究制定集团公司法治建设实施方案、年度工作要点和考核评价报告，协调解决方案实施过程中出现的问题，综合合规、风险、内控情况每半年向党组汇报一次工作。

国家电投董事会下设风险（合规）管理委员会，履行合规、风险、内控专业委员会职责，负责审议、指导、协调法律、合规、风险、内控的重大事项和重要工作，为董事会决策提供专业支持。董事会每半年听取一次法治建设和风险防控情况汇报，研究审定重大风险和重大案件处置方案，年度合规管理报告、风险管理报告、内部控制报告。

为确保基于多维度协同的风险管理体系稳定运行，国家电投整合优化形成了以法治建设规定为统领的 1 +4 + N 的制度体系（其中，4 是指“规章制度管理规定”“合规管理规定”“风险管理规定”“内部控制规定”四项制度），明确在法治框架下建立推进法治建设第一责任人职责、规章制度、合规、风险和内控的组织职责和协同机制。

法律、合规、风险、内控具有较强的关联性，其中，法律管理与合规管理高度关联，风险管理与内部控制高度关联，如果四者统一归口一个部门有利于建立协同关系，如果四者不能归口一个部门，法律管理与合规管理可归属一个部门管理，风险与内部控制可归属一个部门管理。国家电投集团总部在“十三五”期间完成了法律、合规、风险、内控职能整合，归口管理部门设在法律商务部（以下简称法商部），明晰各职能间的管理界面并建立基于多维度协同的风险管理机制，统筹配置法律、合规、风险、内控人员。目前，国家电投所属 62 家二级单位中，54 家单位已将四项职能归口到同一部门（法律部门或综合部门），6 家单位将法律、合规管理归口到法律部门，将风险、内控归口到战略部或其他部门。

三、推进管理行为集约化，实现风险管理组织方式协同

分解梳理法律、合规、风险、内控四项职能管理行为，在组织实施中协同推进是构建基于多维度协同的风险管理体系的重要内容。在保证四项职能体系各自独立的前提下，通过对职能体系的系统拆解和梳理，提取其工作在计划、实施、检查、整改、信息共享、独立报告、能力培训、考核评价八个方面的协同因子，在运作层面实现“五同时”，即同计划、同部署、同实施、同检查、同考核。具体工作由法商部作为法治央企建设领导

小组办公室统一牵头组织，依托数字法治一体化管理平台完成法律文件审查、风险事项收集，形成风险数据中台，实现信息共享。

为规范协同运作的管理行为，国家电投全方位建立四项职能行为规范。制定实施制度、章程、流程、合同、项目等12部法律合规审查指引；制定实施投资、环境、安全、汇率、工程等10部风险管理指南；发布实施67类合同模板、4类法律意见书模板、11类风险评估报告模板；梳理优化53项三级流程（跨部门跨组织层级）、111项四级流程（部门内部），为业务量身定制标准化管理规范，有效发挥了第二道防线的审查、咨询、指导和监督作用，将四项职能各岗位职责整合优化后，布置到流程节点上，通过流程落实控制目标。

四、推进风险控制流程化，实现风险管理工作机制协同

（一）以“一岗式审查”实现风险管理事前预判协同

按照风险管理三道防线的原理，第一道防线落实风险、合规、内控主体责任，负责部门职责范围内的日常风险防控。第二道防线履行法律合规审查、风险评估、合规内控评价职责，面向业务参与重大事项的专业审查、咨询指导和监督检查。根据“十三五”期间的大数据统计，国家电投四项职能参与审查的重大事项主要包括制度文件、投资项目、重大决策、合同协议和流程标准五类事项，属于企业“三重一大”决策事项或法律文件范畴。国家电投总部业务事项715项，提请决策会议审定的重大事项320项，其中，四项职能以不同组合方式应审尽审的为规制类和经济类重大事项，共272项，分别占比38%和85%。制度文件以法律合规审查和内部控制审查为主；投资项目和重大决策以法律合规审查和风险评估为主；合同协议以法律合规审查为主；流程标准法律合规审查、内部控制审查和风险评估同时进行。

根据分析得出结论，“一岗式审查”是四项职能在同一重大事项审查环节的协同运作，对于不同类型的审查对象将从不同角度开展审查工作。如表1所示。

表 1　“一岗式审查”职能组合表

一岗式审查	法律	合规	风险	内控
制度文件类	√	√	—	√
投资项目类	√	√	√	—
重大决策类	√	√	√	—
合同协议类	√	√	—	—
流程标准类	√	√	√	√

1. 制度文件审查。将制度和规范性文件法律合规性审查、内控符合性审查融入并固化在审查流程中，在起草人、业务审核、制度审查（初审）、制度审查复核（复审）、总法律顾问节点上设置法律、合规、内控控制点，审查未通过或修改不到位不得提请决策会议审议。国家电投实现制度、规范性文件 100% 审查。

2. 投资项目审查。根据投资额度和项目性质，在投资项目立项前和决策前两个节点进行法律合规审查，出具法律意见书，对于未经合法合规性审查或者经审查不合法、不合规的项目，不得提交决策会议审议。项目立项后，按照“事权清单”由相关主体开展风险评估，充分揭示项目风险，出具风险评估报告。

3. 重大决策审查。针对改革改制、发展战略、公司治理、资本运作等重大决策事项，法务人员全过程参与研究。在提请会议决策前，进行法律合规审查和风险评估，出具法律意见书和风险评估报告，对于未经合法性审查或者经审查不合法的，或重大风险敞口的，不得提交决策会议审议。

4. 合同审议审查。将合同协议法律合规性审查、风险评估融入并固化在审查流程中，在起草人、业务审核、合同审查（初审）、合同审查复核（复审）、总法律顾问节点上设置法律、合规、内控控制点，审查未通过或修改不到位不得签署。国家电投实现经济合同 100% 审查，有效预防可能出现的法律合规风险，同时将第三方合规的审查也纳入流程节点。

5. 流程标准审查。国家电投从法律、合规、风险、内控多角度开展流程与标准的专业化审查，审查要点各有侧重。依次审查外部法律法规符合性、内部制度适配性、风险管控完备性以及关键控制适当性，四项职能各司其职，保障流程与标准的长效运行。

实行“一岗式审查”，即每个岗位根据不同关键业务事项的审查组合，同时履行一项或多项审查角色，在流程上实现协同运作，这是四项职能协同运作植于岗位的具体体现。根据国家电投“十三五”数据，272 项重大事项开展“一岗式审查”的审查组合，包括四大类 13 种情形。其中，一项职能参与的 86 项；两项职能参与的 64 项；三项职能参与的 92 项；四项职能参与的 30 项。以“一岗式审查”取代岗位间传递式审查，能够实现节约信息传递与沟通成本，提高工作效率。

（二）以“一站式评价”实现风险管理事中动态协同

为解决实践中普遍存在的各类评价工作交叉、重复，未形成合力，对各类风险形成原因和防控措施分析研究不够，问题和缺陷整改建议的针对性不强等问题，国家电投提出并实施“一站式评价”的思路，即整合评价资源、聚焦重点领域、共享评价成果，在实现各项监督工作提质增效的同时，也为风险的化解与问题整改提供了更加深入系统的解决方案，进一步赋能业务。

1. 整合评价资源。国家电投依据国有资本投资公司改革要求，实行两级资源配置，“省为实体，三级管理”，总部对二级企业实行战略管控，二级企业对三级企业实行运营管控。根据这一管控模式，国家电投建立了由律师事务所、会计师事务所等机构组成的外部中介机构库，建立了两级内部法律合规人才库、内部风险专家库。根据每次评价确定的重点领域和重点任务，统筹内外部资源，整合专业力量，组建由内外部法务、财务、合规、风控、工程等专业人员组成的专业团队，开展“一站式评价”。

“一站式评价”分为内控风险体系有效性评价和内控合规专项评价两种类型。内控风险体系有效性评价通常整合法治建设体系、合规管理体系要求，复核内控缺陷、安全隐患、违规问题的整改情况和风险事项防控、风险事件处置情况，出具评价报告。内控合规专项评价通常整合法律、风险管理要求，针对内控缺陷、安全隐患、违规问题、风险事项提出整改意见，督促整改。

2. 聚焦重点领域。依据资产总额、净利润、资产负债率等经营类指标和发电容量、出资企业数量等管理类指标建立综合风险指数（key risk index，KRI），再根据综合风险指数从高到低，把成员企业划分为高风险、中风险、低风险三类；把经营业务分为高风险、中风险、低风险三类。高风险企业和中风险企业由集团公司统一组织开展内控风险体系有效性评价，高风险企业每年开展一次，中风险企业三年全覆盖；高风险业务和中风险业务由集团公司统一组织开展内控合规专项评价，高风险业务每年开展一次，中风险业务三年全覆盖；低风险企业和低风险业务由二级企业组织“一站式评价”，集团公司对其评价质量进行抽查。

“一站式评价”聚焦公司治理、战略规划、计划预算考核激励、投资管理、工程项目中管理、物资采购管理、业务外包、生产管理、燃料管理、营销管理、资产与产权等 26 个重点领域，以内控为主线开展两类评价，运用穿行测试追踪交易决策和执行的处理过程，运用控制测试评价制度流程设计的科学性和执行的有效性，尽可能做到同步部署、同步实施，避免重复性评价。

3. 共享评价成果。在实践中，国家电投积极探索建立第二道防线与第一道防线和第三道防线间的信息共享及协同路径，以“数据信息库”为载体将第二道防线合规评价、内控评价、风险评估发现的风险 & 问题，第三道防线巡视、审计中发现的风险 & 问题进行统一归集、分析整理，形成数据中台。对这些数据建立“分类标签”，把分散的风险 & 问题进行归类和定义，同时与相应的职能、职责、流程、单位、发现时间、发现方式等关键信息建立动态联系和结构化处理，生成问题（缺陷）台账和风险（隐患）台账，实现风险管理事中动态协同。

第二道防线数据信息库的建立，将风险 & 问题按照结构化的方式进行整理并通过标签的方式进行定义，统第一、第三道防线对风险 & 问题概念的内涵和表达的“基础语言”，即三道防线上任何部门或单位在日常监督中发现的某一风险 & 问题表现，均可在对应的台账中查询到该表现属于哪种类型，曾在哪些公司、哪份报告、哪个底稿出现过，分布在哪个流程，涉及哪项职责和职能。解决了以往各类检查、评价、巡视、审计中风险 & 问题清单范本各不相同、风险 & 问题角度各不相同，难以归类表达，难以协同联动的情况。一方面，推进管理上强弱项、补短板、改缺陷、促提升；另一方面，为企业精准研判、风险防控、科学决策提供数据支撑。如图2所示。

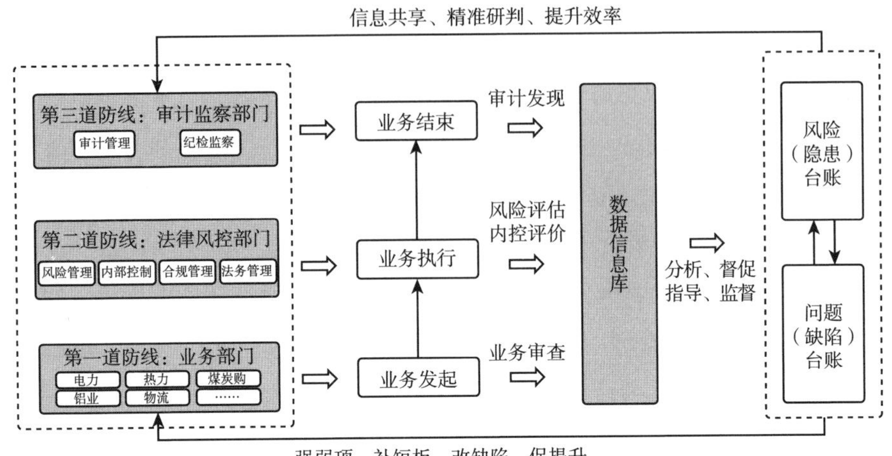

图2　信息共享与应用

（三）以“全程式管控”实现风险管理三道防线协同

在多维度协同的风险管控体系下，三道防线依托信息化平台共同对发现的风险事项、问题缺陷进行统一管理和全程跟进，并将点对点式的风险化解与问题整改提升到治理高度，避免“头痛医头、脚痛医脚”的点对点式整改，借助信息化和数字化手段，以点带线、以线带面，促进风险、问题得以系统化地化解、整改，最大限度地把实现风险纵深防御、事先防范化解，把问题、隐患消除在风险事件、事故爆发之前使其少发生、甚至不发生。

1. 厘清三道防线风险管控责任。国家电投以解决问题为导向，以防控风险为目标，整合多种管理手段，做实三道防线，对各类风险（隐患）&问题（缺陷）从发生到发展的不同阶段，跟踪整改，一管到底，形成“全程式管控”。业务单位、业务部门作为第一道防线严格落实风险内控主体责任，确保合规经营，落实第二道防线审查意见和评价意见，落实第三道防线审计、巡视整改要求；法律、合规、风险、内控部门作为第二道防线，负责通过业务咨询、专业审查、评估评价、监督监测，建立数据信息共享平台以及数据信息库，在线形成并动态维护风险（隐患）台账和问题（缺陷）台账，指导业务单位、业务部门落实风险防控措施，督促审计、巡视发现问题整改；审计、巡视作为第三道防线负责对第一、第二道防线风险防控效果进行独立监督和审计。三道防线协同运作，确保持续积累经验和及时总结教训，实时继承风险防控最新成果。

2. 实行风险事项“身份化”管理。国家电投对“一岗式审查”“一站式评价”以及其他内外部监督发现的风险（隐患）& 问题（缺陷）实行集中式管理。在基于多维度协同的风险管控体系内，无论何时何地风险事项（隐患、问题、缺陷）一经发现，第一时间收集到平台“数据信息库”，并为其建立唯一 ID，采取分析、评估、管控、整改、治理等风险防控措施，实现风险全程跟踪、在线监测、动态调整，直到风险消除或降至企业可承受程度。一旦发生风险事件（纠纷案件），将启动应急管理程序，将风险影响控制在最小化程度，需要法律救济的，第二道防线将进一步支持业务谈判、调解解决、仲裁和诉讼，维护企业权益，最大限度地降低企业损失和不良影响。

3. 推动三道防线形成合力。基于多维度协同的风险管控体系抓住风险事项的本质，通过厘清风险事项在三道防线间的职责，带动三道防线运作协同，实现风险防控系统化、体系化。与此同时，风险事项“全程式管控”也为三道防线各自职能的发挥提供了进阶通道。一是支持第一道防线，针对业务事项在决策前提出的法律合规和风险防控意见与在实施中发现的风险（隐患）& 问题（缺陷）能够前后照应，对业务单位（部门）分析原因、妥善处理起到支撑作用，并且支持其及时发现管理缺陷，持续提升管理水平；二是助力第二道防线，推动开展“一站式评价”，精准确定评价目标、评价对象和问题线索，提高专项评价和综合评价效率和效果；三是服务第三道防线，支持其站在全面、系统的视角对集团公司面临的风险（隐患）& 问题（缺陷）进行把握，为其开展巡视、审计等监督活动提供参考，形成大监督格局。

（四）以“全景式支持”实现风险管理应用场景协同

基于多维度协同的风险管控体系通过“一岗式审查”“一站式评价”

全面系统地收集数据信息，通过汇总分类、梳理分析，针对风险事项实施“全程式管控”动态跟踪风险防控、缺陷改进、问题解决、隐患治理，把在此过程中形成的解决方案和风控成果共享于全部应用场景，实现应用场景协同。在基于多维度协同的风险管控体系下，能够将散落在不同环节、不同部门、不同时点下发现的风险（隐患）&问题（缺陷）以及防范化解的方案和经验转化为可推广、可传承的管理方法或工具，实现从具体实践到一般规律的飞跃，以此作为国家电投风险管控能力之“智慧引擎”，持续提升其赋能业务能力。

国家电投及所属单位立足于能源行业转型发展对于重大风险防控的需要，聚焦关键业务领域定向开发专业化的专项风险管理系统，实现风险管理与业务深度融合、协同运作。目前，正在开发新能源项目风险管理系统和金融业务风险管理系统，实现新能源项目和金融业务“全生命周期”风险动态管控，根据实时数据自动生成风险评估报告和法律意见书，为数字风控实施奠定数据基础，也成为基于多维度协同的风险管控体系中应用场景协同的落地示范。

为进一步落实典型应用场景风险管理协同，国家电投借鉴国际先进理念，创新研究风险辨识评估机制，尝试开展系统性、全面性、长远性及根本性风险排查、评估、定级及排序工作，把综合风险指数应用于监控、跟踪、追溯集团公司整体以及各主要经营主体的重大风险动态及影响，评价风险管控成效，引导成员企业主动提升风险防控效果，为持续优化现有资本结构与投资组合，有序推进新业务、新项目开发以及相应的“投、融、管、退”策略提供支持与建议。2021年度，国家电投首次把综合风险指数运用到对二级单位年度法治建设考核评价，并尝试以风险指数表征所属成员企业整体风险状态连接重大风险以及相应的预警指标，为探索风险量化，推进构建风险数据库，包括重大风险库、风险指标库和风险指数库奠定基础。

为进一步落实典型应用场景风险管理协同，国家电投聚焦全球能源行业发展趋势以及“3060”双碳目标、“十四五”能源发展规划等新要求，坚持“业务做到哪，风险管到哪”。国家电投基于多维度协同的风险管控体系融入五大经营活动典型应用场景，以持续的规范化、信息化、智能化、数字化建设，提供动态风险防控支持。此外，针对战略新兴业务，紧盯示范项目首台套，超前业务进度开展风险研究。例如，围绕综合智慧能源、氢能业务、储能等“三新”业务，由项目主体单位研究“用户光储一体化平台”“基于热网的三网融合”“轻资产智慧配电服务”“共享储能平台”“氢能产用一体化”“模块化供能”六种商业模式创新的风险管理指南。特别是在核电工程建设、综合智慧能源、绿电交通等领域，填补了多个行业风险管控体系空白，为国家电投所属企业及行业相关领域风险防控工作提供了有力的支撑。

五、推进工作职责角色化，实现风险管理岗位履职协同

科学设置岗位职责，并将岗位职责角色化，是确保岗位履职到位、实现风险防控目标的根本保证。为保障基于多维度协同的风险管理体系落实落地，在岗位设置上将部门岗位分为体系和业务两大类三个板块。三个板块岗位间实行 A/B 岗制，相互备岗，如图 3 所示。

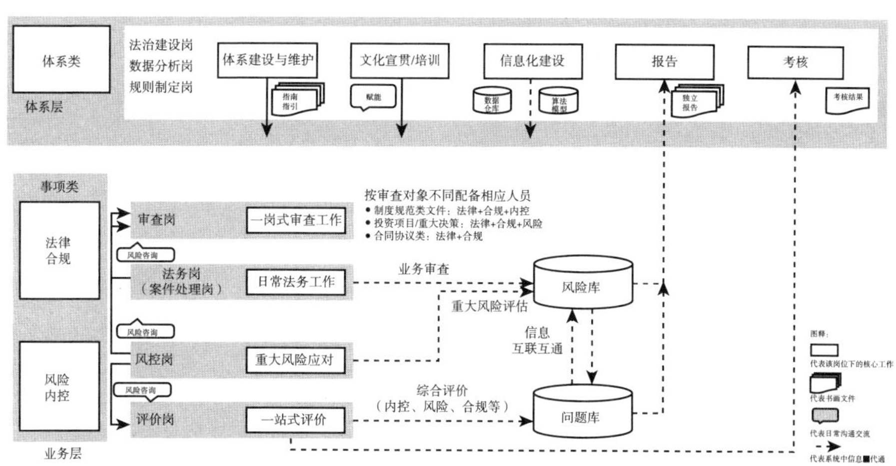

图 3　岗位优化和运行

1. 法治建设板块岗位设置。法治建设板块属体系类职能，可设置法治建设岗、数据分析岗、规则制定岗三类岗位，其中，法治建设岗以整合开展四项职能体系性工作为主，具体包括体系建设与维护、文化宣贯/培训、

报告、考核等；新增数据分析岗、规则制定岗，开展智能法务、数字风控设计，合规控制要素研究和信息数据治理工作，使四项职能工作逐步从线下转为线上，从分散管理向体系化、结构化、流程化治理转型，从人工实施向信息化、智能化、数字化实现转型。

2. 法律合规板块岗位设置。法律合规板块属业务类职能，可设置法务岗和审查岗两类岗位。法务岗以日常综合性法律事务工作为主，包括法律文书范本起草、商事谈判、法律救济、案件处理、外部律师管理等；审查岗针对法律文件开展“一岗式审查”，根据审查对象不同配备相应人员将岗位代入不同角色，一岗完成并出具审查意见，同时设置复核岗保障审查质量。

3. 风险内控板块岗位设置。风险内控板块属业务类职能，可设置风控岗和评价岗两类岗位，风控岗主要开展风险研判、专项评估、应对与监控等工作；评价岗统筹开展合规管理、内部控制、风险防控的“一站式评价”工作，按月跟踪评价所属单位风险事件处置情况，决策风险和年度风险防范化解情况等。

六、建设一体化管理平台，支撑风险管理体系多维度协同运行

基于多维度协同的风险管控体系有力地推进企业风险管控效率提升、信息共享、资源高效利用，传统手工管理方式已经无法有效承载协同运作下数据管理、查询与统计分析，需要有信息化基础作为支撑，需要综合应用5G、大数据、云技术等新技术从信息化向智能化、数字化、智慧化迈进。

国家电投打造数字法治一体化管理平台，并依托该平台整合资源优势逐步实现风险管控规范化、信息化、智能化、数字化。为助力基于多维度协同的风险管控体系有效落地，国家电投坚持风险管控融入业务流程管理的原则，建立“一级部署、三级应用”的数字法治一体化管理化平台。应用系统与数据统一部署于集团公司总部，各级企业按要求统一应用，实现业务管控与资源共享。该系统目前已完成一期开发工作，与ERP系统、工

程管理、燃料管理、资金管理、财务共享、电力营销、采购管理等业务系统建立接口；与门户系统、主数据系统、移动应用平台、档案管理系统、统一身份认证、业务流程管理（BPM）平台等公共服务系统集成，基本实现“一岗式审查”和在线考核评价。

截至2021年10月31日，累计完成合同审查32万份，制度审查3万余项，授权审查6 900项，纠纷案件1 250件，系统月登录20余万次，已经成为国家电投风险管理的基本工具。

近三年来，国家电投通过基于多维度协同的风险管理体系的推广和实施，建立了国家电投职能职责划分标准，基本统一了成员单位法治建设体系框架和四项职责划分、工作体系、评价标准；统一了制度、流程、合同的体系、体例和管理标准；统一了尽职调查报告、法律意见书、风险评估报告、典型合同模板和审查标准。通过基于多维度协同的风险管理体系，最充分地统筹了投资、交易、建设等经营活动“全周期”&“全过程”各阶段风险管控；统筹了企业风险管理“三道防线”各维度的风险管控；统筹了职能监督、审计监督、法律监督、合规监督、巡视监督“大监督”格局下风险事项的整改和处置，解决问题力出一孔，实现风险防控集团化、体系化。通过基于多维度协同的风险管理体系，经验及时分享，问题相互借鉴，成果充分利用，使风险管控第一时间响应业务需求，业务人员第一时间获得解决方案，第一时间完成业务赋能，大幅提升运营效率。实现了战略管控与风险管控的有机统一，职能管理与评估评价的有机统一。

案例三　Y集团风险管理探索之路

萧　涵*

一、关于Y集团

Y集团有限公司是国务院国资委管辖的大型制造业企业集团公司，拥有四大业务板块，成为行业内全球规模最大、品种齐全、技术先进的供应商，在“沪、港、深”均有上市平台。在行业细分领域，其主要产品的生产规模、产品种类已连续多年位列“世界行业第一”。2015～2020年公司实现较快发展，科技创新实现新突破，拥有国家级研发机构和海外研发中心10余个，累计发布国际标准40余项、国家标准百余项、行业标准200余项，拥有授权专利超万件。深化改革步入新阶段，多家子企业入选国家改革专项工程，“双百”“混改”“科改”不断突破，内部业务整合落地见效。

2020年，公司营业收入超过2000亿元、净利润超百亿元，员工总数逾10万人，全级次并表企业300余家，所属企业遍布国内28个省、自治区和直辖市，在全球27个国家和地区设立120余家境外子公司或机构，产品已出口到105个国家和地区。

二、Y集团风控体系建设发展历程

（一）萌芽起步阶段（2006～2010年）

风险管理是一门古老的学科，历经了数百年的演进，随着时代的需要不断发展。2006年，国资委颁发《中央企业全面风险管理指引》，首次提

* 萧涵，男，大学硕士学位，正高级会计师、国际注册内部审计师、国际风险管理确认师，从事审计、风控、财务工作25年，历任大型企业集团子公司副总经理财务总监、集团审计和风险部门负责人。

出“全面风险管理”的完整概念，根据该指引的定义：全面风险管理指企业围绕总体经营目标，通过在企业管理的各个环节和经营过程中执行风险管理的基本流程，培育良好的风险管理文化，建立健全全面风险管理体系，包括风险管理策略、风险理财措施、风险管理的组织职能体系、风险管理信息系统和内部控制系统，从而为实现风险管理的总体目标提供合理保证的过程和方法。Y 集团组织总部和子公司认真学习，研究提出风险关键点和应对措施，制定了《全面风险管理制度》，在总部和子公司开展了风险管理工作；聘请咨询公司协助开展风险管理工作，制定出《全面风险管理手册（试行）》，指导公司全面风险管理体系建设有效运转；建立风险管理组织、开展风险辨识评估、梳理部分业务流程、制定风险应对措施、进行风险项目调研、试行项目风险控制管理，取得明显效果。经过 1 年时间的努力，总部和各一级子公司初步建立风险管理体系，推动了风险管理流程的正常运转。

从 1934 美国《证券交易法》率先提出“内部会计控制”概念开始，现代内部控制理论历经“内部会计控制—企业内部控制结构—企业内部控制整体框架（五要素）—企业风险管理框架（八要素）”四个发展阶段，内部控制理论不断完善和延伸。2008 年以前，上交所和深交所分别颁布了《上市公司内控指引》，国资委也颁布了《全面风险管理指引》，企业的内控基本以会计控制为主。2008 年，财政部等五部委颁布《企业内部控制基本规范》，标志着我国内控理论建设和实践应用方面迈出具有历史意义的一步。Y 集团 2008 年对风控的探索也从风险管理拓展到内部控制与风险管理融合领域，从 2008 年开始向国资委报送风险评估报告，并成为最早披露内部控制评价报告的公司之一。

（二）规范运作阶段（2011 ~ 2018 年）

2011 年，《企业内部控制配套指引》开始实施，将我国内控建设带入一个实质性建设的阶段，公司的风控建设随之也进入一个新的阶段。作为“A + H”企业，公司率先执行相关指引，对照基本规范和配套指引要求逐项梳理，建立内控流程。国务院国资委每年均下发《关于中央企业开展全面风险管理工作有关事项的通知》，对全年风险管理工作提出要求。公司对照国资委提出的工作要点，不断提升风险管理能力，加强风控管控机制建设，健全内控体系，加强内控和风险评估报告管理。2013 年，国资委联合财政部下发了《关于加快构建中央企业内部控制体系有关事项的通知》，对中央企业的内控建设也提出了具体要求。公司在全面运转风险管理体系的基础上，突出抓好内部控制工作。在开展全公司风险管理总结检查和内部控制管理审计的基础上，制定内部控制管理规划和工作计划；进行内控制度和流程的建立、测试与评估方法的培训；设计内控工作模板和自我检查、审计评估程序；继续摸索经验、完善模板，全面推广和深化内部控制管理工作。

2015 年，Y 集团制定并下发了《内部控制工作规定》《风险管理工作规定》《审计工作规定》，作为公司重要的基本制度。通过在实践中不断摸索、持续改革，指引企业科学开展风险管理策略、风险理财措施、风险管理的组织职能体系、风险管理信息系统和内部控制系统等工作。

（三）逐步提升阶段（2019 年至今）

2019 年，国资委发布《关于加强中央企业内部控制体系建设与监督工作的实施意见》，提出“要建立健全以风险管理为导向、合规管理监督为重点的内控体系，且要将风险管理和合规管理要求嵌入业务流程”。Y 集团主要工作体系包括风险管理体系、内部控制体系、内审监督体系、法务管理体系、合规管理体系、制度管理体系、违规责任追究体系七个方面。这七大体系并存，各体系间有很多关联和职能交叉，重复工作导致效率不高。要实现“强内控、防风险、促合规”的管控目标，则需要对这七个工作体系进行有效融合。Y 集团提出这一阶段的总体思路为：以合规为底线、合规监督为重点，通过合规管理体系和法务管理体系分别将“内部规章和外部规章”的合规要求嵌入制度流程，通过风险管理体系将风险管理要求嵌入制度流程，并着重抓好重大经营风险和重大项目风险评估，将风险管理要求融入内控。内部审计体系则围绕重点业务、关键环节和重要岗位，对子公司内控体系有效性进行监督评价，准确揭示风险隐患和内控缺陷，违规追责体系对违规损失行为实施责任追究。通过构建监督评价体系，形成联动闭环机制，实现管控目标，最终形成“全面、全员、全过程、全体系”的风险防控机制。

三、Y 集团的风险管控组织架构

Y 集团根据《中央企业全面风险管理指引》《企业内部控制基本规范》等法律法规，结合公司实际，开展全面风险管理工作。公司按照“分层分类管理”总原则，构建了覆盖严密、层次清晰的风险管控组织。

一是集团公司层面。Y 集团公司由董事长分管风险管理和内部控制，其他各分管领导承担各自分管领域的风险管控职责。集团董事会、集团党委会每季度听取全集团风险管控情况的汇报，批准风险评估报告、风险管理工作计划等重要文件，并下达工作指示。

二是股份公司层面。作为 Y 集团公司下属上市公司，Y 股份公司明确董事会负责建立健全并有效实施风险管理和内部控制，对公司风险管理和内部控制评价报告发表声明。董事会下设立审计与风险管理委员会（委员会由三名委员组成，全部为外部董事），协助董事会独立地审查公司风险管理和内部监控制度的执行情况及效果。公司监事会对董事会建立与实施风险管理和内部控制的情况进行监督。

三是总部职能部门层面。Y 集团公司总部设立了审计风险和法务部，下设风险处，负责制定风险管理和内部控制工作规划、制度体系，组织年度风险评估、季度风险分析和项目风险评估，开展集团重大风险监督，发布风险预警和提示函，组织开展防范化解风险督导、对风险管理工作情况进行评价，督促风险应对和内控缺陷整改，同时，为董事会审计与风险管理委员会开展工作提供支持和服务；下设合规处和法务处作为公司合规管理委员会的办事机构，合规处负责牵头组织、协调和监督合规管理工作，为其他部门提供合规管理支持；下设审计监督处，负责制定审计工作计划和制度，指导和组织各企业开展审计监督工作。同时，内设审计中心，具体组织开展对成员企业及重点项目的审计。

四是各级子公司层面。公司下属所有一级子公司均设立独立履行职能的风险管理部门或风险管理人员，截至 2021 年底共计 80 余人，承担各级子公司的风险管理和内控工作。

五是各级子公司业务岗位层面。为加强风险管理第一道防线建设，2019 年起试行业务部门风险管理兼职岗位制度，截至 2021 年底，在各业务岗位共设置兼职风险管理员逾千人，其中一线生产经营类业务部室 500 余人，行政管理类职能部室 400 余人，负责配合风险部门收集风险信息，开展风险评估和应对等工作。

四、Y 集团的风险管控工作框架

作为拥有深厚历史积淀的“百年老店”，Y 集团在经营发展过程中逐渐形成特有企业文化内核——责任。主要体现在：通过内控体系与质量保证体系的有机结合，确保产品质量万无一失的风险意识；通过内控建设强化“股东利益至上，对客户负责”的责任意识；认为加强内部控制建设是外部监督的一项重要要求，满足内部控制合规要求是体现公司责任感的重要体现；内部控制是保障机体健康的一道“免疫系统”，是防范风险、提高效益的重要途径；执行董事或总经理是内部控制工作第一责任人；每一名员工都是内部控制管理链条上一环；等等。这为树立积极、全面、完整和科学的“风险观”奠定了良好的文化基础，为公司上下凝聚一心实现“驾驭风险，科学控制，创造价值”提供了必要条件。

为有效地控制与预防风险，公司不断完善风险管控体系，形成 Y 集团的“风险观”和“工作目标”。基于公司核心价值观，Y 集团的风险观是积极、全面、完整和科学的，是符合核心价值观并有助于企业发展的风险观，具体包括：风险无处不在，既是威胁也是机会，既要最大限度地降低风险带来的危害，同时也不能畏惧风险而放弃发展创新的动力；风险管理应从“小”着眼，从“实”做起，风险管理全员参与，风险控制全程实施；严格履行风险管理流程的“执行”文化，科学辨识、主动揭示、及时报告的“透明”文化。

为贯彻习近平总书记重要讲话精神，根据国资委《关于加强中央企业内部控制体系建设与监督工作的实施意见》等文件的有关要求，围绕“坚决守住不发生重大风险底线”的目标，公司进一步制定完善风险管控体系、提升合规经营能力总体思路。如图 1 所示，Y 集团风控工作是以战略价值为导向，围绕有效化解存量风险和筑牢风险防范体系两条主线，坚持五项原则，围绕六项目标，健全五项机制，提升四个能力，实现四个突破，通过构建防火墙、打好组合拳、丰富工具包、培养专业人四大措施来进行支撑。总体框架构成了Y集团风控工作的“四梁八柱”，具体包括如图1所示的五个方面。

图1　Y集团风控工作总体框架

一是坚持“五项原则”，画红线、明底线。风险管理原则是根据风险管理概念和公司经营管理特征，确定的风险管理工作遵循的基本要求和方法。Y集团在风险管理实践中总结出必须坚持的五项基本原则：风险前置、职责分工、风险底线、分层分类和风险嵌套。即：坚持风险前置原则，将风险防范重点前移到第一道防线；坚持职责分工原则，业务部门兼职风险管理人员发挥作用；坚持风险底线原则，确定风险偏好和风险承受度，合理划定风险管控底线；坚持分层分类管理原则，按照集中、分层、分类的原则加强对重大风险、重点单位、重要业务的管理，把管理资源集中在解决企业主要矛盾，抓好关键环节方面；坚持风险嵌套原则，将风险管理嵌入企业重大决策事项全过程。

二是围绕六项目标，促进发展战略。基于核心价值观，Y集团风险管控工作以“驾驭风险，科学控制，创造价值”为根本目标，以“发现风险隐患、降低风险损失、改善风险环境”为工作使命，达成六项具体目标：其一，确保将风险控制在与公司总体目标相适应并可承受的范围内；其二，确保公司内部，尤其是公司与股东之间实现真实、可靠的信息沟通，包括编制和提供真实、可靠的财务报告；其三，确保遵守有关法律法规；

其四，确保公司有关规章制度和为实现经营目标而采取重大措施的贯彻执行，保障经营管理的有效性，提高经营活动的效率和效果，降低实现经营目标的不确定性；其五，确保公司建立针对各项重大风险发生后的应对策略，保护企业不因灾害性风险或人为失误而遭受重大损失；其六，促进实现公司的发展战略。

三是健全五项机制，确保有效运转。风险管理运行机制是风险管理工作运行的基本方式和主要工作载体。结合监管要求和公司工作实际情况，Y 集团确定了五项管理机制，主要包括风险研判预警、决策评估、防控协同、考核问责和信息报告等机制，并将风险管理、内部控制、内部审计、违规追责等工作机制进行有机结合，形成一体化风险管控机制。

四是提升四个能力，推进工作落实。发挥风险管理的作用，着重提升公司和相关人员的四个风险管理能力，包括提升风险分析预判能力，对可能发生的风险进行“沙盘推演”和“压力测试”；提升风险事件管控能力，灵活机动并有效及时处理各种风险事件；提升风险信息管理能力，继续推进“Y 集团风控一体化信息系统”建设；提升风险文化融合能力，将风险意识融入企业各项业务和管理活动。

五是实现四个突破，提示管控水平。在复杂的外部环境、严峻的困难挑战和的不确定性、不稳定性面前，公司提出要突破的六项重大瓶颈短板问题，“防范化解重大风险”是其中之一。公司防范化解重大风险总目标是“化存量，防增量”，实现“四个突破”：风险责任突破，即风险考核及责任落实全程跟进、评价，杜绝短期行为；风险策略突破，即加强政策的深度研究，借助外脑和智库力量，最大限度规避政策和环境风险；风险机制突破，即建立务实、高效的风险防控机制并使之真正“落地”，实现风险管理“关口前移”；风险意识突破，即强化合规管理和“规则”意识，提升全员整体防范风险的能力和水平。

五、Y 集团风险管控探索成果

（一）整合管理职能，强化顶层设计，打好风控防控“组合拳”

Y 集团在风险管控工作中十分注重集团层面的顶层设计，通过整合职能、优化职能和强化职能，逐步构建起集团统一部署的风控合规组织架构，形成集中有力的“组合拳”。其确定了风控合规部门实行“双向负责制”，集团层面由董事长分管，由一名副总经理协管，风控合规部门向董事会和管理层同时汇报工作，并接受董事会审计委员会的工作指导。各子公司风控合规部门均独立开展工作，同时接受集团工作指导。

在风险策略层面，公司通过探索实践，已初步搭建风险偏好体系，从集团层面控制风险总量和各业态风险。风险偏好是公司愿意承担哪些风险，风险容忍度是公司能够接受风险的限度。制定风险偏好和容忍度是制定风险管理策略和应对风险的基本前提，制定风险偏好和容忍度对风险管理工作意义重大。公司已搭建全集团的风险偏好体系，制定集团整体风险管理战略，确定集团风险偏好，由上而下指导子公司风险经营，制定各业务线条风险指标，由下而上反馈风险偏好执行结果，进行核实调整。同时，从不同层面出发进行风险管理，达到控制风险总量和各业态风险的目标。

（二）健全体制机制，落实防控重点，构建风控防控“防火墙”

在风控机制层面，公司以强化三道防线作用为核心，不断完善风险防控的“防火墙”。构建风险防线有两个关键：一是按照风险管理“三道防线”原则构建覆盖全公司的风险管理职能分工体系；二是按照风险“分层分类集中”的管理原则对各类风险进行有效管控。三道防线失效是导致出现重大风险的主要原因。因此，构建可靠有效的防线是落实风险防控责任的关键。

Y 集团风险管控三道防线要求是如下。第一道防线，在业务运作过程中控制风险，是最重要的防线。集中 90% 的精力把第一道防线建设好，90% 的风险都可以在日常业务运作过程中解决。业务负责人必须具备两个能力：一是创造价值的能力；二是控制风险的能力。第一道防线是做好风险源头控制，重点解决公司经营管理中风险管理“缺位”问题。第二道防线是帮助第一道防线建立与企业风险管控相适宜的业务流程，通过对第一道防线风险控制进行赋能，使业务的主要风险能够在第一道防线上得到适宜地控制。第二道防线建设是做好风险专业管控，重点解决风险早期预警、中期应对、后期处置问题。第三道防线对风险管控结果进行独立评估，形成冷威慑。第一道防线建设好了，能够解决业务运作过程中 90% 以上的风险，但可能会有疏漏或者舞弊。第一道防线建设好，第三道防线就可以闲着，但必须一直存在；而不能是第一道防线失控，依靠第三道防线来补救。

按照风险分层分类和三道防线原则，公司研究开发了“风险防控点阵模型”，该模型可以看作三道防线模型的“升级版”。通过构建“点、线、面”结合、层层穿透贯通的立体点阵，对风险实行精准管理，确保风险得到有效控制。如图 2 所示，公司风险防控网络由“点线面”组成，点是对每类风险建立精确防控点；线是各防控点纵横贯通为防控线，其中防控点纵联为“经”，是对每项风险的纵向贯通，防控点横联为“纬”，构成集团和子公司的横向防线；面是经纬交织，纵横交错为风险防控面。此外，在三道防线外，公司还构筑了双层防火墙，即在发生风险的所在公司与其上级母公司之间建立好第一层风险防火墙，在下属子公司和集团公司之间建立好第二层风险防火墙，有效隔离风险蔓延。如图 2 所示。

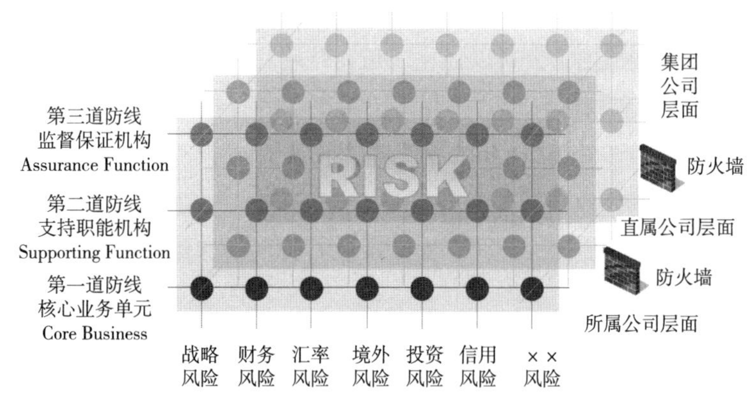

图 2 Y 集团风险防控点阵模型

实践证明，风险管理三道防线不能被孤立，也不能相互替代，是相互制约、相互补充的立体式完整系统。坚持审计、内控、风险管理及一线业务部门的有机融合，才成就了现在的价值网。例如，在风险管理工作中，通过在各流程、各环节运行风险管理基本流程，辨识、分析企业存在的重大风险和风险管理重点，识别企业内部控制的薄弱环节，为补齐内控短板、加强重点环节审计提供方向。在内部控制工作中，根据风险辨识和审计发现的问题，及时弥补、完善管理措施，落实管理责任，监督管理过程的实施，对管理不力、管理失控的单位及人员及时督导。在内部审计工作中，坚持以风险为导向，按照内控管理规范和公司内控管理手册中的要求，对内控管理的制度、内控管理手册的执行情况、日常监督和考核进行测试考评，提出咨询评价意见和审计建议。Y 集团全面风险管理有机融合这审计与风控工作，攻防兼备，既能通过主动风险管理有力提升一线业务部门的专业能力，更好地进行价值创造，又能发挥审计督战作用，有力保护价值成果。

不同的体系有不同的运行机制，但这些运行机制往往是交叉重叠的。为打通公司内部存在的职能分工屏障，公司着力打造贯通关联的一体化运行机制。Y 集团风险管理主要有 5 项机制：风险研判预警机制、风险决策评估机制、风险防控协同机制、风险考核问责机制、风险信息报告机制。内部审计主要有 4 项机制，包括内部审计制度、审计作业机制、审计整改督导机制、审计汇报机制。内部控制则包括内控建设机制、内控评价 2 项机制。违规追责包括追责工作机制和追责实时报告机制。其中，风险研判机制中，包括内审和内控流程以及基本的风险管理流程，整改机制中同时包含了内审和内控发现问题的机制，信息报告机制则包含了审计、风控及追责的整合流程。通过打通这些机制的内在关联性，更有效发挥风控作用。工作机制要依靠工作流程来具体实现。公司已建立高效运行的风控一体化工作流程。如图 3 所示，审计、风险管理、内部控制工作核心都是风险，各自在不同的风险管理阶段发挥作用，一体化工作流程要打通三者接口实现无缝对接。

为更好地规范和指导公司各级管理部门开展风险管控，公司已构筑其具有企业特色的风控制度体系。公司遵照有关监管要求，并结合公司管理特点，搭建了风险管理制度体系，该体系共分为三个层级：第一层是基本制度，即《Y 集团风险管理工作规定》，是风险管控制度体系的顶层设计；第二层是指引和指南，根据风险管控三道防线的基本理念，共设计了多个风险指引和风险指南；第三层是工作手册，是对基本制度和指引指南提炼

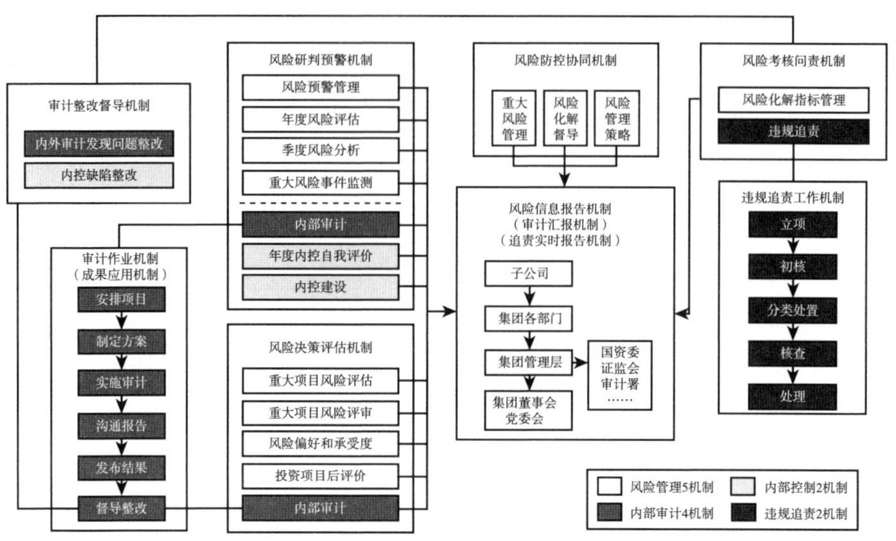

图3　Y 集团风险管控一体化运行机制

浓缩，是指引指南的有益补充。

除了风险管理制度体系以外，公司遵照有关监管要求同时搭建了内部控制制度体系，该体系也分为三个层级：第一层是基本制度《Y 集团内部控制工作规定》，是内部控制体系的顶层设计；第二层是指引和指南，制定多个内控指引和内控指南；第三层是工作手册，对基本制度和指引指南提炼浓缩，是指引指南的有益补充。

为规范重大项目风险评估和评审，严控重大项目风险，公司制定《Y 集团重大项目风险评审管理办法》，将重大项目风险管控关口“前移”到业务发生单位，通过层层评审，确保重大项目风险可控、科学决策。公司规定凡项目提报单位的风险管理部门出具否决性评审结论的，项目提报单位不得将项目可行性研究报告等材料向总部报送。同时，公司制定《重大项目风险评审指南》作为管理办法的配套指南，进一步细化工作要求和流程，确保对每一个重大项目的风险都做到“完整识别、精准分析、谨慎判断、客观描述”，为重大项目的科学决策提供重要的参考依据。

各子公司严格执行《重大项目风险评审办法》和《重大项目风险评审指南》，将相关要求落实到三重一大议事程序，推动重大项目风险评估前置于决策，将风险防控管控关口前移到业务和项目前期。通过“清单式”

挂号管理、“三重一大”制度程序、“节点式”跟踪管控等措施，推动重大项目风险评估前置于决策，严格落实重大项目风险评审制度要求，确保风险评估与评审工作质量，实现风险管理工作前置。Y 集团重大项目风险评审流程如图 4 所示。

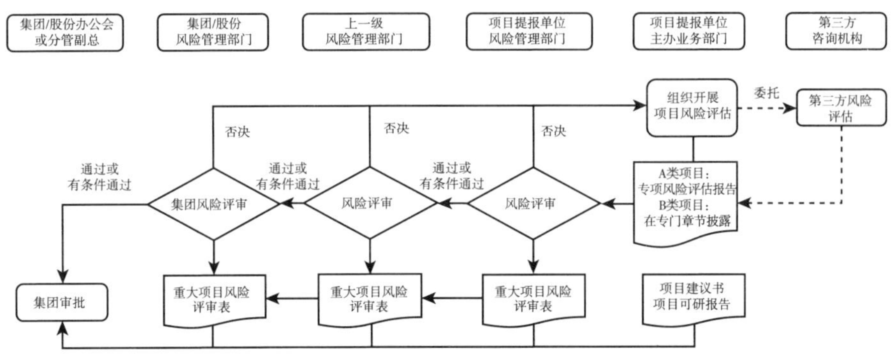

图 4 Y 集团重大项目风险评审流程

（三）运用科技手段，做好数据分析，丰富风控防控“工具包”

有效的风险管控离不开科学的工具手段。公司风险部门通过长期探索，在已有的风控理论指导下，运用科技手段，围绕数据分析，不断打造公司风险防控的“工具包”。

首先是定期召开风险例会，整体调动风险管理节奏。风险例会是全面检查各方面风险问题的检查会、调度会、督导会，对清单落实情况、风险预警分析、关键风险指标分析、业务风险分析和近期重点法规政策分析等进行研究，全面整体调动公司风险管理工作节奏和目标。

第二是创新工具应用，建立风险综合指数（RCI）和财务风险综合指数（FRI）。指数是通过对特定指标经过加权汇总后得到一个数值，可用来综合衡量反映风险总体情况。公司在风控领域构建了两个指数，并建立定期监测预警机制，发挥预警评价作用。其中，RCI 指数是包括多项关键风险预警指标在内的预警体系，并将指标加权汇总，编制专题报告，直观展示公司风险状况。FRI 指数是根据其报表财务数据，借鉴财务战略矩阵的分析框架，结合各一级子企业的经营特点，从盈利、债务、现金流三个方面对各企业的财务风险进行综合判断。

此外，公司还将“冰山理论”运用于风险管理，创建“Y 集团风险冰山”。冰山理论核心是两个比例，即 1/8 在海平面以上的可见部分和 7/8 在海平面以下的不可见部门。公司明确首先要发现已暴露的 1/8，其次还要发现潜在的 7/8；风险冰山图能够直观地展示风险敞口的分布情况，动态观察风险变化情况。同时，可以运用冰山图指导风险化解，即设法化解整座冰山，无论是已暴露还是隐藏的，以解除对安全的威胁。如图 5 所示。

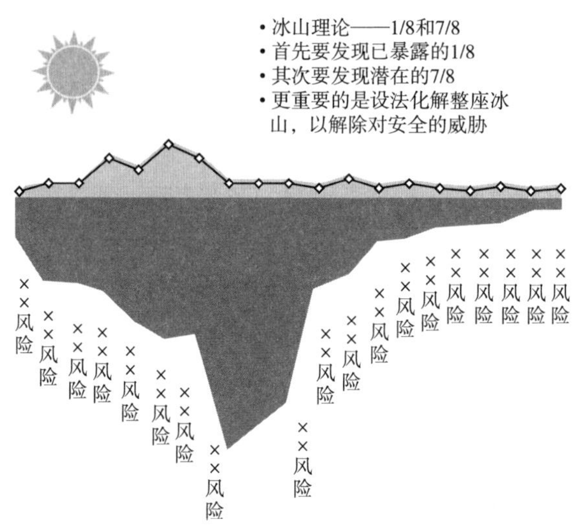

图 5　Y 集团风险冰山

第三是运用信息化手段，实现风控集成。从 2017 年开始，集团开始研究并开发审计风控一体化信息系统，经过 2 年时间开发和运行，已上线的主要功能模块，包括审计风控工作综合门户、审计项目管理平台、风险管控应用平台、风险信息管理平台、审计风控知识管理平台。集团总部和下属一级子公司全部实现上线运行，一期建设初步实现以下成果：一体化系统集成、一体化项目管理、智能化数据统计、智能化绩效管理、在线式整改督导、集团化全面覆盖、全景观智能风控。该系统虽然还有待完善之处，但基本实现了预期目标，为风控一体化工作奠定了坚实的信息化基础。

此外，部分下属公司还将合同审核流程嵌入公司 BPM 系统，实现了合同审核资料明细化、审核责任表单化、审核流程制度化。经对合同签订时间（从合同起草至审核完成）的随机抽样分析，平均使用时间为 6 天，提高了工作效率。同时，通过系统规范合同档案管理，有效地防范了合同风险。在合同起草阶段，起草人将合同及附件上传至合同管理平台；在合同评审阶段，相关人员按权限通过公司 OA 平台或手机 App 完成网上审核、审批、审计；在查询方面，相关人员可通过平台查询合同的审批情况，并进行统计分析。

（四）强化集团管控，营造风险文化，培育风控防控“专业人”

风险管控离不开人才队伍建设。为进一步加强风控力量，提升风险管控工作效率，公司始终将风控人才培养放在至关重要的位置，从集团层面制定培养计划，并定期组织高质量培训，不断建设一支风控“专业人”队伍。

第一，通过加强集团管控，构建风控人才培养体系。围绕 Y 集团审计风控人才总规划，以“审计精神立身、创新规范立业、自身建设立信”为基本原则，通过“一个核心”“两个重点”“三支队伍”“四项目标”的核心策略，实现“打造能满足公司战略发展需要，胜任各种审计风控工作的人才队伍”的总目标。为了实现人才队伍建设目标，公司通过实施 4 项策略，解决人才瓶颈问题：夯实基础，通过搭建集团审计风控人才交流和培育平台，构建完整的培育计划；精准培养，对不同层次的人员进行需求分析，精准定位，制定个性化培育方案；实战训练，培育方法将理论和实践结合，并注重通过实战训练提升解决问题能力；绩效考核，制定不同层级人员的绩效考核指标，定期考核，采用激励手段提升能力。

第二，创新培训模式，打造风控人才骨干队伍。由 Y 集团风险部门牵头，通过与国内知名院校、第三方培训机构合作，采用多种培训资源及培训方式，根据公司审计风控工作实际需要和特点，设计审计风控管理、骨干、专业人员三个层次的培训课程体系及轮训机制，实现审计风控工作人员及相关管理人员的专业素质显著提升，综合能力持续提升。通过有计划、分层次的内审人员系列专题培训，使参训人员达到预期目标，为公司打造一支信念坚定、业务精通、作风务实、清正廉洁、梯次合理的新时代审计风控尖兵队伍。公司审计风控部门打造精品培训项目，策划并实施了“铸剑行动”培训方案。采取现场教学、分组讨论、案例分析、实战推演、报告演示、专家评估等多种培训形式，收到了良好的培训效果。

在合规培训方面，注重落实第一责任人的责任，邀请专家学者讲授合规专题课，抓住第一责任人的责任；组织全系统分级分类合规培训，实现法务合规、国际业务全体人员覆盖；注重商业行为准则培训，组织制定了《Y 集团商业行为准则》。内容上一方面参考了同行业国际一流企业准则，另一方面借鉴了子企业多年先行实践并受到境外高合规标准客户所认可的准则。通过邀请专家授课、党组中心组集中学习、赴国际一流企业调研等多种方式开展合规知识的传授以及合规观念的普及。为促进企业国际化合规经营，举办海外制裁合规知识培训。通过多种培训方式，不断提高各级员工合规意识和合规管理能力。

第三，积极营造风险合规文化，打造风险管控之道。Y 集团风险管控之道的核心是一流风控助力一流企业，共分为六个方面：一是创造价值，通过风险管控不断减少企业经营管理中的不确定性负面影响，确保企业合规、平稳、有序、高效运转，达成建设世界一流企业战略目标；二是忧患意识，保持忧患意识既是确保企业经营行稳致远的基础，又是企业管理者的责任；三是底线思维，坚持底线思维，增强忧患意识，防范化解重大风险；四是机制保障，建立健全风险研判预警等五项风险防控机制、审计作业等四项审计工作机制，以及内控和追责工作机制，促进各项机制的沟通协调；五是科学控制，要提高风险化解能力，透过复杂现象把握本质，抓住要害、找准原因，果断决策，善于整合各方力量、科学排兵布阵，有效予以处理；六是责任担当，统筹“两个大局”、应对风险必须弘扬担当精神。

（五）聚焦重大风险，全力攻坚克难，打好风险化解“攻坚战”

党中央、国务院和国资委高度重视防范化解重大风险。党的十九大把防范化解重大风险作为决胜全面建成小康社会三大攻坚战的首要战役。2019 年，习近平总书记在省部级主要领导干部坚持底线思维着力防范化解重大风险专题研讨班上发表重要讲话，强调提高防控能力，着力防范化解重大风险，保持经济持续健康发展、社会大局稳定。2018 年，Y 集团打造具有自身特色的风险管理模式，为创建世界一流示范企业、实现公司战略目标保驾护航，紧扣防范化解重大风险工作核心，坚决打好打赢防范化解重大风险攻坚战，取得了积极成效。

Y 集团防范化解重大风险体系构建与实施从化解和防范两个方面入手。在重大风险化解方面，公司主要领导高度重视，亲自指挥部署，形成了强大的工作推动力。通过开展各类风险排查，梳理公司重大风险事件，摸清风险状况，建立重大风险管理机制。签订重大风险化解目标责任书，夯实化解责任。召开专题会议，推动风险职责落实，印发《防范化解重大风险专项工作行动方案》，提供工作指引，按月跟踪、持续督导，专题培训、专题汇报，确保化解工作力度不减，形成闭环管理。在重大风险防范方面，制定了重大项目风险评审管理办法、风险管理和内部控制工作手册，实行内部控制监督评价全覆盖，建设重大风险预警信息系统，加强风险事前、事中管理，确保风险“看得清，管得住，有规范”，构建了全面、全员、全过程、全体系的风险防范机制。通过以上工作的开展，显著降低了公司重大风险事件敞口，形成了重大风险防控体系，强化了全员风险意识，提升了风险管控能力，切实履行了防范化解重大风险的政治责任。

为摸清集团风险的总体状况，明确风险管控的战略重点及方向，集团风控部门组织开展年度风险、境外投资项目风险、国际化经营风险、融资性贸易业务风险排查和敞口处置等多项排查工作，针对重大风险事件制定了应对措施，构建了集团、子公司两级重大风险事件库，通过风险提示函、风控内参等形式，灵活多样向公司提示风险，确保风险“看得清”，公司风险图谱逐渐清晰，风险管理重点逐步明确。为准确计量、精准定位重大风险数据，集团风控部门经过反复研究摸索，建立起较为完整的重大风险管理机制，并结合实际情况进行了创新，如风险敞口的计算标准、重大风险的定义、集团重大风险分层分类管理、重大风险数据库、数据入库和销号管理等。

公司十分重视风险事件的管理，建立了重大风险事件管理流程。制定《重大经营风险事件管理办法》，明确风险事件、风险敞口等基本概念的界定方法和计算口径，规范重大经营风险事件管理流程。按照风险敞口大小进行分层管理，设定重大风险的定义，确定重大风险事件由集团统一管理，其他风险敞口事件由子公司管理。对于集团级重大风险事件，子公司向集团定期汇报情况，集团按月汇总，按季度向公司党委会汇报风险化解情况。规范了重大经营风险事件的识别、评估、入库、出库、监督和报告等流程，按季度对各子公司重大风险事件进行监测。同时，为进一步细化重大风险事件管理，制定了《重大风险事件管理指南》作为管理办法的配套指南。该指南根据经营风险事件发生概率和影响程度两个维度，将经营风险事件分为 R1 ~ R9 共 9 个等级，根据等级不同，由集团、子公司进行分层管理；建立重大经营风险事件库，规范了重大风险事件的风险敞口计算、入库管理、数据库动态管理、出库管理和档案管理；提出 13 条内外解决方案，包括立即止损、实施保护、分析责权、协商谈判、申请仲裁、诉讼准备、寻求外援、加强内控、建立组织、舆论监督、财务支持、外部沟通、风险隔离，为规范有效地处置重大风险事件提供参考。公司还建立了重大经营风险事件管理流程，规定按季度开展风险评估，填写调查问卷，将重大风险纳入集团风险事件库管理，对重大风险事件逐一建立风险档案，定期汇报、督导风险事件化解。

为进一步推动落实，集团多次召开风险化解专题会议、全集团的防范化解重大风险视频会等会议。由集团总经理主持会议，董事长和其他领导班子成员、总部相关领导、总部有关部门人员以及子企业主要领导、分管领导参加会议。会议听取子公司关于风险化解的专题汇报，并对落实习近平总书记关于风险防范化解工作要求、打赢防范化解风险攻坚战进行了专题布置，对集团下一步风险化解工作进行了安排部署，并系统总结、查摆不足、督促实效，要求加大组织力度、政策指导力度、资产管理力度，细化风险敞口管理，并加大过程监控。集领导高度重视、亲自部署、亲自参会并作出重要指示，集团领导班子成员齐抓共管，包保领导强化监督，形成强有力的工作机制，推进工作效果显著。

为进一步落实国资委和公司要求，集团风控部门制订并下发《防范化解重大风险专项工作行动方案》，建立工作组织、确定工作原则、细化工作目标、落实工作内容、压实相关责任，全面深入推进。集团风控部门、运营管理部分别组成两个督导组，组织相关部门对子公司风险化解情况实施现场督导，督促指导各企业推进工作，并对各企业工作情况进行了通报。为进一步提升效果，集团风控部门组织相关部门，多点聚焦、多角度发力，多次组织专题培训和座谈会议，并通过建立日常工作通讯录、工作群、月度例会、专项座谈会等方式加强工作协调。总部各部门积极参与风险化解工作，主动担当、对接和协调，全力以赴对子公司风险化解工作进行督导，进一步夯实风险化解责任。

相关子公司风险化解工作在组织保障、推进措施和力度、责任落实等方面都进行了全面部署并制定了重大风险专项化解方案。重点企业成立了化解工作领导小组和具体工作组，并按照集团公司会议要求落实相应责任，明确工作实施方案和定期汇报沟通机制等。通过内引外联，组建风险化解专项小组，针对每一项重大风险制定风险化解策略。对风险突出的子公司实施重点监控，挂图督战、挂牌督办、挂点督导，分解督导项点，确保做到“一险一策、一险一人、一险一表、一险一考核”。

案例四　道阻且长　行则将至——AA 租赁有限公司特殊资产管理中的全面风险管理实践

魏　亮　黄钲傑*

本案例记录了 AA 租赁有限公司在 2018 ~ 2020 年战略调整的 3 年时间里，根据国资委部署，在公司特殊资产管理业务中推进企业全面风险管理，借助 COSO - ERM 相关理论，强化公司“点、线、面”立体风控架构、建立风险管理“三道防线”。通过企业全面风险管理的实施，AA 租赁公司在特殊资产管理中逐步实现了风险化解，践行了“化解风险、提升价值，协同主业、助力发展”特殊资产管理使命。

一、公司简介

AA 租赁有限公司（以下简称 AA 租赁），是中国 AA 股份有限公司的全资子公司，成立于 1999 年 4 月 26 日，企业类型为有限责任公司（法人独资），所属行业：租赁和商务服务业。2008 年 9 月，经商务部、国家税务总局批准，成为第五批内资融资租赁业务试点企业。

AA 租赁有限公司近年来获得了长足发展，2011 ~ 2013 年，均获得

---

* 魏亮，中共党员，41 岁、辽宁沈阳人。美国得克萨斯大学阿灵顿商学院工商管理硕士研究生，拥有中国企业联合会、中国企业家协会颁发的高级职业经理资格，持有 AAIA、SIMF、CSERM、CNMA、高级信用管理师、高级理财规划师职业资格，曾在中国工商银行、中国建设银行、中国长城资产管理公司信审、风险、资产管理等领域任职，现任 AA 投资租赁有限公司风控部部长、党支部书记。

黄钲傑，中共党员，39 岁，湖南常德人。法学学士，拥有中国企业联合会、中国企业家协会颁发的高级职业经理资格，持有 FRR、SIMF、CSERM、CNMA、法务会计职业资格，曾任职于中联重科融资租赁（天津）有限公司，现任 AA 投资租赁有限公司资产处置一部副部长（主持工作）。

“业绩优秀奖”；2013 年，被评定为“融资租赁十大诚信品牌”以及“北京融资租赁十强企业”；2015 年，跃居“北京融资租赁十强企业”。

2018 年 6 月，结合中国 AA 设立金融租赁有限公司的客观实际，AA 租赁有限公司进行战略调整，公司开始先内挖潜，暂停新租赁业务投放，专门从事特殊资产管理。

二、全面风险管理工作背景

2006 年国资委颁布的《中央企业全面风险管理指引》，吹响了中国企业步入全面风险管理划时代的冲锋号，随后多年以来，财政部、国资委等多个国家相关部委先后出台了多部法规和指引，旨在多维度加强监管，提升中央企业风险管理工作。

随着我国经济发展由高速增长阶段转向高质量发展阶段，正处在转变发展方式、优化经济结构、转换增长动力的攻关期。经济转型是经济发展向更高级形态、更复杂分工、更合理结构演变的“惊险一跃”。在这个过程中，各类风险易发高发，有可能集中释放。

自开展租赁业务到 2017 年底融资租赁项目风险集中爆发，AA 租赁公司认识到，企业正面临着更多新的不确定性因素，而且这些不确定性因素相互影响，有可能导致一个企业遭受损失乃至破产。

三、AA 租赁公司存在的问题

2017 年底，AA 租赁公司融资租赁项目风险集中爆发，逾期项目总体呈现出“五高一低”的局面，即民营企业占比高、维持经营企业占比高、“两高一耗和落后产能”占比高、诉讼项目占比高及专用设备占比高，而与 AA 集团有关联度项目比例极低。随着国家宏观经济、金融政策和产业结构的调整，AA 租赁公司逾期项目的价值贬损情况可能会进一步加剧。

风险集中爆发后，虽然 AA 租赁公司采取了一定的逾期应对措施，但是，由于风险集中爆发，风险应对仓促上阵，风险管理策略被动，呈现出

“头痛医头脚痛医脚”的局面，逾期项目风险控制效果不佳。

为落实中央防范重大风险战略部署，AA 租赁公司以“直面问题、担事不躲，解决问题、担险不畏”的态度就风险集中爆发的问题进行剖析，认识到 AA 租赁公司业务发展中存在着产融结合发展不到位；业务决策凭经验、缺少科学依据；业务粗放式发展、采用类信贷模式投放业务，对业务潜在风险评估不足；业务配套管理制度和流程不健全、内控制度体系不完善，执行不到位等问题。

综合分析风险之所以集中爆发，无论是产融结合不到位、业务决策凭经验、重效益轻风控、配套管理和流程不健全，其核心点在于公司没有形成统一的、全面的风险管理逻辑与体系。而在 2008 年由次贷危机引发的全球金融危机的历史经验表明，企业全面风险管理体系是一种能体现事前预防和事中科学应对的有效机制。在这次金融危机中，中央企业凭借正在建立起来的 ERM 体系，主动应对，效果显著。2009 年 3 月 28 日，国务院国资委副主任邵宁曾明确指出：“2006 年出台《中央企业全面风险管理指引》，这几年通过持续地推动风险管理的培训和经验交流，中央企业对风险管理的认识不断提高，一批中央企业开始逐步建立健全全面风险管理体系，这些起步比较早的企业在应对这次金融危机的过程中，把握了相对的主动，较好防范一些可能发生的风险。”

AA 租赁公司认为，通过全面风险管理提高企业应对外部环境变化的反应能力是企业获得可持续发展动力的源泉；建立起有效的全面风险管理机制，能够确保企业的经营发展，提高核心竞争力，确保公司在日益复杂多变的市场环境中做出正确的决策，化解各种风险，从而实现企业经营目标。

2018 年 6 月，AA 租赁公司决定结合中国 AA 设立 AA 金融租赁有限公司的客观实际，进行战略调整。以全面风险管理理念为基础，通过全面加强 ERM 模块建设，建立 ERM 体系和能力、采纳 ERM 方法和工具、配置资源，分析研究风控、内控、法务、合规、审计的内涵与相互之间内在的逻辑关系，积极构建“点、线、面”立体式风险管理架构，着力搭建风险管理“三道防线”，有效整合管理资源、提升管理效率，对企业面临的风险实施预测、预防、监测、预警和应对，专一从事资产管理业务，在化解风险中发现价值，在资源优化中提升价值，在共赢合作中创造价值，在兴司报国中实现价值，以保障公司特殊资产管理、风险化解目标得以实现。

四、企业全面风险管理

（一）定义

企业全面风险管理的理论和实践始于20世纪的90年代。金融行业是在全球首先实施全面风险管理的行业，而我国引入ERM的理念和实践的标志是2006年国务院国资委颁布的《中央企业全面风险管理指引》。在ERM模块下，企业的全面风险管理是要学会合理、勇敢、策略性地承担风险，同时更有技巧地抓住机遇，实现企业价值最大化，其所倡导的理念是"管理风险、利用风险、驾驭风险、创造价值"。

根据亚洲风险与危机管理协会的定义，企业全面风险管理是指企业在制定和实现未来战略目标的过程中，试图将各类不确定因素所产生的结果治理至预期可接受范围内的方法和过程，以确保和促进组织的整体利益实现。

企业全面风险管理，就是为了识别影响企业目标实现的变量，通过利用恰当的策略进行管理，从而实现损失最小化、机会最大化、绩效最优化和决策最优化。

（二）实施企业全面风险管理的必然要求

2006年是中国企业从风险思维中觉醒的一年。这一年国务院国资委发布了《中央企业全面风险管理指引》，吹响了中国国有企业坚定不移走全面风险管理之路的号角。

1. 市场化的国有企业改革，现代企业管理机制的建立，决定了其必然开始进行全面风险管理。随着国有企业改革的深入及现代企业管理机制的建立，最终会实行企业的市场化经营，市场化程度越高，面临的风险越大。在一个新的高风险的环境中生存、发展、壮大，需要对企业进行全面的风险管理，建立ERM管理体系。

2. 企业可持续发展需要企业建立一套合理可行的资源分配、风险管理的管理体系。全面风险管理体系，能够把风险管理的原则融入企业日常经营行为、业务管理、经营决策之中，提高企业应对风险的能力，减少决策失误的频率并降低决策失误的损失程度。

3. AA 租赁公司的战略调整需要建立全面风险管理体系。2018 年 6 月，AA 租赁公司进行战略调整，专注特殊资产管理，以化解风险为主要业务方向，建立全面的风险管理体系，以实现“化解风险、提升价值，协同主业、助力发展”的企业战略使命。

五、全面风险管理体系建设

在总结教训、立足当下的条件下，AA 租赁公司聚焦特殊资产管理，按照《中国 AA 集团有限公司全面风险管理制度》《中国 AA 集团有限公司重大项目风险评审管理办法（试行）》《中国 AA 集团有限公司重大经营风险事件管理办法（试行）》《中国 AA 股份有限公司全面风险管理工作规定》等 AA 集团公司及股份公司相关制度、文件的规定积极探索公司全面风险管理体系建设，搭建了“点、线、面”立体式风险管理架构，着力打造风险管理“三道防线”，初步实现了公司全面风险管理体系的有效运转。

（一）顶层设计，凝聚共识

2018 年 6 月，AA 租赁公司战略调整，公司业务开始向特殊资产管理聚焦。特殊资产是一个泛概念，它是针对会计科目里的坏账科目来讲的，主要包括但不限于银行的不良资产，政府的问题资产，证券、保险、资金的不良资产，企业的呆坏账等。金融企业是不良资产的源头。银行的不良资产严格意义来讲也称为不良债权，其中，最主要的是不良贷款，是指借款人不能按期、按量归还本息的贷款。也就是说，银行发放的贷款不能按预先约定的期限、利率收回本金和利息，银行的不良资产主要是指不良贷款，1998 年以后中国引进了西方的风控机制，将资产分为“正常”“关注”“次级”“可疑”“损失”五级，其中，将“正常”“关注”归为银行的存量资产，将“次级”“可疑”“损失”三类归为银行的不良资产。

特殊资产也称特殊债权。包括金融机构特殊资产和非金融机构特殊资产。其中，最主要的是银行、信托公司等金融机构的特殊贷款。

金融机构特殊资产是指银信（银行和信托公司的简称）融资人不能按期、按量归还本息的银信贷款。也就是说，贷款不能按预先约定的期限、利率收回本金和利息。

非金融机构特殊资产包括房地产等不动产组合的财务上的定义，即非金融机构（企业）特殊资产。特殊资产是不能参与企业正常资金周转的资产，如债务单位长期拖欠的应收款项，企业购进或生产的呆滞积压物资以及特殊投资等。如今甚至非金融机构特殊资产定义扩展到上市公司挂*ST的股票等。

特殊资产管理，是指通过综合运用法律法规允许范围内的一切手段和方法，对资产进行的价值变现和价值提升的活动。

AA租赁公司综合分析宏观经济形势并结合公司自身存在的问题认识到，随着世界经济增速放缓，我国经济发展方式的转变，以及供给侧改革的逐步深入，前期累计的发展风险逐渐释放。党的十九大报告提出，要坚决打好防范化解重大风险、精准脱贫、污染防治的攻坚战，使全面建成小康社会得到人民认可、经得起历史检验。防范化解重大风险位居三大攻坚战之首，金融风险是当前最突出的重大风险之一，打好防范化解重大金融风险攻坚战是当前金融工作的重中之重。国资企业作为特殊资产市场的参与者，能够将债务处置与国有企业布局调整等改革任务相结合，有利于提高债务处置方式的多元化。更多运用市场化、专业化手段开展积极探索，有助于破解国企不良资产处置资金和人员安置的两大难题。

根据AA集团对AA租赁公司未来发展战略定位，AA租赁公司将以特殊资产管理为主业，深化业务转型，肩负起集团动能转换过程中的“稳定”和“调节”作用，聚焦不良资产处置；低效、无效资产盘活；僵、困企业治理等资产管理类业务，同时，立足市场对标四大AMC，为主业发展扫清障碍，协同主业发展。

为此，AA租赁公司通过全体员工大会、电子屏幕滚动宣传、专题研讨等形式，就公司战略转型进行宣传，形成公司从上到下专注特殊资产管理业务的氛围。

（二）行业分析，筑牢信心

从连续获得租赁业务“业绩优秀奖”“融资租赁十大诚信品牌”“北京融资租赁十强企业”“北京融资租赁十强企业”等荣誉的明星企业到2017年风险集中爆发，AA租赁公司的发展历程可谓“过山车”式发展。虽然公司在2018年根据集团统一部署进行战略调整，专注特殊资产管理，但是面对新的领域、面对从波峰进入波谷的发展局面，员工士气、信心不可避免地受到影响。

为做好特殊资产管理业务，筑牢士气信心，AA租赁公司组成了由总经理带队，业务一线、职能部门参与的调研团队，对标行业顶级特殊资产管理公司，进行了调研学习并加强了行业数据的收集与研判。

1999年是中国的“不良资管元年”，那时只有国家成立的四大AMC。21年之后，全国性AMC已扩展到五家（包括新成立的银河），各省分别有1～3家地方性AMC，五大国有银行均成立了AIC，还有外资AMC也进来落户，以及很多民营参与二级市场的AMC。从市场参与者的角度，真正形成了一个行业，可称为中国的“不良资管行业”或“特殊资管、另类资管行业”。四大AMC成立之初，主要对口收购处置四大国有银行政策性剥离的不良资产，而现在是全面商业化收购，不再对口四大国有银行，是对所有商业银行、所有金融机构的不良资产，以及非金融机构的不良资产都可以市场化收购，供给来源、供给方式都发生了根本的变化，不良资管行业真正形成了市场，包括一级市场、二级市场、三级市场，并由此形成了一套完整的供应链和价值链。

复旦—斯坦福中国金融科技与安全研究院执行院长刘庆富认为，在当前背景下，不良资产行业在防范和化解系统性及区域性金融风险、服务经济转型调整中发挥着日益重要的作用。对于特殊资产管理行业来说，这将是重大机遇期。

中国特殊资产管理行业从国有银行剥离特殊资产的改革起步，经历了三个阶段，分别是政策性阶段、市场化转型阶段和全面市场化阶段，全面市场化表现可以用七个“越来越”概括。

1. 行业越来越火。随着参与的市场主体不断增加，从4+2+N到大量内外资机构进入，以及衍生出大量的第三方服务机构和服务平台；随着参与机构增加，大量资金开始涌入特殊资产市场，价格逐年攀高。

从交易量看，仅浙江省2017年全年金融特殊资产本金成交1 147亿元；交易平台方面继续扩容，除淘宝和京东司法拍卖平台以及各地产权交易所、金融资产交易所，全国范围内涌现超过400家特殊资产互联网平台。

2. 参与机构越来越多。特殊资产市场的参与机构从最初的四大AMC，到现在四大AMC和近60家地方省市AMC，以及橡树资本、高盛、海岸等外资基金。此外，国内基金如鼎一、文盛、东方前海、坤盛等越来越多投资特殊资产异军突起；民营AMC，如新大唐、万亦投资、胡巴资产、森信资产、恰宝资产、润木投资等，也在全国范围开展资产包投资和管理服务业务。

3. 买包竞争越来越激烈。随着特殊资产行业进一步市场化，前端资产包持有方的价格预期不断被拉高，银行和四大AMC的资产包地方AMC参与度越来越高。特别是长三角和珠三角地区的资产包，随着投资人增多，部分资产包的价格被竞价到80%以上，进一步压缩投资人和服务商的利润空间。

4. 处置难度越来越大。特殊资产市场化的结果也使得一些机构盲目进入这个行业。在资产包价格被拉高的同时，利润空间被进一步压缩，处置难度不断加大，主要表现在：欠发达区域的资产流动性差、价格买的比较贵利润空间小；因各地司法环境和债务人的和解能力差导致处置周期长；购买评估团队和处置团队不专业，凭借经验而不是科学评估；创新处置模式欠缺，没有共赢意识；等等。

5. 创新模式越来越多。特殊资产行业的市场化，促进了行业的整体创新，如平安银行（000001）的人工智能清收系统，通过建立特殊资产生态圈，利用人工智能应用贷款预警，使特殊大幅降低。华融资产建立首家特殊资产交易中心，借助互联网为特殊资产处置提供专业交易平台；民营资管的创新方面也不断突破尝试，如新大唐的标准化“尽调9+1”、APMS项目管理系统；互联网平台资产360创新人工智能小叨机器人成为催收利器；淘宝网债权拍卖开通地方服务机构通道，弥补线下服务短板等。

6. 细分机会越来越多。新一轮特殊资产的显著特点是抵押物比较多，处置方式由原来的传统催收、诉讼、折让到出现债务重组、资产证券化、破产清算等创新模式。随着后端资产使用人的业务前置，现阶段的处置创新增加了更多的模式，出现了专门从事商业、酒店、厂房、物流、林业、矿业、码头等细分的特殊资产处置领域。

7. 整合越来越重要。单一的资源优势已经不符合现阶段的特殊资产市场，资本驱动下的批发模式和专业驱动下的管退模式都无法真正做大做强，只有通过模式创新，把各方资源有效整合，才能更好地发挥各自优势。同时，结合专业化的团队，通过信息化手段，搭建合作共赢的平台，以实现有效资源整合。特殊资产上中下游产业链开始细分，更专注更专业，特别是后端的市场细分，创新出更多的玩法。

中国人民银行党委书记、银保监会主席郭树清表示：当前，经济尚未全面恢复，疫情仍有较大的不确定性，所带来的金融风险也存在一定时滞，预计有相当规模贷款的风险会延后暴露。多位银行业高管也警示了不良反弹压力。农业银行行长张青松在该行业绩发布会上表示，由于经济下行在金融领域的反应有一定的时滞，加之宏观政策短期对冲效应等影响，预计不良贷款的暴露会出现一定的时间延迟，因此，未来时间不良贷款面临一定的反弹压力。这表明不良资产已经开始陆续暴露，特殊资产管理的高光时刻已经到来。

经过对标调研学习与分析研究，AA 租赁公司认为，随着中国经济步入增速换档期，经济下行压力加大。以银行信贷为主的金融体系备受考验，商业银行体系内的特殊资产逐渐暴露，特殊率急剧上升，特殊贷款余额快速攀升。经济大环境决定了特殊资产处置行业已经进入一个快速发展的通道。而随着国有企业的改革发展推进，自 20 世纪 90 年代以来，中央企业在辅业分离、改制上市、社会化职能移交、处僵治困的过程中，逐渐出现一批需要妥善处置的特殊资产。中央企业集团逐渐比照四大国有 AMC 的模式成立专业的资产管理公司，集中管理、处置、盘活这些特殊资产，防范化解风险，促进主业高质量发展。央企资产管理公司可以很好地起到逆周期性金融工作的作用，解决产业发展过程中“重资产”难题，尤其是发展过程由量变到质变的进程中“历史遗留问题”有效手段，通过统筹资产资源，实现专业对风险的甄别和化解，当宏观经济进入放缓调整阶段时，吸纳特殊资产。当经济调整结束、触底回升时，不良资产价值提升时释放，为集团形成明显金融工作价值做出贡献。

AA 租赁公司认识到，要完成战略转型，在特殊资产管理上形成核心竞争力，实现“化解风险、提升价值，协同主业、助力发展”的企业战略使命，就要在公司内部多维度、立体式学习和宣传，充分认识到提及“特殊”不应拒绝与躲避，而应充分了解、积极接纳，要认识到无论是政府、金融机构还是企业，尤其是银行、券商、保险等，都是特殊资产的供给方。“特殊”只是一个泛概念，指的是会计科目里的坏账科目，并不意味着它们是没有价值的资产。在当下的资产管理领域，由特殊资产构成的优质资产包，已然成为各路机构争抢的“香饽饽”；在公司要形成共识共为、大有可为的氛围，从而达到“上下同欲者胜”。

（三）党建引领，统筹布局

为统筹布局公司全面风险管理体系建设，AA 租赁公司党委积极践行“管大局、把方向、保落实”职能职责，根据《中央企业全面风险管理指引》，结合 AA 集团及股份公司的相关制度、通知等指引性文件，拟订并审议通过了《公司全面风险管理体系建设方案》，成立了由公司主要领导牵头的全面风险管理体系建设领导小组与工作小组，优化公司治理体系，统筹推进全面风险管理体系建设。

1. 治理优化，设立风险管理委员会。公司治理的核心和目的是保证公司决策科学化，即风险的可控化，而利益相关者和相互制衡只是保证公司科学决策的方式和途径。因此，AA 租赁公司按照《中央企业全面风险管理指引》《中国 AA 集团有限公司全面风险管理制度》《中国 AA 股份有限公司全面风险管理工作规定》，优化公司组织架构，设立公司风险管理委员会，设立风控（管理）部门。如图 1 所示。

2. 厘清职责，人员错配。准确界定党委会“把方向、管大局、促落实”，董事会“定战略、做决策、防风险”，经理层“谋经营、抓落实、强管理”的职能定位，厘清了权责清单，对各个层级决策的责任和议事内容进行了明确，以保证“权责透明”，运行顺畅；实行人员错配，优化党委会、董事会和经理层人员结构，将党委、董事会和经理层有效分开，如副

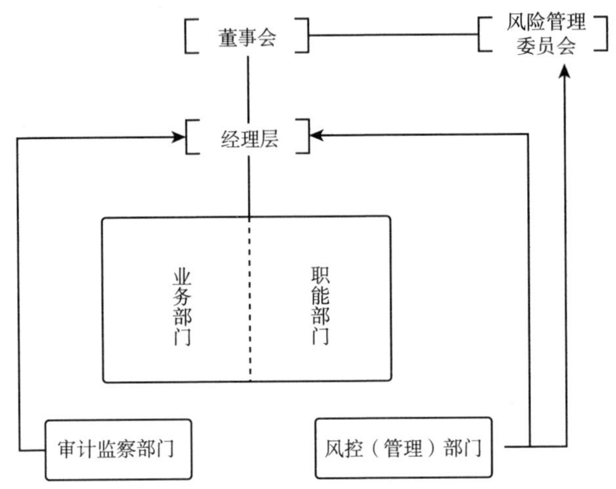

图1　公司组织架构

总经理兼党委委员则不任董事，任董事的副总经理不任党委委员，通过这样部分人员兼具两个或三个公司治理主体的角色，既保证了角色之间的联动可以有效沟通信息，保证公司治理的连贯，又实现了治理到位和相互制衡，避免重复决策。

3. 整章建制，全面梳理公司流程制度体系。AA 租赁公司根据《公司全面风险管理体系建设方案》之规划，按打造“点、线、面”结合的立体化风险防御体系的要求，进行了公司全面风险管理体系风险识别调查并按年度开展；同时，全面梳理公司流程制度体系，对原有业务模块中的资产收购业务管理、资产处置业务管理、资产运营业务管理、法律事务管理、审计监督管理、财务管理、综合管理等制度规划进行整合调整，结合公司战略规划、全面风险管理体系的要求进行梳理，最终形成了收购业务管理规程、资产管理规程、债权管理规程、股权管理规程、重大事项报告规程、保密工作管理规程、舆情管理应急预案、突发事件应急预案等制度体系，具体制度指引从业务前端的日常管理、现场检查、尽职调查、项目评审、不良资产风险化解处置手册、不良资产处置管理办法、五级分类、不良资产项目处置事实关闭等业务指引、法律服务工作流程、合同管理规范、抵债资产管理到业务后端审计评价的违规经营投资责任追究实施办法、内部审计工作规定等 22 个管理办法及指引，为公司全面风险管理体系的落地夯实制度基础。

（四）立根固本，搭建架构

通过对公司存在问题的深入分析，对公司发展的战略调整与行业调研分析，AA 租赁公司确定了特殊资产管理的发展方向，也确定了公司全面风险管理体系建设的整体规划。面对在公司经营中存在的来自方方面面的风险，如合同行为的风险、资本运作的风险、知识产权的风险、人力资源的风险、环境保护的风险、税务筹划的风险以及公共关系的风险和诉讼仲裁的风险，面对风险化解中的“险中之险”“难中之难”“困中之困”的项目，尽快按国资委及银保监会有关监管要求，结合前期调研并借鉴行业先进经验，构建“点、线、面”相结合的立体式风险管理体系，补齐短板、防范风险、有序化解风险以达到保障公司安全运营，从根本上预防潜在的风险变成现实的灾难，防患于未然成为重中之重。

“点、线、面”立体式风险管理体系，即：以合规、法律、内控为点，以风控为线，以审计为面的立体式风险管理。立体式风险管理体系以“四大逻辑”为内核，通过覆盖“东西南北”的全域性运作视野，运用跨越“春夏秋冬”的周期性经营策略，采取综合“加减乘除”的复合式重组手段，构建点连线、线控面，线面贯通、点面结合、立体风控的“点、线、面”立体风险管理运行框架。

1. “四大逻辑”看特殊资产。“四大逻辑”是在特殊资产管理过程中需秉持的基本思路与结构，即金融逻辑、市场逻辑、政治逻辑、投行逻辑。

从金融逻辑来看，特殊资产是有价值的资产。一块资产特与不特，其实是相对于定价与未来现金流的关系而言的，只要定价精准合理，能够真实反映资产的潜在价值，这块资产就不应该被打上“特殊”的标签。特殊资产虽然风险高、损失大，但是具有不同回收价值，关键是要经营管理得当，以最大限度获取价值回报。已上市资产管理公司的信息披露显示，不良资产业务的回报率高达 30%，这从一个侧面反映了不良资产的内在价值。

从市场逻辑看，特殊资产处置是创造价值的经营行为。当前，盈利增速持续下滑是企业面临的共同挑战。解决这个问题，要从“开源”入手，通过经营转型，开拓新的市场、客户和业务，但也要注意在“节流”上做文章，特别是加强特殊资产的处置工作，尽可能降低资产损失。可以说，破解利润—呆坏账—拨备不确定的三角难题，特殊资产处置发挥着重要作用。还要看到，当前特殊资产处置面临着新的环境。

中国银保监会主席郭树清接受媒体采访时直言，受疫情影响，2020 年全年银行业处置不良贷款 3.4 万亿元，并提出银行业应加大不良贷款处置力度。在充分揭示风险的前提下，研究分阶段下调拨备覆盖率的监管要求，释放资源全部用于处置不良贷款。郭树清在《求是》杂志刊发的《坚定不移打好防范化解金融风险攻坚战》一文中指出，国有金融资产管理公司应主动寻求实现在加快形成以国内大循环为主体、国内国际双循环相互促进的新发展格局中的功能作用，尽最大可能提早处置不良资产，尽快疏通当前影响国民经济畅通循环的梗阻并建立长效机制。

从政治逻辑分析，特殊资产处置是企业化解重大风险、防范系统性风险、服务供给侧结构性改革和高质量发展的重要途径。企业特殊资产处置的过程，既是风险化解的过程，又是资源重新配置的过程。一方面，通过灵活运用包括债务重组、批量转让、证券化、债转股等在内的多种特殊资产处置创新方式，可以快速降低不良率，净化资产负债表，防范区域性、系统性风险，这一点在特殊资产生成率较高的时期尤为重要；另一方面，实施特殊资产处置，有利于腾出资金资源和管理成本，并将其投向符合国家政策导向、有生命力的行业和企业，有利于推动产业整合和企业竞争力，从而助推供给侧结构性改革和企业高质量发展。

从投资银行逻辑来讲，是要运用投资银行的思维提升特殊资产处置。一般而言，特殊资产都是企业经营的产物，但处置特殊资产不能仅考虑传统的经营方式，而是要更多地运用投资银行的理念、工具、模式，联通各个市场、整合各种资源、吸引各类风险偏好的投资者，最大限度地发掘特殊资产的潜在价值。在供给侧结构性改革和高质量发展背景下，企业和处置机构应该主动借鉴投资银行思维，充分发挥专业机构客户资源广、企业经营情况较为熟悉等优势，通过引入并购方、变更出资人等方式进行兼并重组，优化股权结构、盘活存量资产、化解过剩产能，在实现社会资源优化配置的同时，有效化解特殊资产风险。

2. 覆盖“东西南北”的全域性运作视野。国家层面以国内循环为主的“双循环”格局，将重新审视并规划我国的生产力布局，推动各具特色且互为依托的区域经济发展；不断推动我国产业由东向西呈现梯度式布局，并加快能源、纺织等产业向原料地聚集；催生并优化我国科技创新产业的加速发展，不断提升高科技产品的自给能力。与之相对应，特殊资产市场所呈现的区域化特点也将随之发生变化。

因此，要把握好“双循环”格局下的新变化所带来的业务机会，用覆盖“东西南北”的全域性运作视野，以开展针对遇困企业的另类投资银行业务为切入点，发挥特殊资产处置的主业优势和系统性金融风险化解的经验优势，加大特殊资产处置和未来加快显现的风险的应对力度，着力支持供给侧改革和高质量发展中的补短板，尤其是产业升级补短板、产业链安全视角的补短板。

3. 运用跨越“春夏秋冬”的周期性经营策略。特殊资产是企业资源在宏观经济周期和企业生命周期交互作用下出现错配的一种客观存在，并通过各交易渠道传导至企业报表中，沉淀为整个体统的特殊资产。特殊资产会在经济周期性的波动中大规模产生和积聚，阻碍金融和实体企业的良性循环，如果没得到及时有效的市场出清或盘活，就会诱发系统性风险。AA租赁公司要根据特殊资产特性采取另类投资银行思维可覆盖经营活动全周期。

一是“春生”。在经济复苏期，对处于初创阶段盈利能力较弱的企业提供资金支持。在特殊资产处置方面，公司重点发挥债务重组功能，收购特殊资产包，并做好对有价值提升潜力的特殊资产的培育。

二是“夏长”。在经济扩张期，对处于成长阶段要素整合能力较强的企业给予多元化的金融资源支持、参与其产业链并购等。这一时期，对前期经过价值培育和提升的特殊资产，AA 租赁公司可选择合适的时机予以出售；对不具有价值提升潜力或前期提升效果较差的特殊资产，按照“冰棍”理论尽快予以处置。

三是“秋收”。在经济收缩期，参与处于成熟阶段资产质量较高的企业的结构调整和产业升级机会。在特殊资产处置方面，AA 租赁公司注重资产重组、股权重组等价值提升手段的综合运作，发挥“根雕效应”，不断提升特殊资产的内涵价值，并择机处置变现，实现资产价值的最大化。

四是“冬藏”。在经济萧条期，可寻找衰退阶段的企业重组、清算和破产等业务机遇。这一时期特殊资产市场规模扩大，AA 租赁公司加大特殊资产资源的储备力度，迎接下一次经济周期的到来。

4. 采取综合“加减乘除”的复合式重组手段。

一是“加法”。通过对有重组价值的企业追加投资，提供资源供给和技术支持，引入产业合作方等，不仅帮助企业走出困境，而且帮助企业做优做强。

二是“减法”。通过债务重组减低企业财务负担、资产重组剥离企业无效资产，帮助减掉包袱、聚焦主业，轻装上阵。

三是“乘法”。在对问题资产开展另类投资银行业务时，借助资本市场对提升特殊资产价值的“乘数效应”，提高特殊资产处置的效果。

四是“除法”。提高处置特殊资产、化解产业风险的效率，使处置速度快于特殊资产增长速度，不仅在既定的时间范围内盘活更多的问题资产，而且在既定的投入上实现更多的社会效益和经济效益。

经过三年时间的效果检验，AA 租赁公司开展问题企业综合运用“加减乘除”的复合式重组手段取得了比较良好的经济和社会效益。

5. “点、线、面”立体风险管理。

（1）点，合规、法律、内控部门（岗）。国际标准化组织（ISO）在 2014 年 12 月 15 日发布了国际标准 ISO19600《合规管理体系——指南》，对“规”的定义为：组织宜以适合其规模、复杂性、结构和运营的方式制定“合规义务”文件。合规义务信息应包括合规要求，可包括合规承诺，包括监管机构制定发布具有强制性的法律法规、监管条例规定等，组织与社区、公共权力机构、客户签订的协议、组织要求、政策、程序、自愿原则、规程、环境的承诺等。法律以降低风险、减少损失、维护公司合法利益为出发点，以服务于公司业务为根本宗旨。内控是旨在合理保证实现企业基本目标的一系列控制活动。

在风险控制的基础上，法务和合规着力推动公司治理完善、经营合规、管理规范、守法诚信，将风控、法务和合规“基因”，通过管理制度和流程融入公司治理、经营和管理的方方面面，进而实现落地生根，规范员工的行为，使公司建立全面风险管理的价值导向，形成公司的全面风险管理文化。内控侧重于通过输出管理制度和流程保障经营管理活动的有序开展。在风控的基础上，法治和合规作为支持，职能的落地必须以内部控制为载体，通过制度和流程对接、支撑和落地实施，并通过持续管理评价不断完善和提升。

（2）线，风控（管理）部门。企业风控即企业全面风险控制。2004年COSO继续提出了企业风险管理整体框架，定义企业风险管理："企业风险管理是一个过程，受企业董事会、管理当局和其他员工的影响，包括内部控制及其在战略和整个公司的应用，旨在为实现经营的效率和效果、财务报告的可靠性以及现行法规的遵循提供合理保证。"实际经营活动中，风险包括市场宏观政策风险、客户偏好风险、合规风险、技术风险、质量风险、履约能力风险等。以风控为线，联动合规、法律、内控、审计四项职能，充分调配管理资源，实现管理风险、创造价值。

（3）面，审计（监察）部门。审计是一种独立、客观的保证和咨询活动，是对公司在风控、法务、合规和内控方面进行检视，其目的在于增加组织价值和提高组织的运作效率。它通过系统化和规范化的方法，评价和改进风险管理、控制、治理程序的效果，帮助组织实现其目标。审计是对内部控制、风险管理与治理进行评价，确保组织正常运营，保证不偏离公司目标；同时总结经验，进一步完善经营管理。

在公司内部管理体系中，合规、法律、内控是风险（管理）管控和审计（监察）的基础，是风控（管理）和审计的根源根本，处在整个控制系统的前端。而风险（管理）则处在中端，它能为审计（监察）作业提供逻辑和方向，为审计（监察）确定问题（即是评估后的风险），确定审计方向（目标）提供精准定位。审计（监察）通过确认和咨询的方式，对企业运营、内部控制、风险管理和公司治理进行评估与评价，以保证企业各项业务工作按照既定的目标和标准，不偏不倚地完成公司目标。

从控制方式上分析：合规、法律、内控，风控（管理），审计（监察），三者是"基础—分析—评估"递进关系、因果关系。从控制方式方面总结：合规、法律、内控是事前控制，因为制度与流程是为管理而生，为防止企业管理出现问题和错漏而制定，它是事前预防和控制范围；风险控制管理，主要在事中进行分析评价（事前也可以），风险评价的基本和内容也是内部控制和制度流程，作业过程的风险就属于事中控制；审计（监察）工作在前两者之后，是根据风险提示或结果，对内控相对应节点（关键控制点）进行确认，确认风险是否存在，是否产生损失，是否可化解或转移，属事后控制范畴。

“点、线、面”立体风险管理是“自上而下”地辨识、评估、分析风险，通过“点连线、线控面，线面贯通、点面结合”提出风险预警防范和应急管理的策略和措施。“点线面”立体风险管理好比企业的“保健医生”，主要职责是“治未病”，其定位是对公司运营的一种制衡，对人的制衡，对事的制衡，对利益的制衡，制衡之外是对公司健康发展的一种促进，提高公司辨识、防御、化解风险的综合能力。

（五）融合优化，三道防线

在“点、线、面”立体风险管理框架下，打造风险管理“三道防线”。

1. 公司过程管理者担当的第一道防线。第一道防线的公司过程管理者为公司业务部门，主要任务是在其执行过程的同时由于失误等种种原因可能给企业带来风险和损失，由业务人员通过执行公司风险控制的流程、制度、措施和程序等实现第一道防线的风险控制。一般而言，公司业务部门主要负责日常业务的处理，职责主要在于：管理和识别日常业务中的风险；确保各项业务活动符合公司风险偏好和风险管理要求；进行日常风险监测，及时报告风险状况。

2018 年以来，AA 租赁公司通过责任到人、分户管理、一项一策、分类处理的风险化解路径，将逾期项目落实到业务人员，对所有逾期项目进行“全覆盖”的走访和排查，了解企业经营现状，核查租赁物使用情况，逐一梳理风险项目，形成一项一策、分类处理的化解思路。

在通过现场走访和排查获取第一手资料的同时，充分利用企查查、国家工商登记管理系统、人民法院诉讼网站等互联网大数据平台，对逾期项目实施监控，了解项目最新的工商、诉讼等舆情变化，并定期获取非现场检查报告。以此管理和识别在风险化解过程中的风险，明确风险控制点、控制要求和应对措施。

2. 风险管理部门担纲的第二道防线。第二道防线是公司的风控部门及相关职能部门，负责对公司风险实施即时的监控和对过程管理人的风险行为进行即时的监督和纠正，具体而言，其主要职责为：负责公司的风险识别与管理流程，并为公司决策层提供管理决策的工具和框架，同时还与法务、合规等其他职能部门配合，统筹公司内部相互独立的业务单元，建立公司层面的全面风险视角，具体负责建立公司治理、风控的战略和实施路径；负责通过审查并组织评审会，统筹各职能部门对第一道防线提供独立意见，并监督实施；负责制定和推广治理风险与控制制度；负责设计、执行和维护有效的内部控制；负责组织公司全面风险管理培训，提供管理建议与工具；负责对公司风险偏好及风险管理制度的执行情况进行监督并报告。

2018 年以来，在 AA 租赁公司全面风险管理体系建设所搭建的“点、线、面”立体风险管理框架下，第二道防线发挥了审查、督导作用：首先，通过梳理公司制度规定、动态化完善公司规章制度，建立和完善了公司全面风险管理制度体系。其次，通过“处审分离”、流程优化，对公司部门职责进行分工调整，将特殊资产处置具体工作和方案评审分离，形成了业务层、管理层、决策层更加清晰的管理架构；对特殊资产处置工作的流程进行优化，强化逾期项目处置的风险控制环节，将业务开展的法律风险、合规风险和内控风险纳入整体的风险控制范围内，将法律、合规、内控通过专业审查的方式嵌入业务流程，由第二道防线的职能部门或职能岗位完成，以特殊资产处置项目评审流程为例，该项流程优化梳理后，设计了项目初审、项目专业审核—法律合规审核、项目专业审核—财务合规审核、项目综合审查、提报有关会议审议、通知执行或驳回等六个模块 132 个控制节点，建立了较为完善的特殊资产业务流程。再次，通过数字化、信息化建设，强化业务系统关键节点的刚性控制。为打造“点、线、面”立体式风险防控，实现线面贯通、点面结合，AA 租赁公司升级优化了资产管理信息系统并于 2019 年 1 月正式上线运行，资产管理信息系统以管理制度化、制度流程化、流程表单化、表单信息化的风险管理理念，将公司业务制度的风险管理要求嵌入其中，搭建了完善的资产处置审批流程、租后检查流程、五级分类管理及日常动态管理等功能，实现资产处置业务线上审查审批、沟通留痕、信息共享和电子化归档，达到逾期项目的全周期风险防控和闭环管理目标，实现了业务实时监测、经营决策和执行活动可控制、可追索、可检查的数字化和智能化管理。最后，通过对特殊资产管理业务的督导，加强宏观经济、市场环境、企业经营数据、法律法规、司法环境、企业执行情况等风险的研判，提高尽职调查和信息披露的工作质量，严防重组业务二次出险，防范司法进程滞后至权利落空的风险。同时，根据公司风险偏好定期对风险管理制度的执行进行风险监测，并监测风险水平。定期向公司经理层、全面风险管理体系建设领导小组和工作小组、董事会报告，以此作为业务部门日常监测风险的补充。

3. 审计（监察）部门的第三道防线。审计（监察）部门所构成的第三道防线，在于负责周期性地对企业风险管理和风险控制状况进行评价并提出改进建议，具体到公司操作层面，其主要负责评价第一道防线和第二道防线履行职责和管理风险的有效性；负责独立评价公司全面风险管理体系运作的有效性。

2018 年以来，作为第三道防线的审计部门通过在文档政策和程序中描述合规风险识别和评估流程、识别与规划战略和业务目标相关的合规风险、评估内部和外部环境、创建识别新生风险的流程、考虑与使用第三方相关的风险以及通过其他报告渠道和调查结果收集的信息等方式，以年度为单位对公司进行风险评估，识别和理解现有风险、业务发展或业务变革可能引发的风险以及环境变化带来的新型风险。同时，结合业务特点、风险状况，在业务开展、制度流程发布后，进行审计评价。以例行审计、专项审计、合规检查等形式，运用穿行测试、控制测试等工具，对业务、制度流程进行排查与评价；完善审计评价结果的信息反馈和报告路径，并将审计评价及结果运用与被评对象的绩效考评上，将审计评价提升作为全面风险管理有效性的重要抓手。

（六）以上率下，风险文化

AA 租赁公司高度重视企业风险管理文化建设，充分认识到只有全员风险意识提高，上下同步，才能保证风险政策和制度被理解与执行，才能真正取得全面风险管理体系建设的时效。

风控部门定期开展风控工作调研，按年度制定培训计划，利用内外部资源组织各类专业培训，加强监管政策宣讲，同时，通过身边人、身边事开展警示教育，完善自律规范，将思想道德、职业操守和党纪国法教育作为全面风险管理建设的重要内容，实现了业务、岗位、职责、人员的全覆盖，不断强化风控理念的灌输和落地工作。各专业部门定期整理、编辑、分享内部控制学习课件以及风控工作动态，搭建公司内部风控工作经验交流和学习的平台，不断增强员工的风控意识和相关的实务操作能力。

AA租赁公司从管理层开始，推动风险文化建设，建立共同的风险语言，促进了公司全面风险管理建设内化于心、外显于行，提升全面风险管理意识，夯实公司经营根基。

（七）市场化用人、多元化激励、全员化考核

为实现公司全面风险管理体系建设，支撑公司特殊资产管理发展，AA租赁公司在人力资源管理方面实现了价值选择、文化生态和管控形式的三个平衡。

价值选择的平衡是要实现公司在经济效益与社会责任之间的平衡，要在经济发展和社会责任中同时发挥表率作用，深刻体现出对社会主义核心价值观的践行。文化生态的平衡是公司的人力资源形成组织依赖度降低、员工主观能动性变强、管理层次面平滑、基于人文生态的管理平衡。管控形式的平衡则是在自由市场与集中管控中寻找平衡。AA租赁公司作为央企，承担国家经济发展重担，国家的社会主义性质和党的领导决定了人力资源管理必须坚持党管干部的思路，完全市场化并不是解决所有问题的灵丹妙药，在关键群体、关键事项的集中管控下，充分发挥自由市场在配置资源和激发活力方面的平衡。

1. 市场化用人。落实“实现人员能进能出、干部能上能下，薪酬能增能减”总体要求，健全市场化用工制度，建立健全以岗位管理为基础、以合同管理为核心的市场化用工制度。

严格遵照市场规律，明确市场化选聘岗位的职责定位、任职资格、招聘渠道、选聘流程、评选办法，对市场化选聘岗位实行市场化定薪、契约

化管理、市场化考核、市场化退出，以竞争上岗为原则，加大公开招聘、竞争上岗等市场化选聘力度，逐步提高市场化选聘比例和职位层次。对其工作业绩、技术水平等方面进行严格考核、定期评价、动态管理。严格按照国家劳动法律法规强化劳动合同管理，严格招聘程序与录用条件，规范用工行为，依据岗位性质、技能水平的不同，参照市场价位，合理确定薪酬待遇，强化岗位管理，以个人能力和工作业绩决定人员的使用。

2. 多元化激励。坚持市场化改革方向，持续健全薪酬分配激励机制，强化正向激励，充分激发人才的动力活力。

建立差异化薪酬标准，拉开分配差距，大力推行差异化薪酬策略，破除平均主义，实行向关键岗位、高层次人才、科研骨干、高技能人才倾斜的分配政策，合理拉开分配差距。

3. 全员化考核。优化考核管理体系，强化分类考核，在考核内容上区别对待，不搞“上下一般粗”“左右一个样”。

突出效益效率指标考核，加强对专项指标等效益指标的考核，针对不同层级、部门、岗位对指标进行细化，经营管理人才考核在突出关键业绩指标和重点工作的基础上，把握好显绩和潜绩、当期和长远关系，通过考核引导其多做打基础、立长远的工作。业务人员考核重点看项目完成情况、关键指标实现程度，坚持看结果与重过程相统一，适当延长难度大项目考核周期，认可所有参与者的实际贡献。完善了全员业绩评价指标和评价标准，提高浮动工资比例，通过考核合理拉开收入分配差距。

六、道阻且长，行则将至

2018 年以来，AA 租赁公司通过建立健全全面风险管理体系，“点、线、面”立体式风险管理架构的运转，以及风险管理“三道防线”的实践，实现了公司特殊资产管理业务的良好开局。

以 AA 租赁公司近年来运作的“A 公司”项目为例，A 公司由于债务规模大、构成复杂、债权人众多，产生了巨大的社会影响。AA 租赁公司主动介入，经过“扎实尽调、摸清家底、评估资产”后，为企业设计了以“部分还债 + 留债展期 + 利率优惠 + 转股选择权”为主体的一揽子综合性重组方案并通过一体化运作，成功化解了A公司项目的损失风险。

（一）项目基本情况

2015年9月，AA租赁公司与A公司签订了《融资租赁合同》，融资本金×0 000万元，租赁年限3年，由B集团公司、B集团C公司提供第三方连带责任担保。

（二）“点、线、面”与“三道防线”的风险化解

1. 线面贯通，体系启动。风控部门通过资产管理系统对项目进行监测发现，A公司项目还款出现逾期预警。随即AA租赁公司“点、线、面”立体风险管理体系启动。

风控部门综合A公司法人主体类型、合同履行过程、逾期时长（5个工作日）等情况分析后，对项目逾期提出了风险预警，提示作为第一道防线的业务部门及时关注风险、做好应急预案。

同时，风控部门提示合规、法律、内控部门（岗），做好第一道防线风险应急预案支撑；提示审计部门密切关注A公司项目逾期处置进程，及时对关键控制点进行确认、评价，防止次生风险。

2. 一线响应，快速检查。根据风控部门监控提示，AA租赁公司业务部门随即开展对项目检查。经过对A公司生产经营情况、租赁物情况的实地检查，发现A公司生产经营情况正常，租赁物未有异常，但通过对生产一线人员访谈发现，A公司管理层出现非正常变动。业务部门随即通过资产管理信息系统进行了信息上传，并立即按公司风险预警机制向公司风险管理委员会汇报。

3. 两线出击，协同运作。AA租赁公司风险管理委员会对业务部门反馈的信息，组织了风控、法律、合规、审计、财务等部门的风险评审会议，对A公司项目情况进行风险分析。结合公司已爆发风险特点的评价模型，风险管理委员会判定，A公司项目存在较大违约风险，债权有较大落空的可能，决定由业务、风控、法务组成联合尽调组，对项目进一步深入调查，同时论证风险应对方案。

联合尽调组深入承租人A公司、担保人B集团公司、B集团C公司

进行详细调查。在尽调中，尽调小组与三公司从一线到管理层130余人进行了访谈沟通，相互印证债务人经营情况，通过网搜、工商、房产、土地、财务报表、涉诉查询等方式，挖掘债务人财产线索与现阶段面临的问题。

经过尽调发现，A公司高层管理人员非正常变动已经开始影响企业生产经营，受A公司影响，作为担保人的关联公司B集团公司、B集团C公司经营极有可能出现连锁反应。

联合尽调组通过资产管理信息系统进行信息上传与共享，并提出了尽快诉讼维权的应对建议。

4. 点面结合，三线研判。根据尽调情况，AA租赁公司风控部组织法律、合规、内控、审计对项目进行综合研判，检视评价项目投放、管理过程，经过梳理，A公司项目投放与管理合规，内部管控到位，项目出险非公司内因，出险主要在于A公司高层非正常变动导致的经营不畅从而诱发风险爆发。

5. 风险识别，制定方案。根据尽调情况，业务部门制定了风险化解方案，建议对A公司及担保人B集团公司、B集团C公司一并诉讼追偿，并通过公司资产管理信息系统进行线上评审。法律、合规、内控、财务等职能部门、职能岗位对风险化解方案进行了专业审核的法律合规审核与财务合规审核，风控部门进行了综合审查，报公司风险管理委员会审议通过并建议，在诉讼过程中密切关注债务人经营情况；司法维权过程中，寻找商务化解机会；最终经党委会审议、董事会决议实施。

6. 三线运转，应对风险。方案获批后，业务部门组织实施。业务部门准备A公司项目档案资料，作为诉讼材料；风控、法务部门明确诉讼目标，拟定诉讼代理机构条件；法务部门对外发标，组织律师选聘；内控、审计部门全程嵌入，内控岗位对方案执行以及代理机构发标、开标、评标等关键控制点进行确认；审计部门对方案实施过程予以评估、评价，确保方案按照既定目标和标准执行。

在AA租赁公司采用诉讼手段就融资租赁债权对债务人A公司及担保人B集团公司、B集团C公司进行追偿后，业务部门监测到A公司及担保人B集团公司、B集团C公司经营形势急转直下，连续九次债务违约，相继进入破产重整程序，AA 租赁公司债权面临着大额损失甚至落空的风险。

根据风险监测情况，AA 租赁公司“点连线、线控面，线面贯通、点面结合”的“点、线、面”风险管理体系高效运转，充分调动公司三道风险防线，按照公司“一项一策”风险化解模型，结合项目实际及债务人、担保人重整进度以及战略投资人情况深度分析，认为该项目债务人、担保人之间存在地缘经济生态差异、政府关注度和政策差异、信息不对称性等客观实际，这是把握差异、化解风险的黄金时期。随着两企业重整的推进，以上差异都会公开、透明直至趋于同一。因此，尽快抓住处置的黄金时间，在最短时间内完成受偿，是该项目处置的关键。因此，AA 租赁公司优化了风险化解方式，制定了在债务人、担保人处同时申报、双向受偿基本战略；集中优势资源尽快在担保人处完成受偿；借助 AA 集团的社会影响力协调国资委等相关部门沟通债权情况，力争深入参与其重整进程，尽快解决租赁物问题，争取主动；要求代理律师立即协调司法资源对债务企业核心资源进行查封，加快诉讼进程。

7. 尽锐出战，双向突破。

（1）担保人受偿。诉讼追偿方面，根据对项目前期深入尽调与分析，AA 租赁公司掌握了担保人 B 集团公司的核心资产：持有的上市子公司股权，在其破产重整进程中将起到重要作用。代理律师随即调动资源，协调天津高院、上交所等部门对该上市流通股进行查封，该项举措对 AA 租赁公司在 B 集团公司二次现金受偿起到了决定性作用。同时，据理力争，通过多次谈判，管理人基本认同了 AA 租赁公司在 B 集团公司申请的债权，并取得了人民法院关于融资租赁债权诉讼的胜诉判决，明确了债权金额。

破产重整方面，坚持一线常驻，派专员常驻担保人企业，与管理人同步推进，掌握第一手资料，同时，充分发挥资产管理信息系统数字化、信息化办公平台效用，重大问题通过信息化集成、线上会议决策，确保信息及时传递、风险充分论证、决策合规高效。

经过努力，AA 租赁公司首批拿到了 B 集团公司第一次现金清偿款，首批完成了在 B 集团破产重组债转股的工商登记。

完成了第一次受偿及债转股后，担保人的破产重整二次受偿出现滞后。派驻业务人员反馈的信息综合研判，在“一项一策”风险化解模型下，提出优化该项目担保人处化解策略：变被动等待为主动出击，以动制静，快速受偿。

经 AA 租赁公司风险管理委员会评审决策，批准上述方案实施。以 B 集团公司上市流通股股权为抓手，开展谈判，最终实现了二次清偿。

（2）债务人受偿。针对债务人，基于租赁物为生产设备，变现能力弱，没有其他有价值资产线索的特点，AA 租赁公司细化“一项一策”风险化解模型，采取主动出击，深度参与破产重整的与担保人追偿不同的差异化解策略。

深度参与重整，掌握主动。AA 租赁公司组建业务、风控、法务的专项小组，本着合作共赢的原则与债务人进行谈判，并提出了一系列的处置建议，得到了投资人的高度认可和信任；根据 A 公司破产重整方案，结合 A 公司重整实际，编制了破产重整后的《融资租赁合同》，并成为 A 公司破产重整后融资租赁合同范本，AA 租赁公司成为第一个签署该合同化解债务的债权人。

在专项小组入驻并化解风险的过程中，均通过公司资产信息管理系统进行了信息传递、风险论证与合规决策。公司第三道风险防线审计部门都及时对方案实施过程进行了评估、评价。

8. 上下同心者胜。A 公司、B 集团公司《重整计划》中，AA 租赁公司债权得到全额确认。

2018 年底，重整后 A 公司向 AA 租赁公司一次性支付重整计划延期执行期间利息；2019 年底，AA 租赁公司与重整后 A 公司签订新的融资租赁合同，收回现金清偿款；2020 年 6 月，剩余债权完成债权股工商登记。2020 年 10 月，收到重整后 A 公司因晚于重整计划规定的时间实施债转股，支付自重整计划裁定批准之日起至登记为债务人股东之日止的利息，至此 A 公司债转股及现金受偿工作全部完成。

2019 年，AA 租赁公司完成了 B 集团公司债权转股权的工商登记，收到现金清偿款。

通过“点、线、面”立体风险管理体系的高效运转与“三道防线”的通力协作，A 公司项目风险最终实现了双向申报、双向受偿，A 公司项目风险实现化解。

七、行而不辍，未来可期

AA 租赁公司自 2018 年起在公司特殊资产管理业务中推进企业全面风险管理，通过公司“点、线、面”立体风控架构与风险管理“三道防线”，在特殊资产管理中逐步实现了风险化解，践行了“化解风险、提升价值，协同主业、助力发展”特殊资产管理使命。

1. 建立企业全面风险管理机制能够提升企业持久的抗危机能力，保障企业可持续发展。企业全面风险管理的目标是，支持企业生存和持续发展，将风险治理控制在可接受范围内，提升企业核心竞争力，风险与机会、成本与收益最优化，提高企业管理不确定性能力和应变能力，支持提高企业绩效最优化，其核心理念就是“管理风险、利用风险、驾驭风险、创造价值”。

2. 建立健全有效的全面风险管理体系，注重全面风险管理体系的有效性，确保全面风险管理体系得到执行。要将对全面风险管理体系建设的监督责任以及倡导并维护公司的全面风险管理价值观明确作为公司治理层即董事会的职责。要将全面风险管理体系工作作为重点工作推进，明确到企业经理层，让企业经理层发挥关键少数作用，通过充足的资源配置确保全面风险管理体系的确立。要形成全面风险管理体系文化，明确各个部门均为全面风险管理体系的建设者与实施者，明晰权责，协力推进。

3. 企业全面风险管理体系能够有效协同，以合规、法律、内控为点，以风控为线，以审计为面，构建点连线、线控面，线面贯通、点面结合、立体风控的“点、线、面”立体风险管理运行框架。“点、线、面”立体风险管理，旨在补齐企业短板、防范系统风险。通过全面风险管理体系的协同，可以充分统筹项目发起、审查、管理、退出的全周期和全覆盖的整体风险管理，同时，也能够在协同运作的机制下，统筹第二道防线的最大公约数，既做到相互补位，又避免了重复工作，弥补了单一职能对全面风险防控的不足。通过全面风险管理体系的协同，市场信息可以在第一时间传递，风险管控可以在第一时间响应，业务段可以在第一时间获得解决方案，第一时间完成业务赋能。通过历史数据整理、分析，做出风险趋势判断，通过海量案例归类、分析，提供解决问题初步方案。实现战略管控与风险管控的有机统一，职能管理与综合评价的有机统一，职能监督与审计监督的有机统一。

4. 特殊资产管理中的“点、线、面”立体风控架构与风险管理“三道防线”还需要以个性化的服务、多元化的方式、一体化的运作、精细化的实施确保全面风险管理体系在特殊资产管理中发挥最大功效。

（1）个性化的服务。在国际国内“双循环”格局下，作为中央企业的责任感、防范化解重大风险的紧迫感，以及随着金融业对外开放境外金融机构进入特殊资产市场加剧资产管理行业竞争的危机感，AA 租赁公司变被动为主动、奋力寻求自身的存在价值。在转向特殊资产处置的基础上，既主动拓展金融机构、非金融机构的问题资源，又勇于承担涉及产业系重大风险的重大项目重组，还积极探索针对包括新兴产业信用违约等在内的结构债务重组业务，最大限度地将业务触角延伸至集团各个层面。特别是顺应新时期问题企业风险化解的个性化需求，由原先的以持续完善特殊资产业务产品为中心，转向以客户为中心，在畅通问题企业“血液循环”的过程中，根据企业的特色化需求，或为解决企业困难提供所需要的金融资源，或通过资源整合给予其技术支持，或视情况引入外部投资者进行产业合作，最终通过提供个性化的综合性服务促进企业发生实质性的正向变化。

（2）多元化的方式。资金是实体企业的血液。新时期 AA 租赁公司开展特殊资产管理业务化解重大风险、服务实体企业的内在逻辑，在于通过作用于特殊资产的机制由“三血”向“四血”转变，来畅通问题企业的“血液循环”，进而恢复其可持续发展能力。具体而言，就是在通过特殊资产收购这一“抽血”机制降低企业财务负担、通过追加投资等激发企业自身潜力这一“输血”机制提升企业生存能力、通过整合企业内外部资源这一“造血”机制增强企业内生动力的同时，叠加债务重组、市场化债转股、资产重组、企业重组、产业重组等多元化资产管理手段，改善企业财务状况，提升企业盈利能力，帮助企业“换血”实现转型升级。最终，通过“四血”机制的作用，直接或间接化解重大风险、优化资源配置，建立金融与实体企业良性循环的畅通渠道。与之相适应，特殊资产的业务形式由原先以处置转让为代表的简单化，转向以资源整合和价值提升为特征的复杂化。

（3）一体化的运作。系统性重大风险的防范化解，具有涉及主体多、覆盖范围广、利益冲突大、运作周期长、协调成本高等特征，需要放眼全局的视野甚至全球的大格局，摒弃零和博弈，坚持共赢理念，为问题企业设计一个以盘活重整为目标、兼顾各方利益且能兜得住的一揽子综合性解决方案。其核心是一体化运作，即针对一个具有价值提升潜力的特殊资产，运用“综合经营、系统集成”的思维对其进行分解、分类，采取系统处置、有效盘活及资产管理手段加以一体化运作。AA 租赁公司运作的“A公司”项目即为其典型代表。

（4）精细化的实施。公司开展的具有个性化的资产管理业务，需要有专业的研判、持久作战以及风险管理能力，这三大能力决定了公司在具体实施中要做好精细化。

一是对企业发展趋势、走出困境的专业研判能力。资产管理投行主要为重组、清算或破产，不仅需要对企业微观面的深入研究，也需要对行业发展、国内外经济形势等宏观面的科学研判，更需要基于多年实践所形成对企业走出困境判断的专业敏感性。

二是对企业价值挖掘、统筹推进重组的打持久战能力。要对此类业务特别是其重组过程烂熟于胸，具有丰富的法律和财务知识以及对资产估值的专业能力；同时，面对重组可能遇到的种种阻力，意想不到的甚至会导致前功尽弃的各种变数，以及耗时之久可能长达数年的运作周期，必须有稳健的心理素质、灵活的应变能力、高超的沟通水平以及足够的耐心韧劲。

三是应对资产标的缺乏流动性和正规定价机制所要求的风险管理能力。这需要进行更严格、更扎实的尽职调查，实行事前预警、事中控制、事后评估的全流程风险管控。此外，资产管理业务也对引入社会资金、受托管理资产的专业运作能力提出了更高的要求。这不仅要从以前的资金为王转向人才为本，更要实施精细化运作。

八、结语

“一千个人眼中有一千个哈姆雷特”，每个公司的情况不尽相同，也就会采用不同的企业风险管理方法以实现其目标。AA 租赁公司通过建立健全全面风险管理体系，搭建“点、线、面”立体风控，强化“三道防线”，建立了有效的风险管理体系，将其嵌入了自身的运营结构之中。但是，企业的风险管理体系并不是一蹴而就的，AA 租赁公司也没有因为目前取得的成效而自满，未来仍需谨慎、持续地通过识别、评估、管理、监控自身风险，不断优化完善“点、线、面”立体风控与“三道防线”。

公司的全面风险管理虽然是一个有着诸多路径的漫长旅程，但始终是一个促进公司可持续发展、不断实现“管理风险、利用风险、驾驭风险、创造价值”的旅程。

案例五　航天科工北电所统筹“三道防线”力量，构建高效协同大监督格局

郭春华　刘婉莹　魏　来*

一、企业基本情况介绍

北京电子工程总体研究所（以下简称北电所）成立于1958年10月8日，是我国最尖端科学技术研制单位，是最早组建的地空导弹总体研究部，主要承担先进防御导弹武器系统的总体研发、设计、集成与试验、生产工作，是我国先进防御导弹武器装备建设的摇篮和先进武器体系的开拓者、引领者、实践者；拥有涵盖航天器研发的各类总体专业，其中，体系总体、制导控制、指挥控制、精确制导和系统仿真等专业处于国内领先地位，是我国重要的装备研制领军单位；成立以来获得国家文明单位、全国

---

* 郭春华，吉林大学项目管理专业硕士毕业，高级工程师，国际注册风险管理师、高级国际注册内部控制师、国际注册内部审计师、国际注册反舞弊师、美国注册舞弊审查师、国际注册项目经理。从事纪检监察、内部审计、风险管理与内部控制工作。2002年进入北京电子工程总体研究所，于2015年开始负责风险管理与内部控制工作，具有丰富的军工企业风险管理经验、审计经验和项目管理经验，曾刊发《ERP环境下基于信息化手段的合同管理审计探索》《以风险为导向对子公司开展业务“大监督”》《基于决策支持系统构建风险预警模块管理项目》《发挥内部审计增值作用助力航天军工企业安全稳定发展》《新时代航天军工企业经济责任审计发展路径探索》《新时代企业内部审计创新发展研究》等多篇文章。

刘婉莹，对外经济贸易大学国际经济与贸易本科、北京交通大学审计硕士研究生毕业，助理政工师，具有国家法律职业资格，曾就职于中国东方航空股份有限公司，负责纪检监察、审计和风险内控工作，于2021年初入职北京电子工程总体研究所，负责全面风险管理与内部控制工作，在企业风险内控体系建立与完善、企业绩效改善和上市公司合规经营方面具有丰富风险管理经验。

魏来，哈尔滨工程大学经济法硕士研究生毕业，工程师，具有国家法律职业资格，从事纪检监察、风险管理和内部控制工作。2013年进入北京电子工程总体研究所工作，2013～2017年负责企业风险管理与内部控制，2017年至今负责纪检监察工作。在企业重大风险管控、内控流程梳理等方面有相关管理经验。曾牵头组织编制企业《风险管理与内部控制手册》，负责组织开展人力资源管理、质量管理、外协管理等专项风险管理项目。

模范职工之家、全国质量奖、中国航天质量奖、国家级信息化和工业化深度融合示范企业、中央企业先进基层党组织等荣誉称号。

二、风控体系发展历程

自2010年起，北电所根据国资委、航天科工集团公司要求，开始建立全面风险管理体系，下发了风险管理体系建设实施方案、内部控制体系建设实施方案，企业全面风险管理雏形初现。根据上级风控体系建设要求，将全面风险管理与内部控制管理相结合，完整构建风控管理体系，明确领导职责，搭建组织架构，成立风控管理委员会，编制《全面风险管理和内部控制手册》作为风险管理与内部控制工作的顶层文件，制定《风险管理与内部控制工作管理办法》，明确业务部门、风控管理部门、内部审计部门共同组成分工明确、职责清晰、相互配合、相互制约的“三道防线”。

（一）分层建立风险管控机制方面

自风险管理工作开展以来，围绕单位重大风险、重要业务专项风险、重大经营决策事项风险这三类风险，定期开展风险评估、风险应对及风险管控工作。规范管控方案制定，强化日常监控、中期检查、年底总结等环节的管理要求，通过年终监督检查方案落实情况，加强对重大风险的全过程动态监控。2015年，为进一步完善规范重要决策事项风险评估机制，在OA协同办公平台启用“三重一大”会议决策审批流程，加入风险分析审核环节，对决策事项的合法性、合理性、可行性及风险的可控性进行审核把关，为重大事项决策提供参考依据。

（二）推进内部控制体系建设方面

编制印发《全面风险管理和内部控制手册》，通过流程图、风险矩阵、流程描述和权限指引的形式，梳理出各部门各项业务在流程上的职能权限，明确各业务部门的上下接口，突出风险点。该《手册》包括发展战略、人力资源管理、资金管理、采购业务等23个业务模块共236个流程，涉及业务数占所内主要业务总数的90%以上。作为内部控制的顶层文件，为内部控制体系建设、运行和维护提供指引。随着业务的发展、规章制度的更新、风险的变化，更好地将风险管控贯穿于业务全流程，分别于2018年和2020年对手册适时进行修订更新。

（三）提升内部控制管理能力方面

2013~2015年，逐年开展单位内部控制自评价工作，加大风控体系评价和包括存货、经营活动现金流、“三重一大”及应收账款在内的四项重点业务内控自查力度，梳理查找制度和流程的设计、执行缺陷，从完善制度、优化流程、强化执行等方面入手进行缺陷整改，内部控制职能部门对缺陷整改情况进行跟踪、监督检查和总结分析，确保整改措施全面及时完成。2016年，作为航天科工集团公司首批试点单位于年中开展“风险管理成熟度评价工作”。2017年7月，在集团公司范围内率先开展了2017年度风险内控成熟度自评价工作。从风控体系、关键业务、目标保障三个维度，选取组织框架、战略管理、人力资源管理、工程项目管理等19类关键业务进行自评。通过对标对表，查找业务相关制度，梳理业务执行情况，确定了风险内控成熟度等级为管理规范级。

（四）夯实风控文化建设基础方面

建立风险管理工作宣传和培训常态化机制，坚持编制简报、编发稿件，及时总结管理经验。组织专、兼职风险管理人员常态化开展风险内控知识培训，促进风险内控体系建设核心理念的普及。持续组织专兼职风险内控业务人员参加企业注册风险管理师、内部控制师的培训，截至目前共有18人取得资格。每年组织各业务领域结合单位实际风控工作实际开展课题研究，促进风险管理理论研究与实践探索相结合。

三、以往风控体系面临的问题和挑战

1. 风险监控信息化存在挑战，内部控制活动容易形成数据孤岛。OA

协同办公平台承载了企业信息化管理的大部分功能，但各个管理软件之间未有效形成信息互相提取利用，还存在“信息孤岛”现象，有时候大量信息需要重复录入，导致浪费大量宝贵的数据价值。

2. 与业务全面融合方面存在不足。企业风险有很大一部分来自外部风险，尤其是军工单位，这种风险更为突出。以外协供方选择来说，从供应商选定、合同签订、订货、生产制造、产品验收等诸多环节，需要依靠人员、制度，耗费大量时间、精力沟通协调，存在信息传递错漏或不及时、协调信息不宜留存，从而可能严重影响产品生产的进度和质量，带来外协风险和质量风险以及科研生产相关风险。

3. 在对子公司内控体系有效运行的监督方面仍待加强。因产业领域不同，在控股子公司后，北电所与子公司在业务发展和管理方面深度融合不够，对其在业务、资源等方面的支持和指导不够全面，在对子公司监管的力度和颗粒度上仍需加强。

4. 风险意识和风控文化有待进一步加强提升。虽然近些年来已通过培训教育、宣传等手段加强风险防控在全员中的思想渗透，但实际在工作中，尤其是以总体设计和实验验证为主体业务的单位，在最需要风险识别和风险防控的第一线仍缺乏对风险意识和企业文化的重视。

四、基于决策支持系统构建风险预警模块

党的十九届五中全会审议通过了《中共中央关于制定国民经济和社会发展第十四个五年规划和二〇三五年远景目标的建议》，要求科学把握新发展阶段、深入贯彻新发展理念、加快构建新发展格局，为全面建设社会主义现代化国家开好局、起好步。新发展阶段就是全面建设社会主义现代化国家、向第二个百年奋斗目标进军的阶段，面对外部环境日趋错综复杂、各类风险因素层层叠加的新形势，有效防范化解重大风险，是“十四五”时期高质量发展必须跨越的关口。

为落实国务院国资委关于中央企业国资监管信息化建设要求，为提高北电所对新时期大环境风险变化趋势的应对能力，快速、有针对性地识别和分析所面临的风险，及时对经营过程中的风险进行预警和防范，加强战

略预判和风险预警，以决策支持系统为依托，构建决策支持系统风险预警模块，实现实时监测、自动预警、监督评价等在线监管功能，系统性搭建高质量发展风险防护网，同时，不断提升风险管理的信息化和智能化水平，北电所逐步探索利用大数据等技术，建立业务领域范围内的风险监控指标体系，利用信息化手段，对重大风险的关键指标进行日常在线监控和实时预警，实现内控体系实时监测、自动预警、监督评价等在线监管功能。

风险管理预警系统依托决策支持系统，由四大板块、五大功能模块和三大数据库（MPM、ERP及人力资源数据库）构成。四大板块分别是基础管理、风险监测与预警、风险应对与处置、结果报告与改进机制。五大功能模块分别为系统管理、部门用户管理、风险预警查询与报表、预警信息处理与监测、预警信息综合分析。具体内容如图1所示。

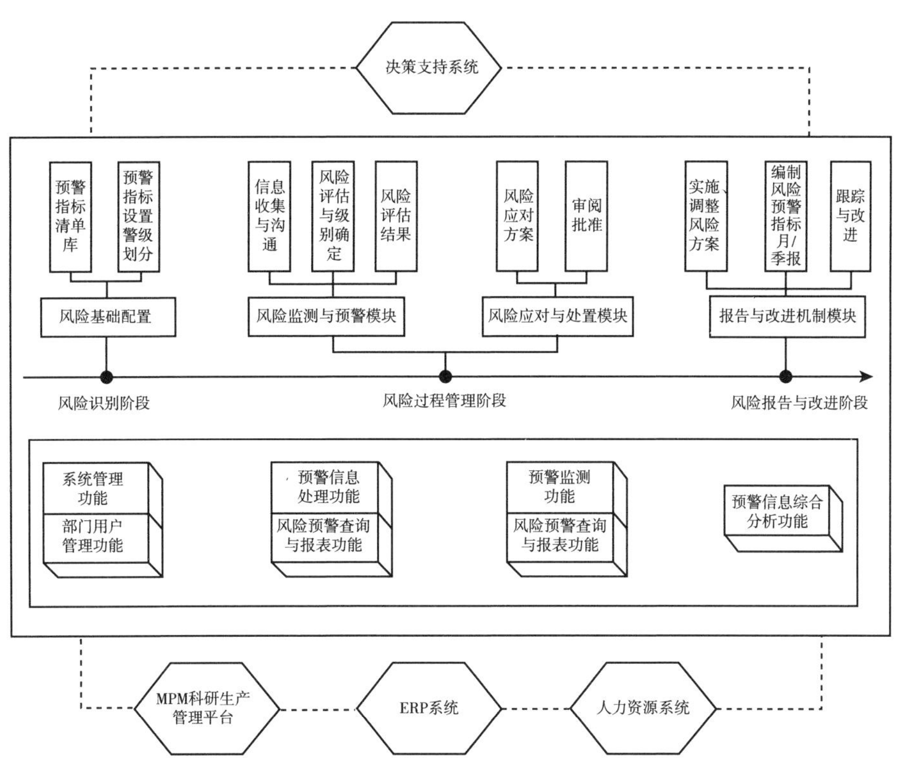

图1　业务流程模块

（一）初始信息收集阶段

为有效建设风险预警系统，及时追踪单位风险变化趋势，风险预警系统指标以年度重大风险评估结果为依据，抓取重要、重点指标，将单位主营业务与风险管控有效结合，不断提高风险应对能力。

（二）关键指标识别阶段

在重大风险关键预警指标基础上，细化、补充完善预警指标内容，建立系统风险清单（库），该风险库分为单位本级及四级公司两个层级，描述单位可能面临的各种风险。从中选取重要、重点和高风险领域业务的风险预警指标。

1. 风险标识。描述该风险的基本属性，包括风险名称、关键预警指标名称、所属责任部门、责任领导、责任调度。

2. 预警策略。设定该风险预警的规则与汇报路径，包括预警状态、预警阈值、汇报路径（责任调度、责任领导、部领导），明确风险预警与汇报的机制与流程，为实现自动风险预警报告奠定基础。

3. 风险预警指标设置与警级划分。根据风险评估结果，审定后由业务部门识别风险预警指标，考虑风险特点的同时，确定风险对应预警阈值。以个别风险指标为例，具体如表 1 所示。

表 1　风险预警指标设置与警级划分示例

序号	重大风险名称	关键预警指标	预警区间及阈值			预警状态	情况说明	报送路径	备注
			轻度预警	中度预警	高度预警				
1	技术创新风险	创新项目立项数量完成率				●	目前状态、情况说明等	主管部领导审阅批示	
2		双创项目培育增长率				●	目前状态、情况说明等	部领导审阅	
3	战略管理风险	综合规划计划完成率					目前状态、情况说明等	部门领导审阅	
4	管理改革风险	综合管理工作计划完成率				●	完成率为 100%，无预警情况	部门领导审阅	

（三）系统管理建设阶段

该阶段主要是从业务流程划分板块，同时考虑预警系统的业务角色和知悉范围，具体内容见图2。

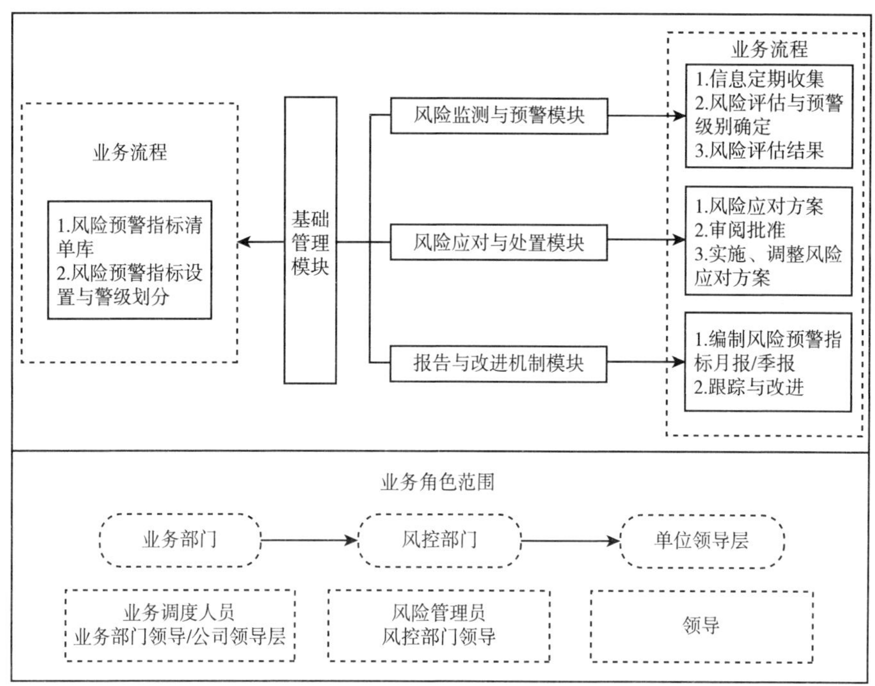

图2　业务流程模块

1. 风险监测与预警。风险监测与预警机制主要工作包括风险数据收集、风险评估与预警级别确定、风险评估结果。通过风险数据定期收集和系统的自动抓取，包括主要业务流程，产生的原因、涉及的部门。从风险发生的可能性（极高、高、中、低、极低）及影响程度（非常严重、严重、中等、较小、轻微）进行分析和评估。

按照评估结果，对风险关键指标进行排序。业务部门根据风险系统中设定四色预警规则（绿、黄、橙、红）中相关指标与评估周期（月、季度）进行判断预警。当满足预警条件后，根据对应预警等级的应对预案与汇报路径进入相应的风险应对过程如图3所示。

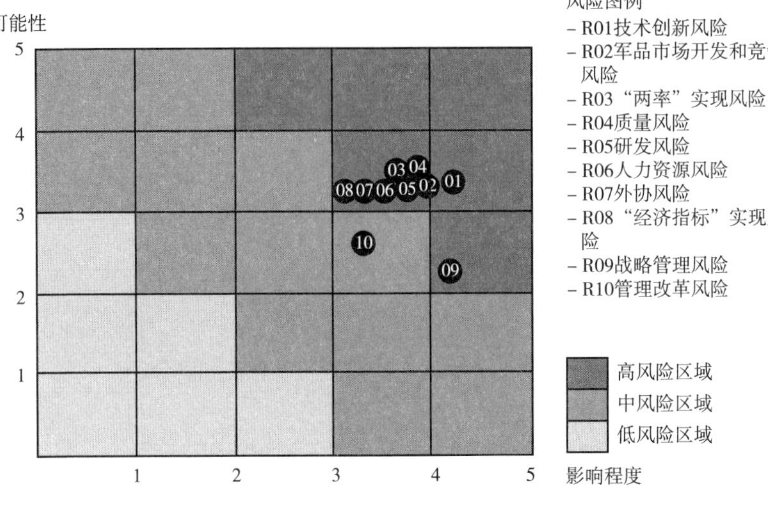

图3　重大风险预警评估

业务部门根据预警程度制定应对措施，及时对风险进行跟踪与处置，并依据风险设定的汇报路径，采取规定的方式、在规定时间内报不同级别领导，如属于高风险预警的指标，需上报主管部领导审核。

2. 风险应对与处置。该板块主要工作包括风险应对方案、批准应对方案、实施或调整应对方案。

运营过程中业务部门、风控部门持续关注风险状态，风险诱发预警后，各相关方协同进行风险应对，风险管理部门负责对整体情况监控。其业务流程分为以下主要步骤。

（1）风险应对。业务部门根据预警程度制定应对措施，及时对风险进行跟踪与处置，并依据风险设定的汇报路径，采取规定的方式、在规定时间内报不同级别领导，如属于高风险预警的指标，需上报主管部领导审核。

（2）审阅批准。主管部领导对收到的上报风险预警及应对情况进行审阅或批示，可将意见转送给其他相关人员。

（3）实施、调整风险应对方案。业务部门按照应对措施，持续跟进中度、高度风险预警事项，并根据实际情况动态调整方案。

3. 结果报告与改进机制。纪检审计风险处每月/季度对各类风险预警情况进行总结，并形成风险预警指标“一页看板”，使部领导、部门领导、相关人员知悉单位当前重大风险状况。其业务流程分为以下主要步骤：

（1）编制风险预警指标月报/季报。纪检审计风险处定期汇总风险预警状态，对当期的风险控制情况进行总结，编制本单位的风险预警指标表。

（2）跟踪与改进。纪检审计风险处根据风险预警指标结果中分析的可能存在的主要问题及改进建议，制定并落实风险改进方案，提升单位风险预警机制的科学性、合理性和有效性（如图4所示）。

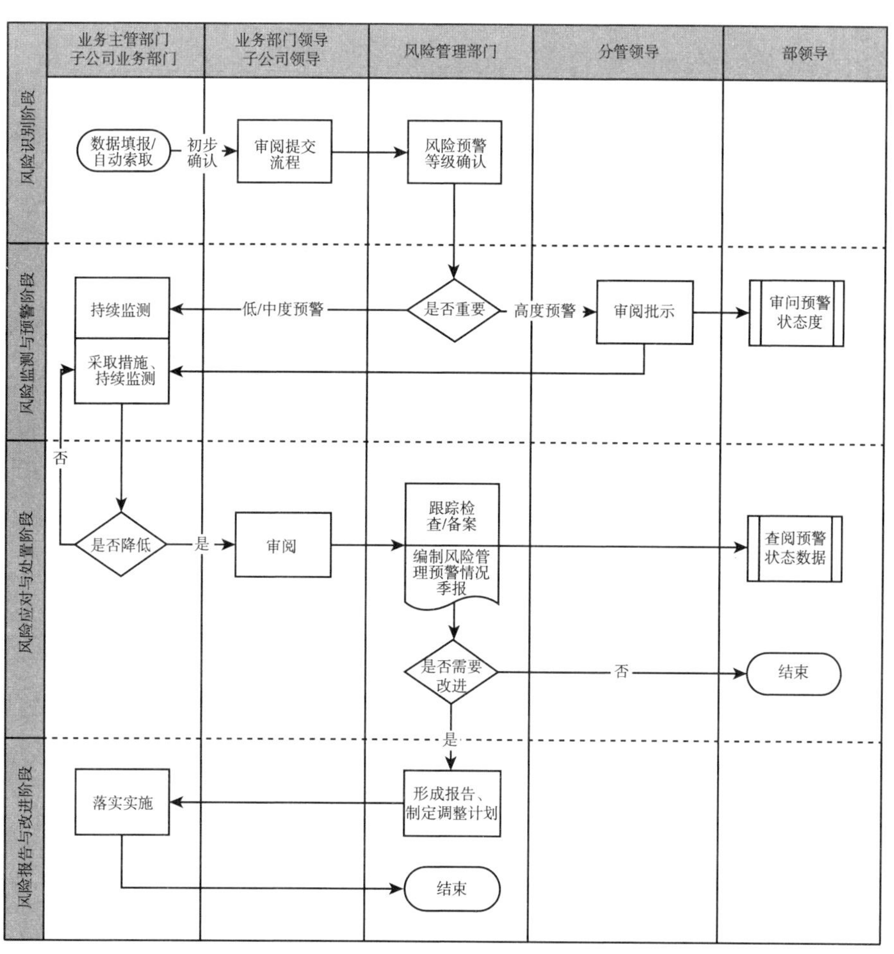

图4　风险系统流程

（四）实现集成数据分析和预警效果阶段

风险预警系统基于企业级数据仓库建设，突破当前风险信息分散、冗余、不全面等局限性，将来自生产相关信息系统的数据，包括 MPM、ERP 及人力资源数据，进行汇总和整理形成风险预警的全局信息。如图 5 所示。

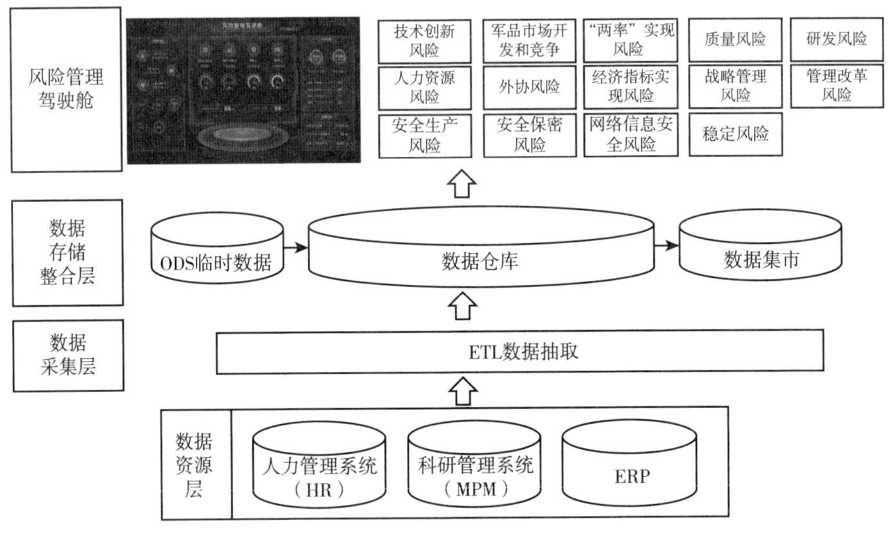

图 5　系统数据集成

1. 实现全级次监控风险预警，聚焦子公司运营情况。对于管理层，建立风险预警系统，提前把握单位的主要风险动态，深入地了解风险，从而做出正确的决策，提升科学决策能力和企业风险防控水平方法。以系统风险预警状况为基础，掌控目前面临的风险及当期状态、关键风险指标的变化趋势及预警发生后的处理情况，全面了解各类风险信息，加速风险应对的速度。特别是针对与正常指标的偏离程度，从而较早评测运营不佳状况的指标，提前揭示本单位及子公司两级次可能存在的问题，预测风险程度，体现前瞻性。

风险预警驾驶舱分为 10 大类 41 个关键风险指标，以年度、季度为数据期，支持按年按季度查看，并据风险系统中设定四色预警规则（绿、黄、橙、红）标示预警范围，如图 6 所示。

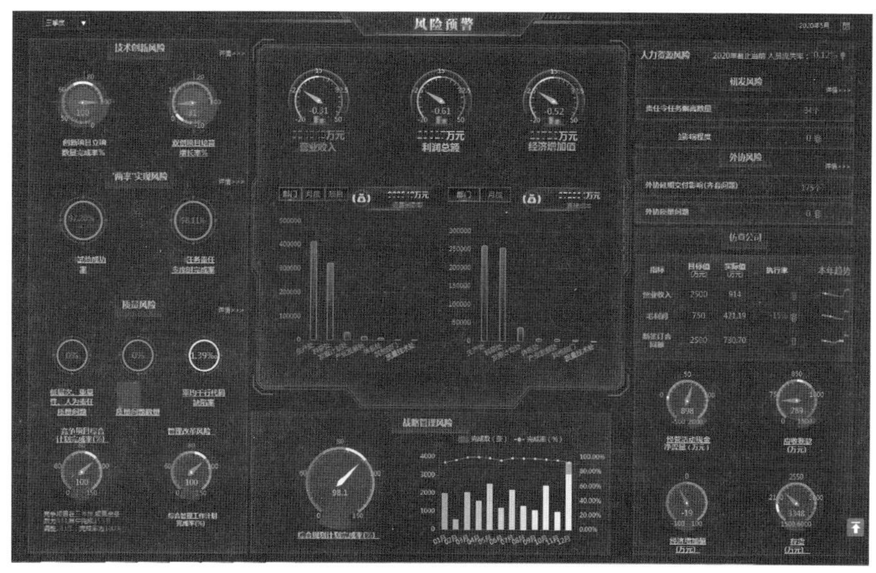

图 6 风险预警驾驶舱示意

（1）技术创新风险。具体如表 2 和图 7、图 8 所示。

表 2 技术创新风险

序号	关键预警指标	预警区间及阈值		
		轻度预警	中度预警	高度预警
1	创新项目立项数量完成率	军科委项目、科技部重点研发计划立项序时完成率 80% 以上	军科委项目、科技部重点研发计划立项序时完成率 60% 以上	军科委项目、科技部重点研发计划立项序时完成率 50% 以上
2	双创项目培育增长率	同比增长 10% ~ 20%	同比增长 0 ~ 10%	同比无增长

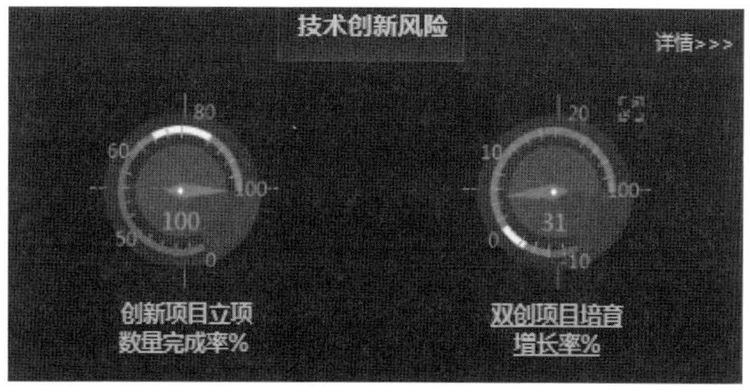

图 7 技术创新风险预警

gl_风险预警分析>> 双创项目_子表

项目名称	归属院所	单位名称	发布时间	状态	落地情况	ID
控系统	二院	北京电子工程总体研究所	2020-06-10 00:00:00	创意池		34
检测设备	二院	北京电子工程总体研究所	2020-06-10 00:00:00	创意池		1
脑	二院	北京电子工程总体研究所	2020-06-10 00:00:00	创意池		2
及产品	二院	北京电子工程总体研究所	2020-06-10 00:00:00	创意池		7
智能车	二院	北京电子工程总体研究所	2020-06-10 00:00:00	创意池		8
量系统	二院	北京电子工程总体研究所	2020-06-10 00:00:00	创意池		10
理系统	二院	北京电子工程总体研究所	2020-06-10 00:00:00	创意池		11
系留艇 数值模拟技术	二院	北京电子工程总体研究所	2020-06-10 00:00:00	创意池		12

图 8　双创项目下钻详情

（2）“两率”实现风险。如表 3 和图 9、图 10 所示。

表 3　“两率”实现风险

序号	关键预警指标	预警区间及阈值		
		轻度预警	中度预警	高度预警
3	综合计划完成率 90%	综合计划完成率 80%	综合计划完成率 70%	综合计划完成率 90%
4	飞行试验成功率	90% ≤ 飞行试验成功率 <95%	80% ≤ 飞行试验成功率 <90%	飞行试验成功率 <80%

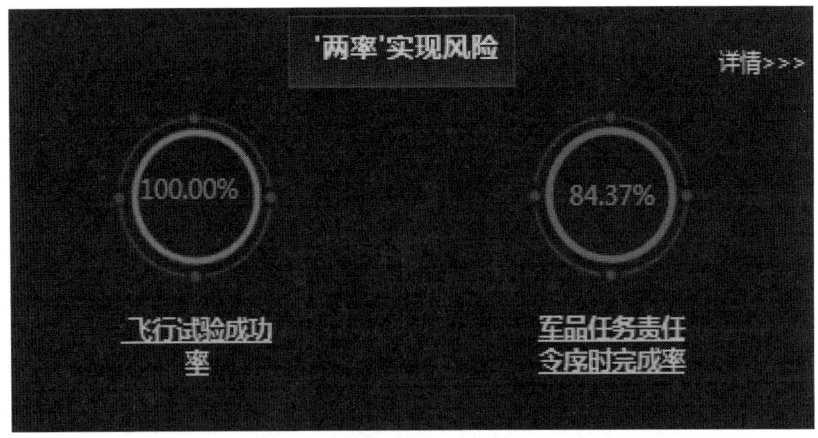

图 9　“两率”实现风险预警

gl_风险预警分析>> 院军品任务责任令完成情况

序号	项目类型	项目名称	全年总数	当前应完成数	序时已完成数	未完成数	后续提前完成数	序时完成率	实际完成率
1	研制型号	弹研制	15	15	15	0	0	100.00%	100.00%
2	研制型号	器系统研制	21	21	21	0	0	100.00%	100.00%
3	研制型号	系统研制	11	11	11	0	0	100.00%	100.00%
4	研制型号	弹研制	23	23	23	0	0	100.00%	100.00%
5	研制型号	研制	4	4	4	0	0	100.00%	100.00%
6	研制型号	武器系统研制	6	6	5	1	0	83.33%	83.33%
7	研制型号	武器系统	12	12	1	11	0	8.33%	8.33%
8	研制型号	[illegible]	20	20	20	0	0	100.00%	100.00%
9	研制型号	系统	5	5	5	0	0	100.00%	100.00%
10	研制型号	防御系统研制	6	6	6	0	0	100.00%	100.00%
11	研制型号	试验项目	24	24	19	5	0	79.17%	79.17%
12	研制型号	控制系统[illegible]研制	3	3	3	0	0	100.00%	100.00%
13	研制型号		52	52	52	0	0	100.00%	100.00%
14	研制型号	系统研制	21	21	20	1	0	95.24%	95.24%
15	研制型号	武器系统	2	2	2	0	0	100.00%	100.00%
16	研制型号	评估系统	35	35	35	0	0	100.00%	100.00%
17	研制型号	程	1	1	1	0	0	100.00%	100.00%
18	研制型号	器技术重点项目	11	11	11	0	0	100.00%	100.00%
19	批生产型号	项目	6	1	1	0	1	100.00%	33.33%
20	批生产型号	项目	6	1	1	0	1	100.00%	33.33%
21	批生产型号	系统03批批生产	18	0	0	0	18	∞%	100.00%
22	批生产型号	地面装备批生产	22	0	0	0	22	∞%	100.00%
23	批生产型号	弹批生产	12	0	0	0	9	∞%	75.00%
24	批生产型号	备件批生产	4	0	0	0	4	∞%	100.00%
25	批生产型号	[illegible]	5	0	0	0	5	∞%	100.00%
26	批生产型号	武器系统批生产	6	0	0	0	6	∞%	100.00%
27	批生产型号	武器系统批生产	1	0	0	0	1	∞%	100.00%
28	批生产型号	武器系统批生产	1	0	0	0	1	∞%	100.00%
29	批生产型号	武器系统批生产	1	0	0	0	1	∞%	100.00%
30	批生产型号	武器系统批生产	1	0	0	0	1	∞%	100.00%

第 1 页/4页 每页1000条 共3228条

图 10　任务责任令下钻详情

（3）战略管理风险。如表 4 和图 11 所示。

表 4　战略管理风险

序号	关键预警指标	预警区间及阈值		
		轻度预警	中度预警	高度预警
5	综合规划计划完成率	80% ≤综合规划计划完成率 < 100%	60% ≤ 综合规划计划完成率 < 80%	50% ≤综合规划计划完成率 < 60%

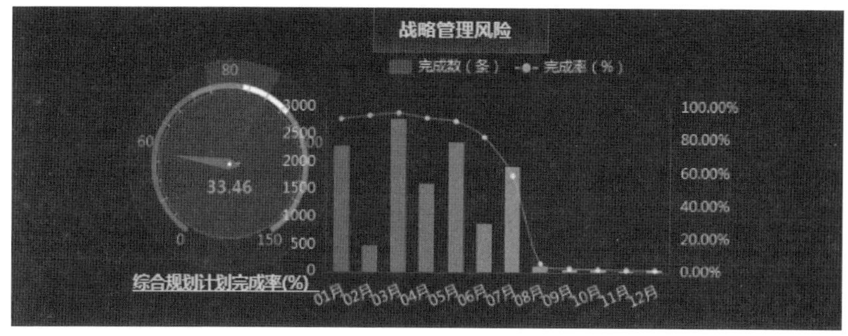

图 11　战略管理预警

（4）“经济指标”实现风险。如表5和图12、图13所示。

表5　　“经济指标”实现风险

序号	关键预警指标	预警区间及阈值		
		轻度预警	中度预警	高度预警
6	营业收入	5%≤月度预算执行率低于序时进度要求<15%	15%≤月度预算执行率低于序时进度要求<25%	月度预算执行率低于序时进度要求≥25%
7	利润总额	5%≤月度预算执行率低于序时进度要求<15%	15%≤月度预算执行率低于序时进度要求<25%	月度预算执行率低于序时进度要求≥25%
8	经济增加值	5%≤月度预算执行率低于序时进度要求<15%	15%≤月度预算执行率低于序时进度要求<25%	月度预算执行率低于序时进度要求≥25%
9	经费到款额	5%≤月度预算执行率低于序时进度要求<15%	15%≤月度预算执行率低于序时进度要求<25%	月度预算执行率低于序时进度要求≥25%
10	直接成本	5%≤月度预算执行率低于序时进度要求<15%	15%≤月度预算执行率低于序时进度要求<25%	月度预算执行率低于序时进度要求≥25%

图12　经济指标预警

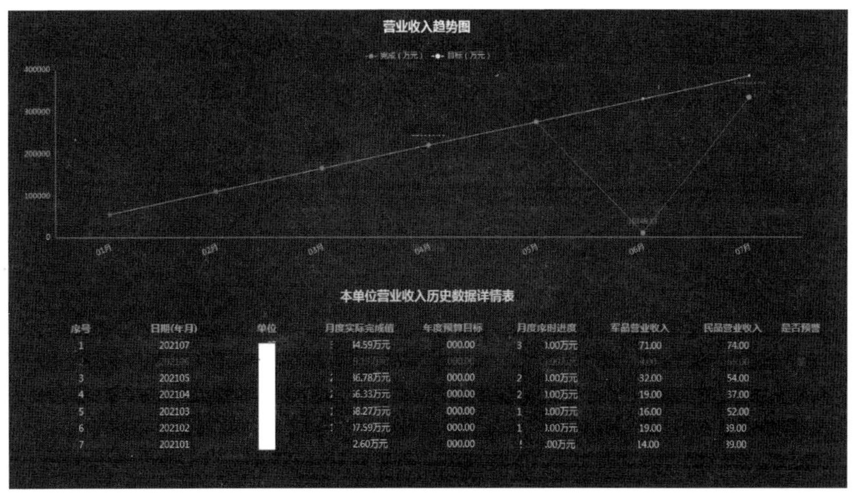

序号	日期(年月)	单位	月度实际完成值	年度预算目标	月度序时进度	军品营业收入	民品营业收入	是否预警
1	202107	[illegible]	[illegible]4.59万元	000.00	3[illegible].00万元	71.00	74.00	
[illegible]	[illegible]	[illegible]	[illegible]	[illegible]	[illegible]	[illegible]	[illegible]	[illegible]
3	202105	[illegible]	[illegible]6.78万元	000.00	2[illegible].00万元	32.00	54.00	
4	202104	[illegible]	[illegible]6.33万元	000.00	2[illegible].00万元	19.00	37.00	
5	202103	[illegible]	[illegible]8.27万元	000.00	1[illegible].00万元	16.00	52.00	
6	202102	[illegible]	[illegible]7.59万元	000.00	1[illegible].00万元	19.00	[illegible]9.00	
7	202101	[illegible]	2.60万元	000.00	[illegible].00万元	14.00	[illegible]9.00	

图 13　经济指标下钻详情

2. 明确风险责任与规则，充分发挥三道防线作用。业务部门作为风险控制的第一道防线，通过信息系统对部门负责的业务风险进行梳理、明确预警规则，清晰风险管理的具体岗位人员责任，通过业务数据预警的自动报送，更加有针对性、更便利地控制风险。审计与风险部门作为第二、第三道防线，将风险管理流程固化到系统中，与单位的主要经营业务系统集成，实现风险管理过程的规范化、标准化与自动化。同时，针对有预警的情况，审计部门还需加强第三道防线的作用，通过系统的方法评价和改进单位的风险管理、控制和治理，实现单位经营目标。

3. 打通各应用系统集成，强化风险数据汇总与分析。强化风险意识，健全防控机制，既要解决好自身存在的风险隐患，又要防范好来自外部的风险挑战，打通 MPM、ERP 和人力资源数据库等应用系统，将高质量发展与有效防控风险相结合，增强抗风险能力。风险预警系统可以更方便及时地了解单位主要状况和财务收支情况，更便利地进行各种数据汇总和风险分析工作，为单位日常管理和科学决策提供有力支持，进一步确保北电所风险管理措施落地。

五、以风险为导向对子公司开展业务“大监督”

为进一步加强和规范子公司运行与管理，提升其管理水平和可持续发展能力，北电所以风险为导向、审计方法为手段，整合各类监督资源，搭建了涵盖经营、人力资源、法治、财务、纪检、审计与风控等业务的“大监督”平台，开展了以子公司为对象的全方位监督检查。经过对检查中发现的问题进行梳理，选取“关键业务”进行风险识别、分析与评估，提前预警公司运营风险，促进北电所风险管理与子公司管理过程紧密融合，及时准确地发现和解决公司存在问题，防范新的矛盾和问题滋生蔓延。

围绕系统、全局、协同理念，做到整合资源、形成监督合力，以风险为导向，以审计方法为手段，构建涵盖经营、人力资源、法治、财务、纪检、审计与风控等方面组成的“大监督”新型体系，力求及时、准确地发现和解决公司存在的矛盾和潜在问题，防范新的矛盾和问题滋生蔓延，充分发挥警示和震慑作用，确保公司在新形势下健康、安全、高效地运行，为公司平稳、安全运营提供坚实保障。具体如图 14 所示。

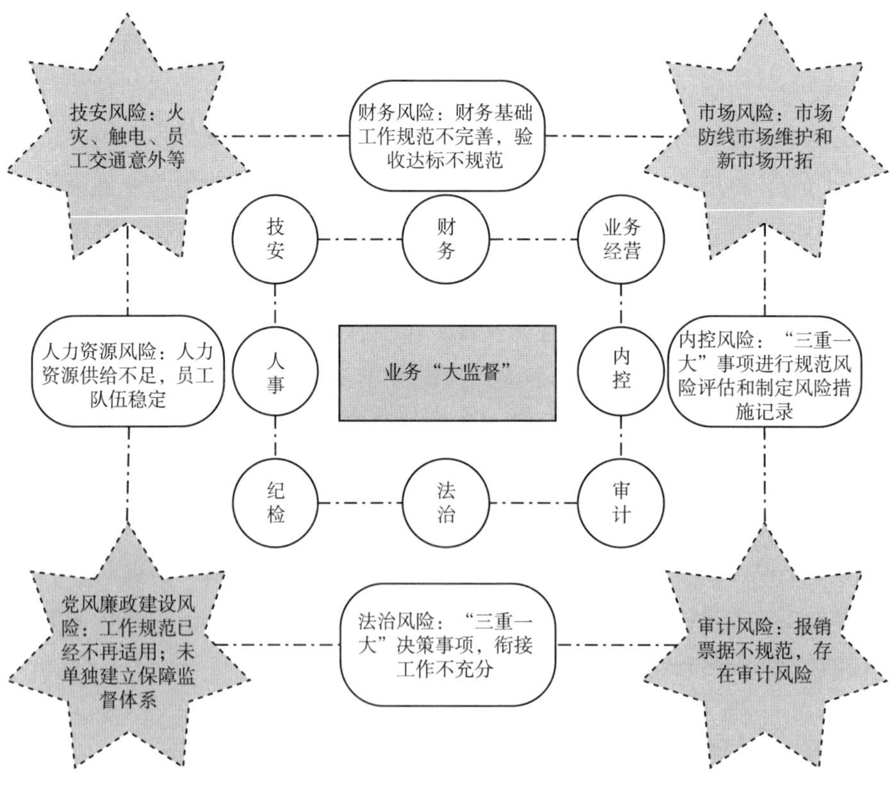

图 14　大监督格局

（一）风险管理项目流程

结合风险管理工作方法，针对子公司日常管理工作，从风险初始信息收集、风险识别、风险分析、风险评价、风险应对策略五个方面入手，制定子公司风险管理方案，并定期对风险应对效果进行评估，力求将子公司管理工作落到实处，发挥应有的作用。具体如图15所示。

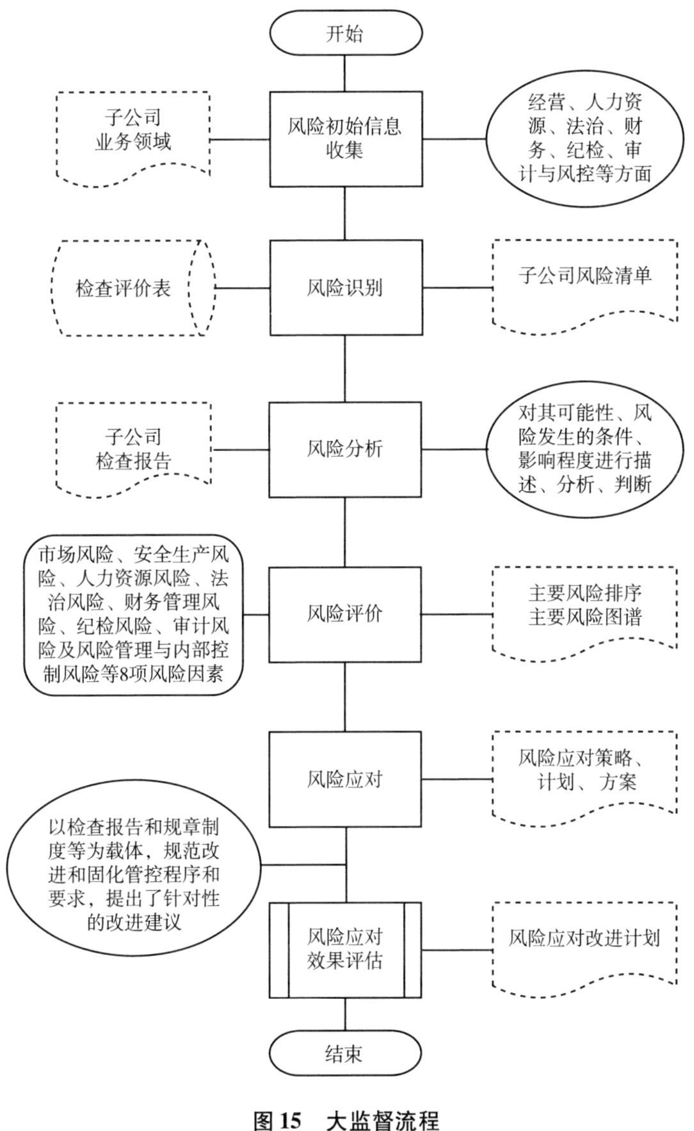

图15　大监督流程

（二）业务“大监督”风险管理过程

1. 初始信息收集阶段。针对子公司管控现状可能带来经营风险的内、外部环境因素（可包括历史数据和未来预测）由 10 个部门进行全面、可靠地风险信息收集，包括经营、人力资源、法治、党建、财务、纪检、审计与风控等 12 个方面信息，为后续决策提供支持。

原则：针对性，系统性，预见性。

方法：访谈，访问调查，内部信息检索，档案浏览等。

2. 风险评估阶段。风险评估阶段分为风险识别、风险分析和风险评价三个步骤。针对“大监督”检查发现的问题进行分析，梳理出八个方面“关键业务”，从而查找出子公司可能面临的风险。由纪检审计风险处牵头各业务部门，针对子公司各业务监督项目，包括经营、人力资源、财务、纪检、审计与风控等方面可能出现的风险进行评估。

（1）风险识别阶段。此阶段需针对检查组发现的问题所产生的风险进行辨识，最终形成适合子公司的风险识别清单，如表 6 所示。

表 6　风险识别清单

序号	风险名称	风险描述
1	市场风险	包含市场维护和新市场开拓项目争取暂时遭遇瓶颈、竞争对手的不断渗透加压
2	安全生产风险	公司在日常运营中存在发生火灾、触电、员工交通意外等风险；公司员工在野外勘测、项目实施工作中存在的安全风险
3	人力资源风险	人力资源供给不足，员工队伍稳定的风险
4	法治风险	机构转换，衔接工作不充分，规章制度不匹配；“三重一大”决策事项可行性调研不足，影响决策效果
5	财务管理风险	财务基础工作规范不完善，验收达标不规范；会计基础工作尚需完善，会计凭证签章不全
6	党风廉政建设风险	原有党风廉政建设工作规范已经不再适用。未逐级签订“一书一单”
7	审计风险	报销票据不规范，存在审计风险
8	风险管理与内部控制风险	未对“三重一大”事项进行规范风险评估和制定风险措施记录，未能准确识别重大经营决策风险

（2）风险分析阶段。经现场检查和分析梳理，检查组针对子公司项目

市场风险、安全生产风险、人力资源风险、法治风险、财务管理风险、党风廉政建设风险、审计风险及风险管理与内部控制风险8项风险因素（如表7所示），针对风险清单中识别出的风险点逐一进行分析，对其可能性、影响程度进行描述、分析、判断，并确定风险重要性水平。

表7　风险分析因素

序号	风险类别	发生可能	影响程度	风险评级
1	市场风险	4	4	高
2	安全生产风险	3	3	中
3	人力资源风险	4	3	中
4	法治风险	3	4	中
5	财务管理风险	2	3	低
6	党风廉政建设风险	1	3	低
7	审计风险	2	2	低
8	风险管理与内部控制风险	2	3	低

（3）风险评价。在风险识别和风险分析的基础上，对风险发生的可能性、影响程度结合公司面临的风险现状给出综合评价，为采取风险控制措施提供依据（如图16所示）。

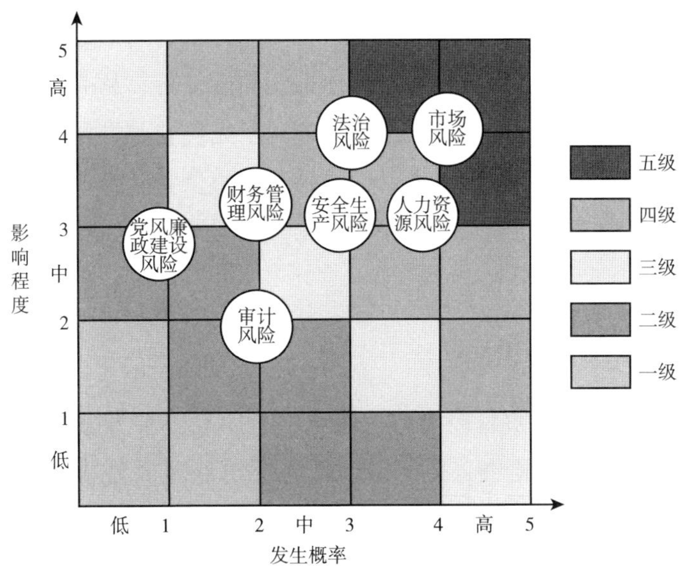

图16　风险评价

原则：客观性，真实性，有效性。

方法：访谈，专家分析法，调查问卷，头脑风暴法等。

完成形式：风险排序清单，风险评估结果排序及分析。

3. 风险应对阶段。根据风险评估结果制定风险应对策略。以检查报告和规章制度等为载体，规范改进和固化管控程序和要求，并从风险治理、内部控制等方面提出针对性的改进建议。对各类风险实现全面诊断，有针对性地提出解决方案。在市场风险方面加大市场开拓力度，做好经营管理工作，坚决避免经营管理风险事件。

在安全生产风险方面，持续重视安全生产工作，确保不发生安全生产事故，不触碰安全生产红线，进一步辨识危险源，采取有效措施控制风险。在人力资源风险方面，通过与大学联合定向培养，加快培养基础技术技能人才，充分利用产教融合资源，快速补足人力资源短板。在法治风险方面，进一步完善规章制度体系框架，细化分类和责任部门。在财务管理风险方面，严格按照相关财务规章制度执行，做好日常会计基础工作。在党风廉政建设风险方面，将“一书一单”的签订延伸至部门领导和重点岗位人员，组织开展廉洁文化创建活动等。在审计风险方面，不断加强业务人员和财务人员对报销规范性的意识，加强经营核算管理，提升公司财务管理水平。在风险管理与内部控制风险方面，将子公司形成规范程序并形成记录，以降低单位风险。针对风控体系成熟度评价，从关键业务风险内控成熟度评价和目标保障能力评价方面进一步完善并改进风险成熟度评价体系，不断提升单位的风控水平，以达到上级单位对子公司风控成熟度评价要求。严格落实各项风险管理要求，建立层层责任制，提升全员防范风险的良好氛围。

（三）风险管控效果评价

1. 全方位提升风险管控能力，保障“十四五”转型发展。通过对子公司业务情况全方位检查，便于全面掌握公司治理规范性、投资效益经济性、经济运行稳定性等，便于及时了解经营过程中存在的风险和困难，加快实现“十四五”转型升级发展目标，为后续经营战略决策提供依据。

2. 上下联动、整合资源、打通壁垒，构建新形势监督管理体系。以监督为牵引，整合部办、党办、产业发展处、财务处、行政处、纪检审计风险处等业务部门的监督职能，形成协同配合、信息互通、相互衔接，全方位覆盖的立体化监督。整合“大监督”资源，做到对子公司信息共享、问题共商、风险共防，实现业务监督的有机结合、优势互补。

3. 以审计方法为手段，充分发挥风险监督职能作用，构建事前预防、事中控制、事后问责三道防线。加强子公司内部控制、强化责任意识、规避管理风险、提升管理水平。通过对公司的检查，以审计方法为手段，披露问题、提出管控建议、协调后续整改，并对整改完成情况开展后续检查，实现管理的闭环。

六、融合风控体系与“三道防线”的关系

随着新版 COSO－ERM 对“三道防线”的重新定义，北电所持续改进“三道防线”，形成大监督体系。第一道防线仍是以“核心业务部门”为主要风险管理的第一责任机构，加强风险防控，深化“业务谁主管，风控谁负责”意识，推动业务部门发挥“一道防线”作用，将风控要求与日常经营管理有机融合，做到管业务经营必须管风险防范和风险化解，其结果纳入部门年度考核。第二道防线“支持部门”是风险管控的融合，以安全体系、环境体系、质量体系等体系为抓手，融合关键业务风险管控内容，协助核心业务部门进行风险管控。发挥第三道防线“保障职能部门”作用，实现对风险管控监督的“再监督”。建立“点、线、面”有机结合的内部控制体系，切实防范重大经营风险，落实内控体系有效运行责任。

1. 优化重大决策风险评估机制，发挥风险管控效果。加强重大经营决策事项风险评估，核心业务部门涉及重大决策事项、重大项目安排、大额资金运作及重大项目、重大影响的经营事项履行风险评估程序。结合 OA 协同办公平台“三重一大”事项上会流程，嵌入不同业务类型风控评估模板，规范编制相关专项风险评估报告或专篇，充分揭示决策事项风险，提高风险评估质量，为“三重一大”经营决策提供有力支撑。

重大决策事项进行程序性审核以达到合法性、合理性、可行性及风险的可控性。持续关注重大风险管控措施的落实情况，切实发挥重大风险管控效果。

2. 提升过程管控实效，建立重大风险监测机制。依据近年实际经营情况及外部检查关注点，持续更新年度单位重大风险库，确保与上级、本单位的风险把控方向相契合，提升对经营环境变化、风险发展趋势的预判能力，强化新形势下新风险的识别、分析和管控。组织各业务部门将重大风险解决方案落细、落小、落实，纳入本部部门的重点工作计划进行考核，通过线上 MPM 系统及线下风险审计，进一步促进风险管控取得实效。借助监督检查和信息化手段，建立单位重大风险季度监测，提升重大风险预警监控和过程管控实效。

七、风控与战略、经营和业务的协同工作机制

为全面贯彻落实党中央、国务院和国资委关于防范化解重大风险的系列部署与要求，落实《打好 2021 年风险防范化解攻坚战行动方案》精神，北电所持续加强对重点领域风险管控，加大对重大项目等决策事项风险评估的审核力度，充分运用风险管理项目研究、项目审计和“三重一大”决策审计等手段，对重大项目风险识别、风险应对的落实情况进行监督检查。项目研制作为北电所的关键业务，对外协风险管理项目研究，将风险管理和外协在管理层面和业务层面进行有机融合，采用风险管理的方法、理念和工具进行项目外协风险识别、分析与评估，促使风险管理与外协管理过程紧密融合，持续促进航天项目管理水平的提升，促进风险管控与经营业务的协同促进。

（一）外协风险管理流程

确定外协管控目标，制定项目外协风险管理策划；按照策划成立专项风险管理小组，明确职责分工；对项目外协风险进行辨识、分析；根据风险点制定应对策略并组织实施；对风险管控情况进行跟踪监督；形成专项风险管理手册并总结专项成果。具体如图 17 所示。

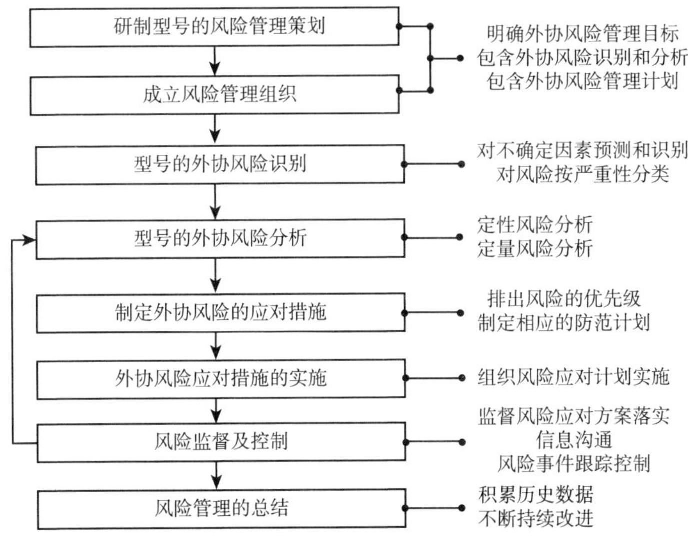

图 17　外协风险管理流程

（二）外协业务风险识别

1. 计划管理风险。

（1）外协计划必要性风险。如外协任务必要性不充分，将导致技术能力、工艺能力下降，核心竞争力下降或浪费资金的情况。具体情况包括：对于自身具有承担能力的任务进行外协，将降低科研生产人员的知识结构和研发能力，同时人力资源也将浪费；对于未来需拓展的领域或是北电所关键技术领域内的任务进行外协，将逐步降低后续的技术能力水平，逐步削弱北电所的核心竞争力；各项目如未将同类外协任务进行有机整合或未考虑借鉴前期外协技术成果的任务，将造成重复外协的情况，造成北电所的资金浪费。

（2）外协计划周期风险。如外协计划周期估计不够准确，将造成任务完成节点不能满足项目需求的情况。具体情况包括：对外协单位的研发能力或技术积累估计过高，外协单位技术攻关周期过长，造成外协任务拖期完成；对外协单位的生产能力估计不足，产品生产进度或任务研发进度无法满足项目需求；对外协任务特点或特性认识不足，对外协任务的研发难度或生产难度估计不准确，造成外协任务的拖期。

（3）临时供方选择风险。部分外协任务由于任务特点或上级单位要求，无法由合格供方内单位承担，需选择临时供方开展外协任务。由于与临时供方合作项目较少或合作时间较短，无法在任务外协前对临时供方的研发能力、技术储备、产品生产能力、质量保证能力、成本控制能力进行充分的考察。此外，也无法依据足够的合作案例准确地评估出临时供方对项目的配合程度及支持程度。因此，存在因对临时供方了解不充分而造成供方选择不合理情况，进而导致外协任务无法在质量、进度或成本方面满足要求。

（4）正式供方选择风险。北电所现已形成涵盖领域比较全面的合格供方名录，大部分硬件外协任务均由合格供方名录内单位承担。一方面，由于合格供方评价不够及时与准确，或对合格供方提供的供方资质证明材料及能力证明材料存在一定的虚假情况，导致对合格供方的技术能力、管理能力及对配合度的评估偏差，进而导致外协任务无法在质量、进度或成本方面满足要求。另一方面，部分产品可由多家合格供方名录内单位承担，在供方考察与选择中，由于对各供方的了解不充分或决策过程不够科学，造成供方选择失误，进而导致外协任务无法顺利完成。

（5）分工定点选择风险。北电所大部分研制项目及部分预先研究项目在产品研制生产方面需制定任务分工定点方案，由于上级单位统筹任务分工布局，部分任务分工可能进行调整，进而可能导致部分任务分工未能选择最匹配的外协单位，最容易出现的风险即为某外协单位技术储备不足或生产能力不足，导致外协任务进度拖期、质量问题频现或成本过高的问题。

（6）供方评价风险。供方评价是北电所外协任务供方选择的重要依据，供方评价不准确易导致外协任务未能选择最匹配外协单位。目前，已建立起比较规范的供方评价体系，对各供方的技术研发能力、质量保证能力、成本控制能力、对配合程度以及供方信誉度等各方面进行考察。供方评价体系不完备之处、供方评价不及时、供方评价子样过少均可能造成对供方评价不准确的问题。

2. 合同签署风险。

（1）外协价格谈判风险。外协合同签订前，北电所与外协单位需针对外协价格进行谈判，外协价格谈判风险具体体现在：一是合同甲乙双方就价格谈判无法达成一致，僵持不下，影响合同签订进度，进而导致外协任务无法正常开展或者导致甲乙双方合作关系紧张；二是由于对外协任务成本构成不够了解，无法有效识别出外协单位报价中的明显不合理之处，从而导致外协任务价格过高，造成北电所资金浪费。

（2）外协合同签订风险。外协合同签订风险具体体现在：一是由于合同签订不及时，影响外协任务正常开展，从而导致项目进度拖期；二是由于外协合同任务范围及进度要求与项目整体要求不符，从而导致项目进度拖期；三是由于外协合同中甲乙双方在质量、风险、违约、交货、付款等条款方面不明确，造成甲乙双方责任不清晰、事项不明确，产生合同纠纷，从而导致外协任务无法正常开展或者甲乙双方关系紧张。

（3）外协合同付款风险。外协合同付款风险具体体现在：一是未及时依据合同付款条款约定向外协单位付款，导致对外协单位管控约束力度下降，或者导致甲乙双方关系紧张；二是提前于任务实际进展向外协单位付款，导致对外协单位管控约束力度下降。

3. 过程控制风险。

（1）投产备料风险。在军方或上级单位对于项目进度要求及配套要求不够明确或者产品技术状态不够明确的情况下，提前向外协单位下发产品投产通知或者产品备料通知，将出现产品投产备料风险，具体体现为：一是后续项目进度要求延后的情况下，将增大产品技术状态变更风险；二是后续配套要求数量变少的情况下，北电所将接收多余交付物，造成北电所资金损失；三是产品技术状态发生变化，前期已生产的产品报废或者备料无效，造成外协单位资金损失。

（2）外协技术设计风险。在外协任务进展过程中，如北电所对外协单位技术上过程管控不足，将出现外协技术设计风险，具体体现为：一是由于沟通不到位或管控不到位，外协任务方案设计、技术设计或工艺设计不符合项目需求，导致外协任务返工或者北电所被进度所迫更改任务要求；二是由于北电所对外协单位质量管控不到位，导致方案设计评审、技术设计评审、产品或软课题研究验收等质量管控点发生的遗留问题跟踪不及时、措施落实不到位，进而导致技术或质量隐患长期存在。

（3）外协进度风险。在外协任务进展过程中，如外协单位出现问题或北电所对外协单位进度上过程管控不足，将出现外协任务进度风险，具体体现为：一是外协单位未按北电所要求进度节点制定任务研发、研制以及生产计划，将直接导致外协任务拖期；二是外协单位未投入足够的资源开展外协任务，人员经验不足、人力投入不足、生产资源不足、试验资源不足等情况均会导致任务拖期；三是任务开展过程中外协单位出现技术问题、质量问题，技术攻关、产品改制均需一定的周期，将直接导致任务拖期；四是北电所对外协任务进度跟踪不及时，不了解外协任务过程中出现的问题，不能及时识别出进度风险，也不能及时采取应对进度风险的具体措施。

（4）外协技术状态变更风险。外协单位在技术设计、工艺实现等过程中，如进行技术状态变更将出现以下风险：一是外协单位对总体要求理解不到位，所做的技术状态变更导致外协任务无法完全满足北电所要求；二是外协单位进行的技术状态变更点未及时告知北电所，导致在产品使用或成果利用中出现技术问题或质量问题。

（5）外协质量管控风险。大部分北电所项目的硬件产品均需外协，外协质量管控是北电所管理工作的重点与难点，外协质量管控风险具体体现为：一是如果外协单位未严格进行技术状态控制，易导致外协任务技术状态与总体指标发生偏离；二是如外协单位未严格按相关管理规定或项目具体质量要求开展工作，在任务验收环节、产品/成果使用环节将出现问题；三是如外协单位产品出现质量问题，未彻底完成管理或技术归零，将给后续工作带来巨大质量隐患。

4. 质量验收风险。

（1）外协测试覆盖性风险。对于硬件产品外协，在产品验收环节，易出现外协产品测试覆盖性风险，具体表现为：一是外协单位未按北电所要求或相关行业标准，进行过程测试、地面验证等工作，部分北电所要求技术指标未验证到位，导致产品测试覆盖性不足；二是外协单位验证手段不够先进、试验设备不够完备，部分北电所要求技术指标无法通过测试验证，导致产品测试覆盖性不足。

（2）产品检验验收风险。对于硬件产品外协，产品检验验收环节存在一定的风险，具体表现为：一是北电所外协产品验收的管理制度不够完善，可能导致外协产品验收缺乏政策指引、操作不规范，从而导致外协产品验收不准确、不合理、不严谨、不规范；二是外协单位在产品研制生产中过程测试不详实，测试数据无法追溯，导致产品质量隐患；三是在验收过程中，北电所产品检验方法及验收内容不够合理，产品检验不充分，导致产品质量隐患。

（3）指标实现风险。对于硬件产品外协，在产品验收环节，易出现指标实现风险，具体表现为：一是北电所所提技术指标过高或外协单位技术能力有限，部分技术指标无法达标，导致质量隐患带入总装测试环节或系统联调环节；二是北电所验收指标设计不够合理，部分指标超差严重但不影响产品使用，致使产品合格率较低。

（4）成果转化风险。对于软课题研究，在产品验收环节，易出现成果转化风险，具体表现为：一是由于软课题研究过程跟踪、验收审查不严格，软课题成果质量较差，外协软课题成果无法有效转化为北电所成果；二是由于任务书所提要求比较模糊，在验收环节难以有效地评判软课题成果是否达标，易导致软课题成果较差。

（三）外协业务风险评估

通过对项目外协风险三级子风险就“发生可能性”和“影响重大性”两个维度进行打分，得出项目外协风险评估结果，风险等级如表 8 和表 9 所示。

表 8　风险评估打分

序号	控制环节	风险名称	发生可能	影响程度	风险评级
1	计划管理风险	外协计划必要性风险	3	3	中
2		外协计划合理性风险	3	2	低
3		临时供方选择风险	2	1	低
4		正式供方选择风险	1	4	低
5		分工定点选择风险	2	4	中
6		供方评价风险	3	2	低

续表

序号	控制环节	风险名称	发生可能	影响程度	风险评级
7	合同签署风险	外协合同谈判风险	4	2	中
8		外协合同签订风险	2	3	低
9		外协合同付款风险	1	3	低
10	过程控制风险	投产备料风险	2	4	中
11		外协技术设计风险	4	4	高
12		外协进度风险	4	4	高
13		外协技术状态变更风险	2	3	低
14		外协质量管控风险	3	4	高
15		外协测试覆盖性风险	3	2	低
16	质量验收风险	产品检验验收风险	3	3	中
17		指标实现风险	3	4	高
18		成果转化风险	3	3	中

表 9　风险评估结果

一级风险	二级风险	高风险	中风险	低风险
计划管理风险	6	0	2	4
合同签署风险	3	0	1	2
过程控制风险	5	3	1	2
质量验收风险	3	1	2	0

（四）外协风险管控

1. 计划管理风险管控措施。

（1）外协计划必要性风险。针对外协计划必要性风险，以事前预防为手段进行风险管控。在每年年初，科研处组织各研究室制定年度外协计划，并按弹上产品外协、地面产品外协、试验任务外协及软课题研究外协分类。对外协计划采取多层次、多维度的审查方式，审查各项外协任务的组成要素，包括必要性、周期、经费预算、供方选择建议等。

（2）外协计划周期风险。针对外协计划周期风险，以事前预防为手段进行风险管控。外协计划审查过程中，对外协计划周期进行审查，具体流程如表 10 所示。外协任务周期设定上，需提出外协需求的设计师与外协单位进行充分沟通，由项目调度及项目技术负责人根据项目整体进度安排调整外协计划周期，由部领导及业务处领导结合发展需求及经费使用情况对外协计划周期进行调整。对于新增外协计划，由项目主管调度、主管业务处领导对外协计划周期进行审查。

表 10　　外协计划审查流程

工作步骤	工作内容
1	以研究室为单位收集各项目各专业方向上的外协需求，形成各研究室外协计划
2	各业务处调度审查各研究室外协需求，并商项目技术负责人，经修改完善形成各项目外协计划
3	总会计师、业务处领导、财务处人员对各项目外协计划进行审查，并修改完善各项目外协计划
4	研处组织科技委专家对软课题研究外协计划进行专项审查，并修改完善各项目软课题研究外协计划
5	部领导、各业务处、财务处对年度计划进行那个最终审查，形成最终各项目外协计划

（3）临时供方选择风险。北电所依据《供方评价选择管理标准》对供方的评价与选择过程进行管理，合格供方分为临时合格供方（简称临时供方）及正式合格供方（简称正式供方）。根据供方所承制产品的不同，供方共分为四类，详如表 11 所示。

表 11　　北电所供方分类

供方分类	供方定义
Ⅰ类供方	北电所核心供方，长期承担北电所研制、批生产、预研等多个项目的弹上产品或地面关键设备的供方单位
Ⅱ类供方	北电所主要供方，承担北电所研制、批生产、预研等个别项目的单一弹上产品或地面关键设备，以及非交付专用测试设备、试验设备等的供方单位
Ⅲ类供方	承担北电所试验室、生产线用设备、系统对接联调辅助设备、软课题研究、试验等其他任务的供方单位
Ⅳ类供方	北电所临时合格供方，承担北电所一次性论证、计算任务及临时任务的供方。临时合格供方不参与北电所的供方考核，不进入正式合格供方名录

依托《供方评价选择管理标准》，北电所建立了系统的供方评价体系，并实行供方评价动态管理，科研处、生产处、发展计划处、质量技术处及研究室年终按项目依据评分标准对供方单位本年内产品研制生产的质量、进度、价格、技术能力及售后服务五个方面进行打分评价。并对在外协任务过程中出现问题的单位，在供方评价打分中给予相应扣分处理，扣分事项涵盖质量、进度、成本、技术状态管理、售后服务等各个方面。

《供方评价选择管理标准》将供方评价体系与供方选择风险联系到一起。首先，根据供方单位评价分值将供方单位的信誉等级分为三等。起评分 100 分，90 分（含）以上为一级，90 ~ 80 分（含）为二级，80 分以下为三级。其次，根据供方单位的信誉等级明确供方风险，信用等级一级为极低风险供方，信用等级二级为低风险供方，信用等级三级为中等风险供方。在选择供方时极低风险供方为优选供方，低风险供方为可选供方，中等风险供方为慎选供方。最后，北电所对供方等级进行动态管理，即满足一定条件时，正式供方降级为临时供方或临时供方升级为正式供方。北电所供方选择及评价流程如图 18 所示。

针对临时供方选择风险，以事前预防及事中控制为手段进行风险管控。严格按《供方评价选择管理标准》规定的供方评价及选择流程进行临时供方选择，并根据供方管理过程中积累的经验教训不断完善供方动态管理要求、供方评价以及选择流程等内容。进一步严格新增供方审批要求，提高新增供方需求批准的决策层级。目前北电所新增供方需求均需通过主任办公会审议，审议通过的新增供方即为临时供方。

跟踪各临时供方的资质情况，具体包括 GJB9001—2001 资质、ISO9000 体系资质、武器装备科研生产许可证、国军标生产线认证、保密认证等。对于关键外协任务的临时供方选择，由相应业务处组织北电所领导、质量部门、技术负责人等前往供方单位进行实地考察。在实地考察中，重点考察外协单位的科研生产组织情况、科研生产硬件条件、单位职工精神面貌等。

（4）正式供方选择风险。依据《供方评价选择管理标准》，进行北电所正式供方的评价与选择。针对正式供方选择风险，以事前预防及事中控制为手段进行风险管控。

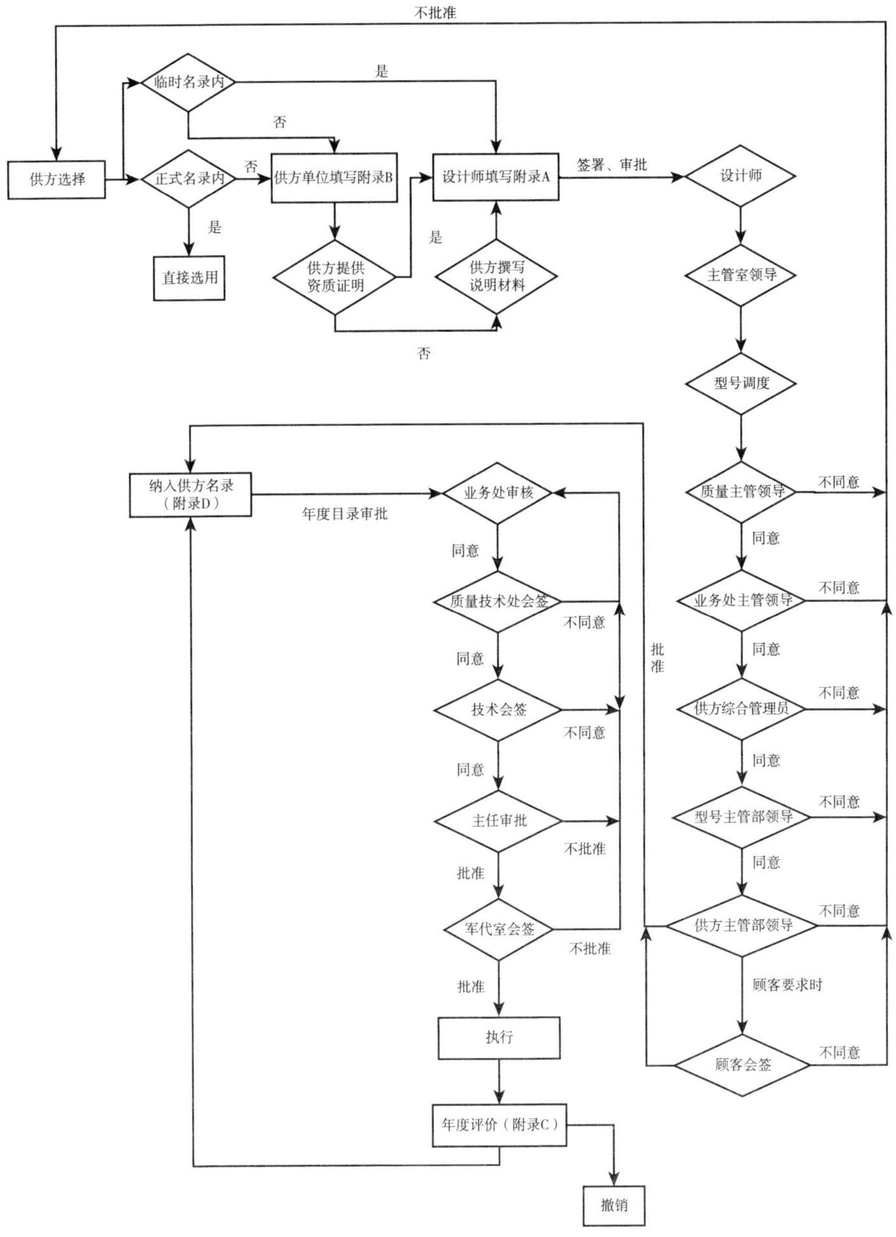

图 18　供方选择、评价流程

严格按照《北电所供方评价选择管理标准》进行正式供方选择，并根据供方管理过程中出现的问题及积累的经验不断完善供方评价体系、供方动态管理要求、供方评价及选择流程等内容。相较临时供方评价，正式供方评价要更加全面，要征集正式供方参与的全部项目的意见。

跟踪各正式供方的资质情况，如资质过期督促供方单位及时将更新后的资质提交北电所。具体包括 GJB9001 - 2001 资质、ISO9000 体系资质、武器装备科研生产许可证、国军标生产线认证、保密认证等。对于不及时更新资质的正式供方，根据供方动态管理要求，对正式供方进行降级处理。

对于关键外协任务的正式供方或与北电所保持战略合作的正式供方，由相应业务处组织北电所领导、质量部门、技术负责人等前往供方单位进行实地考察。在实地考察中，重点考察外协单位的科研生产组织情况、科研生产硬件条件、单位职工精神面貌等较前期考察情况的变化。

（5）分工定点选择风险。针对分工定点选择，以事前预防、事中控制为手段进行风险管控。

在外协任务尚未开展前，由业务处组织北电所领导、科技委专家、项目技术负责人、质量处、财务处对分工定点进行审查把关，综合评估分工定点方案内的各外协单位能力是否能够满足项目需求。

在外协任务尚未开展前，需根据项目需求、产品特性及外协单位特点进行外协任务风险评估。如评估外协任务按要求完成的风险较大，并与上级单位协商一致，引入能力更强的单位作为竞争单位或备份研制单位，以降低外协风险。

在外协任务进行过程中，需定期根据任务进展情况、任务存在的问题及项目整体进度评估外协任务风险，如风险较大，则采取启动备份外协单位、引入竞争单位、更换外协单位等方式降低外协风险。

（6）供方评价风险。严格按《供方评价选择管理标准》进行临时供方及正式供方评价，在质量、进度、价格、技术能力及售后服务五个方面对供方进行评价，不断优化完善供方评价体系及奖惩打分办法。

进一步提高供方评分的准确性，一方面，对评分标准进行细化，使各业务处项目主管对评分标准理解一致；另一方面，供方评分要覆盖全面，避免出现因供方评价子样过少而导致的评分不准确的问题。

2. 合同签署风险管控措施。

（1）外协合同谈判风险。针对外协合同谈判风险，以事中控制为手段进行风险管控。

以成本工程建立为契机，逐步建立完善北电所价格数据库，掌握外协产品/任务成本构成以及以往外协价格，在合同谈判过程中，能够有效识别出外协单位报价中的明显不合理之处，做到有理有据，避免北电所资金浪费。

当前，由于技术攻关引发的进度拖期以及项目竞争研制方式逐步推广，存在研制经费紧张的问题，多个项目经费使用已超出经费概算。北电所需进一步压缩外协经费，一是对项目全寿命周期经济运行分析、各项目年度经济运行情况、各项目年度外协计划进行严格审查，结合需求，严格控制成本；二是与更多外协单位建立战略合作关系，将外协单位与北电所的利益紧密联系在一起，在产品研制期间，由外协单位自筹部分研制经费。

（2）外协合同签订风险。针对外协合同签订风险，以事中控制为手段进行风险管控。

建立考核机制，对合同签订不及时的业务处主管进行综合考核扣分处理，避免出现因合同签订不及时导致的外协任务无法正常开展的情况。充分利用信息化平台，对合同签订各个环节进行审查，由合同管理员对合同文本格式、供方信息进行审查，由财务处对经费情况进行审查，由质量处对质量条款进行审查，由法制处对责任相关条款进行审查，由部领导及业务处领导对合同整体情况进行审查。

（3）外协合同付款风险。针对外协合同付款风险，以事中控制为手段进行风险管控。

强化合约意识，定期提示付款情况。一是向各业务处项目主管强调合同及时付款的必要性，强化合约意识。二是财务处定期统计外协付款计划，提示各业务处项目主管及时付款。依托后续的合同管理系统建设，进一步优化付款流程，利用信息化平台对合同付款情况进行跟踪与提示。

3. 过程控制风险管控措施。

（1）投产备料风险。针对投产备料风险，以事前预防及事中控制为手段进行风险管控。与军方及上级单位进行充分沟通，尽早明确项目进度要求、数量要求以及技术要求，避免后续因较大程度的技术状态反复、数量进度要求变化而导致产品、备料浪费或进度紧张。

规范投产通知下发流程，一是在投产通知编写中定量明确交付数量、节点等要素；二是在投产通知审核中由设备主管、研究室领导及项目技术负责人会签，使各级对投产情况知悉全面。投产通知经过充分审核后方可执行。

（2）外协技术设计风险。针对外协技术设计风险，以事中控制为手段进行风险管控。

一是强化过程沟通机制。以外协任务周报、月度总结、月度计划等形式，促进各设备主管与外协单位加强过程沟通，使各设备主管全面掌握外协单位工作进展，确保外协单位工作的开展满足项目需求。

二是强化质量过程管控。设立合理的质量管控点，对各阶段产品/任务进行阶段性的方案设计评审、技术设计评审、产品验收总结等，并对在评审、验收过程中发现的问题进行跟踪管理，确保遗留问题得以闭环解决。

（3）外协进度风险。针对外协进度风险，以事前预防及事中控制为手段进行风险管控。

向外协单位下发投产通知或签署合同后，要求外协单位制定详细的生产/研发计划，对于关键产品，需要求外协单位将计划做细做实，体现生产/研发的各个关键环节，并考虑生产、人力及设备资源，必要时要体现各个环节负责人，建立起生产责任人体系。

加强过程跟踪，及时识别短线。在项目月度工作例会、周工作例会上汇报外协单位工作进展，及时了解外协任务进展情况及过程中出现的问题，及时协调解决出现的技术或资源问题，必要时，前往外协单位进行问题协调或产品进度督产。此外，视外协任务进度风险情况，提高进度协调层次，在项目两总例会、北电所月度科研生产调度例会上反馈进度风险，由北电所领导或项目两总牵头协调进度。

分利用信息化手段，借助科研生产信息管理平台形成外协产品齐套管理模块，实现产品全周期进度跟踪管理。

（4）外协技术状态变更风险。针对外协技术状态变更风险，以事中控制为手段进行风险管控。

强化过程沟通机制。以外协任务周报、月度总结、月度计划等形式，促进各设备主管与外协单位加强过程沟通，使外协单位对总体要求理解到位，使外协单位的技术状态变更完全满足北电所要求。

要求外协单位所做的技术状态变更及时告知总体，并做好记录与跟踪。如出现外协单位对技术状态变更瞒报的情况，需对外协单位采取必要惩罚手段，如管理归零或扣拨质量保证金。

（5）外协质量监控风险。针对外协质量监控风险，以事中控制为手段进行风险管控。

要求外协单位严格进行技术状态控制，技术状态变更或偏离必须及时告知总体，并做好记录与跟踪。对于硬件产品外协，要求外协单位做好批次管理，着重对元器件、组件、工艺做好批次管理，在产品验收环节检查其过程文件。

及时向外协单位下发质量相关管理规定，对于未按要求开展工作的外协单位，必要时采取惩罚手段，如管理归零或扣拨质量保证金。

对于质量问题，严格按技术/管理归零要求开展工作，确保外协单位能够有效地识别问题根源，采取有效的措施解决问题，并在后续质量监控点跟踪其归零解决措施是否落实到位。

4. 质量验收风险管控措施。

（1）外协测试覆盖性风险。针对外协测试覆盖性风险，以事前预防/事中控制为手段进行风险管控。

在产品研制论证阶段，即对测试覆盖性进行充分论证，如对必须验证的指标，外协单位验证手段不够先进，试验设备不够完备，需通过采购设备或技术改进投资等方式进行条件建设。

在产品验收前，需对验收大纲进行充分讨论，对于关键产品需通过专业审查、专家评审等方式明确验收前产品所做试验/测试项目，并要求外协单位按北电所要求或相关行业标准，进行过程测试、地面验证等工作，在产品验收过程中重点检查其试验/测试数据。

（2）产品检验验收风险。针对产品检验验收风险，以事前预防/事中控制为手段进行风险管控。

在产品研制阶段，北电所质量处应将外协产品验收管理要求及时告知外协单位，要求外协单位对不满足北电所要求的环节进行整改。

在产品验收过程中，由北电所质量处检验人员核查产品验收依据文件的合理性、检验方法的合理性以及检验工具是否完备。在验收过程中，严格按要求对产品实现的各环节证明材料进行检查，确保材料齐全且签署完整。对超差项，严格执行让步接收程序，降低产品质量风险。

（3）指标实现风险。针对指标实现风险，以事前预防/事中控制为手段进行风险管控。

在论证阶段，由武器系统总体/导弹系统总体建立技术指标体系，各分系统密切配合、充分介入，从系统设计源头开始，对分系统指标分配及协同设计合理性进行充分论证与推敲，与外协单位充分沟通，避免出现因指标设计不够合理而导致产品研制周期增加或产品合格率较低。

在方案设计、技术设计过程中，加大产品关键指标实现情况，与外协单位协同攻关，并在系统级试验中设置必要试验项目进行验证。

（4）成果转化风险。针对成果转化风险，以事后接受为手段进行风险管控。

建立外协成果后效统一评估机制，从任务设置、验收情况、任务成果评价、吸收应用、共享情况及后续规划建议进行评估，并将应用情况反馈到供方选择及外协计划制定等源头环节，实现对成果转化的闭环管理。

（五）风险管控效果评价

1. 完善制度，通过内控手段强化执行。修订并完善《合同管理办法》，明确了合同管理过程中的各方职责。规范报价体系，制定了统一的八费报价模板，要求外协单位按模板对外协产品设计费、材料费、外协费、专用费等八费进行报价。北电所在统一报价模板基础上对外协产品进行审价、谈价，使合同谈判过程规范化。梳理并规范合同管理内部控制流程，进一步细化合同谈判与签署责权，使岗位人员各司其职。

2. 外协合同集中管理，统一谈判，降低外协成本。北电所所有部门的合同谈判工作集中管理，集中谈价，充分发挥合同谈判人员的专业水平，并且可以将同一外协单位跟北电所所有的合同打包谈判，打破界限，借助整体谈判的优势，对具体项目进行评估。

3. 对供方的管控作用得以加强。外协产品延期交付和质量问题已经成为制约科研生产的瓶颈，导致上述问题的原因有很多，归纳起来主要是外协供方技术能力、管理水平及合作态度等方面的问题。针对此类问题，北电所修订合同条款，强化了质量保证金及进度违约金等经济条款中对质量问题和延期交付问题的处罚力度，并严格执行合同约定，将外协单位的质量问题处理与质量保证金挂钩、将延期交付的时间和违约金额挂钩，对外协单位按期交付、减少质量问题起到了有效的管控。

4. 依托信息化手段，促进合同管理高效便捷。随着外协任务的激增，单纯的人工合同管理已经不能满足要求，急需运用信息化手段来解放人力资源，提高工作效率。北电所建立了自己的合同管理系统，将所有合同纳入合同管理系统进行统一管理，同时，与供方管理数据库相连接，实现多数据库匹配抓取，在关键信息录入方面避免手工输入。

5. 深化通用化模式，推动技术、管理双提升。以专业技术为核心，推动产品研制过程中成熟技术产品的通用化工作，如无线数传、遥测、综测系统等共性专业技术，以此减少设计资源的重复投入、缓解人力资源紧张局面，同时，通过对基础通用化平台的优化设计，实现整体研制的设计改进，更利于经验积累和技术提升。以专业管理为导向，推动技术创新和应用，进一步强化总体优势地位，深化通用化模式，实现部分产品通用化，以此牵引外协研发，引入竞争，降低产品研制成本，保障型号研制进度，同时，便于集中化、高效化管理。

6. 实现企业价值增值，推动了国家新型武器装备体系构建。随着研制任务进一步拓展及批产任务的有力支撑，有力推动了国家新型武器装备体系的构建和我军“三个提供、一个发挥”历史使命的履行，充分发挥了北电所在铸造国家安全基石中的主力军作用。

八、总结和启示

立足“十四五”开局之年，北电所面临更加复杂的内外部环境，随着新一轮科技革命和产业变革的深入发展，国际环境日趋复杂，新冠肺炎影响广泛深远，有效防范化解重大风险是“十四五”时期高质量发展必须跨越的关口。只有牢固树立风险意识和底线思维，坚持以系统观念谋划推动全面风险管理，将风险防控机制建设深入融入管理体系，以完善制度体系为基础，以信息化、智能化手段为抓手，以纪检审计风控“大监督”体系为保障，构建完善科学的治理体系，才能有效防范和化解各类风险，推动社会主义现代化事业稳步前进，实现“十四五”末将北电所建设成为国防科技工业的主力军、装备体系建设的国家队、空天防御事业的引领者，基本建成世界一流的航天防务总体部奋斗目标。

案例六 “风控合规内控审计法务”五位一体打造全面风险管理新格局

——淮河能源集团融合风控体系案例

张 伟 吴绍发 贡 迪*

企业风险管理并不是新课题，但作为一个独立学科的历史并不长，西方国家从20世纪中叶开始普及，我国在20世纪末才引起关注，直到2006年国务院国资委印发《中央企业全面风险管理指引》、2008年财政部等五部委印发《企业内控控制基本规范》，国有企业和上市公司才大范围开展风险管理和内控体系建设，经过十几年的探索和实践，这套体系从无到有、从简单到复杂、从独立到融合，特别是2019年国务院国资委印发《关于加强中央企业内部控制体系建设与监督工作的实施意见》，迅速推动了风险、合规和内控体系融合，淮河能源控股集团有限责任公司（以下简

* 张伟，2012年8月~2015年5月任淮南矿业集团纪委（监察处、审计处）、经济责任审计室（监事管理办公室）副主任、主任审计师。2015年5月~2019年8月任淮南矿业集团纪委（监察处、审计处）经济责任审计室（监事管理办公室）主任。2019年8月至今任淮河能源集团风险管理部部长。张伟同志是一位专家型、复合型领导人员，有着非常深厚的财务、审计、企业管理等领域理论素养及实务经验，2012年至今先后担任信达地产股份公司、安振产业投资公司、舜岳水泥公司以及淮河能源股份有限公司、西部煤电集团、电力集团、健康产业集团等二十余家企业监事会主席、监事，工作成绩显著，曾多次受到省审计厅、省国资委、兄弟企业集团邀请进行经验交流。自2019年担任淮河能源集团首任风险管理部部长以来，从宏观的高度、深度和广度上寻求突破口，以务实、融合、创新的工作理念创建全面风险管理工作方法论，以深化改革精神为引领扎实履行风险管理各项监督职责，推进风控、合规、内控、审计、法务“五位一体”全面风险管理体系建设及落地实施。

吴绍发，2011年8月~2019年8月历任淮南矿业集团纪委（监察处、审计处）综合审计室干事，经济责任审计室（监事管理办公室）干事、副科级干事、正科级干事。2019年8月至今任淮河能源集团风险管理部副部长。其间先后担任舜泉园林工程管理公司、舜龙煤炭联运公司、美亚高新材料股份公司监事会主席，淮河能源燃气集团、淮河能源股份有限公司以及淮南矿业集团财务有限公司、煤层气公司监事。

贡迪，2011年7月~2017年7月任淮南矿业集团财务有限公司计划财务部专员。2017年8月~2019年8月任淮南矿业集团改革办成员。2019年9月至今任淮河能源集团风险管理部风险管理主管。

称“淮河能源集团”）以此为契机，聘请麦肯锡、德勤公司，结合世界最新企业管理实践，对企业管控模式进行设计和调整，在国有企业中率先建设风险、合规、内控、审计与法务管理“五位一体”融合风控体系，经过不断的实践和探索，形成了集成、规范、高效的现代企业全面风险管理新格局。

一、淮河能源集团基本情况

淮南煤矿于1897年建矿，中华人民共和国成立前先后经历民办煤窑、官办煤矿、日寇掠夺、官僚资本垄断四个阶段；中华人民共和国成立后迅速恢复生产，先后经历多次大规模开发建设，成为全国五大煤矿之一，素有“华东煤都”“动力之乡”的美誉。

进入21世纪，淮河能源集团抢抓宏观经济持续向好机遇，在淮南本土高标准建成顾桥、丁集等8对矿井，对张集、谢桥等6对特大型矿井进行技术改造，煤炭产量从2 000万吨/年突破到7 000万吨/年。在鄂尔多斯先后建成泊江海子、唐家会、色连二矿3对现代化矿井，煤炭产能达2 000万吨/年。率先打破煤、电行业壁垒，大力实施煤电一体化发展，先后在安徽省内外控股、均股、参股20余座电厂，成为长三角乃至全国重要的煤电能源保障基地。坚持技术创新和科技攻关，在攻克瓦斯治理世界性难题的同时，顺势发展技术服务产业，面向全煤行业开展瓦斯防治技术服务。围绕煤炭、电力产业总体布局，积极跟进市场和通道，整合铁路、港口、航运资源，顺势培育了现代物流产业。先后获批10条总长1 200千米天然气管线，控股建设全国首座内河芜湖LNG接收站，参股江苏滨海LNG接收站，全面推进天然气电厂、分布式能源、煤层气勘探开发等项目，初步形成“上游有气源、中游有管线、下游有市场”的全产业链发展格局，成为安徽省内天然气重要运营平台。

目前，淮河能源集团以煤、电、气三大能源为主业，物流、金融、科技服务等多产业协同发展，是中国企业500强和安徽省重点企业之一，全国14个亿吨级煤炭基地和6个大型煤电基地之一，国家首批循环经济试点企业、中华环境友好型煤炭企业、国家级创新型试点企业，安徽省煤炭产量规模、电力规模最大的企业。拥有现代化大型矿井 11 对，其中本土 8 对、内蒙古鄂尔多斯 3 对，核定产能 7 610 万吨。拥有控股、参股、均股电厂 24 座，总装机规模 3 781 万千瓦，权益规模 1 673 万千瓦。

二、淮河能源集团风控体系发展历程

1. 起步阶段。1998 年 3 月，淮南矿务局依照《中华人民共和国公司法》改建为淮南矿业集团，实现了由工厂制向公司制的历史性转变，企业由计划经济时代走向了市场经济时代。淮南矿业集团成立后，规范建立了法人治理结构，设立党委会、董事会、监事会、经理层，依法制定了公司章程，明确治理结构权责及相互制衡和自我约束的议事规则和程序。在市场经济大潮的洗礼下，企业面临政策、市场、安全、技术和经济多重考验，在艰难曲折中逐步发展壮大，市场观念、竞争机制、效益意识逐步增强，现代企业风险和内控管理制度也因此逐步萌芽、发展。

2. 发展阶段。2002 ~ 2012 年，是煤炭行业发展的黄金十年，淮南矿业集团基本建成了国家新型煤电能源基地，并从单一的煤炭产业转型为煤炭、电力、房地产、物流、金融、技术服务等多产业融合发展的格局。随着管理幅度、跨度和深度的大幅提升，企业不断调整管理体制和经营机制，基本形成了由财务部门牵头的风险管理体系，公司治理水平和管控能力也随之进一步提升。2014 年以后，随着我国经济发展进入新常态，经济增速进入换挡期，经济结构调整进入阵痛期，煤炭、电力、房地产产能过剩、库存上升、价格下跌，导致货款拖欠、融资困难，企业经营困难加剧，使得在长期高速发展过程中隐藏的投资、贸易等风险逐步暴露，反映出企业风险管理体系不完善，没有形成风险研判、评估和防控统一调度机制等问题，风险管理工作面临巨大挑战。

3. 成熟阶段。2018 年，为深入推进国有企业改革，发展混合所有制，经安徽省委、省政府批准，成立淮河能源集团作为淮南矿业集团的控股股东。第一时间聘请世界一流的管理咨询公司，启动组织管控模式调整，按照“引领、服务、监督”原则重塑集团总部机构和职能，并于 2019 年正式落地实施。机构改革着重加强全面风险管理，完善了风险管理顶层设计，在总部机关设立风险管理部，作为集团经济运行合规合法的监督管理部门，即整合审计管理和法律事务工作职能，将新增的风险防控、合规管理、内控管理职能纳入全面风险管理范畴，集中统一履行管控职责，这标志着淮河能源集团全面风险管理开启了新纪元。

三、全面风险管理面临的问题和挑战

1. 传统意识思维固化，难以突破。机构改革前，淮河能源集团作为传统煤炭企业，风险管理主要着眼于生产安全、廉洁从业领域，对战略、投资、市场、营运等领域风险认识不够系统，感受不够深刻。各级管理人员风险意识不足，运用综合性手段处置风险水平不高，履行承担风险管理职责不充分，风险防范不到位现象仍然存在，风险管理文化建设也未融入企业文化建设全过程，风险意识深入人心的基础薄弱。

2. 风险管理涉及专业领域多，综合管理难度大。风险管理理念和方法的引进，与国有企业原有的管理体系和管理理念存在较大的差异和差距，这些理念和方法更多处于导入阶段，理论相对抽象、内容较为宏观、技术方法复杂，大多数国有企业管理人员还不能在这些框架、概念与企业的日常经营管理行为之间建立直接的联系，平衡风险管控与效率效益难度较大。改革前，集团的风险管控职能按照业务条线分散在各个机关部门，风险管控专业化队伍和组织机构设置薄弱，也没有形成统一集成的全面风险分析、评价、应对、报告机制，除生产安全、廉洁从业风险之外，风险管控工作整体弱化。

3. 对全面风险管理和内部控制管理认识不清晰。国务院国资委于2006年发布了《中央企业全面风险管理指引》，在中央企业推行全面风险管理。财政部等五部委于2008年联合发布了《企业内部控制基本规范》，要求从2009年起在上市公司范围内施行，鼓励非上市公司的大中型企业执行。全面风险管理与内部控制管理在大型国有企业中推动多年，但在实践中有很多企业不能真正理解两者的区别和联系。实质上，全面风险管理涵盖了内部控制，内部控制是风险管理的必要环节，但大部分企业在实际操作过程中要么将两者完全隔离开来，要么就将它们等同起来，不能很好地发挥应有作用。

四、全面风险管理顶层设计及组织职能定位

1. 风险管控顶层设计。淮河能源集团党委领导全面风险管理体系建设，董事会决定公司的风险管理体系、内部控制体系、法律合规管理体系，对公司风险管理、内部控制和法律合规管理制度及其有效实施进行总体监控和评价。董事会下设审计与风险管理专门委员会，对董事会负责和报告，成员均具备风险管理监管知识或经验，在重大决策、重大风险管理等方面作出独立于经理层的判断和选择，并开展监督与评价工作，确保形成高效运转、有效制衡的监督约束机制。

为加强党委对全面风险管理和审计工作的领导，成立党委风险管理与审计委员会（以下简称“委员会”），负责风险管理与审计工作的总体设计、统筹协调、整体推进和督促落实；党委书记、董事长任主任，党委副书记、总经理任副主任，领导班子其他成员任委员。委员会下设办公室，属风险管理部，负责承办委员会日常工作；办公室主任由分管风险防控工作的集团领导担任，副主任由风险管理部部长担任，成员由总部职能部门和相关服务支持机构主要负责人组成。

委员会的主要职责有以下几项：一是研究提出贯彻落实党和国家在风险管理与审计领域的法律法规、政策措施的意见和建议。二是审议贯彻执行上级有关风险管理和审计工作决策部署的意见和措施。三是审议风险管理与审计发展规划、年度计划、年度工作总结等。四是推动建立健全风险管理和内部审计管理体制机制和制度体系。五是审议重大风险评估报告、风险管理策略和重大风险解决方案。六是统筹协调重大风险管控工作，安排部署重大风险隐患排查，审议重大风险事件处置方案。七是审议上级审计整改工作方案、报告和重大问题处理意见。八是推动落实风险评估与审计结果的综合运用。九是审议风险管理与审计的其他重大事项。

2. 风险管理部核心职责。风险管理部作为风险管控归口管理部门，具体负责风险管理日常组织、指导、沟通、协调及监督评价等工作，其核心

职责涉及风险防控、合规管理、内控管理、审计及评价管理和法务管理五个职能模块（如图 1 所示）。

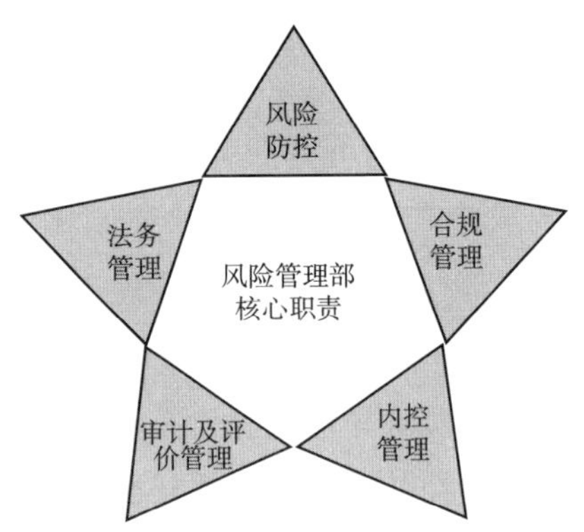

图 1　风险管理部核心职责

一是风险防控职能模块。牵头全面风险管理体系建设，拟订风险管理基本制度及相关实施细则；拟订重大风险管理策略及解决方案，跟踪和指导重大风险的处置和化解；组织开展定期风险排查评估及重大经营决策、重大投资项目专项风险评估；负责督促落实风险应对措施，总结分析风险应对措施的有效性和合理性，并持续优化改进；指导和监督各级子/分公司、服务支持机构风险管理体系建设、风险排查评估与应对化解等工作；负责对职能部门及各级子/分公司、服务支持机构风险管理工作进行监督评价，反馈存在的缺陷并督促整改。

二是合规管理职能模块。牵头制定合规管理制度、流程及规范等；审查内部管理制度、业务流程、重要业务活动等的合规性，形成合规审查报告；负责对重要规章制度、重大经营决策事项进行法律论证；负责制定合同模板，负责合同专用章管理，审查权限范围内的各类合同；负责对各级子/分公司、服务支持机构经营活动的合规性进行监督；负责对集团经济运行合规性、合法性进行动态评估分析，提出政策建议。

三是内控管理职能模块。牵头内控体系建设，制定内控体系建设方案；研究内控评价方法、工具和缺陷认定标准，制定内控评价工作规范、指引和规划；组织开展内控评价，督促开展内控缺陷认定，推动内控体系持续改进；收集、整理内控评价发现的问题、缺陷，提出整改意见和改进措施，并督促落实；指导和监督各级子/分公司、服务支持机构内控体系建设、执行和评价工作。

四是审计及评价管理职能模块。负责制定审计制度、流程、规范和评价办法；负责审计计划的制定、下达；对审计评价中心进行业务指导，负责对审计评价中心审计项目报告的备案；负责提出审计查出问题的整改和处理意见，下达审计意见书并督促整改落实；负责制定项目投资后评价制度办法和计划安排；对接外部审计、上级监事会及集团公司监事会等。

五是法务管理职能模块。负责制定相关法律事务制度，推进法制化建设；负责集团授权委托管理，及对外法律关系处理；负责集团工商事务管理，指导各级子/分公司、服务支持机构开展工商事务管理工作；负责处理、指导集团及下属单位所涉及的仲裁、诉讼、调解等争议。

3. 总部职能部门、各级子/分公司、服务支持机构之间的风险管理责任划分。总部职能部门对业务职责范围内的风险管理工作负主管责任，明确部门主要负责人是第一责任人，确定一名分管领导具体负责本专业领域范围内的风险管控工作，指定一名风险管理联络员负责日常工作对接；开展本专业领域风险初始信息收集、识别、分析，提出应对及优化建议，根据风险管理统一部署和要求进行整改、落实。

各级子/分公司、服务支持机构对本单位风险管理工作负主体责任，根据单位实际情况成立风险管理与审计委员会及风险管控专业化管理部门，不具备设置委员会及独立部门条件的单位一般明确风险防控分管领导及风险防控联络员。按照集团风险管理主管部门要求开展定期风险排查、专项风险评估，落实防范化解措施，按要求报送排查、评估和总结报告，做到全员参与，单位分管领导全程把关，主要领导总体负责。

审计评价中心对风险管理工作行使独立的监督职能，负责定期对集团风险管理体系运行和管理制度执行情况进行监督评价，对总部职能部门、各级子/分公司、服务支持机构开展风险管理和内部控制审计，对重大风险的管理环节进行专项审计。

五、淮河能源特色“三道防线”新布局

淮河能源集团风险管理部成立之后，立足传统“三道防线”，融合新

版《企业风险管理框架》（COSO－ERM）“三道防线”内涵，全力建立健全风控、合规、内控、审计、法务管理“五位一体”融合风控体系，构建具有淮河能源特色的“三道防线”。

（一）以最新风险管理框架界定“三道防线”

在国际上，COSO 最先提出“三道防线”的界定，即企业前端业务部门是第一道防线，企业风险管理职能机构是第二道防线，企业内部审计职能机构是第三道防线。在国内，2006 年 6 月，国务院国资委发布的《中央企业全面风险管理指引》借鉴 COSO 相关理念，提出我国企业应构建风险管理“三道防线”，并重视其作用。2017 年新版《企业风险管理框架》（COSO－ERM）更强调“三道防线”的风险管理责任，并将传统第二道防线范围扩大到所有支持职能部门，即风险管理责任落实的第一道防线是前端业务单元；第二道防线是支持职能部门，由传统的风险管理职能部门和风险管理委员会扩展到所有可以协助前端业务单元的支持职能部门；第三道防线是保证职能部门，主要指内外部审计机构。

淮河能源集团“三道防线”的界定融合新版 COSO－ERM 理念，将第二道防线的风险管理职能由独立向整合协同转变，将组织管控模式调整之前分散设置的风控、合规、内控、审计、法务管理等职能统一整合至风险管理部，并以风险管理部为依托，将第二道防线的范围进一步拓展至战略、投资、财务、经营、人力、环保等所有可以协助前端业务单元的支持职能部门。

（二）以“三道防线”理论推进“五位一体”融合风控体系建设

淮河能源集团“五位一体”融合风控体系建设旨在建立全面完善的风险管理组织体系、制度体系、运行体系，通过在企业管理的各个环节和过程中执行风险管理的基本流程，培育良好的风险管理文化，为实现集团发展战略目标提供有效保证。从体系建设实际来看，“三道防线”明确划分了企业各个组织机构在风险管理体系架构下承担的具体职责，尤其是第二道防线的风险管理职能与第三道防线的内部审计之间的划分，可以推动风险管理工作有效开展。也就是说，“三道防线”建设贯穿融合风控体系建设全过程，“三道防线”既是融合风控体系的组织基础，也是体系建设有效落地的主要载体。

一是“五位一体”融合风控组织体系建设主要是明确划分集团层面“三道防线”及其组织机构职责，集团各级子/分公司、服务支持机构层面“三道防线”及其组织机构职责等，并在集团层面实现了“三道防线”及其组织机构与风控、合规、内控、审计、法务职能“五位一体”的融合。

二是“五位一体”融合风控运行体系建设主要是确保“三道防线”顺利开展风险管理初始信息收集、定期风险排查评估、专项风险评估、风险管理策略制定、风险应对以及风险管理监督评价与改进提高等工作，并在整个风控体系运行中制定执行必要的配套制度。

（三）以“五位一体”融合理念布局“三道防线”

淮河能源集团以实现战略目标为纲，结合企业实际，将“三道防线”组织机构及运行机制的建立健全融入融合风控体系建设内容，强调风险管理责任划分，布局淮河能源特色“三道防线”（如图 2 所示）。

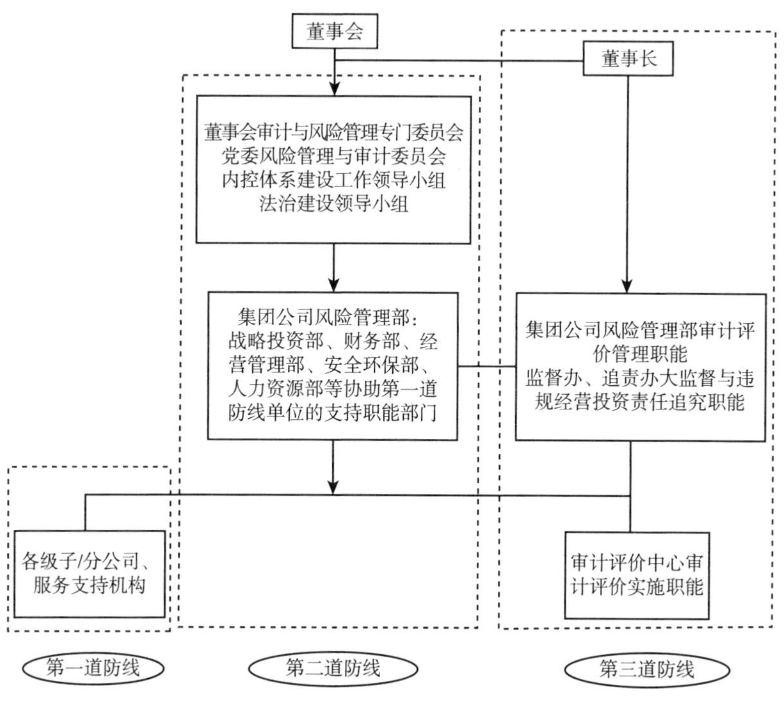

图 2　淮河能源“三道防线”

1. 第一道防线。各级子/分公司、服务支持机构尤其是作为企业利润中心的重要平台公司为第一道防线，是风险管理责任主体。各级子/分公司、服务支持机构直接面对和承担风险，同时配合第二道防线与第三道防线开展集团层面融合风控体系建设及落实工作。

在依法合规经营的基础上，建立完善本单位风险管理组织体系、相关制度及运行机制；执行本单位风险管理基本流程；建设本单位业务内控体系，执行业务内控及合规要求，协助开展内控监督评价及合规评价工作；及时报告可能造成重大经济损失或可能影响持续经营的突发重大风险等；根据内外部监督检查报告，整改本单位风控、合规、内控、法务工作缺陷。

2. 第二道防线。淮河能源集团党委风险管理与审计委员会，董事会审计与风险管理专门委员会，内控体系建设工作领导小组，法治建设领导小组，集团公司风险管理部、战略投资部、财务部、经营管理部、安全环保部、办公室、人力资源部、党委工作部等协助第一道防线单位的职能部门作为第二道防线，主要承担集团层面的融合风控体系建设及重大风险管控，培育风险理念，强化合规管理、内控流程等工作，在与第一、第三道防线协同运行的同时，防范化解第一道防线无法应对处置的集团层面重大风险。

一是党委风险管理与审计委员会作为协调议事机构负责风控、合规、内控、审计等管理体系建设的总体设计、统筹协调、整体推进和督促落实。董事会审计与风险管理专门委员会作为专业审查机构，负责其职权范围内的董事会议案前置审查，专门委员会构成人员专业背景更加全面，强化决策的专业性。内控体系建设工作领导小组负责按照企业内部控制基本规范及其配套指引和省国资委内控管理要求，统筹推进内控体系建设和监督评价工作。法治建设领导小组负责及时研究解决集团法治建设有关重大问题，确保全面依法治企要求在集团各级单位得到贯彻落实。

二是风险管理部是集团全面风险管理工作的主管部门，负责搭建全面风险管理制度框架，明确风险评估标准、合规评价标准、内控体系建设标准和内控缺陷认定标准；组织实施集团风险管理基本流程；督促落实内控体系建设要求与合规管理要求，并持续优化改进；对总部职能部门、各级子/分公司、服务支持机构风控、合规、内控、法务等工作进行监督评价，反馈存在的缺陷并督促整改；管控集团法律风险。

三是除风险管理部之外的其他总部支持职能部门根据职责分工具体负责业务范围内各类风险管理工作，落实部门职责范围内的风险管理主管责任，负责将风险管理基本流程，风控、合规、内控要求融入职责范围内的各项管理制度和业务环节；负责提出部门职责范围内的业务风险评估标准、内控体系建设标准、风险预警指标及阈值；根据内外部监督检查报告，整改职责范围内的风控、合规、内控、法务等工作缺陷。

3. 第三道防线。总部审计评价管理及审计评价业务实施职能、大监督及违规经营投资责任追究职能作为第三道防线，负责独立客观评价风险管理工作有效性，做好第一、第二道防线的再评价和再监督。

审计评价管理职能负责统筹集团整体审计评价工作，以风险为导向组织实施内控风控审计和投资项目后评价，定期梳理总结经内外部审计发现的典型、突出问题，做到举一反三、拓展延伸，并将之纳入风险管理。审计评价中心作为集团公司内部审计和经营绩效评价专业化机构，负责集团公司审计评价业务具体实施工作。

大监督及违规经营投资责任追究职能由集团公司监督办、追责办统筹内部监督资源，协调大监督体系运转，决定大监督问责追责事项，组织开展全面风险管理方面的责任追究工作。

六、风控、合规、内控、审计、法务职能创新融合发展

淮河能源集团率先统筹企业风险防控、合规管理、内控管理、审计管理、法务管理五项职能，对标行业先进，探索五项管理职能创新融合，开发推广融合风控信息系统，聚焦风险管控规则“全景式支持”，形成覆盖事前风险评估分析、事中风险监测预警、事后监督评价的全面、全过程、体系化大风控管理格局。

淮河能源集团融合风控体系鱼骨图如图 3 所示。

（一）五项职能创新发展

1. 风险防控进一步集成化。风险管理部的成立及风险防控职能的设

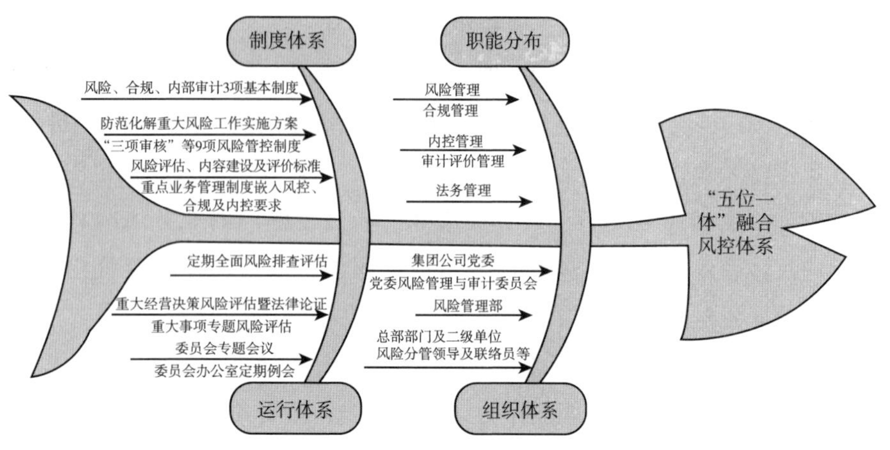

图3　淮河能源集团融合风控体系

置，将淮河能源集团风险防控相关的组织协调及监督评价等工作从分散在各业务部门集中到同一个部门，优化统一风险框架，建立统一风险基础信息库，建立风险动态监测机制、风险预警机制、风险管理考核机制等，以融合创新理念解决风险管理体系不完善，风险防控意识不强，风险管控各自为政，缺失风险研判、评估和防控统一调度机制的问题，实现风险管理的真正闭环。

从单个风险点、业务条线的风险防控逐渐拓展至全面、全方位的风险防控；从单一防控财务、法律风险拓展至全面覆盖战略、投资、财务、经营、法律、人力资源、环保、信访、意识形态等方面的协同风险防控；从单一的规避风险拓展至综合运用包含法律、财务、企业管理、投资、审计等方面专业的多元化手段/控制、化解、防范风险。

2. 合规管理进一步全面化。合规管理职能同样是新设部门的新增核心职责，在进一步精细化传统重大经营决策、重要规章制度、重大经济合同“三项法律审核”的基础上，做到重大经营决策、重要规章制度、重大经济合同“三项法律审核”全覆盖，创新开展经济运行合规、合法动态评估分析，提出经营管理合规化建议，划定重点业务领域的管理红线，确保经营管理不违法、不违制。以合同全生命周期、全业务链管理为基础，以重大经营决策法律论证、规章制度法律审核为抓手，将合规与战略投资、采购、营销、财务、生产等业务管理相结合，构建偏向过程、高效运转的合规管理体系，形成多部门、多产业相互融合的合规管理协同工作机制，将原先简单的书面审查、信息存档向合规风险前置、全过程监控预警转变，全面提升集团公司合规管理水平，切实保护国有资产安全和各级管理人员职业安全。

3. 内控监督评价进一步精细化。自淮河能源集团组织管控模式调整实施以来，从内部环境、风险评估、控制活动、信息与沟通、内部监督等方面对内控体系进行了全方位改革优化，进一步完善公司法人治理结构，强化事权划分、管理流程、运行机制、制度和信息化建设，建立起规范完善、有效运行的内控体系。按照内控监督评价三年规划、内控体系评价工作方案以及统一的内控评价标准、内控缺陷认定标准，集团公司将各级子/分公司、服务支持机构全部纳入集团监督评价范围，点面结合，精准开展内控监督评价。聚焦国有资本运营重要环节，改革重点领域及采供、销售、资金、资产等关键业务，开展内控体系有效性自评及监督评价工作，以规范流程、消除盲区、有效运行为重点，客观、真实、准确揭示经营管理中存在的制度缺失及流程缺陷，及时研究制定改进措施。

4. 法务管理进一步体系化。淮河能源集团在不断夯实法务管理工作的基础上，以建设法治国企为目标，健全法治工作组织体系、制度体系，完善法律风险防范机制，重点在集团范围内培养法律意识、合规意识。深入推进案件集体讨论、案件审理旁听、案件卷宗评查“三项制度”建设，不断提高法务人员诉讼代理水平。以诉讼案件定期总结评析为抓手，查找案发原因和制度漏洞，进一步规范企业经营行为，有效防范诉讼风险。全程参与重大投资等经营事项涉法事务处理，为决策和实施提供法律咨询服务，创造良好的依法合规经营环境。

5. 审计管理进一步职业化。创新内部审计机构设置，将审计管理和审计实施职能分设。将制度建设、计划下达、审计整改、结果运用、业务指导、对外衔接等审计管理职能纳入风险管理部，在风险管理部设置专职审计管理岗。整合两级审计资源，拓宽选人范围，高标准建设审计评价中心，成立 6 个专门的审计部室，编制较原审计处增加 1 倍，作为集团内部审计和经营绩效评价的专业化机构，负责各类审计及评价项目的实施工作。改革审计工作机制，以经营管控为重点、以风险防控为导向，创新组织实施内控风控审计，多措并举，全程跟踪审计问题整改和结果运用，深入分析企业管理中存在的各类问题，为超前防范经营风险提供精准信息，有效发挥审计评价工作强管理、防风险、提效能、促发展的积极作用。

（二）五项职能创新融合

淮河能源集团通过建立各个层面都参与其中的，集组织、制度、运行于一体的全面风险管理体系，实现对风险的分类管控和集中管理。强化风控、合规、内控、法务与审计管理的有机融合，在工作组织、业务流程、工具手段、方式方法等多个方面贯通和整合，明确并固化工作的契合点和贯通纽带，创建了严格、规范、协同、有效的融合风控新局面。具体如图4所示。

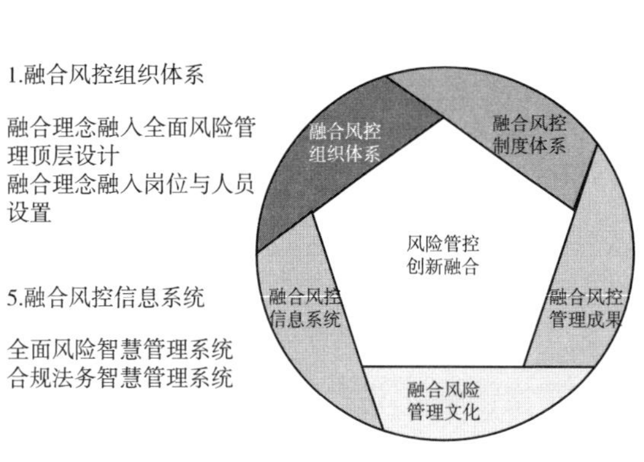

图4　融合内容示例

1. 融合风控组织体系。一是融合理念融入全面风险管理顶层设计。集团公司“三重一大”决策制度实施办法等明确规定，集团公司党委风险管理与审计委员会、董事会审计与风险管理专门委员会、内控体系建设工作领导小组、法治建设领导小组自上而下纵向统筹设计、协调、推进、督促、落实“五位一体”融合风控体系建设工作，上述专业审查机构、议事协调机构从主要领导、单位构成等方面高度融合，目标一致、各有侧重。风险管理部作为党委风险管理与审计委员会办公室日常工作机构、董事会审计与风险管理专门委员会桥梁部门，又是风险管控归口管理部门，将风险防控、合规管理、内控监督评价、审计评价管理、法务管理职能融合纳入专业化风险管控范畴，集中统一履行风险管控职责。二是融合理念融入岗位与人员设置。集团风险管理部明确要求部门人员必须具备法律、经济、财务、审计等多元化专业背景，建立健全轮岗、轮训机制，力争打造一支具有多岗位经历、多专业背景，年龄、专业结构合理的高素质全面风险管理人才队伍。部门内各岗位职责划分明确、相互配合，日常风险管控工作有序开展，面向突发风险快速高效响应，节约风险信息传递与沟通成本，提高工作效率和质量。自集团总部机构向下延伸，顺畅各管理层级间的风险管控协同机制，在市场化程度高、风险事项多发的子公司设立独立的风险管理部门，在公司内集成融合风控、合规、内控、审计及法务管理等工作，协同配合开展相关工作。

2. 融合风控制度体系。根据全面风险管理的顶层设计布局，淮河能源集团对全面风险管理制度框架进行探索和规范，建立全方位、多层次的全面风险管理制度体系，推动风控、合规、内控、审计、法务管理要求与重要、关键领域管理制度深度融合。

一是从制度规范层面，重新制定全面风险管理办法、合规管理办法、内部控制管理办法、内部控制评价管理办法等基本管理制度，吸收整合原集团内部审计工作实施办法、审计作业规程、计划管理规定等6项制度形成内部审计工作管理办法基本管理制度。以上述基本管理制度为纲，按照“五位一体”融合建设思路在原有专业化风险管控制度中整合融入符合业务实际需要的风控、合规、内控、审计、法务管理要求。整合内部审计各项工作规范，修订审计整改工作规定、委托审计管理实施细则等4项审计工作制度；优化原重大经营决策法律论证办法、重要规章制度、法律审核办法、合同管理办法、诉讼案件管理办法、工商事务管理办法等8项制度，融合形成重大经营决策法律论证、规章制度法律审核、合同管理、诉讼案件管理、企业登记事务管理5项专业化风险管控制度。

二是从制度协同层面，编制完成防范化解重大风险工作实施方案，建立健全政治、意识形态、经济运行、投资和“僵尸企业”处置、改革改制、社会稳定、安全环保、法律合规、党的领导和党的建设九大领域风险研判、风险评估、风险协同、风险责任工作机制等。将风控、合规、内控、法务等管理要求融入集团重要、关键业务领域管理制度，在投资、资金、税务、资产管理等制度中设立专章，纳入统一的风险管控要求及应对措施。指导督促各级子/分公司、服务支持机构按照集团融合风控制度框架推进本单位制度体系建设。根据集团战略发展目标及经营计划，圈定年度重点关注业务，推动相关业务单位制定重要业务领域专项管理制度，规范重点业务有序发展，确保实现集团经营安全与风险效益。

三是从制度操作层面，以融合风控的理念大力加强各类风险管控制度的可操作性，将风控、合规、内控、审计、法务管理要求纳入业务操作规范。编制《风险识别清单》，统一全集团的风险框架及风险语言；根据《风险识别清单》及不同业务板块特色设计形成风险预警监测指标体系和风险预警模型，明确指标层级架构、指标计算公式、指标阈值区间等；制定《全面风险管理手册》，统一规范风险管理的作业程序、作业标准、作业表单；收集整理同行业典型风险案例和内部风险事件，按行业板块和管理领域汇编形成《风险案例库》；制定《内部控制标准手册》《内部控制评价手册》和配套的工具表单，进一步规范内部控制管理；制定《诚信合规管理手册》，明确合规经营的价值理念和总体纲领，以及对员工和利益相关方的合规期望；梳理各业务领域相关的外部法律法规、内部管理制度，建立《法律法规库》和《规章制度库》；围绕投资合作、采购管理、销售管理、工程项目、商业秘密保护五个专项领域，制定专项《合规管理指引》。

3. 融合风控管理成果。探索性推进定期全面风险排查评估与专题风险评估相结合的工作机制，清晰划分风险排查评估工作的职责界面，由风险管理部统筹组织，职能部门和各级子/分公司、服务支持机构指定风险管理分管领导和风险管理联络员具体职责范围内的风险排查评估工作。通过纵横融合式开展定期全面风险排查评估，分析经营管理方面风险发生的原因，并根据实际需要开展重大风险现场调研评估，确保风险排查评估工作质量，精准定位风险管理工作重点领域和关键环节，能够提出切实可行的防范化解措施。

总部共享审计评价典型问题、合规合法性分析结果、诉讼案件总结评析、内控监督评价结论及各专项业务检查结果等相关信息；梳理分析近年内部发生的风险（合规）事件、法律诉讼、工程索赔、信访事件等，制定重点领域的《业务合规负面清单》；梳理分析近年内控评价、专项检查、巡视巡察、审计等中发现的缺陷问题，建立《内控缺陷问题库》。风险管理部通过对定期风险排查评估结果，各类检查、评价、分析内容以及存量风险应对处置情况进行再分析，征求集团领导、相关部门及各级子/分公司、服务支持机构对有关风险事项的意见，从中选取风险事项多发，尤其是年度内新增风险事项影响较大的业务领域、环节、单位，适时组织开展专题风险排查评估，形成专题风险排查评估报告，由风险防控工作分管领导审定后报集团公司，提示重大风险事项。后续建立动态管理、跟踪管理、销号管理机制，做深做实防范化解重大风险工作。

4. 融合风险管理文化。一是以家文化建设培育风险管理文化。淮河能源集团将风险管理文化建设纳入企业文化建设全过程，通过包含风险事件警示教育、风险督办通报在内的多种形式树立风险意识，同时将风险文化的培育、风控制度体系的建设、风控运行机制的建立等内容纳入家文化重点任务，逐步在各级管理人员中牢固树立风险无处不在、风险无时不在、风险与机遇并存、风险管理责任重大等意识，明确在市场效益面前必须以依法合规为底线，严守纪律规矩，及时采取有效风险防控措施，是维护企业利益的最根本手段和有效途径，也是保护企业管理人员置业安全的最有效手段。二是以有力的监督评价手段强化风险管理意识。淮河能源集团将所属各单位全部纳入监督评价范围，各单位风险管控工作的组织、运行及成效是监督评价重点内容，将监督评价结果落实到薪酬、绩效考核制度中。同时严格按照《违规经营投资责任追究实施办法》等的规定，及时发现并移交问题线索，形成“强监管、严问责”的风险管理环境，倒逼各级管理人员逐渐强化风险意识。三是以前沿高质量业务培训培育风险管理能力。淮河能源集团已将“五位一体”全面风险管理体系建设与运行等相关内容纳入中高层领导和管理人才培训，定期举办“淮河大讲堂”，邀请国内知名专家、学者、企业高级管理人员，以“走出去+请进来”的方式加大风控、合规、内控、法务和审计专业和骨干人员培训力度。建立对标学习机制及理论研究机制，成立融合风控体系课题研究组，下设全面风险管理研究小组、合规管理研究小组、内控管理研究小组、重大案件总结评析小组等，广泛开展理论研讨、信息积累和个人学习。在各级管理人员、业务人员中挖掘、培养风险管理专业人才，切实提高全员业务素质和管理人员风险管理能力，培育风险管理文化氛围，树牢依法合规底线意识。

5. 融合风控信息系统。在淮河能源集团信息化建设的统一规划框架内，风险管理部形成全新的建设思路和方案，创新性地将全面风险管理系统项目分为全面风险智慧管理系统、合规法务智慧管理系统、审计评价信息管理系统三个分支系统建设，以全面覆盖风险管理核心职责和业务。

一是全面风险智慧管理系统，遵循国务院国资委、安徽省国资委关于风险管理、内部控制、合规管理的监管要求，结合集团业务特色，形成覆盖事前有风险评估预警和控制规则、事中有风险监测、事后有监督评价的融合风控体系。融合新一代信息技术推动体系进一步落地，通过设计近100个风险预警监测指标和风险预警模型实现风险管理与业务系统的有机融合，通过建模和应用公司主数据系统各类业务数据，以及海量的外部数据，快速有效监控风险和重要业务状态，实现系统对业务风险的自动识别和智能预警，为领导层全面、准确掌握运营中存在的关键风险以及风险防控状况提供有力支持，推进科学决策，促进管理提升。风险预警逻辑过程示例如图5所示。

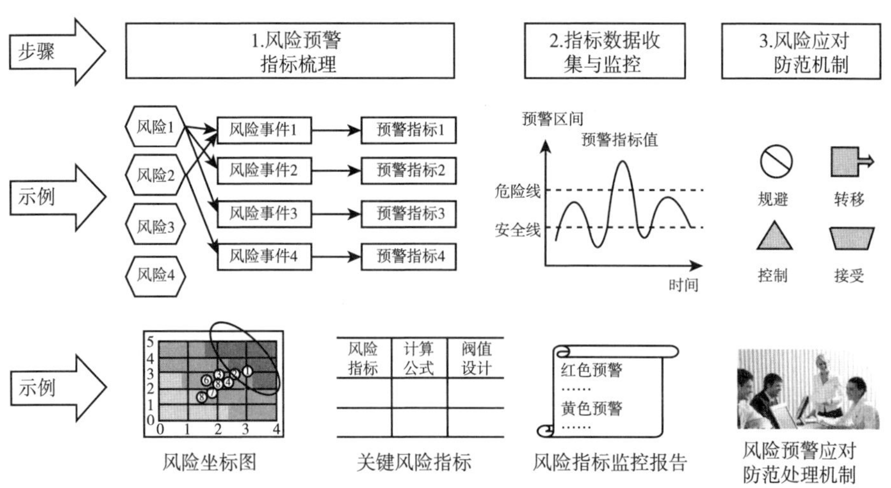

图5 风险预警逻辑过程

二是合规法务智慧管理系统，建立集团合同全生命周期管理，实现全集团合同包括签订、审批、用印和归档等阶段的全生命周期管理，做到“信息实时传递、问题及时处理、风险提前预警”。建立集团合同全业务链管理，实现合同数据信息在集团公司其他业务系统的集成与共享，做到“全业务链的信息共享”。建立集团诉讼案件全过程管理，实现集团所有诉讼案件的登记、上报、审批、结案、执行和协助执行等全过程管理，加强了合规管理。具体如图6所示。

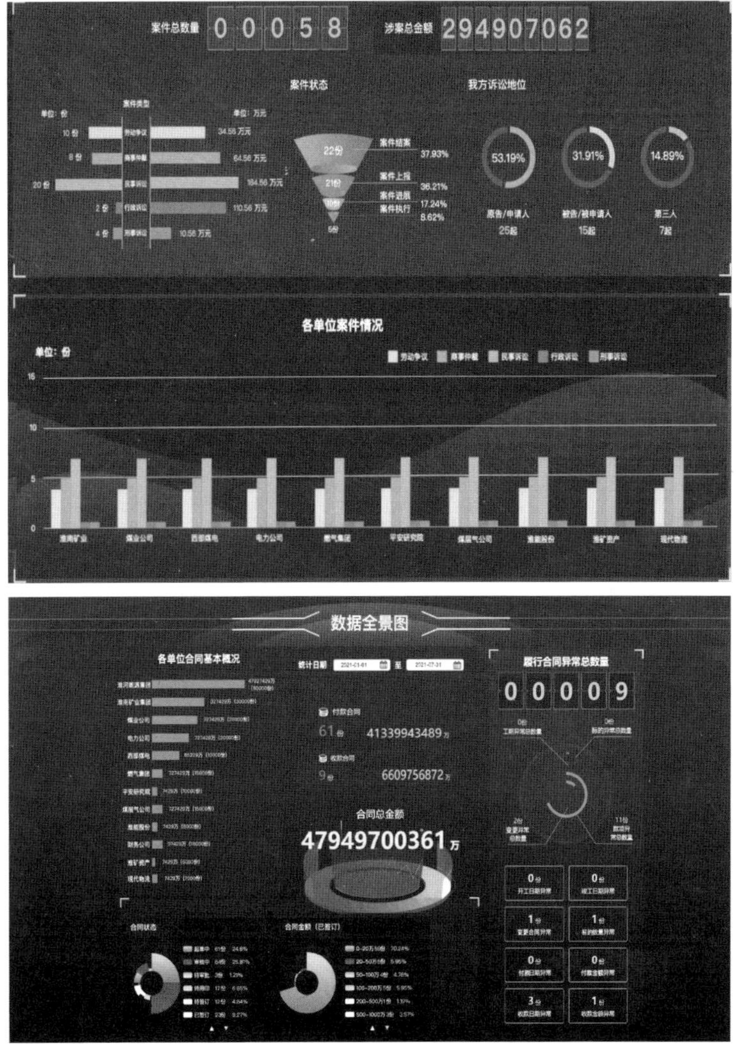

图6　数据全景图示（模拟数据）

三是审计评价信息管理系统，搭建全集团统一的审计作业与审计数据分析信息化平台，以审计评价作业为核心，将规范的审计评价流程嵌入系统，实现作业流程的规范化、标准化。通过跨系统的数据共享，实现审计评价所需基础数据的收集和统计，以信息化手段替代人工手段，提高审计评价的数据准确性。采用以项目为对象的系统管理方法，实现审计评价项目从计划、启动直至项目终结的全生命周期管理，支持审计评价中心七大核心职能，实现业务模块化和机构专业化的目标。具体如图 7 所示。

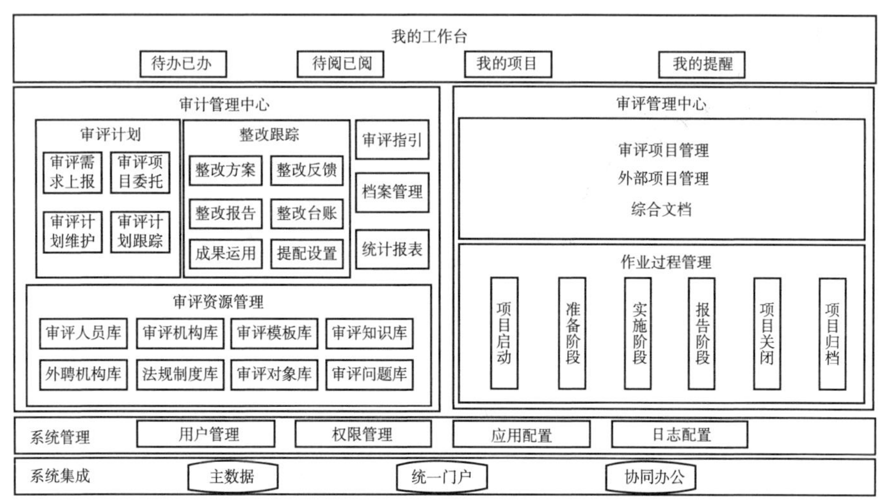

图 7　工作台界面

七、融合风控要求内嵌重点领域促进经营管控协同运行

淮河能源集团以风险管控专业化职能整合为基础，以实现集团公司战略目标为风险管理目标，以全面风险排查评估、重点风险事项动态管理、专项风险评估为主要抓手将“五位一体”风控体系建设要求融入集团重点经营管理领域，构建以风险管理为导向，以合规管理为重点，以内控管理为基础，以审计、法务管理为有力支撑的“五位一体”风险管理体系，实现“强内控、防风险、促合规”的管控目标。

（一）全面风险排查评估工作机制

1. 全面风险排查评估内容及标准。坚持每季度开展一次全面风险排查评估，由风险管理部明确排查评估范围、风险分类、评估标准、评分依据及等级划分标准等，组织总部职能部门、各级子/分公司、服务支持机构对股权投资、贸易业务、融资债务、应收款项、诉讼纠纷等重要业务领域风险进行排查，通过分析、评分、分级和排序，将风险事项划分为高、中、低三个风险等级，同时持续监测已排查评估风险的处置化解情况，对存量风险进行再评估，明确风险管理工作重点领域和关键环节，提出风险管控要求。

目前，淮河能源集团风险一级分类包括战略风险、投资风险、财务风险、运营风险、市场风险、法律风险、稳定风险、生态环境风险、人力资源管理风险、意识形态及舆情风险。其中战略投资部负责战略风险、投资风险，财务部负责财务风险，经营管理部负责运营风险、市场风险，风险管理部负责法律风险，办公室负责稳定风险，安全环保部负责生态环境风险，人力资源部负责人力资源管理风险，党委工作部负责意识形态及舆情风险。

具体风险分类、风险评分标准、风险等级划分标准及风险评估标准如下。

一是风险分类清单示例。具体如表1所示。

表1　集团公司风险分类清单

序号	风险一级分类	风险二级分类	风险三级分类	总部业务主管部门	风险管理责任主体
一	战略风险	1. 宏观环境及产业政策风险	1－1　国家、地区或行业的战略布局及经济发展方向调整风险	战略投资部	各二级单位
			1－2　国家或地区的经济发展速度及质量变动风险		
			1－3　集团公司煤、电、气等主业政策调整风险		
			1－4　土地、金融、税收、城乡规划、安全环保等政策变动风险		
		2. 发展战略风险	2－1　战略规划风险		
			2－2　战略实施风险		
			2－3　战略监控风险		
		3. 集团管控风险	3－1　公司治理风险		
			3－2　组织架构设计及运行风险		

续表

序号	风险一级分类	风险二级分类	风险三级分类	总部业务主管部门	风险管理责任主体
二	投资风险	1. 股权投资风险	1－1　投资决策风险	战略投资部	各二级单位
			1－2　尽职调查风险		
			1－3　投资效益风险		
			1－4　控股企业治理结构风险		
			1－5　非控股企业管控风险		
			1－6　退出风险		
		2. 固定资产投资风险	2－1　项目立项风险		
			2－2　项目决策风险		
			2－3　招投标管理风险		
			2－4　项目变更风险		
			2－5　项目验收及结算风险		
		3. 股票、基金、债券及权证等衍生品投资风险	3－1　市场风险		
			3－2　信用风险		
			3－3　操作风险		
			3－4　流动性风险		
三	财务风险	1. 债务风险	1－1　负债高企风险	财务部	各二级单位
			1－2　债券违约风险		
		2. 现金流风险	2－1　融资风险		
			2－2　资金管理风险		
			2－3　存货占用资金风险		
		3. 预算管理风险	3－1　预算编制风险		
			3－2　预算执行风险		
			3－3　预算考核风险		
		4. 应收款项风险	4－1　应收款项异常变动风险		
			4－2　债务人经营状况恶化风险		
			4－3　债务人资信情况风险		
			4－4　诉讼时效风险		

续表

序号	风险一级分类	风险二级分类	风险三级分类	总部业务主管部门	风险管理责任主体
四	运营风险	1. 销售风险	1－1 赊销风险	运营管理制	各二级单位
			1－2 业务管控风险		
			1－3 客户信用风险		
			1－4 客户集中风险		
		2. 贸易业务风险	2－1 融资性贸易、虚假贸易风险		
			2－2 中间商信用风险		
		3. 资产管理风险	3－1 重大数损风险		
			3－2 长期闲置风险		
			3－3 有账无物风险		
			3－4 长期被占用风险		
			3－5 处置损失风险		
		4. 采购风险	4－1 采购计划制定风险		
			4－2 供应商管理风险		
			4－3 招投标风险		
			4－4 供应链风险		
			4－5 采购价格风险		
		5. 信息系统风险	5－1 信息系统规划风险		
			5－2 信息系统运行风险		
五	市场风险	1. 需求变化风险		经营管理制	各二级单位
		2. 行业竞争风险	2－1 产品先进性、适用性及经济性风险		
			2－2 客户流失风险		
		3. 市场开发风险	3－1 市场调研风险		
			3－2 目标市场定位风险		
			3－3 营销推广风险		

续表

序号	风险一级分类	风险二级分类	风险三级分类	总部业务主管部门	风险管理责任主体
六	法律风险	1. 合规风险	1－1　违背外部监管要求风险	风险管理制	各二级单位
			1－2　违背内部管理规定风险		
		2. 诉讼纠纷风险			
		3. 合同风险	3－1　先履行后签订合同风险		
			3－2　未按规定报审合同风险		
			3－3　未经法律顾问审核或未按法律审核意见签订合同风险		
			3－4　未按合同条款履行风险		
			3－5　合同变更风险		

二是风险评分标准、风险等级划分标准。具体如表2～表4所示。

表2　风险发生可能性评分标准

风险发生的可能性	几乎不可能发生	不太可能发生	可能发生	很可能发生	基本确定会发生
评分分值	1	2	3	4	5

表3　风险产生的影响评分标准

分值	合规	影响利润总额	负面影响	管理难度
1	违反本单位或上级单位规定，但无明显影响	几乎不会造成影响	几乎不会对日常运营或经营目标产生影响	风险可在事前进行防范，处于可控状态
2	违反本单位或上级单位内部规定，对业务执行效果产生一定影响但可控	对利润总额的影响在100万元以下	对日常运营或经营目标有较小影响，经过协调可以受到控制	风险可在事前进行防范，但事前防范有一定难度
3	违反本单位或上级单位内部规定，受到上级单位处罚	对利润总额的影响在100万～1 000万元之间	对日常运营或经营目标有较大影响，无法完成部分经营目标	风险可在事前进行防范，但需要完善现有应对方案
4	违反法规，发生罚款或诉讼损失，承担相应民事责任	对利润总额的影响在1 000万元以上	对日常运营或经营目标有重大影响，无法完成关键经营目标	风险现阶段不能在事前进行防范，需要进行应对方案的改进

续表

分值	合规	影响利润总额	负面影响	管理难度
5	违反法规，发生罚款或诉讼损失，承担相应刑事责任	影响持续经营	负面影响导致无法完成所有经营目标	风险不能在事前进行防范，没有可行的应对方案

注：如风险产生的影响涉及两个及以上评分维度，风险产生的影响评分最终在各维度分值中取其高者。

表 4　　风险等级评分范围

风险等级	评分范围（分）
高	16～25
中	9～15
低	1～8

三是风险描述及评估标准。目前，集团风险二级分类涉及 60 余类，定性标准 96 条，定量标准 36 项。以战略风险、投资风险为例，二级风险描述如表 5～表 7 所示。

表 5　　集团公司风险描述

序号	风险一级分类	风险二级分类	风险描述	总部业务主管部门	风险管理责任主体
一	战略风险	1. 宏观环境及产业政策风险	1. 由于宏观经济形势下行或对宏观经济及区域经济研究分析不到位，可能导致集团公司战略决策依据出现偏差，给集团公司正常生产经营活动带来不确定性，造成经济利益受损。 2. 由于政策变化影响及集团公司政策研究不及时、不科学，执行不到位，造成集团公司决策依据不充分，导致项目建设、运营效率低，甚至停滞，给集团公司经济利益带来损失	战略投资部	各二级单位
		2. 发展战略风险	由于战略管理体系不健全，规划制定不科学，执行不到位，调整不及时，评价工作开展不规范，导致集团公司战略目标难以实现，可能降低集团公司管理效率，给集团公司经济利益和社会形象带来损失		
		3. 集团管控风险	由于集团管控模式选择不合理、管控界面不清晰，造成集团管控混乱，可能导致集团公司运行效率降低，给集团公司经济利益带来损失		

续表

序号	风险一级分类	风险二级分类	风险描述	总部业务主管部门	风险管理责任主体
二	投资风险	1. 股权投资风险	由于投资决策依据不科学，投资方式选择不当，投资实施不到位，导致投资失败或未达到预期目标，可能给集团公司经济利益带来损失	战略投资部	各二级单位
		2. 固定资产投资风险	由于投资决策程序不规范，投资计划编制不合理、执行落实不到位、评价不及时等因素，导致集团公司投资失误，投资预期难以实现		
		3. 股票、基金、债券及权证等衍生品投资风险	金融衍生品因股票、基金、债券及权证等衍生品价值波动大、交易杠杆高、设计多变、结构复杂等高风险性，可能造成投资损失		

表 6　集团公司风险评估定性标准清单

序号	风险一级分类	风险二级分类	风险评估定性标准	总部业务主管部门	风险管理责任主体
一	战略风险	1. 宏观环境及产业政策风险	1. 宏观经济及区域经济变化情况跟踪不及时；宏观经济及区域经济研究结果存在偏差；宏观经济及区域经济政策研究不深入、不细致，针对性不强；政策研究结果未有效使用。 2. 对国家或地方经济政策、财税政策、行业政策的跟踪、研究机制不完善，执行不到位，监督检查不及时，存在违规	战略投资部	各二级单位
		2. 发展战略风险	1. 战略目标不清晰，战略定位不明确；战略规划内容不合理，可行性不足；战略规划缺乏科学性、合规性，缺乏可操作性；战略规划未经适当授权或审批，可能导致战略规划的科学性、合规性无法得到保障。 2. 战略执行不到位；战略规划宣贯不到位；战略监控不到位；发展战略未得到有效分解落实；战略评价开展不及时；战略评价结果未有效使用。 3. 对外部环境跟踪研究不及时、不到位；战略调整展开不及时，调整程序不规范；战略调整依据、合规性以及可行性等内容论证不充分；战略调整缺乏可操作性，无法执行		
		3. 集团管控风险	1. 集团管控模式与集团公司战略目标和实际情况不匹配，集团公司运营效率不高。 2. 对重大风险隐患、内控缺陷等问题失察，或未能及时报告、处理，造成重大资产损失或其他严重不良后果。 3. 集团公司管控界面不清晰，各层级定位、权责不明确，授权程序不规范		

续表

序号	风险一级分类	风险二级分类	风险评估定性标准	总部业务主管部门	风险管理责任主体
二	投资风险	1. 股权投资风险	1. 投资项目前期工作未遵循合规流程，缺少可行性研究、尽职调查、负面清单对照、风险评估暨法律论证等必要的支撑性材料。 2. 投资标的信息搜集不完整、不准确，尽职调查不全面、不科学，可行性论证深度不足，投资决策缺乏有效的论证和必要的分析。 3. 外部环境发生变化，未能按时恰当履行投资合作协议。 4. 投资标的存在诉讼纠纷、合作方资信出现重大违纪或无法履行协议约定的主要责任和义务等情形。 5. 投资项目正式运营后无法取得分红或连续三年持续亏损；无法按期投入运营或运营不正常；控股项目出现公司治理僵局无法形成有效决议。 6. 投资项目后评价机制不完善，无法对投资项目的实际收益进行及时真实有效评估，影响后续投资决策	战略投资部	各二级单位
		2. 固定资产投资风险	1. 投资项目前期工作未遵循合规流程，缺少可行性研究、负面清单对照、风险评估暨法律论证等必要的支撑性材料。 2. 外部环境变化或投资方案不符合集团公司战略，投资可行性研究深度不够，投资决策缺乏有效的论证和必要的分析。 3. 投资项目正式运营后连续三年持续亏损；无法按期投入运营或运营不正常。 4. 投资项目后评估机制不完善，无法对投资项目的实际收益进行及时真实有效评估，影响后续投资决策		

表 7　集团公司风险评估定量标准清单

序号	风险一级分类	风险二级分类	风险评估定量标准	总部业务主管部门	风险管理责任主体
一	投资风险	1. 股权投资风险	1. 连续三年无法取得收益或持续亏损（发生即为异常）； 2. 投资后评价开展周期与规定周期的偏差情况：（实际周期 - 规定周期）/规定周期 × 100%（5%及以上为异常）	战略投资部	各二级单位
		2. 固定资产投资风险	1. 连续三年无法取得收益或持续亏损（发生即为异常）； 2. 投资后评价开展周期与规定周期的偏差情况：（实际周期 - 规定周期）/规定周期 × 100%（5%及以上为异常）		
		3. 股票、基金、债券及权证等衍生品投资风险	投资产品赎回发生投资损失（万元）（发生即为异常）		

续表

序号	风险一级分类	风险二级分类	风险评估定量标准	总部业务主管部门	风险管理责任主体
二	财务风险	1. 债务风险	资产负债率偏差：实际资产负债率－资产负债率目标责任区间上限或不限（备注：如果实际资产负债率＞目标区间上限，则目标区间取其上限值；如果实际资产负债率＜目标区间下限，则目标区间取其下限值；如果实际资产负债率在目标区间内，则偏差为0）（偏差为正数即异常）	财务部	各二级单位
		2. 现金流风险	1. 资金成本率：期间确认的利息支出＋（手续费＋承销费＋各项发生的与融资相关的支出）/期间按日平均计算后的带息负债额×100%（5%及以上为异常）； 2. 资金集中度：95%及以下为异常； 3. 融资计划完成率：融资实际完成额度/融资计划目标额度×100%（95%及以下为异常）		
		3. 预算管理风险	1. 利润总额预算执行偏差率：利润总额实际金额－利润总额预算目标值/利润总额预算目标值×100%（绝对值1%及以上为异常）； 2. 专项业务预算执行偏差率：纳入财务预算的业务预算实际发生金额－专项业务预算目标值/专项业务预算目标值×100%（正值为异常）； 3. 资金预算执行偏差率：资金实际累计发生金额－资金预算目标值/资金预算目标值×100%（3%及以上为异常）； 4. 重大预算调整次数（发生即为异常）		
		4. 应收款项风险	1. 应收款项平均余额变动幅度超过10%； 2. 应收账款周转率偏差：当期销售净收入×2/（期初应收账款余额＋期末应收账款余额）－应收账款目标区间上限或下限［备注：如果实际应收账款周转次数＞目标区间上限，则目标区间取其上限值；如果实际应收账款周转次数＜目标区间下限，则目标区间取其下限值；如果实际应收账款周转次数在目标区间内，则偏差为0（正值为异常）］		
		5. 担保风险	1. 违规担保次数（发生即为异常）； 2. 担保事项纠纷次数（发生即为异常）		
		6. 税务风险	1. 受税务机关通报次数（3次及以上为异常）； 2. 内外部检查中发现相关问题数量（5个及以上为异常）		
		7. 财务报告风险	反结账次数（1次及以上为异常）		

2. 全面风险排查评估工作程序。

（1）集团风险管理部负责每季度组织开展全面风险排查评估，制定下发定期风险排查评估通知及相关风险排查评估表格，明确排查评估工作要求。

（2）总部职能部门分管风险防控负责人具体组织实施本部门职责范围内的风险排查评估工作，结合本部门核心职责、业务内容及业务流程对新增风险进行排查评估，对已排查出的高风险事项剩余风险进行再评估。

集团所属各级子/分公司、服务支持机构成立风险排查评估工作组，组长一般由分管风险防控工作的负责人担任，成员由风险、投资、经营、财务等部门负责人组成。工作组负责组织对本单位重要经营活动和业务流程中的新增风险进行排查评估，对已排查出的风险事项剩余风险进行再评估。

（3）风险管理部负责审核、汇总总部职能部门及各级子/分公司、服务支持机构风险排查评估资料，结合职能部门及各单位风险评分，划分风险事项的风险等级，编制集团公司风险排查评估报告，提交集团公司党委风险管理与审计委员会办公室工作例会审议。

（4）党委风险管理与审计委员会办公室负责组织召开办公室工作例会，参会职能部门及各级子/分公司、服务支持机构应对排查评估的风险事项描述、发生可能性、影响程度、风险等级，以及应对措施、责任单位等进行讨论和确认，提出下一步风险管理工作建议。

（5）风险管理部根据工作例会研究讨论结果，将风险事项应对任务分解至各级子/分公司、服务支持机构及总部职能部门，实行动态管理、跟踪管理、销号管理。

（6）对于重大风险或风险事项多发的业务领域、环节、单位及时发送提示函、督办函，进行现场督导，并持续关注、跟踪重大风险的发展情况，推动重大风险的处置化解。

（二）重大、重点风险事项专项管理机制

1. 年度重大风险评估及跟踪监测。根据安徽省国资委对省属企业风控、合规、内控等工作要求，风险管理部每年年初组织对集团面临的重大风险进行识别、评估、预判，重大风险评估情况经集团风险防控分管领导审核后提交集团公司决策，相关重大风险信息经决策后报送省国资委。

年度内密切跟踪应对年初评估的重大风险变化情况，按季度汇总分析各类重大风险应对措施和风险事件监测处理情况报送省国资委，其中企业重大经营风险须在2个工作日内进行书面报告。

2. 重点风险事项动态管理。在集团层面下发《关于规范重大风险事项报送的通知》，建立OA系统报送流程，加强对重大、重点风险事项的管控，及时掌握、处置和化解重大风险事项。总部职能部门及各级子/分公司、服务支持机构发生可能造成重大经济损失、重大不良影响或可能影响持续经营的突发重大风险，以及重大风险出现重大变化或应对化解工作取得重要进展时，应在出现重大风险及其变化（进展）1个工作日内形成重大风险报告，通过“重大风险事项报送流程”报送集团风险管理部及业务主管部门，同时提交相关附件材料。

风险管理部根据季度风险排查评估结果或者集团领导安排，结合实际工作，选取影响大、发生频率高，尤其是季度内新增风险事项作为重大、重点风险事项进行专项管理。向重大、重点风险事项涉及单位或主管部门发送风险提示函、督办函，提示风险。每月收集重点风险事项进展情况资料，进行分析、评估并建立专门台账进行管理，指导做好不同主体间风险隔离，督促做好风险防控措施落实，确保风险事项不演化成造成重大损失或不良影响的风险事件。

（三）专项风险评估机制

1. 专项风险评估内容及要求。淮河能源集团在“三重一大”决策制度实施办法以及全面风险管理办法等制度层面明确重大经营决策、重大投资项目须开展专项风险评估，与集团重大经营决策法律论证合并进行，形成风险评估暨法律论证意见书，作为提交集团公司决策的必经程序，有效拓展了重大经营决策、重大投资项目等关键业务事项专业化审查的范围及内容。

（1）专项风险评估事项范围。专项风险评估事项包括集团总部及所属子企业重大资产重组事项、高风险投资业务、股权投资、年度投资计划外单笔大额固定资产投资。集团党委会、董事会（董事长办公会）、总经理办公会认为需要进行专项风险评估的其他重大经营决策、重大投资项目。

（2）专项风险评估工作要求。第一，重大经营决策事项申请专项风险评估须提交事项相关资料：①决策事项实施方案或相关会议的议案；②调查分析或可行性研究报告；③审计、评估报告；④尽职调查报告及审核意见；⑤谈判有关会议记录、纪要或备忘录；⑥决策事项涉及国家、地方、行业有关的规划、投资、环保、税务等规范性文件。第二，重大投资项目申请专项风险评估须提交项目相关资料：①项目立项审批资料；②项目投资方案及审查意见；③相关会议的议案及项目推进过程中形成的或者与谈判有关的记录、纪要或备忘录；④项目可行性研究报告及可行性论证报告；⑤审计、评估报告；⑥财务、法律尽职调查报告及审核意见；⑦项目涉及国家、地方、行业有关的规划、投资、环保、税务等规范性文件。

2. 专项风险评估程序。淮河能源集团重大经营决策、重大投资项目专项风险评估程序如图 8 所示。

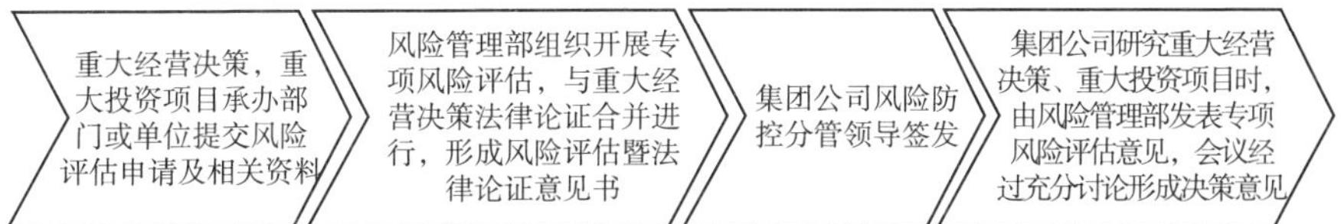

图 8　集团重大经营决策、重大投资项目专项风险评估程序

（1）承办部门或单位向风险管理部提出专项风险评估申请，提交重大经营决策、重大投资项目相关资料，并对资料的真实性、完整性、时效性负责。

（2）风险管理部根据承办部门或单位提交的专项风险评估事项相关资料，在合法合规性分析的基础上，结合外部政策、监管要求和市场调研等因素对评估事项风险进行识别、分析与评价，全面反映评估事项存在的风险，提出应对风险的措施建议。

（3）专项风险评估与集团重大经营决策法律论证合并进行，形成风险评估暨法律论证意见书。

（4）风险评估暨法律论证意见书由集团风险防控工作分管领导审定后

正式签发。

(5)集团讨论、审议重大经营决策、重大投资项目时，由风险管理部发表专项风险评估意见，会议同时听取可行性研究意见和专项风险评估意见，经过充分讨论形成决策意见。

(四)全面风险管理专题与定期会议并行机制

淮河能源集团明确风险管理与审计委员会实行集体讨论重大问题制度，建立委员会专题会议与委员会办公室定期工作例会机制，集体研究风控、合规、内控管理工作涉及的重大问题，确保风险防范化解工作有广度、有深度、有重点。

1. 委员会每年召开年度工作会议，统筹安排风控、合规、内控管理等工作，适时召开专题会议，研究重大风险防控和上级审计整改事宜，协调集团重大风险管控及重大风险处置应对等工作。

2. 委员会办公室(风险管理部)定期召开工作例会，安排落实风险管理与审计委员会日常工作，及时通报上季度已排查风险事项处置化解情况，集体研究讨论股权投资、贸易业务、诉讼纠纷、合规风险、应收账款及销售、生态环境、资产、融资、担保、税务、稳定等方面各类风险事项的当期状况，并对全面风险管理重要事项作出安排。

八、风控体系运行效果及价值体现的案例或里程碑事件

(一)风险防范化解意识扎根集团重大事项决策流程

1. 案例内容。自2019年9月以来，淮河能源集团机构改革各项举措落地，风险管理部应运而生，以控制重大风险和关键风险为抓手，整合风控、合规、内控、审计、法务“五位一体”职能，优化集成专业人员结构，为防范化解重大风险奠定坚实基础。

(1)全程跟踪、分析、处置历史遗留重大风险。在开展下属Y公司尽职调查过程中，风险管理部发现Y公司少数股东存在历史遗留重大问题尚未解决，在重大问题未全部解决的情况下，少数股东又提出拟利用Y公司股权开展股权质押融资，希望在Y公司少数股东不能清偿到期本息时，集

团对质押股权出具按融资本息金额收购股权的兜底承诺。风险管理部研究认为，Y 公司历史遗留问题尚未得到妥善解决，Y 公司股权价值存在重大不确定性，未经评估按照融资本息兜底收购 Y 公司股权不仅违反国资监管关于股权投资的相关规定，还可能导致重大国有资产损失。集团决策时，风险管理部充分揭示风险，有关意见得到采纳，避免了重大国有资产损失风险。

（2）妥善解决重大法律纠纷案件。自启动“五位一体”风控体系建设工作以来，集团所属 X 公司历史遗留重大风险处置化解取得积极进展，其中对于 A 公司诉 X 公司及其关联公司侵权责任纠纷案件，人民法院作出终审判决，驳回 A 公司全部诉讼请求，X 公司及其关联公司不承担任何责任。该法律纠纷案件法律关系复杂，标的额特别巨大，应对处置时间长达近 10 年。风险管理部成立后，在集团总法律顾问指导下，成立由总法律顾问、分管领导牵头，风险管理部、财务部、X 公司工作人员参加的工作组，公开选聘国内知名律师事务所代理案件，集成内部所有法律资源以及财务、经营、投资专家等风控团队力量，深入剖析该案发生的根本原因，数十次分析案情，重新评估重大风险可能造成的不良后果，细化风险解决方案，督促应对措施落实，灵活调整工作机制，提出投资项目管理优化建议。最高人民法院最终驳回原告全部诉讼请求，重大法律纠纷案件得到圆满解决，避免承担巨额赔偿责任，维护了企业形象。

2. 案例启示与意义。X 公司存量重大风险绝大多数为历史遗留投资风险，主要是以前监管环境宽松，企业自身风险意识不强，对政策研究不透彻，市场经验不足，尽职调查不充分，没有严格落实政策规范要求。因此，集团对此高度重视，在规范应对处置历史遗留风险的过程中，针对企业在经营管理中出现的偏差和瑕疵，总结历史问题，汲取经验教训，采纳风险管理部提出的投资项目管理优化建议，以依法合规为底线，将风控、合规、内控要求嵌入重大投资项目决策流程，加强项目投资管理，有效防范投资风险。

2019 年，集团大幅修改重大经营决策法律论证制度，首次将重大投资项目的风险评估与超前应对提升到集团公司决策层面，明确将重大经营决策、重大投资项目开展专项风险评估作为履行决策程序的前置条件。集团在研究重大经营决策、重大投资项目时，同时听取可行性研究意见和专项风险评估意见，相关规定、流程也首次被写入“三重一大”决策制度实施办法，彻底突破组织管控模式调整之前重大经营决策、重大投资项目等关键业务事项专业化审查仅限于法律论证的局限，有力支撑了集团公司科学决策。

推动出台《项目投资前期工作管理办法》与《股权投资管理办法》，要求科学研判项目投资的可行性、经济性，权衡项目的收益和风险，明确投资可行性研究报告内容要包括目标公司基本情况、政策可行性、市场可行性、经济可行性、风险分析与应对措施等，要对项目投资是否可行提出明确的意见和建议。规范投资决策程序，要求股权投资项目严格履行尽职调查、审计评估、可行性论证等工作流程。设置“风险管理”专章，建立投资重大事项报告制度，当发生投资合作方严重违约，出现严重损害出资人利益等情况时，应及时向集团公司主管部门和风险管理部做书面报告，做好应急处置及风险防范工作。

上述制度出台后，集团项目投资行为持续规范，投资风险得到有效控制。风险管理部以专项风险评估为抓手，推进重大经营决策和投资项目风险集中统一超前管理，既对重大经营和投资决策在形式上提出合法合规意见，还结合外部政策、监管要求和市场调研等因素进行深入风险分析，全面反映决策项目的真实状况，揭示项目在资产质量、市场前景、后继运营等方面可能存在的风险，并提出防范应对风险的建议，超前处置化解制约项目运营发展的潜在风险隐患，为集团决策及项目实施提供有力保障。

（二）稳妥处置贸易业务遗留问题，杜绝融资性贸易及虚假贸易

1. 案例内容。2012 年以来，因国家宏观经济形势长期下行，大宗贸易价格波动明显，不少国有企业融资性贸易风险累积形成业务链系统性风险集中爆发，严重影响企业正常经营运转，集团在外部经济环境变化的冲击下，贸易业务风险陡增。集团所属 W 公司为扩大企业规模、业务范围，开展融资性贸易，未能及时识别重大债务风险，在行业景气度整体下滑、银行收缩授信额度等外部诱因共同作用下，到期债权无法按时收回，导致无力清偿到期巨额债务，信用危机瞬间发酵爆发，给企业形象、信誉、经营

等带来巨大冲击，集团资金安全一度处于极为危险的境地。

融资性贸易、虚假贸易业务短时间内给企业带来较高的营业收入，扩大了企业经营规模，但因风险意识缺乏、内控机制失效、偏离企业主业、市场经验不足、监督不到位等问题导致一般性经营风险扩大，甚至演变成重大风险。为有效防范风险，集团公司对相关单位贸易业务进行全面核查，全面叫停国际贸易和没有真实货物背景的内贸业务，稳妥做好相关企业间风险隔离。

2. 案例启示与里程碑意义。为深刻吸取贸易业务风险事件教训，在集团范围内开展贸易风险事件警示教育，深刻剖析风险发生原因，明确提出全面加强风险管理，建立健全企业重大风险防控体系，整合内部风险管理力量，把防控重大风险贯穿到经营管理全过程，从根本上解决企业风险管理职能缺失、体系不健全等问题，有效防控各类重大风险。风险管理部成立后，全力以赴参与债权清收工作，为全面完成债务清偿及不良资产处置注入了强劲动力。

根据集团发展战略和有关经营目标安排，风险管理部将贸易业务作为重点领域开展全业务链条风险管控，高度关注贸易业务模式和内控建设与执行情况，每月跟踪贸易业务情况，每季度组织排查报告，每半年组织现场检查评估，杜绝融资性贸易业务以及空转、走单等虚假贸易。同时，督促相关贸易单位制定完善贸易业务专项风险管理制度，规范贸易业务有序发展，防范市场风险；常态化开展贸易业务排查评估，强化源头采购和终端销售管控，控制中间商业务占比，重点加强业务论证决策、信用额度、合同签订、仓储商选择、存货监控、资金收付等关键环节的管控，夯实风险防控主体责任。

目前，集团公司已建立起较为完善的贸易内控体系和内控制度并有效执行，历史遗留贸易风险处置整体平稳，不良影响逐步消除。相关贸易单位总体经营状况良好，贸易业务资金敞口、风险敞口较小，贸易业务风险得到有效控制。

九、总结和启示

2021 年是“十四五”开局之年，也是实施国企改革三年行动的攻坚之年、关键之年，淮河能源集团已将“五位一体”融合风控体系建设作为深化改革、实现高质量发展的创新管理举措。鉴于目前国内尚未有可以借鉴的成熟经验，全面风险管理标准化、精细化体系建设、落地以及与重要经营领域的业务融合、协同，复杂度、难度非常大，风险管理思维及业务建设对标先进还有较长的路要走。但通过不断尝试与实践，淮河能源集团实现了“五位一体”融合风控体系运转的制度化、系统化和规范化，为确保百年企业永葆稳定、健康、可持续发展打下了坚实基础。

在总结工作经验与不足的基础上，淮河能源集团将在未来三年内力争按照管理制度化、制度流程化、流程信息化的要求健全集团公司内控体系，营造“强监管、严问责”的氛围，优化完善涵盖风险管理全流程、内部控制各环节的全面风险智慧管理系统、合规法务智慧管理系统、审计评价信息管理系统，率先在行业内形成全面、全员、全过程的大风控长效机制，使依法合规和风险意识深入人心，进一步推进标准化体系建设落地以及与重要经营领域业务的深度融合、协同，为企业高质量发展保驾护航。

案例七　粤海控股基于国有资本投资公司定位的风险管理体系探索实践

吴明场　黄君婷　冯　瑶*

一、企业基本情况介绍

（一）基本情况

广东粤海控股集团有限公司（以下简称粤海控股、粤海集团）是广东省政府出资设立的首批国有独资的投资控股公司，是广东省首批国有资本投资公司改革试点企业，并入选国务院国资委国企改革“双百行动”企业。粤海控股是广东省在境外规模最大的国有综合性企业集团，旗下有三家香港上市公司，即粤海投资有限公司（0270. HK）、粤海广南（集团）有限公司（1203. HK）、粤海置地控股有限公司（0124. HK），以及一家新三板挂牌公司——广东粤海华金科技股份有限公司（870031. OC）。

自改革试点工作开展以来，粤海控股始终围绕国际化国有资本投资公司改革试点的战略定位，结合业务现状和发展要求，以资本为纽带，以做强做优做大国际化国有资本投资公司和提高供给侧质量为目标，逐步形成了以水务及水环境治理、城市综合体开发及相关服务、现代产业园区开发及产业投资为核心，产业金融为支撑的主业格局，主要包括水务、地产开发、购物中心及零售百货、酒店经营及酒店管理、能源、公路、麦芽、制革、马口铁等核心业务。截至2021年末，粤海控股资产规模

* 吴明场，中山大学法律系法学专业学士和法律系国际法专业硕士，中山大学人文地理学专业硕士及武汉大学法学院民商法博士学位。历任广州市规划局副处长、处长及副局长，广州市海珠区政府副区长，广州市人民政府法制办主任及党组书记；现任广东粤海控股集团有限公司总法律顾问，及粤海置地控股有限公司执行董事。

黄君婷，中山大学岭南学院管理学硕士，广东粤海控股集团有限公司法务风控部高级经理。

冯瑶，法国里昂第三大学国际贸易硕士，广东粤海控股集团有限公司法务风控部经理。

逾 2 000 亿元人民币。

“十三五”期间，粤海控股集中精力发展优势产业，做大主业规模，提升业务核心竞争力。水务及水环境治理板块加速优质项目拓展和产业链布局，实现进入前三目标；城市综合体板块打造多个区域标杆项目，优化板块内协同机制，强化可持续发展能力；现代产业园区及产业投资板块培育核心竞争力，夯实产业发展基础；产业金融板块发挥协同作用，助力主业板块发展。2020 年全集团营业总收入较 2019 年同比增长 34. 44%，利润总额同比增长 34. 2%，国有资产保值增值率、净资产收益率等指标均表现良好。粤海控股资产规模与营业收入处于广东省属企业中上水平，盈利能力远超省属企业平均水平。

（二）国有资本投资公司改革试点定位

2015 年底，广东省政府批复粤海实施国际化国有资本投资公司改革试点，建立国有资本监管和风险防范体系。伴随着我国经济社会发展进入新常态，粤海控股面临的内部变革风险和外部环境压力相互交织，作为窗口企业，由于境内、境外（主要指中国香港地区）法域不同，经济环境不同，给粤海在改革发展进程中实现防控风险、稳健经营带来更大挑战。在推动国有资本投资公司改革试点工作中，粤海控股按照“定准目标、充分授权、管好风险、强化考核”的改革思路，有序开展改革试点各项工作，全面推进国有资本投资公司改革。具体措施包括：一是推行市场化经营管理机制的改革，以水务及水环境治理板块为改革试点，建立授权经营机制、市场化激励机制、绩效考核机制，释放发展动力；二是发挥总部资本投资功能，搭建资本投资运营平台，优化上市平台资本配置效率，由“管资产”向“管资本”转型；三是构建市场化职业经理人管理体系、市场化考核及薪酬激励机制，推动企业人才结构的优化和人力资源工作转型；四是以“聚焦战略、战略驱动”为导向，构建由战略规划、商业计划、管理报告、战略评价、经理人评价、战略审计组成的战略管理闭环体系，逐步开展集团由运营管控向战略管控转变，构建运作高效、风险可控的国有资本投资公司管控体系。粤海控股作为广东省国有资本投资公司改革试点，需要在新的定位中探索更有效的风险管理方法，探索产业化发展、专业化经营的创新模式，解决放权和监督的关系问题，建立重大风险防控机制，提升整体风险控制水平。

在深化国有企业改革的大背景下，粤海控股结合自身实际，提出了“打造粤港澳大湾区龙头企业，争创具有国际竞争力的一流企业”的目标愿景，以及“做强做优做大国有资本，助力香港更好融入国家发展大局”的使命和“一年打基础，二年求突破、三年大提升、五年上台阶”的总体思路，围绕服务国家和广东省战略，以全面深化国有企业改革为抓手，以实业为依托、金融为支撑，通过产业投资和资本运作，到“十四五”末，形成水务及水环境治理、城市综合体、现代产业园、产业金融和新兴产业五大发展引擎，盈利结构更加优化、创新驱动更加凸显、各业务板块更加协调、公司治理更加科学，竞争力、创新力、控制力、影响力、抗风险能力明显提升，完成“再造一个高质量新粤海”的规划目标。在高标准高水平达成“十四五”规划目标的基础上，接续奋斗 5 年，把粤海控股真正建设成为粤港澳大湾区龙头企业。

二、基于国有资本投资公司定位的风险管理体系探索

（一）风险管理的主要发展阶段

粤海控股开展风险管理体系建设工作从时间维度上可以分为三个阶段，即试点先行探索经验阶段、稳步推进全面覆盖阶段、自上而下转型升级阶段。

1. 试点先行探索经验阶段。2011 ~ 2012 年，集团选择属下香港上市公司广南集团开展了内控规范体系建设试点。通过试点探索，集团基本形成了以“三流三点三满意、六个结合一体化”为核心的粤海特色内控规范体系建设路径，即围绕“三流三点三满意”（“三流”即物流、资金流、信息流，“三点”即关键点、风险点、控制点，“三满意”即投资者满意、管理层满意、员工满意）完善企业制度和流程建设，形成企业内控建设的“硬约束”；推行内控与廉洁从业、全面预算、安全生产、“三体系”（即质量、健康、环境管理体系）管理、全面风险管理、企业经营活动和效益效能提升“六个结合”，聚焦企业管理制度化、制度流程化、流程表单化、

表单信息化，进一步提高执行力和整体管理水平。

2. 稳步推进全面覆盖阶段。2013～2015 年，集团按照“结合实际、稳步推进、实施有效”的总方针，抓两头带中间，采用 PMO 项目管理机制并将其作为关键管理主题纳入业绩合同刚性考核，分批次推进所有业务单元和运营企业内控体系全覆盖。制定实施集团内部控制管理办法，全面推进内控评价和缺陷整改，新增、修订各类各级管控制度流程文件三百多项，并继续随着企业业务发展进行动态调整，将内部控制纳入对下属企业的例行审计范围。坚持以内控体系为核心和基础，全面融合其他管理要求，推进企业管理体系一体化整合。通过三年的扎实工作，集团水资源管理、城市综合体、产业园区、产业金融和制造业等主要业务板块运营企业全部完成内控体系建设。

3. 自上而下转型升级阶段。2016 年，集团制定“十三五”发展规划，系统分析研判内外部发展环境，全面总结过去五年各项工作，树立了“战略引领、创新驱动、全面风控”的改革发展思路，将全面风险管理纳入“十三五”期间集团核心能力及体系建设范畴，决定自上而下、以上率下开展集团总部全面风控体系建设，推动各级企业内控规范体系向全面风控体系转型升级。一是整合夯实集团总部风控管理职能，由专门部门承担风控业务职能，统筹风控协调相关工作，强化风控管理与业务运营的融合。二是构建合理有效且贴合集团职能架构的风险管理三道防线组织体系，进一步明确各防线职能与运作机制。三是开展全面风险识别评估，梳理风险框架与风险清单，对集团重大风险进行了有针对性的评估分析和应对举措制定。四是基于集团核心价值链对制度流程进行全面梳理优化。

（二）风险管理的整体思路

结合广东省国资监管要求和改革发展进程，粤海控股遵循“系统谋划、问题导向、全面覆盖、重点突出”的总体原则，按照“总部带头、自上而下、梯次推进”的实施路径，采用“以我为主、借助外脑、全员参与、刚性考核”的推进形式，借助和充分发挥外部顾问的专业能力，面向集团总部和下属企业两个层面加快开展集团全面风控体系全覆盖。

1. 集团总部层面，遵循“全面覆盖，重点突出”的原则。以落实《广东省省属企业全面推行风险管理和内部控制工作的通知》为统领，结合粤海控股自身特点，参考国内外最佳实践以及政府最新政策和风控管理发展趋势，以强化企业资本管理属性、加强对资本收益与风险的监管为目标，构建以合规为前提，风险为导向，内控为手段，流程为基础，关键控制活动为重点，重大风险报告、预警与应急机制为支撑，基于价值增值经营理念的全面风险管控体系，并建立符合集团职能架构和改革定位的风险管理组织体系及其运行机制。主要包括以下内容：一是全面识别和评估风险，建立合理、清晰的风险清单和风险管控措施及预案，建立健全风险预警与报告机制；二是梳理优化内控制度流程框架，从国有资本投资的价值流程出发，梳理集团现有制度、流程，整理并优化制度流程框架体系，实现风控管理与经营管理深度融合；三是构建全面风控组织体系，厘清集团风险管控边界，建立配套的组织体系，明确组织体系定位、相关流程、具体实施以及责任划分，建立健全集团总部风险管理横向三道防线和纵向管理条线相结合的组织体系及其运行机制，明确集团总部对子公司的风险管理权责及事项、监管要求及重点、工作内容及具体事项等，保障信息上传下达的通道透明畅通；四是强化风险管理企业文化，通过开展风控管理知识及相关方法论的培训，普及风险控制知识和理论，加强宣贯、沟通、交流，营造积极健康向上的风控文化。

2. 下属企业层面，粤海控股属下业务单元从深入学习集团总部风控体系出发，识别企业自身与集团总部风控体系建设的共性和差异性，以共性建设为切入点搭建风控体系框架，以差异化管理为重点对风控体系进行个性化的提升，分批逐步推进，共性搭建与差异化管理双管齐下，建立对接集团总部、结合实际业务的风控体系。一是抓好共性建设，根据各下属企业的业务实际，识别集团总部与下属企业风控体系建设的相同点，以总部与下属企业共性建设为切入点，先行搭建风险管理框架，以风控管理职能、三道防线组织体系、风险管理制度、风险管理专业人员配备四大核心要素为基础，确保各下属企业把风控体系建设作为管理核心工作来开展和推进。二是抓好差异化管理，突出重点，有的放矢，在共性建设的基础上，一企一策，分期推进，结合具体业务、人员能力、发展阶段等特点，对下属企业风控体系建设分批、分类地进行指导。全面识别风险，形成风险清单，落实重大风险管控方案，深化与升级内控基础模块，建立风险预警机制和突发事件应急处理等机制。三是抓好工作协调。在全面风险管理体系建设过程中要做好"三个结合"，即全面风控体系建设与国有资本投资公司改革相结合、与企业内部三项制度改革相结合、与企业短期经营目标和长期发展愿景相结合，在做好"三个结合"的前提下协调各项工作，确保各项工作合理顺利衔接。

2018 年末，集团及下属企业基本搭建完成以"四个有"（即有组织、有制度、有落实、有监控）为主要特征的粤海全面风险管理体系，风险管理工作步入常态化运行。

（1）"有组织"指的是建立全面风险管理工作机制，明确风险管理职能的定位和工作职责，梳理制定风控工作的流程权限、三道防线的运作机制等，集团公司及属下二级公司指定专门牵头负责风险管理工作的职能部门和人员，上下联动，三道防线运作有效，形成高效规范的风险管理组织体系。

（2）"有制度"指的是在现有制度体系的基础上，结合内控评价、风险管理成果等制度梳理成果，根据集团实际经营情况和最新监管要求，每年根据制度"立、改、废"要求对制度进行更新、修订和废止，原则上所有制度报批和印发均要经过总法律顾问和法务部门审核。

（3）"有落实"指的是全面风险管理体系稳定运行，风险识别、风险评估、风险分析与应对、风险监控与报告、突发风险与危机处置、监督改进等风险管理环节定期运作，形成重点管理领域的风险管理框架及风险清单。针对重大风险，建立台账专项管理，制定应对措施并责任到人，按季度跟进落实情况，并收集内外部信息，分析风险敞口的变化趋势，编制季度风险简报。

（4）"有监控"指的是梳理风险预警指标，结合公司日常运营监控指标变化情况，在内外部经营环境发生变化或指标异常波动时，开展专项风险排查，印发风险提示函或关注函。综合考虑公司管控重点、风险管理水平、系统支持程度和数据可获取性，借用信息化的手段，探索将风险预警指标纳入信息系统进行日常监测和预警，监控存量风险敞口变化，及时发现新增风险。

（三）具体内容

目前粤海控股全面风险管理体系主要包括风险识别标准体系、风险清单管理体系、内部控制流程体系、三道防线组织体系四个子体系，四个体系相互嵌套和作用，使风控体系在各个维度实现闭环管理。

1. 风险识别标准体系是以风险容忍度和风险评估标准为基准，以国有资本运营价值链为核心，以模糊综合评价法为手段，按年度进行全员参与的风险源辨识。风险的评估标准从风险发生的可能性和影响程度两个方面进行制定，而影响程度又从多个维度，如企业声誉、安全、运营、环境、财物损失等角度进行评价，综合风险评价的结果为风险发生可能性与风险发生影响程度的乘积。对于评估出的风险均制定应对措施，责任到人，对于重大风险列入台账进行定期监控和管理，针对固有风险和剩余风险分类采取不同的应对措施进行管控。

2. 风险清单管理体系参考省国资印发的风险分类，建立适合粤海控股的风险框架（见图 1），风险大类可分为战略风险、市场风险、财务风险、法律风险和运营风险，包括一级风险 9 类，二级风险 48 类。针对每一类风险责任到部门，每年定期维护和更新风险清单，以风险清单为依据来开展年度的风险管理工作，建立预警监控和落实防控措施，实行分层分级和全生命周期闭环管理。

战略风险		市场风险	财务风险	法律风险	运营风险			
经营环境风险	战略投资风险	市场风险	财务管理风险	法律与合规风险	人力资源风险	运营监督风险	信息技术风险	行政廉洁风险
外部环境风险	战略管理风险	汇率风险	现金流风险	法律诉讼风险	人才风险	工程监督风险	系统规划风险	维稳管理风险
公司治理风险	投资管理风险	利率风险	资金风险	合同管理风险	薪酬福利风险	管控机制风险	系统开发风险	行政管理风险
组织结构风险	创新管理风险	品牌与声誉风险	票据管理风险	产权管理风险	绩效考核风险	内控制度风险	系统运维风险	保密管理风险
权责利匹配风险			预算风险	合规管理风险	劳动关系风险	监察审计风险	系统权限风险	资产管理风险
社会责任风险			核算风险		劳动用工风险	招采管理风险	系统安全风险	廉洁风险
公共关系风险			税务管理风险					
企业文化风险			关联交易风险					
信息传递风险			资本运作风险					
资源配置风险								
安全生产风险								

图 1　粤海控股风险管理框架

3. 内部控制流程体系以提升效率效能和落实风控措施为核心，完善和提升内控基础模块，建立具有强执行力的业务流程体系。从公司治理结构出发，往下分为核心战略职能、运营绩效职能、后台支持职能几个层级，通过梳理内控制度框架、制定制度管理办法、建立现有制度落位与废改立计划，定期回顾复盘，检视现有流程中的不足和漏洞，促进内控制度流程体系的不断完善、优化和提升。具体如图 2 所示。

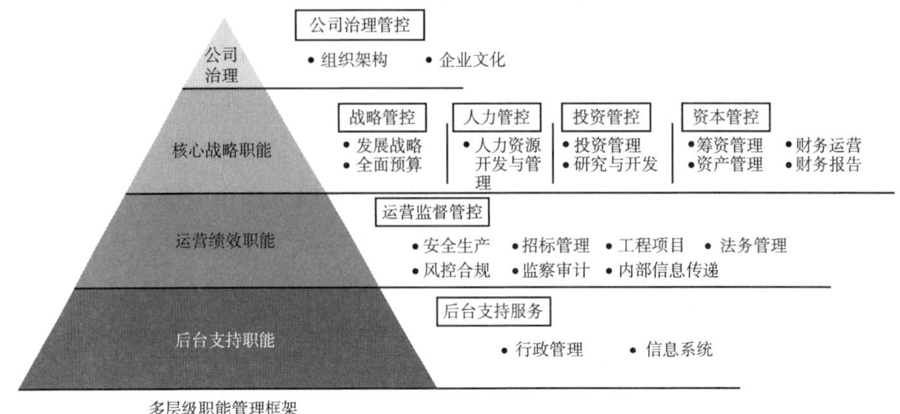

图 2　基于核心价值链流程管理制度框架

4. 三道防线组织体系以各下属企业和业务部门作为第一道防线，承担风控主体责任；以集团风险控制委员会及总部风险管理部门牵头各职能部门作为第二道防线，承担风控管理责任；以集团审计委员会和总部内部审计部门作为第三道防线，承担风控审计责任。三道防线责任明确、分工合理、衔接有序、运作高效，构成横向纵向一体化的风控架构体系。具体如图 3 所示。

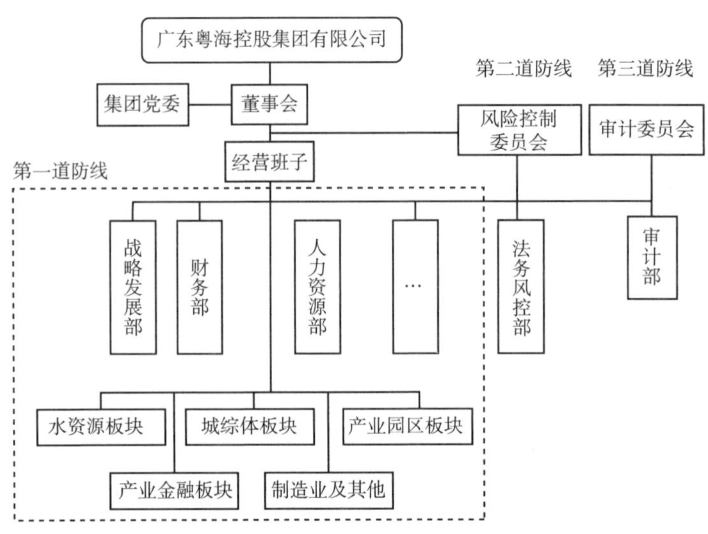

图 3　三道防线组织体系框架

（四）关键领域

一分部署，九分落实，完成体系设计和搭建之后，强化落地执行是体系有效运行的关键。粤海控股高度重视执行力建设，确保在开展各项业务流程时同步实施风险管理流程，在企业经营发展阶段较为核心的投资、财务、法律、运营等关键风险领域加强风险管控。

1. 投资风险防控方面。一是落实投资项目收益红线管理，紧紧围绕主业开展投资，严格控制非主业投资。对项目投资设立收益红线（WACC），对低于收益红线的项目原则上实行一票否决。二是对涉及系外企业投资项目加强信用风险管理，特别是在疫情影响下，市场波动较大导致较多企业出现信用危机，粤海控股要求投资主体针对投资项目立项时须开展征信核查和信用评价，严把信用风险审核关。三是严格决策程序，对立项材料开展形式审查及实质审查，风险管理各道防线均应根据职能分工做好对国家政策和行业趋势的研究，提示投资项目风险，对尽职调查报告、可行性研究报告、风险评估报告、法律意见书等严格审核，对重大投资进行决策，严格履行集团党委会前置研究、董事会审批，对于风险敞口过大、风险可控性不强的项目，要敢于说“不”，对于风险可以通过对赌、回购、质押等应对手段防范化解的优质项目，要敢于说“能”。四是加强过程管理，全面摸查集团在投资项目情况，定期监测销售回款、水价水量、租金坪效等经营数据，将项目实际实施效果与立项目标进行比对分析，严重偏离立项预期的要立即启动再评估程序，并在年度业绩考核中进行扣罚，对存在渎职行为的要坚决问责。五是加强项目投后管理，项目运营后组织开展后评价，评价结果作为企业负责人经营业绩考核和责任追究的依据，对于运营情况不达预期的，不仅要在当年考核评价中予以体现，还要倒扣前期计发的奖金。

2. 财务风险防控方面。一是全面推行财务总监委派制，实行财务总监垂直管理，直接对集团财务分管领导和所在公司董事长负责。二是严格负债管理，严控企业负债率和使用金融杠杆，围绕资产负债约束和流动性保障要求，健全资产负债率监控和债务风险监测预警机制，对不同行业的企业实施资产负债率分类管控，对重点监管企业实行融资业务专项管理。三是实行资金集中管理，资金管理与业务决策两条线独立审批，树立以现金流为核心的管理理念。四是严格担保管理，集团严禁向无股权关系的公司提供任何形式的担保，对系内担保事项须开展谨慎评估并采取必要的风险防范措施。

3. 运营风险防控方面。一是加强下属企业的运营监测分析，强化对商业计划、业绩合同执行情况的监控，及时识别风险和问题。下属企业层面探索运用创新信息技术等手段加强运营监控，例如水务板块建立了原水水质监控预警平台，实现水质监控、水质预警预报、风险源管理、水质管理、统计分析等功能。同时，通过集成内外部水质在线数据、实验室监测数据、现场监测数据、无人船和无人机数据等建立水质大数据库，通过大数据分析和建立的水质模型，配合新的风险源管理、应急管理、报警等功能，进一步提高水质管理工作效率和水质预警管理水平，防控水质安全风险。二是强化重大工程项目建设监督。推动工程住宅类、工业厂房类和水务类项目工程设计标准化工作，严格实施重大建设项目造价成本全过程管理，建立工程项目质量及成本管理工作评估体系，查找及补齐短板弱项，编制《工程项目质量管理工作评估体系指引》和《工程项目成本管理工作评估体系指引》，健全和完善相关工程管理制度，提高工程管理水平。三是加强招标管理，完善招标管理制度和管理办法，定期自查工作流程的合规性，定期对评标结果进行抽查，对违规行为进行责任追究，制定《重大工程项目建设廉洁监督工作指引》，严控廉洁风险，按规定必须公开招标的项目一律进入招标中心公开招标。四是严格安全生产风险防控，实行隐患台账管理，全面开展第三方安全评估，识别和梳理重大安全生产风险隐患，对重点和易发风险领域采取专项排查、开展专项治理，坚决遏制事故苗头。例如，粤海高速聘请第三方安全技术服务机构，对高速公路路面改造工程各参建单位组织开展了全面安全生产检查，大大提高了施工安全系数，消除安全隐患。

4. 法律风险防控方面。一是坚决守住合规审查前线关口，修改完善公司章程，发挥章程在公司治理中的统领作用。二是对投资、并购、资本运作等重要经营管理活动全面实施法律论证，重大事项未经法律审核论证不得提交决策。三是加强合同集中管理，规范合同文本，主业投资 5 000 万元以上、非主业投资 1 000 万元以上，贷款、发行股票债券等融资活动及资本运作、抵押担保、资产处置合同等均须报集团总法律顾问审批。四是充分利用法律武器，对于不守合同约定、背离承诺、对我方合理要求置若罔闻的行为，要果断诉诸法律手段，防控法律风险。例如在 2020 年，粤海控股属下粤投服务公司与深圳市某文物监管物品有限公司等租赁合同纠纷及用益物权纠纷一案，由于租赁合同期满后，该公司未依约定履行搬迁义务，拒绝交还租赁土地，经深圳中院一审、省法院二审，两级法院均驳回该公司提出判令我方支付租赁土地上兴建物业的投资补偿款 15 800 万元的反诉请求，我方取得胜诉。

（五）困难挑战

1. 多元化业务非关联性。粤海控股属下各级营运公司众多，共分四大板块十四个二级管理公司，涉及十几个不同行业。由于涉及行业多，受国家宏观经济形势影响有所不同，行业的非关联性较强，大大增加了全面风险防控难度。

2. 风险管理专业队伍建设需要加强。目前熟悉企业经营管理实际的风险管理综合型人才仍较为缺乏，经过一段时间的学习和培训，风险管理人才匮乏现象得到一定程度的缓解，但目前依然是制约风险防控工作的重要方面。

3. 风险管理效益需经一段时间才能体现。风险管理体系作为一项企业基础管理体系，在管理效益的体现上短期不能达到立竿见影的效果，而是细水长流、润物细无声。随着风险管理基础的逐渐夯实、体系的运行和不断改进，风控对企业发展的保驾护航作用才会逐渐显现。

（六）价值体现

部分国有企业的风险管理是为了应付上级监管要求，有时候是为了风险管理而管理。对于风险的识别评估是基于经验历史，应对风险其实是规避风险，真正的风险管理是服务企业战略的。因此，风险管理是为了企业能够承受更大的风险，进行更大的投资，获得更高的收益，站在这个立场，开展风险管理才是更有意义和价值的。

近十年来，粤海控股始终将风险管理能力作为企业核心竞争力抓紧抓实，重视战略发展与全面风控有机结合。目前，集团在严格按照国资监管要求，扎实完成合规管理工作的前提下，资产负债率、现金储备等各项风控指标均处于优良状态，全员风控意识明显提升，内控、风控工作有序开展，做到了合法合规，稳健运营，切实履行保障国有资产安全的企业使命。截至 2021 年末，粤海集团总资产逾 2 000 亿元人民币，资产规模稳步增长，集团资产负债率、盈余现金保障倍数、流动比、速动比、平均融资成本、现金储备等指标均处于健康水平，近十年来整个集团未发生重大内控缺陷和重大风险损失事件，真正做到了企业投资发展安全、资金运营安全、干部成长安全。

三、融合风控体系的探索

粤海控股全面风险体系自 2018 年完成搭建并运行以来，集团上下基本形成了“谈业务必谈风险”和“居安思危、未雨绸缪、立足长远”的良好风险文化。进入“十四五”时期，集团党委立足世情国情，确立了“再造一个高质量新粤海”的战略目标，集团改革发展的主要矛盾已经转化为企业高速发展与相对落后的管理能力之间的矛盾。风险管理作为粤海的核心管理体系之一，新形势下同样需要不断加强管控手段及提升管理效率，“融合风控体系”以及风险管理与其他职能的有效协同是粤海控股下一步探索的目标。

（一）风控与战略、投资、经营领域的协同工作机制

传统的理论习惯于将风险管理比作刹车，认为在企业发展进程中风控就是那个说“不”的角色，但是如果企业要立足发展，就要处理好经营、业务发展与风险防控的动态平衡。就像我们开车跑长途，当前方路况好，看得清的时候，可以适当多踩油门，开快一点；当前方弯道多，雾气大的时候，就要多踩刹车，控制速度，但一味踩刹车不前进是不行的。许多企业“谈风险色变”，可只要企业经营就一定会存在风险，风险不等于危机，为了给股东创造价值，企业在发展过程中的经营风险是不可避免的，一些

成功的企业家甚至善于从风险中获得巨大机遇。根据“黑天鹅之父”塔勒布的理论可知，一个良好的企业应该是善于抓住机会并承担适度风险，以期获得合理收益。最大的风险就是错失机会，最大的机会需要管住风险。我们经营企业也是如此，不应当以风险控制为由，不思进取，不担当作为，错失良机，这才是企业经营中最大的风险。

因此，平衡好风险管理与企业发展之间的关系，才能保证一个企业行稳致远，基业长青。但是，什么时候应当踩油门，什么时候应当踩刹车，要靠专业判断和测算，也要靠风险管理工作与企业战略、投资管理、经营领域工作机制的协同效果，粤海控股对于建立风控与战略、投资、经营等领域的协同工作机制进行了一些探索。

1. 风险管理与战略管理的协同。粤海控股基于国有资本投资公司定位，构建了战略管理体系，体系由战略规划、商业计划、管理报告、业绩评价、战略审计及经理人评价构成。粤海控股战略管理体系在运转过程中高度重视战略风险管理工作，战略规划、商业计划均需与企业风险偏好相匹配，管理报告中有专门章节报告企业重大风险管理情况，业绩评价加入风险管理加减分项及一票否决权，战略审计将内控有效性核查作为重点内容之一，风险管理贯穿于整套战略管理体系，协同推进，确保集团发展战略方向的科学合理，在有效防控战略发展风险的同时，更好地发挥战略管理体系的管控与执行作用。

2. 风险管理与投资管理的协同。粤海控股围绕构建国有资本投资公司的改革定位，在全力推进集团投资管理体系构建工作的同时，十分注重投资风险的管控工作。除了按照省国资委的要求，投资立项单位在立项前要做好风险评估，提供项目专项风险评估报告以外，还要求立项单位提前制定风险管控方案。粤海控股制定了《投资管理办法》，对投资项目的类型进行了分类界定，对国资监管的负面清单、红线要求等进行了梳理，转化为筛选投资项目的前提条件，确保集团及各业务板块在符合集团主业发展的战略规划框架下进行投资；制定了《投资项目立项风险管控工作指引》，分业务板块对投资项目个性及共性的风险点进行了提炼，在指引中提示对应的风险管控要点和要求。在项目立项阶段和实施过程中，强化以资产负债率、投资回报率、现金流等指标为风险管控要点，使投资项目管理更为规范化和科学化，实施项目投资过程管理，定期对关键指标和投资回报开展动态评估，项目运营后三年开展投资后评价等工作，有效防控投资风险。

3. 风险管理与经营管理的协同。粤海控股高度重视主要经营风险问题的工作，风险管理部门每年均赴二级、三级企业开展风险管理调研相关工作，针对各业务单元出现的主要经营风险，通过对内部经营和外部市场两个方面深入分析评估，提出工作建议；粤海控股还尝试通过与业务单元“一把手”访谈的形式，由集团总法律顾问与各二级企业董事长进行“一对一”的风险访谈，从企业家的视角识别企业经营管理的主要风险点并进行排序，为企业在后续开展风险评估工作时提供更高维度的参考。针对市场或经营管理方面的突发风险，采用印发风险提示函或关注函等形式及时提醒经营主体增强风险管理意识，对经营风险进行及时防控和应对。粤海控股一直强调风险管理要融入日常经营，立足于经营管理流程并将风险管控要点嵌入其中才能确保不出现“两张皮”的情况，也只有在经营管理过程中随时保持防范风险的警觉，企业才能健康稳定发展。

（二）融合风控体系与三道防线

融合风控体系给予风险管理多个视角、多个维度的态度，不同视角看待风险可能会存在一定的意见分歧，却也能起到互相制约、互相补充、科学决策的效果。风险来源于企业日常经营活动的方方面面，各业务第一线要树立风控意识，建立良好的风控文化和氛围。所谓“偏听则暗，兼听则明”，从多角度、全方位审视风险，全员参与、人人有责，才能更有效地管控风险，为企业发展保驾护航。

传统的三道防线往往将业务条线作为第一道防线，风险管理职能作为第二道防线，内部审计职能作为第三道防线，三道防线具备一定的独立性，起到监督制衡的作用。我们思考融合的风控体系是打通了“三道防线”的管理界限，强调信息的共享、资源的协同以及管理的高效，甚至打破了不同职能之间的管理壁垒，一定程度上可能需要更为成熟和配合度较高的组织体系来承接和实现，具体说来，可以探索将第二道防线触角前移，与业务一线部门共同捕捉风险，更多地参与去实现事前风险预警而不是事后风险管控；第一道防线的各个职能不局限于应对眼前风险，也需与第二、第三道防线畅通信息渠道，主动去识别职责范围内相关的风险，为第二、第三道防线提供更为全面和及时的风险源信息，共商风险应对化解举措；第三道防线从审计的角度开展以风险管理为导向的审计工作，运用审计过程中掌握的信息，提示易发风险环节和领域，并向前两道防线进行反馈和提示，做到举一反三，不断优化和提升。

（三）建设融合风控体系存在的困难和挑战

一是即使在一个企业内部，由于风险认知不同，管理角度不同，使用的风险语言不同，风险源的识别和管理同样也会出现盲点。例如在业务的角度存在一个风险点，业务部门认为是战略风险，战略部门认为是经营风险，虽然已经建立了高度融合的风险管理体系，但是仍然可能存在“漏网”的风险，对风险管理第二道防线部门的专业能力和业务熟悉程度提出了更高的要求。

二是个别企业没有为第一道防线部门赋予风险管理工作的职责，风险管理部门与企业其他职能部门平行管理，进行风险管理融合过程中势必要占用其他部门的资源，平行部门之间使用考核进行管理的可能性小，要调动全集团的积极性，共同服务于企业风险管理，有赖于深厚的风险管理文化，也有赖于集团领导的高度重视。

三是风险管理对于部分业务客观上有制约作用，世界上速度最快的赛车必须同时拥有最好的刹车和最好的转向，使它们能够更快速地行驶。风险管理职能应该使组织能够明智地承担增长和创造价值所必有的风险，但风险的揭示一定程度上会制约投拓部门计划的完成，投拓部门为使项目顺利推进，有隐藏风险的可能。

四、“管资本”为主的国资监管模式下未来风险管理的工作方向

2018 年 7 月 26 日，广东省人民政府办公厅转发《广东省国资委以管资本为主推进职能转变方案》，明确国资委职能定位，以管资本为主加强

国有资产监管，“放活、管好、优化、放大”国有资本，提出 12 项强化转变的国资监管职能，以及 26 项精简的国资监管事项。在国资监管模式转变、持续推进信息化与监管业务深度融合的背景下，国资监管机构对国有企业持续深化全面风险管理提出了更高的要求。国有企业亟须通过体系优化、信息化赋能等方式，进一步提升风险管理效能，持续提高风险识别与应对的精准度与时效性，强化风险闭环管理能力，从源头上高效把控风险。

针对粤海控股的国有企业改革重点任务，结合粤海控股重大风险的管理和识别工作，对风险管理工作进行进一步的深化提升。未来粤海控股的风险管理工作将主要围绕以下几个方面开展。

（一）以“强内控、防风险、促合规”为目标，探索建立风险、内控、合规管理协同工作机制

粤海控股下一步将结合实际，将风险管理和内控要求嵌入业务流程，促使企业依法依规开展各项经营活动，在制订年度工作计划时探索将风控、内控、合规管理工作一并规划、有机结合，以流程为基础建立全面、全员参与、全过程、全体系的风险防控机制，切实提高三项职能的协同监督作用和工作效率，实现“强内控、防风险、促合规”的管控目标。

（二）抓大放小，强化对重要子企业、重要领域的风险防控

粤海控股将始终按照底线思维原则，查找本业务领域范畴的“风险底板”，找准主要矛盾，把风险管理资源集中投放到重要子企业和影响企业发展的重大风险问题上。对重要子企业的风险管理工作加强监控，不定期开展调研，进行年度刚性考核；对重要风险领域如投资并购、债务风险、资金管理、境外业务、工程管理、安全生产等的风险保持警惕，跟进风险应对举措落实情况，常抓不懈。

（三）技术赋能，依托信息化手段提升风险预警和管理效能

结合广东省国资委监管信息化建设的要求，加强风险管理工作的信息化建设力度，探索建立适合于粤海控股的风险管理信息化系统，对重大风险进行预警指标提炼并监控预判，对存在的倾向性、苗头性风险和问题进行识别和预警，建立重大风险事先预警、事中处置应对、事后整改落实的全过程管理，切实提高集团及各级企业的重大风险防范化解能力。

（四）开拓创新，持续不断提升风险管理职能条线的专业化水平

在国有企业改革过程中，商业模式和运营模式不断演变，外部环境复杂多变，这些都为风险管理工作带来更大挑战。粤海控股一方面加强风控队伍建设，持续开展不同主题的风险管理培训或研讨会，结合最新国资监管要求和集团战略发展规划，匹配相应的风险管理知识和技能，不断提升风险管理人员的专业水平；另一方面也创新思维，探索在重大投资项目或重大风险防控举措制定时，引入外部专业咨询机构或专家意见，合理运用内外部资源，利用外部机构力量，使风险管控举措更为全面、专业和有效。

五、总结和体会

经过这些年风险管理工作的积累，粤海控股深刻认识到建设企业全面风险管理体系不仅是监管机构和出资人的要求，更是企业在市场经济大潮中持续发展的内在必然需要。全面风险管理体系建设的过程是企业在新时期新形势下重新认识自身、提高自身、掌握新工具、获得新动力的过程，也是企业进一步提升竞争力和工作效率的有效途径，总结起来，主要有以下几点。

（一）良好的控制环境是企业全面风控体系建设运行有效的根本前提

粤海控股充分借鉴吸收香港国际化企业治理经验做法，具备完善的治理结构和组织架构设置，制定了切合企业实际的发展规划，从集团“十三五”规划到“十四五”规划，既不盲目激进，也不因循保守。在人才队伍建设及考核激励机制上充分与市场接轨，以保障企业战略目标的实现；在企业文化上强调“担当作为”，从上到下树立踏实的工作作风；在风控工作推进过程中领导高度重视，定下“上下联动、全员参与”的基调，营造

出积极良好的风控工作氛围。

（二）务必正确处理改革发展与风险防控的关系，既要正确地做事，也要做正确的事

粤海控股作为国际化国有资本投资公司改革试点，正确处理改革发展和风险防控的关系至关重要。要平衡好两者的关系，首先要把改革发展的力度、速度与企业的风险承受能力相结合，在相关体制机制改革之初就引入风险评估，提高决策信息的全面性和前瞻性；其次在改革方式上要循序渐进，将风险防范融入改革进程和日常经营中，广纳谏言，根据内外部环境变化及时调整策略，寻找改革发展和风险防范的最佳平衡点，使风险防范真正为企业改革发展服务。

（三）坚持结合实际、一企一策的工作策略

粤海控股是一个多元化控股集团，每个二级企业的经营特征、管理基础、人才队伍素质都不同，必须根据企业自身的实际情况量身定做，一企一策，制定适合企业的风控建设策略。如粤海控股属下的水务板块是集团重点发展业务，近年来通过外延式增长实现了较快发展，规模从全国第十名左右跃居全国第二名。这一方面得益于集团大胆放权，给予粤海水务充分的授权和灵活的机制。同时，扎实推进水务板块内控规范建设为其快速发展起了很好的保驾护航作用，通过水务板块总部的内控建设有效提高和夯实水务板块自身的基础管理水平，加强了对投资、招投标、合同等关键领域的风险管控能力。另一方面是针对新并购的区域水务公司，以推进内控规范建设和建立风险管理体系为契机，通过全员参与的方式全面深入地进行管理整合和企业文化导入，确保并购公司顺利融入粤海大家庭，为后续稳健经营打下坚实基础。

（四）风控于青蘋之末，要更加注重源头管控

风险防控始于源头，风险管理重于细节，在确保权责利一致的前提下，要做好风险源管控，具体要落实到流程细节中。粤海控股的二级企业作为风险源的主要责任主体，要广泛、持续收集与企业风险相关的一手初始信息，定期对这些信息进行全面扫描、识别和分类，根据优先级制定风险应对策略，并将应对举措落实到流程细节中予以管控，不上交风险，不隐瞒风险，不规避责任，使风险在源头就得以管控。

（五）充分利用现代科学技术手段和专业机构力量，建立专业高效的工作队伍

粤海控股在开展全面风控体系建设时采取“以我为主，借助外脑”的方式，聘请业内专业的中介机构参与项目，充分利用专业机构的数据库，吸收借鉴国际国内的成功经验及最佳实践。目前粤海控股正在探索建立风险预警的信息化系统，根据企业实际情况梳理出风险预警指标及预警阈值，并将逐步与企业现有的信息化系统结合起来，实现重大风险监测指标的信息化。在风控体系建设推进工作上，粤海控股集团层面成立了由风险管理部门牵头统筹，由各职能部门的业务骨干和外部中介机构组成的项目工作小组，团队成员具备专业的素养，项目实行周会制进行高效沟通和反馈；二级企业层面建立了以风控职能部门为核心、外部中介机构为支撑、集团风控统筹部门为督导的联合工作小组，确保信息沟通顺畅，进度可控。

（六）建立刚性考核机制

集团层面制定《广东粤海控股集团有限公司全面风控考核评价实施办法》，将风控体系建设与运行的相关工作均纳入粤海集团职能部门和二级企业的业绩合同予以考核。年度考核完成后，由总部风险管理职能部门编写考核情况报告，总结考核中集团及各企业风险管理工作的亮点及不足，并结合考核结果，联系风控工作较为薄弱的单位进行反馈、沟通和调研，聚焦弱点、短板，研讨风险管理水平提升及风控压实做好的途径和方法，积极提升全集团的全面风控管理水平。

案例八　以风险防控为导向构建国有资本投资运营公司风控融合体系
——C 国有资本投资运营公司风控融合体系实践探索

韩振宇*

一、C 公司基本情况

C 国有资本投资运营公司（以下简称 C 公司）是 M 中央企业（以下简称 M 集团）的一级国有资本投资运营平台。M 集团成立于 20 世纪 50 年代，是国务院国资委直接管理的中央企业，下辖子公司 200 余家，分布在全国 22 个省（区、市），为保障国家能源安全和粮食安全作出了巨大贡献，具有较强的社会影响力。

C 公司是 M 集团为响应党中央和国务院开展国资国企改革号召，探索混合所有制改革路径成立的国有资本投资运营平台。C 公司紧密围绕 M 集团核心主业，积极开展以下业务：

一是投资业务，主要是为进一步做强做大 M 集团核心主业或补齐 M 集团产业链而开展的投资并购业务。

二是上市公司培育孵化业务，主要是以 M 集团成员单位为基础，培育孵化上市公司，借助资本市场的力量为 M 集团核心主业持续发展壮大提供支持。

三是融资业务，主要是通过商业保理、融资租赁、资产证券化、基金管理等手段，为 M 集团成员单位提供融资服务。

---

* 韩振宇，男，汉族，1976 年 7 月出生，籍贯河北献县，管理学硕士，高级审计师，先后在三家中央企业从事内部审计、风险管理、法务管理、内部控制等相关工作，现为某国有资本投资运营公司副总法律顾问、法务与审计部总监。

四是有助于M集团发展的其他业务，如产权经纪、保险经纪、财务公司等业务领域。

自成立以来，C公司通过上述业务开展，为M集团实体产业发展提供了强有力的金融手段支持，自身也在投融资管理领域形成了较强的市场竞争力，与其他中央企业、国有企业、地方政府和行业协会建立了深度合作关系。

二、C公司作为国有资本投资运营公司的显著特点

近年来，党和国家为推进国资国企改革、完善国有资本管理体制，先后颁布了《国务院关于改革和完善国有资本管理体制的若干意见》《国务院关于推进国有资本投资、运营公司改革试点的实施意见》《国资委关于以管资本为主加快国有资产监管职能转变的实施意见》，将国有资本投资运营公司定位为在授权范围内履行国有资本出资人职责、开展国有资本市场化运作的专业平台。要求国有资本投资运营公司要以资本为纽带、以产权为基础，依法自主开展国有资本运作，不从事具体生产经营活动。国有资本投资运营公司对所持股企业行使股东职责，维护股东合法权益，以出资额为限承担有限责任，按照责权对应原则切实承担优化国有资本布局、提升国有资本运营效率、实现国有资产保值增值等责任。

C公司作为M集团的国有资本投资运营平台，严格贯彻落实上述意见精神，明确界定自身的功能定位，科学设计管控模式，准确把握业务方向，其在运营管理中呈现出以下突出特点。

（一）投资管控模式以管资本为主

C公司在运营过程中积极落实党和国家关于改革和完善国有资本管理体制的意见要求，改变传统国有资本监管中“管人管事管资产”的管控模式，实行以“管资本为主”的管控模式。无论是直接投资设立的子公司，还是经并购控制的子公司，乃至参股的投资企业，C公司均主导或引导其按照现代企业制度建立了规范的公司治理架构，通过授权管理明晰被投资企业董事会、监事会、经理层的职责权限，通过委派董事和监事行使对被投资企业的管理权和监督权，形成规范的资本管控模式。其核心主旨是通

过国有资本投资运营公司的专业化运作，在不直接干涉被投资企业具体生产经营活动的前提下，以资本为纽带、以产权为基础，通过公司治理架构管理股权投资企业，规范资本运作，维护资本安全，提高资本回报，实现国有资本保值增值。

（二）公司运营机制以市场化为主

C 公司的市场化运营机制主要体现在企业外部经营和企业内部管理两个方面。

在企业外部经营方面，C 公司作为市场化主体，按照市场经济的公平竞争规则运营国有资本，在投资业务中，按照市场化定价方式确定股权价格和出资比例，通过股权收益方式获取投资回报，遵循市场化退出机制实现投资退出；在资本运作业务中，按照资本市场监管要求规范推进 M 集团成员企业上市，在资本市场规则框架下规范开展上市公司股权收购；在融资业务中，按照市场化利率融入和融出资金，按照类金融业务监管要求提供融资服务并获取收益。

在企业内部管理中，除 C 公司董事长、财务总监由 M 集团直接任命外，其他人员，从公司高级副总裁、部门负责人到一般员工，均采用面向社会公开招聘方式产生，其薪酬标准均参照同行业市场化标准确定，公司按照日常工作月度考核、重要工作专项考核、年度任务综合考核相结合的方式严格开展考核，公开各次考核排名，对与公司价值理念不相融、多次业绩考核差的员工予以坚决淘汰，对与岗位职责匹配度低的员工予以岗位调整和薪酬调整，全面实行职业经理人管理模式。

（三）公司业务属性以资本运作和类金融业务为主

C 公司主营业务涉及投资并购、产业投资基金管理、上市公司培育孵化等股权投资业务，商业保理、融资租赁等债权投资业务，资产证券化、产权经纪等资产管理业务，财务顾问、发债辅导等咨询顾问业务，以及企业托管等增值服务业务，其业务范围和类型与资本市场和金融市场高度相关，与传统实体产业相比，其资本运作特征和类金融业务特性非常明显。

三、风险防控在C公司经营管理中的重要性

C公司的特点决定了风险防控在其经营管理中的重要性，主要表现在以下方面。

（一）管资本的投资管控模式要求C公司具有独立的风险防控主体地位

C公司以管资本为主的投资管控模式，要求其必须成为独立的风险防控主体，从而实现以下功能：

一是突出公司对国有资本的投资运营功能。这是由管资本模式下设立国有资本投资运营公司的初衷和其职能定位所决定的。C公司作为M集团的国有资本投资运营平台，自设立之日起，便被定位为M集团内部唯一专业从事投资运营和融资服务的平台公司，担负对M集团所管理的国有资本的投资运营职能。

二是统筹管理复杂的产权结构。C公司所面对的产权结构凸显出复杂化的特征，所管控的股权投资既有M集团成员单位国有资产产权划转而持有的股权，也有M集团成员单位混合所有制改革形成的投资，还有为M集团代管的投资企业，以及C公司为促进M集团产业链条延伸所开展的投资，多元化的产权结构也在考验着C公司的统筹管理能力。

三是阻断被投资企业风险向M集团传导。相较于传统“管人管事管资产”的管控模式，C公司实行以资本为纽带的管控模式，可以在一定程度上阻断风险的纵向传递，将某一企业的风险因素尽可能地控制在本企业范围内，缩小风险的影响范围。

四是提升国有资本的影响力和控制力。C公司按照现代公司制运行规则，在投资风险可控的前提下，通过资本杠杆撬动更大规模的社会资本，增加M集团在核心主业领域的影响力和控制力，助推M集团进一步优化产业布局和开展结构调整。

（二）市场化运营机制要求C公司具有强大的风险防控功能

C公司作为市场化的运营主体，对其风险防控能力的要求源自以下

方面：

一是C公司作为国有资本投资运营公司，其所经营的业务对创新性具有较高要求，业务创新能力是其市场竞争力的核心要素之一。业务创新能力和风险防控能力在一定程度上呈现出同向变动关系。在市场环境下，国有资本投资运营公司的业务创新能力越强，对其风险防控能力的要求也就越高。反之，风险防控能力越强，越有助于业务创新能力提升。

二是C公司紧密围绕M集团实体产业开展资本运作，要求其在培育自身业务创新能力的同时，为M集团成员单位技术创新、管理创新提供支持。这种支持既包括投融资服务方面的支持，也包括风险管理方面的支持。这种支持在推进M集团成员企业上市过程中表现得尤为明显。

三是C公司在为M集团成员单位提供融资服务过程中，如果不能有效控制自身风险，必然导致风险向M集团成员单位扩展，甚至会对M集团整体经营活动形成重大不利影响。

（三）类金融业务属性对C公司风险防控能力提出了较高要求

C公司主营业务的类金融属性决定了金融或类金融工具是其经营过程中必不可少的运作工具，不论是投资业务还是融资业务，都需要依托金融或类金融手段来实现。金融或类金融业务本身都具有风险程度高的特点，金融或类金融业务运行能力在一定程度上就体现为风险经营能力。这也是党的十九大以来，党中央高度重视金融风险防控的原因所在。党的十九大报告中提出，健全金融监管体系，守住不发生系统性金融风险的底线，防止发生系统性金融风险是金融工作的根本任务。C公司作为M集团的国有资本投资运营平台，其类金融的业务属性对其风险防控能力提出了较高要求。

四、以风险防控为导向构建C公司风控融合体系

C公司自成立伊始，便高度重视风险防控和相关监管工作，对于风险防控、内部控制、法务管理、合规管理、审计监督等工作均从顶层设计的高度作出了系统安排和全面部署。如何实现上述职能有机融合，也是C公司在经营管理实践中一直思考和探索的问题。C公司在多年的实践中，抓

住自身风险防控要求高的特性，探索形成了以风险防控为导向，实现风险防控、内部控制、法务管理、合规管理、审计监督等多项职能有机融合的管理模式。

（一）C 公司面临的主要风险

构建以风险防控为导向的风控融合体系，首先需要准确评估 C 公司面临的主要风险。C 公司建立了“年度全面风险评估、月度风险跟踪、重大事项专项风险评估相结合”的全面风险管理运行机制。其次根据年度全面风险评估结果，建立年度风险数据库，并结合月度风险跟踪和重大事项专项风险评估情况，对年度风险数据库进行动态调整。年度风险数据库详细列示了 C 公司在当年面临的主要风险，以及风险名称、风险表现、风险成因、风险发生后对公司的影响、风险管理策略、风险解决方案、风险管理主体等基本要素，是公司开展风险管理的重要基础资料。

以 2021 年度全面风险评估结果为例，C 公司评估确定 2021 年度面临的主要风险可以划分为 4 大类、12 项明细风险。具体情况如表 1 所示。

表 1　C 公司主要风险类别

序号	风险类别	风险名称
1	需要积极应对的风险	法律风险
		会计报表合并风险
2	需要加强管控风险	公司治理风险
		合规风险
		资产负债率管控风险
3	需要重点关注的风险	客户信用风险
		债务风险
		投资项目投后管控风险
		融资租赁项目融后管控风险
4	其他需要注意的风险	人力资源风险
		政策风险
		保密风险

以上风险类别是 C 公司结合自身风险管理实践所做的划分，其含义如下：

需要积极应对的风险是指此类风险的风险因素已经显现，风险事件已经存在，若不积极应对，短期内极有可能对公司形成不利影响。

需要加强管控的风险是指此类风险的风险因素已经显现，短期内无明显的风险事件发生迹象，但若不加强管控，未来出现风险事件的可能性较大。

需要重点关注的风险是指此类风险的风险因素潜在存在，如果不加强防范，随着风险程度的积累，未来存在引发风险事件的可能性。

其他需要注意的风险是指此类风险的风险因素潜在存在，公司也采取了一定的防控措施，但相关风险因素仍需要给予适度关注。

（二）以风险防控为导向优化调整公司内部控制

1. C公司内部控制基本构成。C公司按照财政部等五部委《关于印发〈企业内部控制基本规范〉的通知》和《关于印发企业内部控制配套指引的通知》要求，以《企业内部控制基本规范》和《企业内部控制应用指引》为基础，按照内部环境、风险评估、控制活动、信息与沟通、内部监督等内控五要素，建立了符合C公司实际的内部控制体系。

C公司内部控制的外在形式表现为三个主要组成部分，分别是管理制度、工作流程和授权手册。

（1）管理制度部分，C公司根据其为M集团国有资本投资运营平台的职能定位，以“三大层级、七大类别”为基础框架，按照机构、职能、业务三条主线，制定管理制度100余项，建立了相对完善的管理制度体系，实现了“有机构即有议事规则、有职能即有管理办法、有业务即有实施细则”的制度建设目标。

（2）工作流程部分，C公司区分8大类、50余项业务，分别明确了股权投资、银行授信融资、商业保理、融资租赁、合同管理、人员招聘、银行账户管理等主要业务和重要职能的工作事项指南和标准化工作流程，为实现各项工作制度化、标准化、流程化提供了坚实基础，为实务操作规范化提供了依据。

（3）授权手册部分，C公司按照9章、8类、50余项流程的基本架构，分别明确了公司股东、党委会、董事会、监事会、董事长、法定代表人、总经理等公司治理层面的职责权限，以及各项具体业务在不同管理环节的审批权限，为明确职责权限、强化内部控制、提高经营决策效率奠定了良好的基础，为开展重点领域、重点环节的授权控制提供了具体依据。

C 公司管理制度、工作流程与授权手册相互衔接、配合使用，共同构成了 C 公司的内部控制体系，强化了内部控制保障，也为内控监督评价工作提供了规范化、标准化的评价指引。

2. 以风险防控为导向对内部控制的优化调整。C 公司以风险防控为导向优化调整内部控制，主要是根据年度风险数据库列示的各项风险及相应的风险信息，检查评估管理制度、工作流程和授权手册对各项具体风险防控工作的支持程度，对缺失的管理制度、工作流程和授权手册进行补充完善，对与具体风险防控要求不相适应的管理制度、工作流程和授权手册内容进行修订。并根据年度风险数据库的动态调整变化，对管理制度、工作流程和授权手册进行相应补充或修订，确保各项具体风险防控要求在管理制度、工作流程和授权手册三个方面均得到有效落实，充分实现各项具体风险防控要求与管理制度、工作流程、授权手册的完全匹配。

以表 1 所列示的风险为例，对内部控制优化调整的主要措施如表 2 所示。

表 2　调整措施

序号	风险名称	对应的管理制度	对应的工作流程	对应的授权要求
1	法律风险	1. 企业主要负责人履行推进法治建设第一责任人职责管理办法 2. 法务工作管理办法 3. 法务审核工作实施细则 4. 重大法律纠纷处理实施细则	1. 法务审核工作流程 2. 重大法律纠纷处理工作流程	法务管理工作授权表
2	会计报表合并风险	1. 会计核算管理办法 2. 财务会计报告编制工作实施细则	财务会计报告编制工作流程	财务管理工作授权表
3	公司治理风险	1. 企业法人治理工作管理办法 2. 子公司法人治理结构设计实施细则	子公司设立及变更工作流程	1. 公司治理工作授权表 2. 子公司重大管控事项授权表

续表

序号	风险名称	对应的管理制度	对应的工作流程	对应的授权要求
4	合规风险	1. 合规工作管理办法 2. 类金融业务合规工作指引 3. 股权投资合规工作指引	1. 类金融业务合规管理工作流程 2. 股权投资合规管理工作流程	合规管理工作授权表
5	资产负债率管控风险	1. 全面预算管理办法 2. 财务管理办法 3. 子公司财务管理办法 4. 融资业务管理办法	1. 预算管理工作流程 2. 融资业务工作流程	1. 财务管理工作授权表 2. 融资业务授权表
6	客户信用风险	客户信用管理实施细则	客户信用管理工作流程	客户信用管理工作授权表
7	债务风险	1. 全面预算管理办法 2. 财务管理办法 3. 子公司财务管理办法 4. 融资业务管理办法 5. 资金管理实施细则	1. 预算管理工作流程 2. 融资业务工作流程 3. 资金管理工作流程	1. 财务管理工作授权表 2. 融资业务授权表
8	投资项目投后管控风险	1. 投资管理办法 2. 投资项目后评价实施细则 3. 参股企业管理实施细则 4. 重要业务联合监督实施细则	1. 投资管理工作流程 2. 投资后评价工作流程 3. 重要业务联合监督工作流程	1. 股权投资工作授权表 2. 投资后评价工作授权表 3. 重要业务联合监督工作授权表
9	融资租赁项目融后管控风险	1. 融资租赁业务管理办法 2. 融资租赁资产分类管理实施细则 3. 融资租赁业务风险预警及防控处理实施细则	1. 融资租赁业务工作流程 2. 融资租赁资产管理工作流程	1. 融资租赁业务授权表 2. 融资租赁资产管理工作授权表
10	人力资源风险	1. 人力资源管理办法 2. 高级管理人员市场化选聘管理办法 3. 员工绩效考核管理办法 4. 薪酬管理实施细则 5. 管理人员选拔任用实施细则	1. 高级管理人员市场化选聘工作流程 2. 员工绩效考核工作流程 3. 薪酬管理工作流程 4. 员工选拔任用工作流程	1. 高级管理人员选聘工作授权表 2. 员工绩效考核工作授权表 3. 薪酬管理工作授权表 4. 员工选拔任用工作授权表

续表

序号	风险名称	对应的管理制度	对应的工作流程	对应的授权要求
11	政策风险	公司设立政策研究部、产业金融研究院，进行国家宏观经济政策、类金融行业监管政策、相关产业政策的研究，发布研究报告，提示相关风险		
12	保密风险	1. 保密工作实施细则 2. 员工职业道德规范	保密管理工作流程	保密管理工作授权表

通过以风险为导向对内部控制进行优化调整，针对各项风险的具体表现形式，确保在制度规定、流程设计、授权管理三个方面均落实有相应的防控措施，将三个方面的工作统一到风险防控目标上来，并根据风险动态变化情况进行相应的补充、修订、调整和完善，在确保风险防控与内部控制相互协调一致的同时，也有效避免了制度规定、流程设计和授权管理各行其是，相互脱节。

（三）以风险防控为导向制订审计项目计划

1. 以风险防控为导向制订审计项目计划需要关注的主要事项。C 公司充分认识审计监督在公司治理和企业经营管理中的重要性，同时又基于对风险防控工作重要性的认识，在促进两者协同开展工作方面，采取了以风险防控为导向制定审计项目计划的工作机制，有效促进了两项工作职责协调统一。

对于以风险防控为导向制订审计项目计划，C 公司在近年的实践中，总结出了以下需要注意的方面：

一是准确理解风险的含义和指向。以风险防控为导向制订审计项目计划时，这里所说的风险，不是指审计风险，而是指企业风险，即可能导致公司目标无法实现的风险。在实施以风险防控为导向制订审计项目计划的工作模式之前，C 公司主要是结合对被审计对象的审计频次、公司现阶段重点工作、问题多发领域等因素，确定年度审计项目计划，在审计项目实施过程中也会关注相关企业风险。与之前方式相比，以风险防控为导向制订审计项目计划，企业风险与审计项目之间的关系发生了变化。在之前方式下，先确定审计项目，然后在审计项目具体实施过程中关注相关企业风险。在新方式下，先评估公司面临的主要风险，然后根据风险关注的优先级，确定审计项目，并从审计监督和评价的角度做好审计项目实施过程中的企业风险关注。两者相比较，之前制订审计项目计划时虽然也能在一定程度上体现与企业风险的相关性，但其风险导向性远不如新方式明确，其助力公司目标实现的风险防控作用也远不如新方式直接。

二是合理确定审计优先关注级风险。以风险防控为导向制订审计项目计划时，需要从年度风险数据库中合理确定审计优先关注级风险。在C公司的实践操作中，对四类风险重要程度的排序为：需要积极应对的风险 > 需要加强管控的风险 > 需要重点关注的风险 > 其他需要注意的风险。在制订审计项目计划时，将“需要积极应对的风险 + 当年新增风险 + 风险重要程度上升的风险”作为审计优先关注级风险。年度审计项目计划必须实现对审计优先关注级风险的全覆盖，在此基础上，结合审计资源情况，确定覆盖其他风险的审计项目，但每三年必须完成一轮对常见风险的审计全覆盖。

三是结合风险变化情况动态调整审计项目计划。C公司在年度全面风险评估工作完成并制定年度风险数据库后，在月度风险跟踪和重大事项专项风险评估过程中，会根据风险变化情况对年度风险数据库进行动态调整，相应地，审计项目计划安排也会随着风险变化情况进行调整。通常而言，C公司每季度会将风险数据库与审计项目计划安排进行一次对应性检查，以确定是否需要调整审计项目计划，以及如何调整。

四是以审计优先关注级风险为主确定审计项目，同时所确定的审计项目要尽可能地扩大风险覆盖面。例如C公司在2019年制订审计项目计划时，审计优先关注级风险中包括融资租赁项目融后管控风险，针对该项风险研究确定审计项目时，将审计项目确定为融资租赁业务专项审计，在关注该项风险的同时，还将其与融资租赁业务的合规风险、客户信用风险、政策风险纳入审计覆盖范围，有效扩大了审计项目的风险覆盖面，提高了审计效率。

2. 以风险防控为导向制定审计项目计划举例。以C公司2020年审计项目计划制订工作为例，说明以风险防控为导向制订审计项目计划工作的操作情况。

2020年，C公司按照“需要积极应对的风险 + 当年新增风险 + 风险重要程度上升的风险”确定审计优先关注级风险的原则，将投资项目法律纠纷风险、保理业务客户信用风险、债务风险、人力资源风险确定为当年审计项目计划必须覆盖的风险，并有针对性地确定了如表 3 所示的审计项目。

表 3 C 公司审计项目

序号	审计优先关注级风险	审计项目	覆盖的其他风险
1	投资项目法律纠纷风险	XX 项目投资退出暨投资风险防控工作专项审计	1. 投资业务合规风险
			2. 投资项目投后管控风险
			3. 子公司公司治理风险
			4. 投资业务政策风险
			5. 投资业务保密风险
2	保理业务客户信用风险	保理业务专项审计	1. 保理业务合规风险
			2. 保理业务法律风险
3	债务风险	融资业务专项审计	1. 资产负债率管控风险
			2. 客户信用风险
4	人力资源风险	员工队伍建设情况专项审计	1. 人力资源管理合规风险
			2. 劳动纠纷风险（法律风险）
			3. 员工保密风险

通过以上安排，在确保当年优先级风险在审计项目中得到有效关注的同时，也扩大了审计项目的风险覆盖面。从一个较长时期来着，公司涉及面广的风险也会从不同角度得到充分关注。

3. 近三年 C 公司主要风险与审计项目对应情况。在以风险防控为导向制订审计项目计划时，从单一年度来看，当年需要重点关注的风险会在审计项目中得到有效覆盖；从多个年度综合来看，公司涉及面广的风险也会从不同角度被充分关注，从而为风险得到全方位防控提供了保障。C 公司近三年主要风险与主要审计项目的对应情况可以提供很好的例证。具体如表 4 所示。

根据表 4 中的情况进行统计，公司各项主要风险在审计项目中被关注的次数和角度与其在公司经营管理中的涉及面基本相符。具体情况如表 5 所示。

表 4　　C 公司主要风险与主要审计项目对应情况

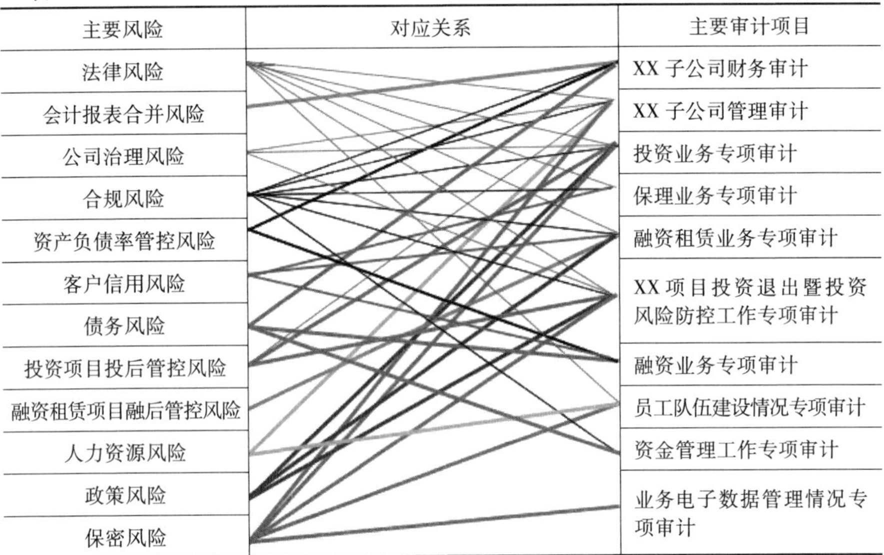

表 5　　C 公司主要风险在审计项中被关注次数和角度

序号	主要风险	关注次数	关注角度
1	合规风险	7	1. 财务收支中的合规要求 2. 企业管理中的合规要求 3. 投资业务中的合规要求 4. 保理业务中的合规要求 5. 融资租赁业务中的合规要求 6. 投资退出中的合规要求 7. 资金管理中的合规要求
2	法律风险	6	1. 企业管理中的法律要求 2. 投资业务中的法律要求 3. 保理业务中的法律要求 4. 融资租赁业务中的法律要求 5. 投资退出中的法律要求 6. 员工管理中的法律要求
3	保密风险	5	1. 企业管理中的保密要求 2. 投资业务中的保密要求 3. 投资退出中的保密要求 4. 员工保密要求 5. 业务电子数据的保密要求
4	公司治理风险	3	1. 对子公司的治理要求 2. 投资推进过程中需要考虑的公司治理要求 3. 投资退出过程中需要考虑的公司治理要求
5	客户信用风险	3	1. 保理业务中的客户信用风险 2. 融资租赁业务中的客户信用风险 3. 客户信用风险对融资业务的影响

续表

序号	主要风险	关注次数	关注角度
6	债务风险	3	1. 子公司债务风险 2. 融资业务导致的债务风险 3. 资金管理对债务风险的影响
7	投资项目 投后管控风险	3	1. 对子公司的管控风险 2. 投资推进过程中需要考虑的投后管控要求 3. 投后管控对投资退出的影响
8	政策风险	3	1. 投资业务中需要关注的政策要求 2. 融资租赁业务中需要关注的政策要求 3. 投资退出过程中需要关注的政策要求
9	资产负债率管控风险	2	1. 对子公司的资产负债率管控要求 2. 融资业务对资产负债率的影响
10	人力资源风险	2	1. 对子公司的人力资源管理要求 2. 对公司整体人力资源管理要求
11	会计报表合并风险	1	对会计报表合并范围的判断正确性
12	融资租赁项目 融后管控风险	1	融资租赁项目的融后管控要求

（四）风险防控导向机制下的合规管理和法务管理

以风险防控为导向，实现风险防控、内部控制、法务管理、合规管理、审计监督等监管职能有机融合，对合规管理和法务管理而言，就是要以合规风险防控和法律风险防控为目标，将内部控制作为保障合规风险和法律风险得到有效防控的基本手段，将审计监督作为对合规风险和法律风险防控效果的评价手段，实现合规管理、法务管理职能与风险防控、内部控制和审计监督职能的有机融合。就C公司的实践探索而言，这种融合主要体现在以下方面：

一是在风险防控工作中，将合规风险、法律风险纳入公司风险防控体系进行统一管理。通过年度全面风险评估、月度风险跟踪、重大事项专项风险评估，分别明确合规风险、法律风险在公司的表现形式、形成原因、影响程度、管理策略、解决方案、管理主体等基本防控要素，有针对性地实施风险管理。如表1所示，2021年，C公司将法律风险评估为“需要积极应对的风险”，将合规风险评估为“需要加强管控的风险”，纳入风险防控体系进行统一管理。

二是在内部控制中，落实对合规风险、法律风险的控制措施，实现对合规风险、法律风险的防控目标。如表 2 所示，C 公司将法律风险管控要求落实到了 4 项管理制度、2 项工作流程和 1 份授权表中，将合规风险管控要求落实到了 3 项管理制度、2 项工作流程和 1 份授权表中，从内部控制的角度对法律风险、合规风险实施系统管理。

三是在审计监督工作中，通过具体审计项目实施，对合规风险、法律风险防控措施执行情况进行监督检查，对防控效果进行评价，并提出优化合规风险、法律风险防控工作的审计意见。如表 5 所示，C 公司在审计项目中，安排涉及合规风险的审计项目 7 项，安排涉及法律风险的审计项目 6 项，对合规风险和法律风险给予了充分关注。

五、C 公司构建风控融合体系的保障措施

C 公司在构建以风险防控为导向的风控融合体系过程中，从风险文化培育、组织体系搭建、员工队伍建设、工作机制优化、外部资源协同等方面积极采取措施，确保以风险防控为导向的风控融合体系建设取得预期效果。

（一）大力培育积极的风险管理企业文化

C 公司积极落实国务院国资委《中央企业全面风险管理指引》要求，在构建以风险防控为导向的风控融合体系过程中，高度重视企业文化软实力的推动作用，将风险管理文化培育纳入企业文化建设工程统筹设计，以期达到“大力培育和塑造良好的风险管理文化，树立正确的风险管理理念，增强员工风险管理意识，将风险管理意识转化为员工的共同认识和自觉行动，促进企业建立系统、规范、高效的风险管理机制”的目的。

以培育积极的风险管理企业文化为目标，C 公司以《C 公司企业文化建设纲要》为统领，作为企业文化建设工程的子系统，制定了《C 公司风险文化建设纲要》。在《C 公司风险文化建设纲要》中，分析了加强风险管理文化建设的重要性和必要性，明确了风险管理文化建设的指导思想和

基本原则，规划了风险管理文化建设的主要内容，部署了风险管理文化建设的主要任务，提出了保障风险管理文化建设顺利实施的主要措施，成为C公司未来一定时期内推进风险管理文化建设的纲领性文件。

C公司在《C公司风险文化建设纲要》的引领下，主要实施了以下风险管理文化建设措施：

一是制定风险文化建设工作规划。根据规划，C公司风险文化建设工作可分为宣传推广和巩固提高两个阶段推进实施。其中：宣传推广阶段，计划利用2年左右的时间，通过公司文件、工作简报、专题讲座、案例剖析等形式，重点宣传风险管理理念，增进员工的风险意识，逐步形成风险管理文化共识；巩固提高阶段，在一个较长时期内，进一步丰富风险管理文化的内容和内涵，推进风险管理文化与整体企业文化的有机融合，形成较为完善的风险管理文化体系，并重点培育适当数量的风险管理工作先进示范典型。

二是近三年累计举办风险管理专题讲座5次，组织典型风险案例剖析讨论会6次，编发以推广风险管理经验为主要内容的工作简报4期，持续引导公司全体员工树立风险理念，增强风险意识，形成风险认识共识。

三是从公司治理、经营管理、业务操作三个层面制定风险管理制度4项，编制了《C公司全面风险管理工作指引手册》，确定了公司风险管理的组织体系和工作机制，梳理了公司经营管理中常见风险，明确了常见风险的日常监测指标和监测责任主体，提出了对新增风险因素、潜在风险事件的报告和处理机制，优化了风险管理工作评价机制，为公司加强风险管理文化建设提供了制度保障。

（二）搭建自上而下的纵向风控融合工作组织体系

C公司为推进风险防控、内部控制、合规管理、法务管理、审计监督等职能的有机融合，在公司治理、经营管理、职能部门三个层面，分别设立了统筹管理或组织实施上述工作的组织机构，形成了自上而下推进风控融合机制建设的纵向组织体系，为推进风控融合体系构建工作提供了组织保障。

一是在董事会层面设置了公司治理与风控委员会，协助董事会从公司治理层面统筹指导风险防控、内部控制、合规管理、法务管理和审计监督工作，协调推进上述职能的有机融合和持续优化。

二是在经营层面设置了法治建设（暨合规管理）工作领导小组，协助经理层从经营管理层面统一管理风险防控、内部控制、合规管理、法务管理和审计监督工作，协调推进上述职能的有机融合和持续优化。

三是在职能部门层面设置了法务与审计部，具体负责风险防控、内部控制、合规管理、法务管理和审计监督工作的组织实施，从执行层面推进风险防控、内部控制、合规管理、法务管理和审计监督职能的有效融合。

（三）建立多项职能横向联动的风控融合工作机制

以风险防控为导向构建风控融合体系，不仅要在纵向上实施自上而下的组织体系推动，还要在横向上建立多项职能联动的协同工作机制。C公司在风控融合体系构建实践中，结合大监督格局建设工作，建立了风险防控、内部控制、法务管理、合规管理、审计监督、纪检监督、人事监督、财务监督、业务监督等多项监督职能联合工作机制，并通过以下方式方法协同开展工作：

一是建立横向协同工作组织机构，为横向协同工作开展奠定组织基础。C公司成立协同工作领导小组，由公司董事长担任组长，成员包括董事会办公室、法务与审计部、人力资源部、计划财务部和业务管理部门。领导小组办公室设在法务与审计部，负责领导小组日常工作，沟通各成员部门推进日常需要协同的工作。

二是建立信息共享机制，为横向协同工作开展提供信息来源。工作领导小组办公室视工作情况编发协同工作简报，加强对协同工作的宣传推广，强化信息共享。工作领导小组各成员部门根据工作职责和监督内容，将对日常工作中发现的问题或问题线索、对问题的处理结果等开展协同工作需要的信息，在符合规定的范围内进行共享传达，提升工作成果的协同利用效能，提高整体工作效率。

三是建立监督工作联席会议机制，为横向协同工作开展搭建沟通渠道。工作领导小组各成员部门对需要其他成员部门协同开展的具体工作、共同研究处理的问题、配合防控的重大风险，由主办部门提议，经工作领导小组组长批准，可在需要范围内召开其他成员部门参加的联席会议，通报相关信息，部署相关工作。

四是建立风险防控联合工作机制，为横向协同工作开展确立工作方式。工作领导小组可根据工作需要，对股权投资、参股企业管理、商业保理、融资租赁等重要业务和重要管理职能，组织相关成员部门开展适当形式的联合工作，发挥多项职能联合工作优势，提高整体工作效率和质量。

五是建立问题整改联合督导与评估机制，提升横向协同工作成效。对横向协同工作中发现的问题，工作领导小组可结合问题涉及面、问题性质、问题复杂程度等因素，组织相关成员部门对问题整改措施进行联合督导，对问题整改成效进行联合评估，确保问题整改到位，风险防控措施落实到位。

（四）打造厚基础、宽专业的风控工作团队

C公司法务与审计部作为风险防控、内部控制、合规管理、法务管理和审计监督工作的具体组织实施部门，其团队成员的知识背景要求涉及企业管理、会计、法律等多个专业。为满足工作需要，构建以风险防控为导向的风控融合体系，公司提出了“打造厚基础、宽专业的风控团队”的目标要求。其中：“厚基础”即是打牢原有专业知识的基础；“宽专业”即是按照缺什么补什么的原则，积极拓展知识面，适应风险防控、内部控制、合规管理、法务管理和审计监督多项职能融合的需要。通过“厚基础、宽专业”职业胜任能力目标要求提升工程建设质量，合理搭配团队成员专业结构，有效提升团队成员协同作战的成效。

为打造厚基础、宽专业的风控工作团队，C公司主要采取了以下措施：

一是严把人员入口关，选择具有较强专业拓展能力的人员加入风控工作团队。C公司风控工作团队成员采取“社会公开招聘为主，公司内部轮岗为辅，实习生顶岗实习为补充”的选择机制。其中：在社会公开招聘中，对应聘者在知名企业、机构的工作经历设置底线要求，对工作经历过于单一的应聘人员原则上不予考虑。在公司内部轮岗中，公司有计划地实施业务人员与风控人员的交叉轮岗，一方面增强风控团队对业务操作的深入了解，增进风控工作的深度和针对性；另一方面增强业务人员的风险意

识，促进风险防控关口前移。最终在相互理解的基础上，提升公司整体风险防控能力。实习生顶岗实习主要是在工作实践中考察实习生的专业水平、工作能力和专业拓展潜力，选择真正适合公司风控工作需要的优秀毕业生。

二是持续提升风控工作团队综合业务能力，保持风控团队工作活力。风控工作团队针对每名成员的特点，按照缺什么补什么的原则，制定个性化的个人能力提升方案，并通过工作业绩考评和鼓励团队考取相关资格证书等方式检验专业拓展成效。目前，风控团队全体成员均取得了国际注册管理咨询师（CMC）资格证书，2/3 的非会计、审计专业背景人员取得了国际注册内部审计师（CIA）资格证书，1/2 的非法律专业背景人员取得了法律职业资格证书。风控工作团队“厚基础、宽专业”能力提升工程取得了切实成效。

（五）汇聚强有力的外部专业资源

C 公司结合业务开展需要，组建了律师事务所、会计师事务所、证券公司、税务师事务所、资产评估公司 5 类专业机构资源库，按照少而精的原则，每类资源库选择约 10 家能与公司业务开展形成紧密协同效应的专业机构成为成员单位。公司对资源库成员实行动态管理，在吸收协同性强的新成员入库的同时，淘汰协同性差的成员出库，不断增强公司与资源库成员单位的工作协同性。公司通过多种途径与资源库成员实现信息共享和智慧融合。在公司构建以风险防控为导向的风控融合体系工作中，各类资源库成员提供了强有力的专业支持，为公司风控融合体系优化完善和顺利推进贡献了智慧和力量。

六、C 公司风控融合体系的运行效果

C 公司自探索以风险防控为导向构建风控融合体系以来，经过对风控融合体系的不断完善和持续优化，已经取得了以下运行效果。

一是以风险防控为导向的风控融合体系建设已经步入良性发展的轨道。以有效防控风险为目标，统领风险防控、内部控制、合规管理、法务

管理、审计监督等工作安排的模式得到了公司上下的普遍认可，公司各层级员工能够正确看待上述职能融合中遇到的问题，并沿着优化完善融合工作的方向积极思考解决问题的措施。在公司全体员工的共同努力下，风控融合机制运行也越来越顺畅，具有良好的发展前景。C 公司以风险防控为导向的风控融合体系建设项目，在 M 集团年度管理创新成果评选活动中获得二等奖。

二是公司风险防控工作取得积极成效。在以风险防控为导向的风控融合模式下，内部控制、合规管理、法务管理、审计监督等职能均为实现风险防控目标提供强有力的支持，不同职能以风险防控工作为主线形成工作合力，使得公司风险防控工作取得了积极的成效。C 公司作为一家经营高风险业务的公司，多年来，牢牢坚守住了不发生系统性经营风险的底线，未出现对公司经营形成重大不利影响的风险事件。C 公司已连续三年被 M 集团评为风险管理先进单位。

三是公司经营业务实现了持续、快速、健康发展。C 公司近三年来经营业绩持续保持快速增长势头，连续在 M 集团年度经营业绩考核中被评为 A 级。以 2020 年为例，C 公司全年新签合同额超过 15 亿元，同比增长 136%；实现营业收入超过 20 亿元，同比增长 119%；实现利润总额近 3 亿元，同比增长 113%。

七、C 公司风控融合体系构建实践的启示

总结 C 公司以风险防控为导向构建风控融合体系的实践探索，笔者认为有以下几方面的启示可供同行借鉴。

一是取得公司领导重视，是有效推进风控融合体系建设的重要基础。在 C 公司经营业务风险程度高、风控团队卓有成效地开展工作等因素的综合作用下，公司董事会和经理层对风控工作的重视程度日益增强。在公司领导班子的支持下，自上而下的纵向组织体系建设、横向联动工作领导机构设立，均为 C 公司有效推进风控融合体系建设提供了强大的组织保障和充分的资源支持，大力支持了风控融合体系建设工作能够不断消除阻力，克服困难，持续推进。

二是紧紧抓住能够统筹推进多项职能协同工作的“牛鼻子”，是有效推进风控融合体系建设的牢固基石。C 公司根据其经营业务风险程度高的特点，充分认识到风险防控在实现公司目标中的重要性，选择以风险防控为导向，促进风险防控、内部控制、合规管理、法务管理、审计监督等职能的有机融合，具有理论上的可行性，实践中也取得了良好效果。

三是建立多元化的保障措施，是有效推进风控融合体系建设的必要前提。探索构建风控融合体系难免遇到这样或那样的困难或问题，C 公司在风控融合体系构建工作中，从培育风险文化、搭建组织体系、建设员工队伍、优化工作机制、协同外部资源等多方面入手建立保障措施，为其有效地克服困难、解决问题提供了多元化的支持和帮助。

四是用工作成效鼓舞信心，是有效推进风控融合体系建设的积极措施。在探索构建风控融合体系过程中，C 公司及时总结和展示工作成效，在此基础上推进研究、讨论解决问题的措施，持续鼓舞风控团队和公司各方面员工的信心，指引其对工作的支持方向，不断筑牢工作推进的基础。

案例九　天津港大风控管理体系探索之路

杨立静*

一、引言

天津港（集团）有限公司（以下简称天津港集团）是天津市国资委监管的国有独资企业，天津港集团主要负责天津港北疆港区、南疆港区、东疆港区、临港经济区南部区域、大港港区东部区域的开发建设运营；经营主业包括港口装卸及国际物流、港口工程建设、港口地产及港口相关服务。作为天津港最大的港口运营商，天津港（集团）有限公司目前资产总额超过1 200亿元，在香港联交所和上海证券交易所拥有两家上市公司，并连续15年入选中国企业500强。

天津港（集团）有限公司深入贯彻习近平总书记视察天津港时提出的“要志在万里，努力打造世界一流的智慧港口、绿色港口，更好服务京津冀协同发展和共建‘一带一路’”。以习近平总书记重要指示精神为指引，天津港集团不忘初心、牢记使命，坚定不移走生态优先、绿色发展之路，用“智慧”赋能世界一流港口建设，逐梦“世界一流港口营运集团”愿景，开辟出一条“人为本、质为先、客为尊”的内涵式发展新路。坚持以创新、协调、绿色、开放、共享发展理念为统领，抢抓雄安新区建设之机，紧密围绕滨海新区开发开放、中国（天津）自由贸易试验区、国家自主创新示范区建设，坚持港口能级与港口功能并重、制度创新与服务保障同步、基础建设与航运服务双轮驱动、港口与城市和谐发展的思路，以加

---

* 杨立静，全球金融风险管理师（FRM），国际注册企业内部控制师（CICS），中国注册企业风险管理师（CPRM）。现任天津港（集团）有限公司合规风控管理人员，负责港口航运企业合规体系建设、企业内部控制及全面风险管理相关工作，具有十余年企业内部控制及风险管理工作经验，在推动整合型全面风险管理体系建设方面具有独到的工作视角及切实有效的工作技巧，对于助推港口企业全面风险防控工作的有效落实发挥重要的作用。

快港口转型升级为主攻方向，以港口技术和服务创新为引领，着力提升港口枢纽功能，着力增强港口辐射能力，着力优化港口集疏运体系，着力完善航运服务功能，全力推进功能形态向“第四代港口”发展，以港口之进助推北方国际航运核心区建设，为服务京津冀协同发展和“一带一路”倡议积极贡献港口力量。

二、构建天津港集团大风控管理体系的背景

（一）构建全面风险管理体系的内外部要求

1. 构建全面风险管理体系是全球化发展趋势的要求。随着全球经济一体化发展趋势的不断加强，在国家“一带一路”倡议背景之下，开展全面风险管理体系建设是港口企业融入“一带一路”大格局，建设开放合作新高地，顺应全球合规管理、风险管理，响应国际组织及各国政府防范各种风险的宏观需要。

2. 构建全面风险管理体系是监管机构的外在要求。为培养世界一流的国际化企业，提升中央企业、国有企业防范化解重大风险的能力，国务院国资委通过发布《改革国有资本授权经营体制方案》《中央企业合规管理指引》《企业境外经营合规管理指引》《加强企业内部控制体系建设与监督工作的实施意见》《推动构建国资监管大格局有关工作的通知》等系列文件频频释放信号，要求国有企业加强依法合规经营，强化内部控制体系建设，提升全面风险防范能力。因此，开展全面风险管理体系建设是符合党中央构建大监督格局发展方向，顺应时代发展和监管要求的必然需要。

3. 构建全面风险管理体系是天津港集团战略目标实现的内生需要。为全面贯彻落实习近平总书记来港视察时的重要指示精神，推动世界一流绿色、智慧、枢纽港口建设，为“双一流”港口战略目标的实现提供保障，在全面依法治企的基础上开展合规内控风险防控体系（“大风控”体系）建设是符合现代企业治理需要的，建立健全适应天津港集团发展需求的新型管控模式，确保企业稳健经营运行，符合天津市市属企业风险管理防范的内在现实需要。

（二）天津港集团管理模式现状

天津港集团实行“横到边，纵到底”的管理模式，其中纵向由天津港集团本部负责统筹集团战略管控，对产业运营平台及所属企业实行战略协调与控制，各产业运营平台及所属企业根据其经营业务侧重不同，接受天津港集团本部及对口上级单位的监督管控；横向管控以天津港集团本部各职能部室为主体，依据各自职能划分情况，对本系统管理情况发挥监督作用。

1. 天津港集团体系建设情况。天津港集团各企业自 20 世纪 90 年代起依据 ISO 标准要求建立了质量、环境、职业健康与安全三大标准的综合管理体系，并随着三大标准的变化不断改进完善，持续维护运营并保证认证的有效性，随着管理的不断精细化和完善，部分企业建立并认证了 ISO50001 的能源管理体系。

2. 天津港集团制度管理情况。天津港集团母公司关注并严格落实制度文件管控工作，全面加强制度顶层设计，结合内部管理架构及职能，持续进行制度文件梳理完善工作，基本实现了对各项职能权限全面覆盖，对于部分管控关键节点制定了专项管控制度，强化管控要求。

各所属企业依据内控管理体系要求，形成了基本能够覆盖全部经营管理事项的制度文件，且多数企业已经建立了比较完善的制度管理体系，构建了制度全生命周期管理模式。

3. 天津港集团流程运营情况。天津港集团母公司针对各经营管理事项均有相应的管理运营流程，针对流程中的关键控制点形成了相应的管控措施，并严格按照流程控制规范做好了各项日常管理工作。但各流程之间的关联关系还有待进一步加强，流程管理的整体性、系统性还需进一步提升。

各级所属企业基本形成了内控工作的流程化管理，针对不同事项建立了符合企业自身实际的工作流程及要求，但与天津港集团本部情况类似，多数企业尚未形成统一整合的流程管理体系，各流程间没有建立联系。同时也未建立起纵向管理层级之间的事项流程联系，未形成点、线、面交织组成的流程网络体系。

4. 天津港集团风险管理情况。天津港集团各企业均具有一定的风险管理基础，建立了风险识别和风险控制的相关措施，尤其是安全领域的风险识别、分级评估、风险预警及风险控制等工作做得比较完善。根据香港联交所的企业管治要求，部分上市企业以及其下属的多家企业完成了风险管理体系的构建工作，形成了系统化的风险管控模式。

5. 天津港集团法务管理情况。天津港集团设立法务部，与合规审计部合署办公，其重点工作主要围绕诉讼案件管理、法律制度体系建设、法律工作队伍建设、强化三项法律审查以及法律风险防控五个方面推动开展。在诉讼案件管理方面，实现实时掌控重大案件处理进程，继续健全法律制度体系，按照总的要求健全完善法律工作制度规定，加强对各单位合同、规章制度、经营决策事项的法律审查工作，做到“应审尽审”，建立法律风险防控制度机制，开展法律风险梳理及防范。

三、全面风险管理体系的成果内涵及搭建思路

（一）全面风险管理体系的成果内涵

天津港集团围绕“建设世界一流港口”的战略目标，以制度、内控流程、风险作为风险防控的三大支柱，以专业人才队伍建设、信息化平台建设为支撑，以风险防范“五道防线”为保障，充分融合现有管理基础，因地制宜地形成天津港集团独特的合规内控风险管理模式和企业风控文化。

天津港集团的风险管理体系架构以原有“三体系”管理制度作为基础，在合规制度管理基础上，充分融入内控管理及风险管理的思路，不断完善企业治理环境、内外监督机制、信息沟通渠道等，将合规管理贯穿于事前规范预防、事中监督管控、事后评价总结的全过程中，并着重强化重点领域、重点环节、重点人员的管理要求，建立起“横到边，纵到底”，全面覆盖、重点突出的“大风控”管理体系。同时，这一体系打破了一般内控体系固有的“三道防线”传统，设计了风险防控五道防线，结合内、外部监管力量从多个专业、多种角度对企业业务活动进行规范控制。为确保每一项工作稳扎稳打，每一个措施落实到位，天津港集团分三个阶段逐步推进各级企业风险防控管理体系的建设工作，切实建立起可执行、能落地，符合世界一流港口水平的合规内控风险管理体系。

（二）全面风险管理体系的方案设计

通过对市国资委印发的《天津市市管企业合规管理试点工作意见》《市国资委关于在能源集团等4户市管企业中开展企业合规管理试点的通知》等有关文件的深入研究，对标学习国内外合规建设起步较早的企业成功经验后，天津港集团确立了“围绕‘创建世界一流绿色、智慧、枢纽港口’的总体战略目标，植根于‘人为本、质为先、客为尊’的企业文化核心价值观，积极推进合规风险管理体系建设和风控文化养成”的“大风控”管理体系建设目标。

在对一部分具有代表性的所属企业进行实地走访调研后，天津港集团总结了目前各级企业整体的管理现状，结合前期对多家风险管理先行企业的拜访学习成果，设计出了一套符合天津港集团实际的风险管理体系建设方案，即围绕“建设世界一流港口”的战略目标，以制度、内控流程、风险作为支柱，利用专业化人才队伍及风险管理信息平台不断提升合规内控风险管理水平，以风险防控“五道防线”作为防范化解企业各类风险的屏障，在现有内控管理的基础上，因地制宜地建设天津港集团独特的风险管理模式和企业风控文化。

（三）全面风险管理体系的搭建思路

1. 全面风险管理体系的覆盖范围。天津港集团风险管理体系建设坚持全面覆盖原则，风险防控要求横向到边，纵向到底，结合各级企业、各职能系统不同特点，建成纵向下沉至集团所属各级企业、横向覆盖至全部经营业务管理系统，突出重点领域、重点环节和重点人员的全面合规风险管理体系，将风险防范贯穿于企业决策、执行、监督、改进全流程（如图1所示）。

同时根据天津港集团企业治理层级架构，按照横向“管业务即管风险”、纵向“管企业即管风险”的管理理念，设计风险防控五道防线，极大提升了全面风险防范治理能力。

2. 全面风险管理体系的建设阶段。天津港集团已通过ISO9001、ISO14001、ISO45001、ISO50001管理体系认证，并随着标准的变化不断改进完善。基于整体管控情况，天津港集团母公司并未对各级所属子企业的体系认证及管控

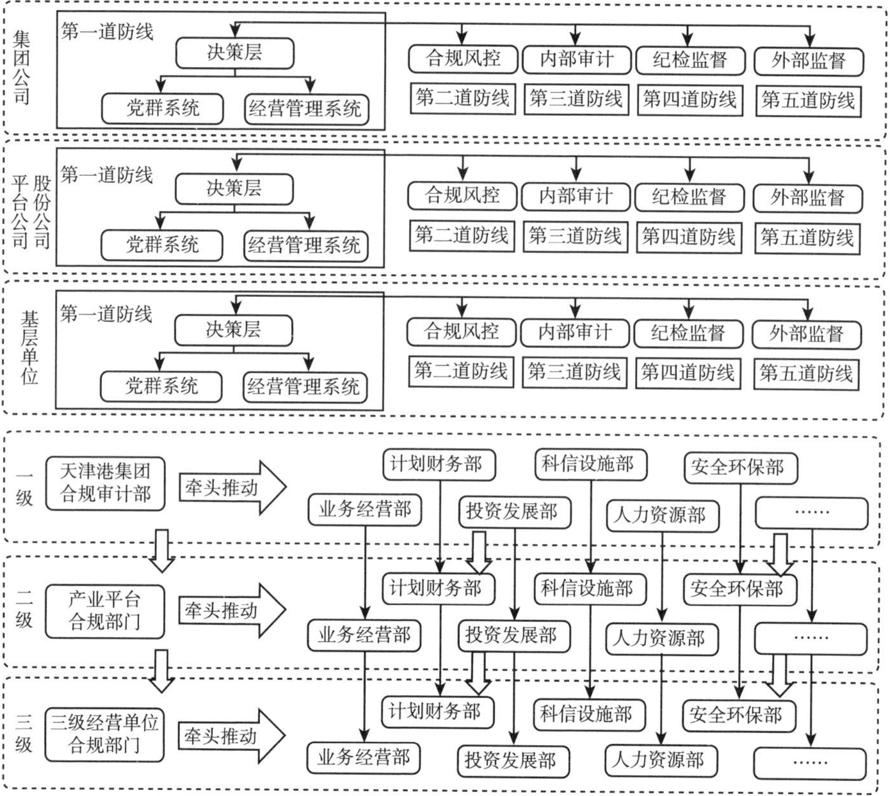

图1　全面风险管理体系示意

体系建设情况做强制性要求，但得益于天津港集团本部对各级所属企业的总体引领与示范带动作用，多数企业也自主建立了管理体系并通过认证，具备一定的内控管理基础。但由于各企业主营业务、企业内部管理现状以及内控基础的不平均，并不适宜同时、定式地推进风险管理体系建设工作。为解决该问题，天津港集团设计了“因地制宜、分批推进”的阶段性建设策略，将各级企业按照主营业务及内控基础水平不同，划分为三个建设阶段，以先进带后进，以更低的成本完成天津港集团全面风险防控管理体系建设工作。

四、全面风险管理体系的主要做法

（一）逐步强化风险管理体制建设

天津港集团产业链条长，涉及面广，业务繁杂，经营管理体系结构复杂，而各企业内部的制度与流程多为相互独立的管理要求与标准，制度之间、流程之间、制度与流程之间没有进行串联管理，未形成清晰完整的管控体系，致使体系管理效率较低，无形中增加了管理成本和管控风险。

天津港集团创新管理模式，以体制机制为针线，通过建立跨越现有职能部室边界的合规管理体制、信息沟通传递机制、审查咨询机制、预警报告机制、监督整改机制、追究问责机制等体制机制将制度、流程及风险三大管理体系紧密串联，形成三大体系对应统一的“大风控”管理体系。

1. 明确风险管理目标。根据天津港集团加快建设世界一流港口、打造世界一流港口营运集团“双一流”战略目标及发展规划，树立起全集团一致的风险管理核心价值观，即牢记红线意识，全员诚信合规。同时明确了天津港集团所属各系统、各级企业风险控制的目标，将管理目标、管理要求与企业经营管理方针目标紧密融合，确保了各项重点经营管理活动对风险防范要求的遵从以及对合规义务的践行。

2. 明晰管理权限。结合天津港集团治理决策权限，依据现有组织架构格局，明确了全面风险管理是在天津港集团党委、董事会的直接领导下开展各项工作，各级企业依据自身治理决策情况，就风险管理体系的权责进行合理分配。

3. 压实主体责任。根据不同企业治理层级情况构建风险管理架构，落实不同业务领域、不同管理系统、不同层级企业的合规管理职责。明确横向“管经营即管风险”、纵向“管企业即管风险”的管理理念，切实发挥各级企业、各经营管理部门风险管理第一道防线的作用，落实纵向各级企业负责人的主体责任，横向各经营管理部门的主体责任。同时将主体责任落实情况全面融入天津港集团整体考核体系当中，创新了考核方式，加大了考核力度。

4. 健全管理机构。天津港集团各级企业视自身组织架构情况，多数企业设立了专门负责合规内控风险管理职能的部门或团队，安排专职人员开展专项管理工作。同时，其他业务部门设立了合规联络员，负责所在经营业务管理系统的风险管理工作，定期做好协调、沟通、信息传送等工作，共同推进本组织风险管理体系建设及运行。

5. 健全监督评价模式。由天津港集团本部统筹推进风险管理体系的监督评价工作，将合规管理、制度建设及实施情况纳入监督评价范畴，制定了定性与定量相结合的缺陷认定标准、风险评估标准和风险管理评价标准，并不断规范监督评价工作程序、标准和方式方法。

（二）进一步完善制度管理体系，遵守“一套制度”

合规管理工作相比其他工作而言属于新兴领域，天津港集团秉承着“深挖地基，再建高楼”的理念，以完善现有制度体系建设作为风险管理体系建设的第一步。

天津港集团各级企业在制度体系建设中突出存在的共性问题在于：制度体系覆盖广度不足；制度执行层面抓手弱；实际制度执行的过程和结果与预期有偏差。

针对管理制度的问题，天津港集团各级企业结合自身实际情况，进一步强化对制度文件的管理，建立协同、规范、高效的制度发布、审核、执行、改进流程，最终形成制度文件管理规范作为制度管理的根本法则。同时，在制度规定设计时立足于对权力的全覆盖，涵盖权力运行的各个环节，做到全覆盖无死角、全方位无盲区、全监督无特殊，真正把规矩和要求树起来。

针对制度执行方面的问题，以制度规定的形式要求制度执行主体在具体执行过程中强化责任意识，确保各项制度落到实处不打折扣。同时，在制度执行环节注重规范权力运行机制，识别制度执行环节受权力干扰的风险点，进一步确保权力有效行使，防止权力跑偏、滥用。

（三）逐步建立内控管理体系，运行“一套流程”

天津港集团针对各经营管理事项均有相应的管理运营流程，针对流程中的关键控制节点形成了相应的管控措施，并严格按照流程控制规范做好了各项日常管理工作。但各流程之间的关联关系还有待进一步加强，流程管理的整体性、系统性还需进一步提升。例如在合同管理方面，目前针对合同发起、合同审核以及合同保管等工作，各相关部室依据管理职责和实际业务需求分别建立了各自独立的管理流程，但流程间没有建立有效接口，缺少交互环节，未形成统一的、有机联动的合同管理流程体系。

针对这一问题，天津港集团先根据前期学习及调研情况制订了流程管理指导文件，进一步规范健全流程管理体系。文件中包含流程梳理标准模板，针对流程运行实际情况，将合规义务和监管要求嵌入业务流程各个环节。随后组织了全面梳理企业经营管理活动所涉及的各项流程，包括程序流、技术流和侦查流，厘清关键流程节点、现有流程控制线，以线带面推行集约协同的内控管理，形成贯穿全集团各级企业范围内的流程地铁图，建立跨越现有职能部室边界，基于企业内各项职能履行、各项业务活动实际运行的流程总图。依据战略规划目标和企业所处内外部环境的变化，天津港集团也及时做好了流程更新和优化再造工作，通过加强管控措施和优化内部控制，构建适宜天津港集团各级企业运营管理的新型流程管控模式。

（四）探索搭建风控管理体系，管控“一套风险”

在天津港集团各级企业当中，多数企业并未建立统一整合的风险管理体系架构，风控管理结构较为松散，不能形成各系统风险管理有机联动、综合协调的体制机制。同时由于天津港集团本部未形成风险管理体系，对其投资控股的各级企业内部风控工作的指导监督程度较低，缺乏推动天津港集团整体风控建设体系化发展的有效助力。

为此，天津港集团针对各业务领域、各经营管理系统、各级企业风险管理职责和既有业务流程，组织员工充分识别各类风险点，以现有风险管理情况为基础组织制定了风险管理指导文件，建立健全全面风险管理体系。同时依据各类风险发生频率和损失金额，建立风险管控地图，结合风险地图中不同象限风险的特点，强化风险点控制成本的预估及控制分析，合理制定应对控制措施，动态评估控制措施的有效性。针对重大风险点设置关键监控指标，建立预警阈值，对不可承受或需要特别关注的重大风险点，建立 KRI 关键风险监控指标，合理预估风险损失，通过完善相应控制制度和控制流程，加强日常管控。通过制定应急预案并完善管控应对措施，确保将重大风险点控制在正常阈值范围内。对于触发预警设置的风险点或已发生的风险事件，及时启动应急处置预案和确保业务连续性管理方案，积极采取措施化解重大风险全过程管控，提高企业对经营环境变化、发展趋势的预判能力。另外，依据天津港集团“双一流”战略目标和业务拓展实际情况，开展针对员工工作行为规范、劳动用工、税务、反行贿受贿、反舞弊（组织舞弊与个人舞弊）、反垄断、知识产权保护、环境与资源保护、职业健康、安全生产等重点专项风险管理模块的风险识别、评估、应对及预警监控等相关工作。

天津港集团本部充分发挥引领带动作用，率先建立健全全面风险管控长效机制，并通过多种形式及渠道指导其投资控股的各级企业充分发挥风险管控对企业经营管理的指引、参考作用，融合风险管理对岗位职责的要求，落实岗位责任制，加强员工风险管控意识，持续提升各类风险事前、事中管控水平。

（五）逐步完善风险管理机制建设

1. 风险信息沟通与传递机制。天津港集团在各业务领域、各管理系统、各级企业组建起了合规联络员队伍，由天津港集团本部定期组织各级合规联络员召开合规信息协调沟通联络会议，总结上一阶段风险管理工作成果与问题，研究部署下一阶段的重点内容与方向。交流研讨不同领域、不同层级企业在合规内控风险管理方面有效的经验做法，共同促进全面风险管理价值观的形成和全员风险文化的养成。

2. 审查咨询机制。

（1）天津港集团对内针对管理制度、业务流程、重大经营决策事项以及所涉及的合同、协议、履约凭证等建立了合法合规性审查工作机制，将风险审查作为规章制度制定、重大事项决策、重要合同签订、重大项目运营等经营管理行为的前置必经程序，未经审查不得实施。

（2）天津港集团对外针对重点项目、重点环节、重点人员、重要合作伙伴以及拓展新型经营业务等建立了合法合规尽职调查工作机制，协同外部第三方调查机构对涉外事项、交易合作方人员的地缘背景情况、历史数据文档、信用资质、市场风险、管理风险、技术风险、政策法规风险等进行全面深入的研判和审核，为有效决策提供了必要依据。

（3）天津港集团针对一般经营管理行为的合规咨询与指导工作，着重强调了在不同业务领域、不同管理系统中，上级企业对下级企业的指导、上级人员对下级人员的指导，进一步健全了下级企业对上级企业的咨询、下级人员对上级人员的咨询，共同营造出良好的风险管理文化氛围。

3. 预警报告机制。天津港集团各级企业根据全面风险识别梳理后所设置的关键风险监控指标，开展定期监控分析，必要时组织相关专业部门制定针对各关键风险触发后的应急处置预案和确保业务连续性控制方案，建立了风险提示、预警机制并依据监控情况分别启动合规预警工作；针对量化监控指标，建立了针对超出监控阈值，启动预警机制的关键风险点以及已发生的较大风险事件的快速报告反馈机制，启用及时报告绿色通道，将单点的预警情况和风险事件信息广泛提示至天津港集团各级企业，以一个公司发生的预警事件为警示，告知其他有相同风险点的企业及时做好事前排查和事中监控，形成了天津港集团范围内迅速响应并有效加强风险损失的防范机制。

4. 监督审查机制。天津港集团根据风控体系建设规划及要求，结合企业实际，梳理并划分各业务主管、监督部门横向、纵向风险管控职能，以考核体系为有力抓手，充分发挥了各业务主管部门以及风险管理、监督部门的防线作用。

（1）确立了岗位合规责任，形成全员自我监督。在不断提升全员合规意识的基础上，对关键岗位强化管理，将合规义务写入岗位职责中，树立岗位合规责任意识，推动形成岗位人员自我合规监督机制。

（2）强化监督部门监管职责，建立了监督制度及考核机制。优化各监督部门及人员配置，梳理部门职责，突出对企业经营管理各项活动的事前、事中、事后全阶段监督管控职能。同时制定了监督审查及风险事后处置等制度文件，形成风险防控考核机制，对业务主管部门经营管理活动进行全方位监督考核。

（3）建立了风险管理“五道防线”，充分整合并发挥内、外部监督力量，以法人单位为主体，建立了各级企业自身的风险管理监督屏障。

充分发挥各业务领域、各经营管理系统、各级企业全面风险管理第一道防线的作用，明确其合规管理的主体责任，负责本领域的日常风险管理工作，按照合规要求完善管理制度和管控流程，主动开展风险识别和隐患排查各项工作。

天津港集团各级企业的合规风控管理部门发挥着风险管理第二道防线的作用。作为风险管理牵头部门，负责组织、协调和监督企业内部各项风险管理工作，横向为其他业务系统、纵向为下级子企业提供风控支持。

天津港集团内部审计职能团队作为风险管理的第三道防线，充分发挥了内部审计力量，将内部审计、风险管控作为专项审计融入经济责任审计、财务收支审计、项目投资审计、风险内控审计及其他各项专项审计活动中，将审计发现问题、审计报告情况等同时送至风险管理部门，确保了信息集成与有效共享。

天津港集团纪检监察组织作为风险管理的第四道防线，在现有工作运行模式下继续开展违规问责。畅通举报渠道，积极鼓励员工内部举报行为，针对反映的问题和线索，及时开展调查，一旦发现违规问题，一方面及时发布不合规预警信息，提请相关专业部门做好紧急响应；另一方面依据外法内规要求，严肃追究违规人员责任，必要时提请法律部门协助或移交上级主管部门进一步追查惩处。

包括外部审计、外部认证审核机构、上级主管单位、外部监管单位等在内的外部第三方团队是天津港集团风险管理的第五道防线，各第三方团队充分发挥专业职能，切实推动风险管控有效性评价工作，促进开展内外评相结合、上下评相结合的风险评价工作，及时评估发现风险管理中的有关问题并持续改进。

5. 追究问责机制。天津港集团将合规内控风险管理工作纳入“4＋2”目标任务管理考核体系中，由风险管理职能部门根据企业战略发展方向及关注重点问题，按月对天津港集团各级企业的风险管理情况进行深入考核，有效控制、填补管控缺陷，推进风险管理考核与整体考核工作的充分融合。同时，为进一步强化监督考核结果的应用，天津港集团形成了以监督推动整改的合规整改长效机制，建立了整改会商及线索移送机制，充分整合各监督部门以及财务、法务、人力等管理部门的监管力量，共同监督评价整改情况，确保评价结果客观有效。此外，天津港集团建立了整改结果落实反馈机制，确保监管部门对合规检查结果落实情况进行持续跟踪，及时了解整改单位诉求及整改过程中存在的困难，深层次地做好服务，同样的问题不重复出现，从而达到查违纠偏、防患未然、强化管理、规避风险的目的。

另外，针对整改不力、屡审屡犯的人员，除进一步完善了违规行为处罚机制，明晰违规责任范围，细化惩处标准，制定规范性文件进行追责问责外，也建立了线索移送及举报问责机制，畅通举报渠道，针对反映的问题和线索，及时开展调查，严肃追究违规人员责任，对监督调查过程中发现的领导干部涉嫌违纪违法问题线索，及时移送同级纪检部门，进一步推进监督检查结果真正落到实处，做到整改见效率，整改见效果。

（六）强化人才队伍建设

企业合规内控风险管理工作专业性较强，从专业人才配置数量方面来看，天津港集团部分企业的人员配置情况难以保证全面风险体系建设工作顺利开展。从风险管控人员的知识结构来看，既了解企业业务经营情况又熟悉风险管理要求的复合型人才短缺，这也是亟待解决的问题。

针对这一问题，天津港集团着力强化了风险管理系统人才的培养力度，以“打造一支专业化、高素质的合规内控风险管理队伍”为目标，根据天津港集团战略规划、业务发展实际情况、合规风险防控水平等现状，制定人才培养战略，持续加强专业业务培训，畅通管理信息沟通渠道，提升队伍整体专业风险管理能力。

1. 根据天津港集团开展全面风险防控管理体系建设工作的整体任务目标及时间进度安排，制定中长期人才需求预测及使用规划，通过内部选拔培养、外部招聘等多种形式充实风险管理人才队伍。

2. 加大了培训力度，分领域、分层级、分专业、分方向，通过多种途径及方式开展全员合规培训工作。天津港集团于 2020 年度通过发放《天津港集团诚信合规手册》以及《合规宣传短视频》，对员工诚信合规权利义务、企业诚信合规经营管理行为做出了宏观性底线要求，并以全员线上答题的形式进行宣培结果验收，员工合规管理意识及合规基础知识有明显提升。此外，天津港集团针对企业制度管理举办了专题培训。通过学习合规管理先行企业的制度管理经验，深入解读风险管理上位文件的规范要求，有效提升了各级企业制度管理人员的业务水平。

3. 建立并完善了合规内控风险联络员联席会议制度，密切天津港集团各级企业间的沟通交流，充分利用天津港集团本部的站位优势及资源优势指导并协助投资控股企业及时解决体系建设中存在的各类问题，搭建整合有效的大风控管理体系。

（七）深化思想文化建设

风险防控工作需要企业内部全员自主承担各自合规责任与义务，识别并控制各类风险，最终实现企业全面有效。针对人员风险意识薄弱的问题，天津港集团将合规内控风险文化与现有企业文化相结合，树立和建设廉洁诚信、依法合规的企业管理准则，形成员工自主合规的意识与习惯。

1. 树立并强化事前风险防控意识，通过坚持合规风控宣传教育，及时传达通报严重违规违纪典型案例，以案明规，以案为镜，达到引以为戒，防微杜渐，引导全员树立正确合规价值观，筑牢思想防线，提升全员合规履职能力，不越“红线”，坚守“底线”，远离“高压线”。

2. 作为“走出去”的企业，天津港集团树立了全面合规经营意识，不仅注重国内范围监管规定的合规性，也持续关注业务发展目标国家的国际通行规则及特殊规则，严格规范企业经营行为，打造能够坚强和运行稳定的全球价值链。

3. 通过发挥领导表率作用，强化员工合规意识，营造企业合规氛围，让合规观念和意识渗透到每个员工、每个岗位、每个业务环节中，推行“合规人人有责”“主动合规”“合规创造价值”等合规理念，将合规理念转化为合规行动，把合规行动升华为合规文化，助推全面防范化解合规风险，为企业持续经营、快速发展、降本增效保驾护航。

（八）搭建全面风险管理信息平台

天津港集团风险管理工作以准确的数据为基础，广泛、深入地结合信息化手段，更加准确、及时地统计合规数据和信息，揭示潜在风险，即时分享合规管理信息及先进经验，全面提升合规管理水平，推动合规管理智慧化发展。

1. 开发信息系统平台，实现文件记录管理。利用天津港集团综合管控系统的风险管理模块，以信息化手段优化管理流程，记录和保存相关信息；运用大数据等工具，加强对经营管理行为风险控制情况的实时在线监控和风险分析，实现信息集成与共享；以信息化平台为载体，完善风险培训、风控评价等相关工作，妥善保存管理文件记录。

2. 借助现代化技术手段，实现数据搜集、挖掘及基础分析处理。基于风险管理工作充满了定性分析和结果评价，利用信息系统，将定性分析转化为定量指标，将外法内规对各项业务的要求分解并通过权限管理和阈值设计的方式予以识别，进一步提高了业务操作的准确性和针对性，增强了企业风险管理定量分析的能力。

3. 实现风险预警和监控。通过信息系统，进一步扩大了风险管理的覆盖范围并提高违规风险的识别速度，提高了风险管理控制的效率，辅助风险预警和风险控制，进一步提升了全面风险管理各项工作水平。

五、全面风险管理体系的实施效果

（一）实现了制度、流程、风险管理之间的有机融合

天津港集团全面风险管理体系打破了传统认证体系管理、合规管理、内控管理、风险管理的壁垒，实现了一套管理文件及管控措施同时满足认证、合规、内控、风控等的管理要求，精简了管理文件，对管理要求进行集成，提升了管理效能。

（二）健全完善了天津港集团制度管理体系

通过构建全面风险管理体系，天津港集团各部室进一步明确了本系统在管理职能上的不足和在管理规章制度建设上的缺陷。各部室通过完善工作职能，研究细化部室职责，进一步明确了本部室具体工作职责；同时对于部分管理职能无章可依的现象，通过制定具体管理规定和办法，实现了天津港集团各系统职责与相应管理制度文件的对应，对提升天津港集团精细化管理水平、提高天津港集团投入产出效益具有积极作用。

（三）实现了全面风险管理体系对天津港集团经营管理活动的全覆盖

天津港集团内控流程管理体系以标准内控流程模板为依托，覆盖各部

室全部职责及所有工作内容，对各项活动的流向顺序、工作标准、汇报条线、完成时限等内容进行了标准化呈现，以线带面，建立形成了跨越现有职能部室边界的，防患于未然的，发现问题、解决问题、发现新问题的循环往复的持续优化的管理过程。

（四）提升了管理体系的包容性与生命力

在公司发展、革新、换代的过程中，管理体系可以随着公司的发展不断更新完善。随着业务的拓展和内外部环境的变化，必然要求建立更高的作业标准、更规范的管理流程和更加严格的合规管控机制，需要不断融入和吸纳先进的管理理念和方法。整合型的全面合规管理体系包容性体现在公司发展过程中的自我持续改进能力上，无论公司经营如何发展，体系都可以随之自洽提升，体系运转所采用的架构、文件及过程方法，使得公司的管控系统可以随时调整完善，从而形成具有源源不断生命力的绿色、智慧生态系统。

案例十　A保险公司关于建立内部控制体系“三个闭环”的探索与实践

周　琎*

A保险公司内部控制体系建设工作酝酿于2013年底，2015年正式启动内控体系建设项目，2017年初步建立具有A保险公司特色的内控体系雏形和框架。A保险公司的内控体系建设工作是在借鉴同业先进经验的基础上，完全依靠自身力量建设的、适合公司实际情况的内控体系，具有一定的特色。A保险公司在2015~2017年内控体系建设项目中积累了一定的内控工作经验，同时也不可避免地遇到了一些问题，甚至是困惑。为了解决这些问题和困惑，A保险公司在实际工作中本着实事求是的原则和勇于探索的精神，参考了大量的国内外文献资料，并在实践中不断地探索和总结，逐步形成了内控体系建设中“三个闭环”的设想，并且进行了一些探索和实践。

所谓内控体系建设中的“三个闭环”是以统一的风险控制清单（例如内控手册中的风险控制矩阵等）为基础，在强化第一道防线业务部门基础管理的基础上，充分整合了内部控制、风险管理、内部审计等第二、第三道防线部门的相关工作，而建立的第一道防线业务部门与第二、第三道防线部门之间紧密联系、相互衔接的完整的内部控制管理体系，能够解决许多内部控制、风险管理以及内部审计中面临的问题，同时对第一道防线业务部门管理水平的提升也有着极大的促进作用。

---

* 周琎，审计学专业毕业，中国注册会计师、美国注册管理会计师、注册内部审计师，从事20余年内外部审计、内部控制、合规、风险管理和财务工作。2010年进入某人寿保险公司，于2014~2017年负责公司的内控体系建设项目，在此项目中积累了大量的内控工作经验，并致力于将控制论、系统论、信息论等理论，以及全面质量管理、精益管理及六西格玛等管理方法引入到企业风险管理和内部控制领域中。随后，在该公司办公室及基层销售渠道轮岗交流，在此期间逐渐形成内控体系建设中“三个闭环”的设想，并进行了一些探索和实践。

“三个闭环”的设想应用了控制论、系统论、信息论的基本原理，将控制论中的“反馈”原理引入到了内部控制体系建设中，通过在公司内建设多个的“闭环控制系统”，持续进行反馈调节，从而减少控制缺陷（目标差），使得公司逐步进入“稳态”，减少经营管理中的不确定性，最终有效控制风险。

本章是对 A 保险公司近年来内控工作中积累的一些经验的总结，也是对我们实践工作中遇到的一些问题，以及如何解决这些问题的探索和实践的分享，希望对从事企业内部控制和风险管理的同仁能够有所帮助。同时，由于“三个闭环”的设想在实际工作中还有众多难题亟待解决，也还需要在实践中继续探索才能不断完善，非常希望各位读者能与我们一起交流探讨。

一、行业监管及企业基本情况介绍

（一）行业监管情况介绍

目前，保险业与银行业共同由中国银行保险监督管理委员会（以下简称银保监会）进行监管（2018 年银监会与保监会合并成立中国银保监会前，分别由保监会和银监会进行监管）。由于金融行业的特点，银保监会对包含保险公司及商业银行在内的金融机构的风险管理、内部控制、合规管理的监管是十分严格的，陆续制定并发布相关监管规定，并且由各省份银保监局对各项监管要求的执行情况进行持续不断的监管检查及严厉的监管处罚。

中国保监会及后期成立的银保监会对保险公司的风险管理、内部控制、合规管理陆续制定了相关监管规定。其中在合规管理方面，为了规范保险公司治理结构，加强保险公司合规风险管理，早在 2007 年中国保监会就发布了《保险公司合规管理指引》，对保险公司合规管理进行规范。其后，2016 年在《保险公司合规管理指引》的基础上发布了《保险公司合规管理办法》，对《保险公司合规管理指引》发布近十年来出现的一些问题进行了规范，进一步完善了保险公司合规管理监管要求。

在内部控制方面，保监会在 2006 年发布了《寿险公司内部控制评价办法（试行）》，要求寿险公司每年度开展内控自我评估工作，并于2010年发布了《保险公司内部控制基本准则》，对保险公司内部控制工作进行规范。

在风险管理方面，保监会于2010年发布《人身保险公司全面风险管理实施指引》，对人身险公司全面风险管理工作进行规定，其后在一系列偿付能力监管规定中对保险公司的风险管理进行了规范。偿付能力通常是指公司偿还债务的能力，具体表现为公司是否有足够的资产来抵偿负债。对于一般公司而言，债务的不确定性较小，只要资产能够完全偿还债务，就具有偿付能力。但是对保险公司而言，债务的不确定性较大，资产价值不但应该超过负债期望值（通常所指的负债），还需要超出一定的规模，以应对非正常年景的赔偿和给付，这也相当于《巴塞尔协议》中对于商业银行资本充足率的监管。因此，保险公司的偿付能力监管也成为风险管理的重要手段

除此之外，保监会及后期成立的银保监会不断出台关于治理销售误导、财务业务数据不真实等问题的监管规定，同时经常开展各类风险管理、内部控制、合规方面的检查等工作。

（二）A保险公司基本情况介绍

A保险公司前身为某国际知名保险集团和国内某央企合资成立的S人寿保险有限公司，后由某国有大型商业银行控股，目前公司股东为某国有大型商业银行、某国际知名保险集团和国内某央企。公司专营人寿保险、健康保险和意外伤害保险等保险业务，总部位于上海，截至2021年末，已在全国设立了19家省级分公司、1家直属中心支公司、1家资产管理子公司。

在经营中，A保险公司以客户为中心，依托股东雄厚的资本实力、卓著的品牌声誉及互补的专业优势，构建以客户需求为导向的“产品+服务”体系，满足客户日益提升的多样化需求。同时，公司积极贯彻落实“保险姓保”的监管要求，坚持“高价值成长”的发展战略方针，以规模稳增、结构优化、盈利提升为经营目标，力争稳步实现成为信誉卓著、管理科学、文化先进、效益良好的国内一流保险公司的愿景，为中国寿险业

的稳定健康发展贡献更多的力量。

（三）A 保险公司三道防线设置

A 保险公司第一道防线由各业务部门组成，第二道防线由法律合规部及风险管理部组成，其中法律合规部承担公司内部控制、合规管理、反洗钱及法律事务等相关工作，风险管理部是公司全面风险管理的牵头管理部门。内审部是公司的第三道防线，向公司董事会负责，监督第一及第二道防线工作。

二、2015 年内控体系建设项目的经验及成果

（一）内控体系建设项目开展情况介绍

2012 年某国有大型商业银行控股 A 保险公司后，在管理层的大力支持下，业务规模不断增长，同时公司不断加强内控合规工作。2014 年 11 月，经过半年多的酝酿和沟通讨论，公司正式成立内部控制体系建设领导小组及工作小组，明确了分阶段逐步建设内部控制体系的各项工作要求。随后，由公司法律合规部牵头，组织相关部门进行了各项前期准备工作后，于 2015 年 3 月正式启动公司内控体系建设项目。

A 保险公司于 2015 年起开展的内控体系建设工作，整体上分为准备阶段、实施阶段和总结阶段三个阶段，历时两年多的时间完成。实施阶段具体工作可分为公司层面及流程层面两部分分别进行。其中，公司层面主要完成公司整体层面的内部控制文化建设、制定各项内部控制管理制度、建立内部控制管理系统，不涉及具体业务流程；流程层面内部控制建设主要通过对各业务流程的记录、测试、评价、整改以完成各业务流程的风险识别和缺陷整改。

其中流程层面工作为实施阶段的主要工作内容，主要包括内控手册编写、控制有效性测试以及控制缺陷认定及整改。

1. 编制各业务流程内控手册。各业务流程的内控手册包括对各业务流程的流程描述、流程图和风险控制矩阵。内控手册是对各业务流程风险点

和控制点的详细描述，便于了解各业务流程中的风险点和对应的控制点。

其中，流程描述是识别与记录流程的文档记录，内容包括流程涉及的活动，如授权、审核、处理和报告等。流程描述的基本内容包括：流程所涉及的业务；流程所涉及的相关部门；流程所涉及的信息系统；列示可能的风险点和对应的控制点；列示相关的制度文件。

流程图是以图标形式来反映各业务流程的一种文档记录方式。流程图包括的基本内容与流程描述类似，但与流程描述相比，流程图更便于供使用者阅览和审查，了解业务流程，并识别出主要风险点、控制点和控制缺陷。

风险控制矩阵是用表格的方式记录和汇总相关流程中可能存在的风险点与对应的控制点，以及各控制点的详细情况。

内控手册的编制是以公司业务流程为单位分别编制。公司业务流程共分为保险业务、投资业务、基础管理、战略及治理、监督五大领域，被分为三个级别，共 160 余项业务流程。

内控手册的编制分两部分完成，2015 年先编制完成保险业务流程；2016 年编制完成投资业务流程、基础管理业务流程、战略及治理流程和监督流程。各业务流程的内控手册由各业务流程的牵头部门负责编制，由法律合规部、风险管理部和内审部负责审核，在征求分公司意见后，最终由相关业务部门确认。

2. 控制有效性测试。在编制完各业务流程的内控手册，了解各业务流程中的风险点及控制点后，将按照内控手册的控制点进行控制有效性测试，以检查相关控制措施是否被有效地执行。

控制有效性测试将分两个阶段进行，2015 年 12 月开始，在已完成保险业务流程内控手册的基础上，在试点分公司进行相关流程的控制有效性测试，检验相关业务流程控制措施的有效性。2016 年第四季度，在完成全部业务流程内控手册的基础上，在总公司及全部分公司对各业务流程进行控制有效性测试。

3. 控制缺陷认定及整改。在对各业务流程进行记录、测试过程中，若发现业务流程在控制上存在缺陷，需编制内部控制缺陷报告，并制订相应整改计划。

内部控制缺陷可分为设计缺陷和运行缺陷。设计缺陷是指缺少为实现控制目标所必需的控制，或现存控制设计不适当，即使正常运行也难以实现控制目标。设计缺陷主要在内控手册编制过程中被发现。运行缺陷是指现存设计完好的控制没有按设计意图运行，或者执行者没有获得必要授权或缺乏胜任能力以有效地实施控制。运行缺陷主要在控制有效性测试过程中被发现。

（二）内控体系建设项目经验及特色

A 保险公司于 2015～2017 年开展的内控体系建设工作，由于未聘请外部咨询公司，是依靠自身力量逐步建设的，非常具有 A 保险公司特色，因此我们在此过程中也积累了不少宝贵的经验。A 保险公司内控体系建设项目总体上是按照常规的内控体系建设工作流程和内容开展的，但是在以下方面具有一定的创新性。

1. 对于流程管理的重视。一方面，我们在内控体系建设项目开展之初，即开始梳理公司的流程架构，我们充分借鉴了美国生产力与质量中心（APQC）的流程分类分级框架（PCF），以及监管部门发布的监管规定，并结合公司实际情况，与各部门充分沟通后确定了公司的流程架构，并依托统一的流程总图及流程清单来编写内控手册、开展控制测试等工作。可以说公司的流程架构是内控体系建设项目流程层面相关工作的骨架和基础。另一方面，我们在内控缺陷整改过程中，也充分认识到流程管理能力的重要性，将内控问题的改善放到流程中去看，并通过流程优化等手段加强流程管理能力，力图从根本上解决发现的内控问题。因此可以说对流程管理的重视，是公司内控体系建设的一个特色。

我们在项目开展过程中之所以如此重视流程管理，是因为流程管理是风险管理及内部控制的基础。所有的内控措施都必须融入业务部门日常操作流程中，才能得到有效实施，否则这些内控措施不仅将被束之高阁，还会出现内控措施和实际业务操作“两张皮”的问题。

2. 控制有效性方面的创新。在控制有效性测试中，为控制全国各级机构的测试质量，我们建立了一套较为完整的控制测试体系，整个测试过程尽量按照科学、严谨的方法进行，尽量避免出现测试程序不合理、样本量过多或过少、基层工作人员随意替换测试样本、未进行测试的情况下随意填写测试结果等风险，最大限度地确保测试质量。当然这些科学、严谨的控制测试，将带来较大的工作量。为此我们加强了统筹规划，不断优化测试流程，采用各种方法努力提升测试工作效率（如在尚未上线内控管理系统之前，先期开发抽样小程序等），并预留了足够的测试时间，最终比较顺利地完成了控制测试。

特别是我们尝试将控制测试与业务部门日常自查相结合，以提高控制测试工作效率。因为我们在进行控制测试效率分析时发现这些针对一些控制措施是否有效实施的测试和检查至少应包括数据分析、业务部门的自查和质检、抽样检查等方式。其中，部分控制措施本身就是业务部门需要进行日常自查和质检，甚至进行企业关键绩效指标（KPI）考核的内容。所以，针对这些控制措施的测试完全可以与业务部门的自查和 KPI 考核相结合，但其前提是业务部门自查和考核是科学合理、过程可追溯和可复核的。因此，从控制测试效率来看，效率最高的就是利用业务部门的自查和考核结果替代，其次为数据分析，最后才是抽样检查。正如《孙子兵法》所言："上兵伐谋、其次伐交、其次伐兵、其下攻城"，在控制测试中抽样检查是效率最低，也是效果最差的方法，如有条件可尽量利用业务部门的自查和考核结果替代。这一点不仅是我们在控制测试工作中的创新，同时也是日后形成"三个闭环"设想的基础。

例如，保险公司对核保、理赔、保单服务人员的工作质量每天均有抽检和差错率管理，并纳入机构及其个人绩效考核。同时，对于时效类的要求，如"保单 15 日送达率""工单 30 天结案率"等，运营、客服部门也均有日常统计和考核。这些运营和客服部门日常管理中重点关注的内容，很多也是内控手册中的重要风险点，与其通过每家机构（省级或地市级分支机构）每年抽取 25 个样本的抽样检查，不如将控制测试与运营、客服部门的 KPI 考核相联系，不仅提高效率，而且样本量更大，检查的时效性和准确性更好。

3. 内控缺陷整改方面的创新。在内控缺陷整改过程中，我们针对内控发现问题的评估进行了一些有益的创新。在内控发现问题的评级时，我们参考了风险管理中对固有风险评估的方法，从这些内控发现问题的后果严重程度和发生可能性两个维度进行评估，并根据评估矩阵，最终确定该问题的评级及应对措施。

同时，由于公司层面和流程层面的控制目标和风险容忍度不同，我们将公司层面的具体评估标准与流程层面的评估标准做了区分，划分了不同的标准。以 1 万 ~10 万元的财务损失为例，其在流程层面的评估时，后果严重程度这一维度评级被确定为较严重，而在公司层面的评估时，其后果严重程度这一维度评级被确定为低。例如，由于寿险公司保险营销员的佣金计算较为复杂，如遇新产品上线、绩效考核办法变更、推出新的营销活动方案等，有可能导致佣金计算错误的风险。假如近年来发现的多发放的佣金平均每年在 8 万 ~10 万元，在公司层面进行评估时，其后果严重程度这一维度评级为低，但是在流程层面的内控缺陷评估时，后果严重程度这一维度的评级为较严重，因为对于佣金管理流程来说，时常出现佣金发放错误这一问题，确实是比较严重的内控缺陷，任何一名管理者都应该努力解决这一问题，确保佣金发放的准确性并减少公司损失。由于对不同层面的评级标准进行了区分，并针对流程层面不同级别的内控发现问题制定了不同的响应措施，将更加有效地推动流程层面一些问题的改善。否则，用公司层面的评估标准来评估流程层面的问题，绝大多数问题将不再是“问题”，而用流程层面的评估标准来评估公司层面的问题，又大多是“严重问题”，这样就将出现两难的局面。因此，必须对其分别制定不同的标准。

（三）内控体系建设中遇到的困难及挑战

我们在 2015 ~2017 年内控体系建设项目开展过程中，以及之后的持续建设阶段，都遇到了各种困难和挑战。虽然经过不懈的努力，内控体系建设项目中存在的各种困难大多数已经被逐渐解决，对内控体系建设项目产生过质疑的人员，部分也慢慢的认同，甚至大力支持。但由于当时内控体系建设工作仍处于探索阶段，虽然取得了不少成绩，但仍然存在许多问题和不足，仍需要在后续内控体系建设中逐步完善。

1. 内控体系建设的工作质量问题。从内控体系建设的工作质量来说，整体上是好的，特别是没有聘请外部咨询公司，完全由自身力量完成，实属难得。但由于编写内控手册、完成控制测试等工作，是由法律合规部培训并指导各部门完成的，其工作质量在很大程度上是由工作人员的工作能力和态度决定的。特别是对于编写内控手册来说，有些编写人员是这一领域的资深专业人员，他们更加熟悉业务流程中的风险点和控制点，相比咨询公司人员编写的内控手册质量更好；但同时也存在部分编写内控手册的人员对业务流程不熟悉，或者不愿意花时间精力来编写内控手册，导致内控手册中的风险点不全面，相应控制点描述不准确，最终形成部分内控手册质量不高的问题。

另外，由于自2015年启动的内控体系建设项目，至2017年结束仅有两年左右的时间，经过与各部门沟通，仅能对公司主要业务流程进行梳理，根据工作量可知梳理约150项流程。但是对于非主要业务流程，以及流程之外的风险点和控制点尚未进行梳理。因此，我们后续设计了简化版的内控手册，以应用于非主要业务流程及流程之外风险点、控制点的梳理，便于对剩余的业务流程进行梳理，查找其中的风险点及控制点。

2. 内控体系的基础需要进一步夯实。虽然在内控体系建设过程中，特别是在流程梳理以及内控缺陷改进中，对各部门的管理提升是有很大促进作用的，但这些作用比较有限，很难通过内控体系的建立及完善，使得一家公司的管理出现质的飞跃以及业绩的大幅提高。相反如果公司的制度、流程基础不扎实，存在很多缺失的话，相应的内控措施也会存在诸多漏洞，内控体系的基础是不可能非常坚固的。因此，我们在内控体系建设过程中，深刻地体会到，如果要进一步提升内控体系的质量，必须先夯实内控体系的基础，在公司整体管理水平提高的基础上，才能建设完善的内控体系。

3. 内控体系建设的工作效率及成本问题。开展内控体系建设工作，无疑需花费相当大的成本，如编写内控手册时，需要对主要业务流程进行梳理，需编写流程描述、绘制流程图，并填写风险控制矩阵，通过这样一系列工作，才能找出流程中存在的风险点及控制点，然后需要进行控制有效性测试，这些工作无疑将增加业务部门的工作量，需花费大量的人力成本。

4. 各部门工作动力及配合度问题。由于内控工作量较大，虽然防范风险和满足监管要求的需要是必须完成的，但是对于业务部门自身经营和业绩达成没有太大帮助。内控工作的成果也主要是对于第二、第三道防线部门有着比较突出的作用，而对于第一道防线相关业务部门的作用并不突出，所以业务部门大多存在“要我做”，而不是“我要做”的问题，其主动配合和投入资源均十分有限。

5. 内控理论及创新问题。目前，国内外内部控制领域普遍使用的理论框架是美国 COSO 委员会制定的 COSO 五要素模型。但在内部控制工作实践中，在一线从事内控工作的人员经常会感觉到 COSO 模型在实务当中虽然起到了很大的指导作用，但也有一定的局限性，实务当中仍然存在很多问题和困惑。因此，在内部控制理论体系方面，需要在 COSO 模型的基础上不断创新，才能解决内控实务工作中的一系列问题。

三、内控体系建设中“三个闭环”的主要内容

所谓内控体系建设中的“三个闭环”是以统一的风险控制清单（例如内控手册中的风险控制矩阵等）为依托，在强化第一道防线业务部门基础管理的基础上，充分整合了内部控制、风险管理、内部审计等第二、第三道防线部门的相关工作，而建立的第一道防线业务部门与第二、第三道防线部门之间紧密联系、相互衔接的完整的内部控制管理体系，能够解决许多内部控制、风险管理以及内部审计中面临的问题，同时对第一道防线业务部门管理水平的提升也有着极大的促进作用。

（一）为何需要建立内控体系的“三个闭环”

正是在 2015 ~ 2017 年开展的内控体系建设项目中遇到的问题，甚至是困惑，促使我们不断地总结、思考和创新。笔者带着这些问题和思考，于 2018 年开始到公司基层机构的销售渠道以及总公司办公室轮岗交流学习。在结合了内控体系建设的工作经历，以及在基层机构和办公室的工作经验，同时也参考众多的书籍、资料后，深刻地认识到，要解决内控体系建设中面临的这些问题，必须依靠改革和创新，也逐渐找到了这些问题初步的解决办法，最后形成了以“三个闭环”为核心的内控体系的雏形和框架。

1. “三个闭环”可以解决内控体系建设中的诸多问题。如前所述，在2015年开始的内控体系建设工作中，遇到的问题主要是内控工作效率和效果问题，以及公司整体管理水平高低和各部门的配合度问题。那么如何才能解决这些问题呢？我们认为关键还是向管理要效益，在发展中解决问题。

（1）公司内部控制的水平很大程度上是由其管理水平决定的。就像要盖一座摩天大楼，必须先打好地基，然后才能在一个比较结实的地基上盖好这座摩天大楼一样，一家公司（或者这家公司的一个分支机构、一个部门）的管理水平高低在很大程度上决定了其内部控制质量的好坏，因此只有推动公司整体管理水平的提升，逐步迈向精细化管理（甚至达到精益管理），夯实内部控制的基础，其内控体系才能更加健全，否则内控体系建设面临的一些困难和问题将很难得到根本性的解决。

（2）如何夯实内部控制的基础。那么如何夯实内部控制的基础呢？经过不断的探索和实践，我们认为“内部控制的基础是制度，制度管理的抓手是流程，流程管理的关键在于标准化、表单化和信息化”。具体如图1所示。

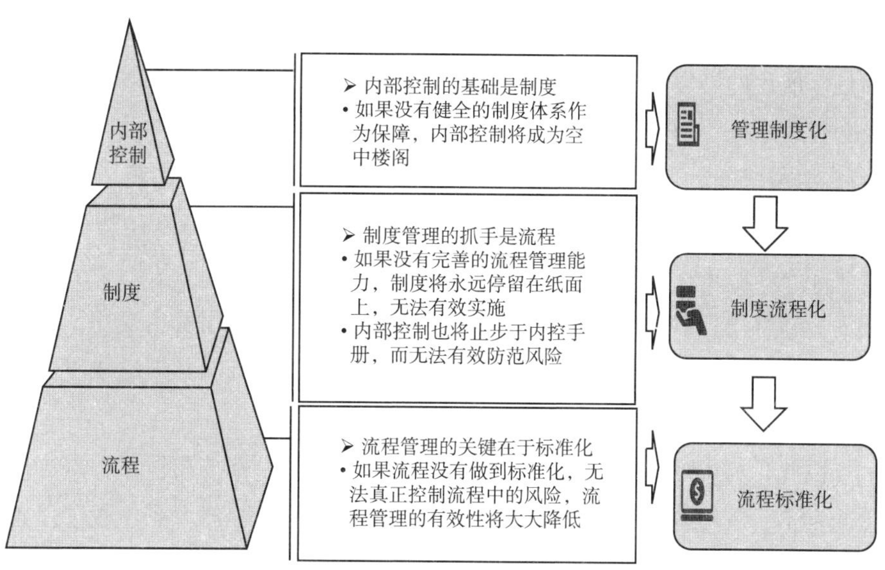

图1　内部控制、制度、流程的关系

首先，公司各项内控措施都需要公司制度作为保障，而如果没有健全的制度体系作为保障，各项内控措施将成为空中楼阁，无法有效实施 。

其次，如果没有完善的流程管理能力，公司的各项制度将永远停留在纸面上，无法有效实施，内部控制也将止步于内控手册和各项规章制度，而无法有效防范风险。因为，“写在纸上的制度是给人看的，讲在嘴上的制度是给人听的”，只有落实在流程里的制度才是最可靠的、能够执行的。

最后，如果流程没有做到标准化，同样的工作流程不同工作人员的产出不同，也就无法真正控制流程中的风险，流程管理的有效性将大大降低。因此，流程管理的关键在于标准化、表单化和信息化，这样才能确保每一项流程产出结果的一致性，并保持较高的效率。其中，标准化指的是操作的统一化、规范化和专业化，即操作流程都是按照统一、规范和专业的操作流程和标准进行的，以确保工作结果的高质量和高效率。表单化指的是一方面标准操作流程都有清晰的清单（list），准确地说明了什么岗位在什么时间应该做哪些工作；另一方面在具体操作中，很多工作已经形成了标准的工作模板和表格，基层操作人员只要会填表格、会用模板，就基本能够胜任工作，其实质是标准化基础上的工具化及简单化。而信息化指的是标准化的操作流程和表格、模板，能够通过信息化手段，内嵌进各项业务管理系统、财务管理系统，不仅能够从“人控”转变为“机控”，有效控制操作风险，而且能够通过信息化最大限度地提高工作效率。

正如海恩法则所说的那样，每一起严重事故的背后，必然有 29 次轻微事故和 300 起未遂先兆，以及 1 000 起事故隐患。虽然这一法则中的具体数据会随着飞行器的安全系数增加和飞行器的总量变化而发生变化，但是这一法则说明了事故的发生是一个时间和量的累积，所以必须注重事故隐患的处理，才能最终避免事故的发生。

因此，如果要建立一个比较健全的风险管理和内部控制体系，减少风险的发生，就必须从第一道防线业务部门的制度流程管理入手，通过“管理制度化、制度流程化、流程标准化”，完善第一道防线业务部门的制度流程管理体系，企业的风险管理和内部控制体系才能更加健全。否则，如同海恩法则揭示的一样，如果不去排除这些隐藏在日常经营管理中的风险隐患的话，一些重大风险和内控缺陷也将无法避免。

（3）推动业务部门建立完善的制度管理的闭环（“第一个闭环”），夯实内部控制的基础。但是如何才能实现“管理制度化、制度流程化，流程标准化”呢？只有推动业务部门建立完善的制度管理的闭环（“第一个闭环”），在第一道防线业务部门建立涵盖制度流程的制定、执行、检查、考核和持续改善在内的完善的制度管理体系，形成内控体系建设的第一个闭环，才能逐步实现管理制度化、制度流程化，流程标准化，也才能夯实内部控制的基础，从而达到在提升管理水平的基础上，控制经营风险的目的。

（4）建立第二和第三个闭环，以提高内控工作效率。同时，在建立第一个闭环的基础上，还需建立涵盖第一道防线业务部门和第二、第三道防线部门的第二和第三个闭环，才能整合资源，提高效率，才能有效降低内控体系建设的成本。

（5）通过建立“三个闭环”解决内控体系建设中的问题。如前所述，内控体系建设中存在的主要难点在于内控体系的基础不牢、成本较高和业务部门动力不足等问题。而通过建立内控体系的“三个闭环”，虽然需花费更多的成本，但可以为业务部门带来较大管理效率和效果的提升，甚至经营业绩的增长，充分激发业务部门的工作动力，由“要我做”转变为“我要做”，能够通过管理效率和效果的提升，夯实内部控制基础，也能通过管理提升带来的经济效益抵消各项管理成本和内控体系建设的成本，从而解决内控体系建设中的主要问题。

反之，就像我们无法在一片松软的沙地上盖起摩天大楼一样，我们无法在一家基础管理薄弱的公司建立起一个较为完善的内控体系，如果不能夯实内控体系的基础，整个公司管理水平没有大幅度提升的话，建立一个较为完善的内控体系几乎是不可能完成的任务。

2. “三个闭环”体现了内部控制中最本质的核心。为何“三个闭环”可以解决内部控制工作中的一些问题，是因为“三个闭环”体现了内部控制或者说是控制论中最本质的核心——反馈原理的应用。“三个闭环”中的每一个闭环都是控制论中的闭环控制，都能够对被控对象进行相对有效的控制（有关控制论及闭环控制的详细介绍请见本章第四部分）。

（二）“三个闭环”的主要内容

1. 建立第一道防线业务部门完善的制度流程管理闭环（第一个闭环），如图2所示。

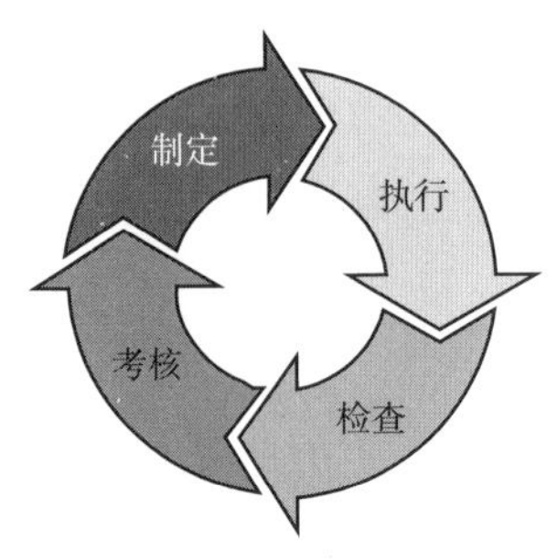

图2 第一个闭环

所谓第一个闭环就是要在第一道防线业务部门建立包括制度制定、执行、检查、考核及持续改善在内的一个完整的制度流程管理的闭环。因为公司经营管理和内部控制的基础在于制度流程体系的建设，而制度流程体系建设的关键在于第一道防线的业务部门是否实现**“管理制度化，制度流程化，流程标准化”**。因此，第一道防线业务部门如何建立完善的制度流程管理体系既是公司管理和内部控制的基础，也是其核心要素。

第一，制度管理是内部控制体系的基础，公司各项内部控制措施，最终必须形成各种制度，必须以制度的方式固化下来，才能确保各种控制措施得到执行。如果没有一系列完整、健全的规章制度，公司管理将无的放矢，各项控制措施就无法得到有效执行。

第二，如果仅仅是制定了一套比较完善的规章制度，但是没有将制度内嵌到操作流程的各个关键环节，没有配套的、简单实用的操作手册和业务培训，以及信息系统的支持，各项规章制度很可能就只停留在纸面上，不能得到有效地执行。

第三，如果有了完善的规章制度，并且将制度要求形成了标准化的操作流程，但是没有一套健全的检查和监控体系，就无法知晓各项制度和标准操作流程是否得到有效执行。

第四，虽然有了完善的规章制度，并且形成了标准化的操作流程，也有一套健全的检查和监控体系，但是对于各项工作结果是否达到了规章制度和标准流程的要求，是否达到了管理的目标，没有和绩效考核挂钩，甚至违规行为没有相应的责任追究，那么任何制度流程还是不能得到有效地执行。

第五，如果能够建立完善的规章制度和标准化的操作流程，也有健全的检查、监控和绩效考核体系，那么制度流程管理体系就基本完善了，但这只是一个静态的制度流程管理体系。如果不对检查和监控中发现的问题不断进行总结、复盘①和改善，不对制度流程进行持续优化的话，制度流程就不能与时俱进，不能适应业务发展的变化。而只有在制度流程的制定、执行、检查、考核基础上，针对制度流程中的设计缺陷、执行偏差、信息系统、运营效率进行持续的改善和提高，才是一个动态的、有生命力的制度流程体系，也才是一个真正完善的制度流程管理体系。

因此，第一道防线的业务部门应建立涵盖制度的制定、执行、检查、考核和持续改善在内的完善的制度管理体系，形成内控体系建设的第一个闭环，才能做到精细化管理，也才能夯实内部控制的基础，从而达到在提升管理水平的基础上，控制经营风险的目的。

内控体系建设中第一个闭环的作用，一是由于业务部门实现了精细化管理，制度流程管理体系日趋完善，夯实了内部控制的基础，从源头上控制了风险，很多内控问题才能从根本上解决。二是业务部门的经营管理水平有着极大的提升，从而促进了业务的发展和经营效率的提升，产生了一定的经济效益，进而抵销了因内部控制和精细化管理而带来相应管理成本的提高。

反之，如果没有形成内控体系的第一个闭环，没有做到“管理制度化、制度流程化、流程标准化”，或者制度停留在纸面上，没有落实到流程中；或者缺少相应的检查和考核，或者缺少对制度流程的持续改善，第一道防线业务部门的管理有缺陷和不足的话，不仅将导致各类风险的发

---

① “复盘”原是围棋术语，本意是对弈者下完一盘棋之后，重新在棋盘上把对弈过程“摆”一遍，看看哪些地方下得好，哪些下得不好，哪些地方可以有不同甚至是更好的下法，等等。在企业管理中，复盘指的是从过去的经验、实际工作中进行学习，帮助管理者有效地总结经验、提升能力、实现绩效的改善。

生，也将影响业务部门最终的经营业绩和经营效率。

2. 建立第二、第三道防线部门之间相关工作的闭环（第二个闭环），如图3所示。

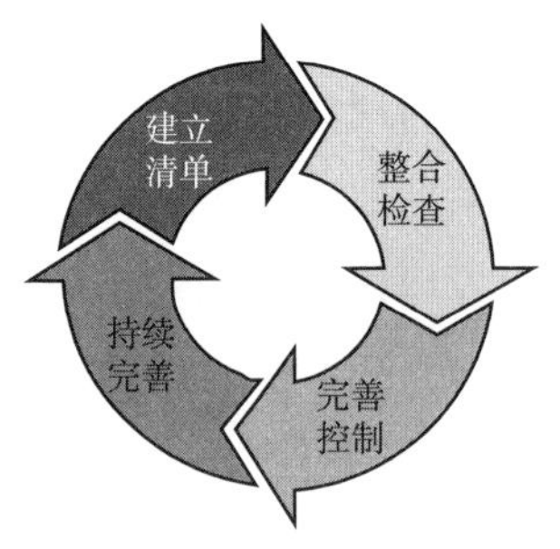

图3　第二个闭环

所谓第二个闭环就是以统一的风险控制清单（或风险控制矩阵）为基础，整合内控管理、合规管理、风险管理及内部审计相关工作，使得第二、第三道防线部门形成合力，避免其各自为战，也避免相关检查、审计出现重复和遗漏。

因为，风险管理、内控管理、合规管理和内部审计都是以风险为导向的，同时也都是以关键控制措施为抓手来控制相关风险的。而统一的风险控制清单列示了公司主要风险点及控制点，应充分发挥其在第二、第三道防线工作中的基础性作用，以统一的风险控制清单为基础，整合第二、第三道防线中内控管理、合规管理、风险管理和内部审计资源，形成第二个闭环，才能避免第二、第三道防线出现各自为战、不太协调的问题。

具体来说，**一是**要由承担内控和风险管理的职能部门及各业务部门一同建立公司统一的风险控制清单，风险控制清单应包括主要业务流程中的重要风险点及关键控制点。风险控制清单可以内部控制手册或其中的风险控制矩阵等形式展现，只要其包含必要的风险点及控制点等关键要素即可，也可以根据实际情况添加一些必要的字段，如涉及的部门和岗位、控制频率、人工控制/系统控制等，读者可以参考一些内部控制和风险管理的书籍等资料，参照企业的实际情况进行设计。**二是**需要以风险控制清单为基础整合各项内控管理、合规管理、风险管理和内部审计部门的各类检查、测试、排查及审计工作。以保险公司销售误导风险为例，内控合规部门开展的合规检查、内控有效性测试，风险管理部开展的风险排查，内审部开展的现场与非现场审计，均是以各业务流程（如保单销售、新单承保、电话回访、品质管理等流程）中相关风险点及控制点为基础展开的，并且能够做到检查方法、抽样比例的相互配合、协调，检查计划和结果也可以充分共享。又如，内控有效性测试和内部审计都是针对相同的风险点和控制点进行的，而且在抽样标准和底稿留存上都进行了标准化，在确保较高工作质量的情况下，内控自我评估过程中控制有效性测试的结果和测试底稿，可以提供给内审部门参考。内审部门可以在审计计划制订时参考内控有效性测试结果，在非现场审计及现场审计阶段也可以充分利用其结果，一定程度上减少审计抽样检查的工作量。**三是**对于各项检查及审计发现的问题，应该按照业务流程归纳整理后，能够举一反三，进行彻底全面的分析，通过流程优化，加强流程管理能力，以及完善业务部门自查等方式，力争从源头上解决这些问题。**四是**每年根据公司业务发展、各类检查、审计发现问题，不断补充风险控制清单中的风险点及控制点，使之不断完善，与时俱进。

因此，整个第二个闭环是以统一的风险控制清单（如内控手册中的风险控制矩阵）为基础整合了第二、第三道防线部门的各类检查、内部审计、问题整改等工作，形成了对公司风险点及控制点的梳理、检查、整改以及不断完善风险控制清单的过程，即内控手册（风险控制矩阵）的制定、使用和不断完善的闭环。

第二个闭环整合了第二、第三道防线部门的相关工作，其作用主要在于，一是在一定程度上解决了第二、第三道防线各自为战，不相协调的问题。二是使第二、第三道防线部门形成合力，提高了效率、降低了成本。三是通过风险控制清单（风险控制矩阵）的实际应用，在各类检查、审计过程中不断完善风险控制清单中的风险点和控制点。

第二个闭环的基础和关键是风险控制清单，即内控手册中的风险控制矩阵，但是这个基础是不是牢固，关键在于内控手册的编写质量好坏，以及内控手册是如何应用的。而第二个闭环的作用除了整合第二、第三道防线部门的工作，使之更有效率之外，还能够通过内控手册的制定、使用和不断完善的循环，不断提高内控手册内容的质量。

此外，为促进第二个闭环的形成，还应建立部门间定期沟通及交流轮岗机制。内控合规部门、风险管理部门及内审部门应建立定期沟通机制，就每月或每季度各自工作进行沟通交流，一方面可以相互了解彼此的工作计划和成果，避免工作中存在重复和遗漏；另一方面也可以相互切磋和交流，共同提高业务能力。同时，也可选派各部门优秀的业务骨干采用短期交流，或者共同参与合规检查、风险排查和审计项目的方式，相互了解、相互促进、相互提高。

3. 建立连接前两个闭环之间的第三个闭环，如图 4 所示。第一个闭环整合了第一道防线业务部门制度的制定、执行、检查、考核和持续改善等工作，第二个闭环整合了第二、第三道防线部门的各类检查、内部审计、问题整改等工作，而如果第一个闭环和第二个闭环之间是相互割裂、没有联系的话，这两个闭环均不能起到应有的作用。因此，需要建立第三个闭环连接第一道防线业务部门与第二、第三道防线部门之间的相关工作。

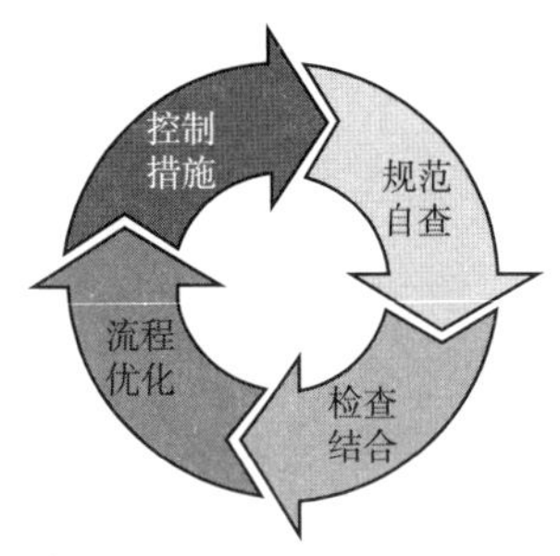

图 4　第三个闭环

第一，风险控制矩阵（风险控制清单）中的控制点来源于第一道防线业务部门的制度流程中，同时第一道防线业务部门需要将风险控制矩阵中的关键控制措施融入规章制度和操作流程中，才能有效控制风险。第二，应将第一道防线业务部门的各类业务自查、绩效考核和第二、第三道防线部门各类检查、审计工作充分结合。各部门应在第二、第三道防线部门的指导下，对各项业务自查中的检查方法、抽样方法、底稿留存、自查报告等内容进行规范，逐步建立一套依托统一的风险控制清单、过程可控、方法科学的业务自查体系，才能确保第一个闭环中业务自查的可靠性，同时也才能将业务部门自查和内审、内控、合规检查、风险排查等工作充分的整合，相互利用，逐渐提高效率。第三，应将所有风险排查、合规检查、内部审计发现的问题，放到操作流程中去看，对发现的问题进行彻底全面的分析，通过流程优化加强流程管理能力，才能从根本上解决“屡查屡犯、屡犯屡查”的问题。

为什么要建设第三个闭环？因为我们在2015~2017年内控体系建设项目开展过程中认识到，一个完善的内控体系必须解决内控工作和业务部门日常工作“两张皮”的问题。

（1）解决内控手册和业务部门实务操作“两张皮”的问题，不能是“你写你的，我干我的”，内控工作和业务部门实际工作各干各的，始终无法真正协同。在内控手册编写及推广应用过程中，我们遇到过两种截然不同的讲法，一种是“内控手册无用论”，认为实际工作中已经有了业务流程的操作手册，内控手册没有什么价值；另一种是“内控手册万能论”，时时处处都要提内控手册，认为基层操作人员需要经常查看内控手册。认可第一种讲法的人以业务部门居多，认可第二种讲法的以内控、合规、风险管理部门居多。我们认为内控手册和业务部门操作手册应该是各司其职，各有各的用处，而要建立第三个闭环，做好第一道防线业务部门和第二、第三道防线部门的衔接，必须要恰当理解内控手册和业务操作手册各自的作用。

我们认为业务部门根据制度流程制定的业务操作手册是指导基层工作人员日常工作的，内控部门牵头编写的内控手册主要是提供给第一道防线业务部门和第二、第三道防线部门进行风险分析和检查、审计时使用的。业务部门基层工作人员实际工作主要是依据规章制度和操作手册，而以内控手册为辅；第二、第三道防线部门工作可以内控手册为主，以业务操作手册为辅，如内控、内审部门在对业务操作流程不甚了解的情况下可以参阅操作手册。而对于第一防线部门的管理人员来说，这两个手册就都需要应用，作为管理者需要根据规章制度的规定，组织编写操作手册和开发信息系统，在制定规章制度、编写操作手册和开发信息系统时，一定要考虑到内控手册中的风险点，并将内控手册中的关键控制措施融入操作流程和信息系统的系统控制中；同时应将内控手册作为一项管理工具，帮助其梳理风险点和控制点，并且在日常业务自查等工作中做参考。

因此，内控手册是来源于业务操作手册的，业务操作手册中规定了工作流程的具体步骤和程序，这些工作流程为何需要这样设计，有一部分是预防风险的控制措施，所以从风险管理和内部控制的角度设置了这些操作流程，内控手册就是通过将这些控制措施及其控制的风险进行梳理而形成的。故而如果业务部门的制度流程和操作手册存在问题的话，内控手册中的风险点和控制点是不可能完善的，一定会存在质量问题。但是内控手册的风险控制矩阵中风险点及控制点是无法穷尽的，而且也没有必要事无巨细地进行识别和记录，只需要记录一些重要的风险点和控制措施即可，剩余的内容可在业务操作手册中进行规范。此外，还要建立内控手册和制度流程同步更新的机制，避免出现内控手册长时间不更新的问题。

同时，不仅仅是内控手册，各项监管规定和公司的管理要求，最终均需要落实到操作流程以及基层工作人员经常使用的操作手册和信息系统中，才能有效落实。例如，某家公司可能建立了 ISO 标准化体系、内部控制、风险管理、业务持续性管理（BCM）、HSE 管理体系（环境、健康、安全）、安全生产等管理体系，同时编写了多种管理文件、手册等。面对如此众多的管理体系，最终必须把这些管理理念和具体要求落实到一套统一的业务操作流程中，通过流程实现对各种管理体系的集成，形成一套统一的对实际业务运作的描述和指导，“能够让具体干活的人知道怎么干活”。否则这些管理体系和为此编写的精美的文档、手册不仅将被束之高阁，还会出现这些文件和实际业务操作“两张皮”的问题。

此外，对于金融业风险管理和内部控制来说，监管部门发布的有关风险管理和内部控制的监管规定，一部分是依据美国 COSO 框架制定的，另一部分是来源于《巴塞尔协议》（适用于商业银行）和偿付能力监管规则的（适用于保险行业）。商业银行和保险公司在实务工作中要同时满足不同体系之间的各项要求，如果没有找到一个恰当的结合点，是非常容易产生混乱的。而所有这些监管要求的结合点就是业务流程，只有将所有管理体系的要求有效地融入业务操作流程和信息系统中，才是最佳的和最有效的管理模式。

（2）要将第一道防线部门各项自查与第二、第三道防线部门检查和审计密切联系起来。之所以要将这些检查联系起来，是为了解决以下两个问题。

首先，要解决第二、第三道防线部门力量有限，检查覆盖面和检查时效均不足的问题。以保险行业为例，监管规定保险公司的内审部门人数不得少于4‰，就是说用4个人来监督其余996人（此外还包括数以百万计的保险代理人），从人数来说显然是捉襟见肘的。同时，每家保险公司均有众多的分支机构，由于内审人数有限，很少有公司可以做到对省级分公司年度审计全覆盖，即使能够做到年度全覆盖，对每家省级分公司的审计时间也较短，很多问题未必能够发现，即使发现了，可能也是一年后审计时才发现，时效性不佳。同时，内控、合规、风险管理部门均面临同样的问题。这就需要使第二、第三道防线部门与第一道防线业务部门建立紧密联系的第三个闭环，业务部门的各项自查和第二、第三道防线部门检查和审计相互配合，才能在一定程度上解决这类问题。

其次，要提升业务部门自查的专业性和可靠性。但是要想让三道防线部门各自的检查和审计相互配合衔接，就必须要解决业务部门各类自查中存在的不专业，甚至走过场的问题，就必须对业务部门的各类自查进行规范化和标准化，建立科学严谨、过程可追溯、可复核的自查体系。业务部门的自查也应该是以统一的风险控制矩阵为基础，由第二、第三道防线部门提供专业培训，并在其指导下建立完善的自查体系。

例如，一般来说控制有效性测试中针对关键控制措施进行抽样检查的样本量为25个，如果发现一个问题样本，则再补充抽样15个（共40个）。这种抽样方法的统计学意义为，至少有90%的把握（置信区间）使这一控制措施在实际执行时的误差不超10%。这种抽样方法对于外部审计师来说，在有限的审计时间和人力情况下，可能在一定程度上能够满足其审计目的。但是对于一家企业的内部控制和风险管理来说，只有90%的把握其规章制度未能有效实施的比例不超过10%，是远远不够的，同样这对任何一家企业和一个部门的管理者来说都是不能接受的。因此，为了实现其管理目标，一些部门会通过对基层机构和操作人员的工作质量进行一些自查、质检，以及KPI考核指标来进行管理。例如，保险公司运营、客服部门一般每天都会对电话回访、核保、理赔等工作人员的工作质量进行质检，并且纳入其KPI考核指标中。这些业务部门每天都在进行自查和质检的内容很多也是针对内控手册中的关键控制措施进行的，而其样本量和检查频率也是远远高于内控有效性测试和内部审计的。因此，在确保业务部门自查的专业性和规范化、标准化的前提下，完全是可以被第二、第三道防线利用的。同时，由于建立了相对完善的业务自查体系，今后在进行各项监管部门要求的各类检查时，完全可以应用之前的自查结果，以提高监管要求的各类检查的工作效率和效果。

（3）对于内控缺陷以及一些“屡查屡犯、屡犯屡查”的问题必须通过第三个闭环将各类内控、合规、风险管理检查以及内部审计发现的问题，放到业务操作流程中去看，通过流程优化等方法，才能从根本上予以解决和改善。

一些公司之所以产生“屡查屡犯、屡犯屡查”的深层次原因，一是这些公司第一道防线业务部门的流程管理能力不足，远未达到精细化管理的程度，由于日常管理不到位，因此导致操作风险和内控缺陷的发生。二是这些公司重检查，轻预防。在依靠第二、第三道防线部门加大检查和处罚力度的同时，对风险的预防和疏导重视不够，导致过多依靠事后检查和处罚，而第一道防线业务部门日常管理能力没有大幅提升，没有从根本上预防风险的发生，因此导致“屡查屡犯、屡犯屡查”。三是这些公司重制度和报告，轻流程和落实。这些公司大多在一定程度上存在制度发文较多，但制度中的一些要求未能落实到操作流程中，导致制度停留在纸面上，始终无法真正落实，实际效果非常有限，因此导致“屡查屡犯、屡犯屡查”。

所以要解决“屡查屡犯、屡犯屡查”的问题，必须通过第三个闭环，将这些问题放到流程中来看，通过提升第一道防线业务部门管理能力，才能从根本上予以解决。例如，在六西格玛管理法以及丰田生产方式等方法中均有一些针对产品质量问题的解决办法，如鱼骨图、丰田公司 5Why 工作法、福特公司 8Disciplines 等，都需要对这些问题的根源进行彻底的分析，放到具体的流程中来看，从根本上解决这些问题。

我们在实际工作中可以将内控缺陷、内审发现问题等大致分为三类，第一类是孤立的、一次性的、偶然的问题，这类问题不具有可重复性，只要采取适当补救措施或责任追究即可。第二类是一些共性的问题，如在北京分公司发现的问题，可能在山东分公司、广东分公司也存在，这些问题不是孤立的，是共性的，需要分析其产生的根源，考虑从流程上是否能够统一解决，而不能够只解决表面问题，头疼医头、脚疼医脚，要从根本上彻底解决。例如：某企业省级分公司下辖地市级分支机构负责人时常变动，但是其营业执照并未及时更新。对于这一问题的整改，不仅需要要求该分公司进行营业执照的变更，同时需要分析未及时变更的原因。如果其原因是负责营业执照变更的工作人员并不知道这种情况需要进行变更，或者是其没有获得下辖机构负责人变动的信息等，那么这一问题进一步整改措施就应该包括：一是要求总公司人力资源部在分支机构负责人离任（离职或岗位调动）需处理的事项清单中增加一项，通知某某部门变更营业执照信息；二是在负责营业执照变更的部门的业务操作手册及自查表中，明确需变更营业执照的情形及获取相关信息的部门，并每年进行自查。又如，一家公司产品停售后，公司官网上已停售产品的介绍并未及时删除，或者包含停售产品的宣传资料依然对外发放。那么针对这一问题的整改措施，除了删除官网上的介绍并收回宣传材料外，还需要修改产品停售流程，要求在产品停售流程中增加检查官网内容并收回相关宣传材料，这样才能避免今后出现类似问题。第三类不仅是共性问题，而且是持续存在、基本上不可能完全避免的问题，这就需要业务部门在日常工作中定期监控，并设定阶段目标，逐步改善提高。例如，监管部门规定寿险公司销售的大多数保险产品，需要在规定时间内对客户100%进行回访，但实际工作中，由于各种原因，很难做到100%在规定时间内回访。所以，在类似问题整改过程中，第一步需要对未能完成回访的原因进行分析，提出有针对性的解决办法；第二步需要分阶段设定切实可行的改善目标，逐步加以改善；第三步需要建立或完善定期监控的机制，对其进行持续监控，了解该指标是否达到改善目标，是逐渐改善还是逐渐下降。只要其达到分阶段的改善目标，并且是在逐渐改善过程中，就完成了问题的整改。同样，保险公司销售误导等“屡查屡犯、屡犯屡查”的问题，也是不可能在短期内彻底解决的，就需要采用这类方法予以逐步改善。

因此，对于“屡查屡犯、屡犯屡查”的问题，包括上述第二、第三类问题，需要进行恰当的分类，并采用有针对性的方法，才能予以解决。这些问题的改善，必须在恰当分类的基础上，分析其根源，实事求是，从流程的角度予以根本解决。这就需要第一道防线业务部门与第二、第三道防线部门密切配合，形成第三个闭环，将发现的问题融入业务部门日常经营管理中和流程管控中，才能真正得到落实和改善。否则，可能出现一些公司片面追求“整改完成率”，不能实事求是地对全部内控、内审等部门发现的问题进行恰当分类，限期完成整改。最终导致基层机构和工作人员，为了达成所谓“整改完成率”，制定了很多容易完成的，甚至和问题的真正改善相关性不大的改善计划（action plan），以便顺利完成这些改善计划，达到所谓的完成整改，最终形成“屡查屡犯、屡犯屡查”的循环。

同样，针对这三类问题，第二、第三道防线部门也应该分别发挥作用。对于第一类孤立的问题，只需要看其是否进行补救，或者责任追究即可。对于第二类问题，需要举一反三，对于一家或者几家分公司发现的问题，要能够举一反三，了解是否是共性问题，可以要求总公司相关业务部门配合检查是否全国各机构都存在类似问题，其根源是什么，是否可以通过流程优化、系统控制等统一解决。而对于第三类问题，主要是监督检查相关内控措施是否有效执行，这些问题是否在逐渐改善，还是日趋严峻，是否达到了阶段性改善目标，这些改善目标的制定是否合理、是否有可操作性等。而如果仅仅在年度审计和各类检查中发现几个销售误导或者商业贿赂的个案，将之写进审计报告和检查报告，并要求业务部门进行整改的话，最终还是会形成“屡查屡犯、屡犯屡查”的循环。

所以，第三个闭环的主要作用，一是连接了前两个闭环，使得三道防线各部门密切配合，形成合力。二是因为各部门密切配合，不仅极大地提高了工作效率，同时也能够保证良好的工作效果。三是因为将各类检查、内审发现的问题放到流程中去看，从根本上解决“屡查屡犯、屡犯屡查”等问题。

因此，只有通过逐步建立起涵盖第一道防线和第二、第三道防线的“三个闭环”，才能建立较为完善的内部控制体系。反之，如果没有形成第一个闭环，第一道防线业务部门的制度流程基础不扎实的话，公司的内部控制和风险管理体系均是不可能健全的；如果没有形成第二个闭环，或者闭环中有断点的话，内控管理、合规管理、风险管理、内部审计相关工作不能以风险为导向，不能有的放矢，也不能整合资源，提高效率；如果没有形成第三个闭环的话，前两个闭环就不能紧密联系，就不能发挥各自应有的作用。

四、“三个闭环”的理论基础

我们在开展内控体系建设之初就开始认真思考 COSO 模型及其五要素是否是内部控制的全部？为何大家会感觉在实际工作中 COSO 模型并不好应用？企业内部控制最本质、最核心的到底是什么？等等。

> 正如在科学的发展上可以得到最大收获的领域是各种已经建立起来的部门之间的被忽视的无人区……正是这些科学的边缘区域，给有修养的研究者提供了最丰富的机会。[①]
>
> ——诺伯特·维纳（Norbert. Wiener）

控制论的创始人维纳认为，现代科学的发展，一方面使科学日益成为专家们在愈来愈窄的领域内进行着的事业，另一方面又出现了互相交叉的边缘地带。这些边缘区域需要科学的综合研究。他认为，在这块科学的处女地上去作适当勘查和耕耘的工作，只能由一批既是其自己领域的专家，又对与其邻近的领域有着十分正确和熟练知识的专家来担任。“数学家不需要有领导一个生理学实验的本领，但却需要有了解一个生理学实验、批判一个实验和建议别人去进行一个实验的本领。生理学家不需要有证明某一个数学定理的本领，但是必须能够了解数学定理中的生理学意义，能够告诉数学家他应当去寻找什么东西。”

因此，我们自 2014 年开始着手开展内控体系建设工作时，就逐步开始学习控制论、系统论、信息论以及内部控制、流程管理、项目管理、全面质量管理等众多自然科学以及制造业先进的理论和实践经验。我们始终认为任何学科发展和创新都离不开对一些基础学科和哲学，以及其他先进经验的研究。而对企业内部控制来说，更深层次的研究对象是控制论、系统论和信息论，以及管理学中的一些基本原理，同时制造业的全面质量管理、精益管理、流程管理、六西格玛等理论，在指导内部控制理论体系的

---

① ［美］诺伯特·维纳：《控制论（或关于在动物和机器中控制和通信的科学）》，科学出版社 1961 年版。

建立和实践中，都有着极其重要的参考价值。随着公司内控体系建设项目的推进，我们在实践中也逐步积累了一些经验，也有机会将各种理论知识拿到实践中来检验，就愈发地认识到控制论、系统论、信息论，以及全面质量管理等理论，在内部控制工作中的巨大价值。也可以说，我们的内部控制系统建设项目，以及后期形成的“三个闭环”理论框架是站在这些“巨人”和“前辈”的肩膀上的。

本章将结合我们在实际工作中的思考与探索，对这些值得探讨的理论问题进行初步的介绍和阐述。

（一）控制论、系统论和信息论

企业内部控制从本质上说应该遵循控制论、系统论、信息论的相关原理，因此有必要对其基本原理以及如何在企业内部控制和风险管理中应用进行研究。笔者在 2014 年开始准备内控体系建设时，在对比了以美国 COSO 模型为代表的各类有关企业内部控制理论与控制论后，认为企业内部控制的本质和核心应该是控制论中反馈原理（闭环控制）的应用，而 COSO 内部控制模型中的五要素及核心原则或者其后企业风险管理（ERM）中的八要素（及 2017 年新版 ERM 的五要素和 20 项原则）并没有论述这一本质和核心，因此在内部控制及风险管理的实践当中均有一定的局限性。

2015 年至今，我们在内控实务工作中，始终按照控制论中的反馈原理开展工作，积累了一些反馈原理在实际工作如何应用的宝贵经验，并且日益深刻地体会到以反馈原理为代表的控制论及系统论等理论中的相关原理在实践中的价值。“三个闭环”即是依据反馈原理等控制论、系统论等相关理论而设计的，并在实践中取得了一定的效果。因此本章将对控制论中反馈原理和系统论、信息论中的一些基本原理，及其在企业内部控制中的应用进行简要介绍，有兴趣的读者可以对此进行进一步的研究。

1. 控制论（cybernetics）是研究生命体、机器和组织内部或彼此之间的控制和通信的科学。控制论通过信息和反馈建立了工程技术和生命科学以及社会科学之间的联系，并且派生出了工程控制论、经济控制论、社会控制论等，可见控制论不仅在工程技术领域，同时在人们生产、生活的各个领域都有着广泛的用途。但其在企业管理，特别是企业风险管理和内部控制中的应用，目前并不十分广泛和深入。“三个闭环”的设想即是引入了控制论、系统论等相关理论而设计的，也是我们在企业内部控制中如何应用控制论、系统论等相关理论的有益尝试。

（1）反馈原理和闭环控制系统。反馈原理是控制论的重要内容，是指将系统的实际输出与期望输出或控制输入函数进行比较并用其差值来调整和操纵系统。具体如图 5 所示。

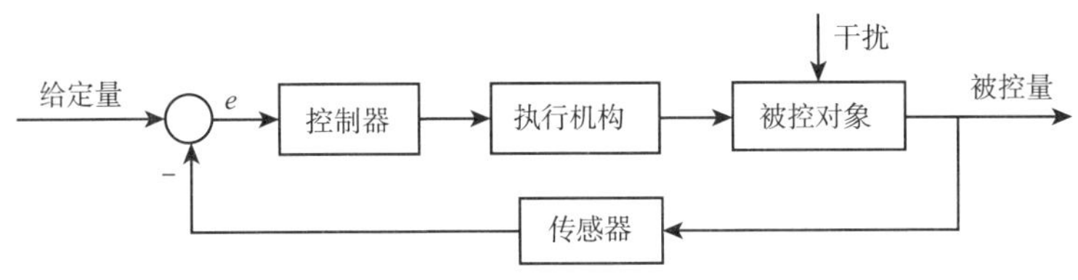

图 5　反馈控制示意

早在公元 1788 年前后，瓦特在蒸汽机中使用了离心调速器，这是瓦特改进蒸汽机的一个重要标志，加快了工业大生产的进程。蒸汽机中的离心调速器是较早大规模使用的自动控制系统及反馈系统。具体如图 6 所示。

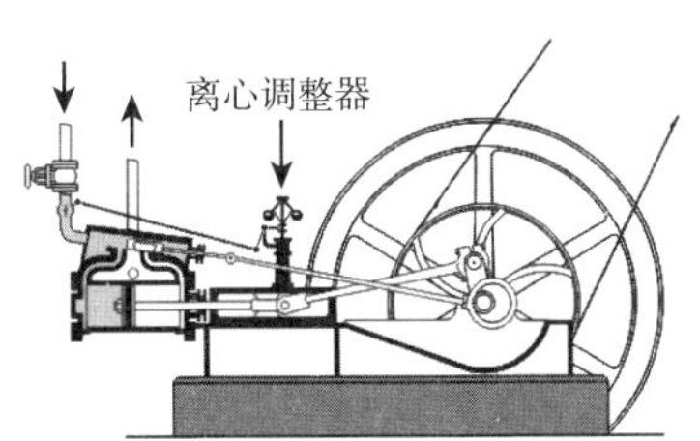

图 6　蒸汽机及离心调速器

反馈是一种趋向目的的行为，其本质在于不断把控制结果与目标作比较，并使得目标差在一次一次控制中慢慢减少，最后达到控制的目的。因此，作为一般的反馈控制系统必定要有两个环节：一是系统一旦出现目标差，便自动出现某种减少目标差的反应。二是减少目标差的调节要一次一次地发挥作用，使得对目标的逼近能积累起来。可见系统正是通过反馈建立了一套“纠偏”的机制，从而有效地实现其控制目标。

同时，控制论认为，当人们的一次控制能力不能达到目的时，可以用反馈来放大控制能力。对于生物界和人类来说，每次控制能力都很有限，因此，在生物界和人类行为中几乎所有的控制过程都运用到反馈原理。

例如，人们在用手拿起桌子上笔的过程中，是用眼睛看一下手和笔的距离和相对位置，然后通过神经系统和肌肉来控制手朝着笔的方向进行运动。在人们拿起笔的过程中，整个控制系统主要由人的眼睛、大脑、神经系统和肌肉组成，眼睛在盯住笔的同时，也注意到手的位置，并把这两者作一个比较。经过比较以后的信号代表手的位置和笔的位置的差距，通常被称为目标差，眼睛接收了目标差的信息，并把它传递到大脑，大脑通过神经系统指挥着肌肉改变手的位置，使手向目标差减小的方向运动，这个控制不断重复进行，就构成了用手抓笔的连续动作。这里最关键的是大脑的决定始终使手的位置向减小目标差的方向改变，就是控制论中的反馈控制。具体如图 7 所示。

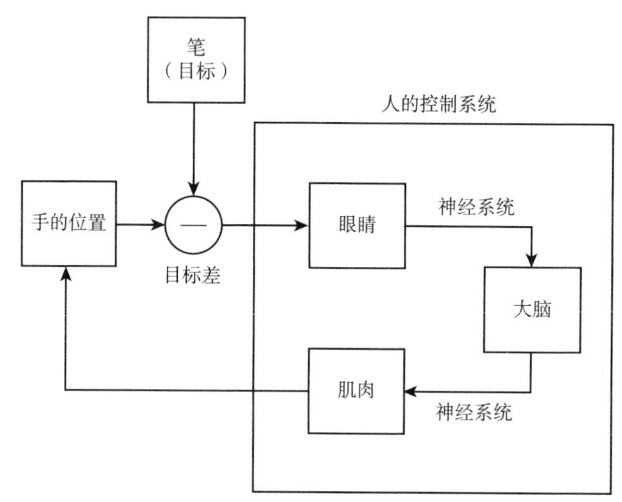

图 7 “手拿笔”反馈控制示意

反馈原理（反馈控制）之所以应用如此广泛，如此有效，就是因为它可以把某种有限的控制能力累积起来，扩大了控制能力。因此，人们用手拿笔的方法，同样也可以被用来控制导弹击中目标。工程师们给导弹安上眼睛——激光制导装置，配上大脑——电子计算机，同时给它一个可以调节飞行轨迹的装置——姿态控制装置。这样导弹就可以向着不断减少目标差的方向运动，直到击中目标。

因为有了反馈，控制系统形成了闭环，即“闭环控制系统”，而缺乏反馈的系统，被称为“开环控制系统”。“闭环控制系统”正是通过反馈建立了一套自我“纠偏”的机制，从而有效地实现控制目标。例如：蒸汽机的转速控制是当时的重要课题之一。没有离心调速器的蒸汽机是很难控制其转速的。最原始的手动控制过程大概是这样的，先观察蒸汽机的转速，一旦转速太低，由人去开大蒸汽的阀门，等到转速足够大时，再关小蒸汽阀门，反之在蒸汽机转速太高时亦然。这种蒸汽机从控制论的角度来看是一种典型的没有反馈的“开环控制系统”。而如果把人和蒸汽机放在一起就构成了一个新的“闭环控制系统”，蒸汽机的转速通过人眼传导到大脑去决定阀门的开度，这个过程就构成了一个反馈控制。具体如图 8 所示。

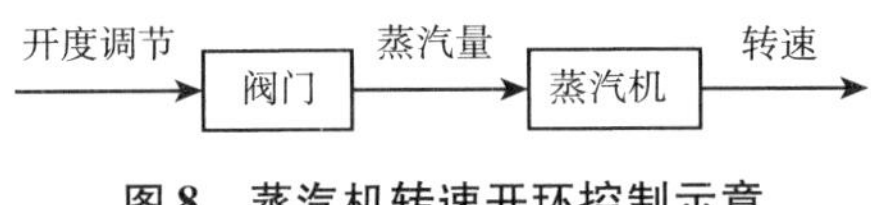

图 8 蒸汽机转速开环控制示意

但是阀门开多少合适需要凭经验去判断，而且一旦负荷改变或者蒸汽压力变化，这种调整又要重新进行。因此，这种对转速的控制，不仅准确性很低，而且效率不高。转速控制实际上是动力机械推广应用的关键技术之一，而瓦特在对蒸汽机的一系列改进中，在蒸汽机中加装了离心调速器，较好地解决了这一问题。离心调速器的原理是利用弹簧弹力（或重力）和离心力的平衡来测量转速，转速越高离心力越大，小球将会升高，而转速越低，小球在重力和弹簧的作用下将会下降。小球的上升和下降将带动连杆调节阀门，形成有效的闭环控制。由于有了离心调速器，蒸汽机的转速更加稳定了，因此离心调速器的使用成为自动控制的一个里程碑。具体如图 9 和图 10 所示。

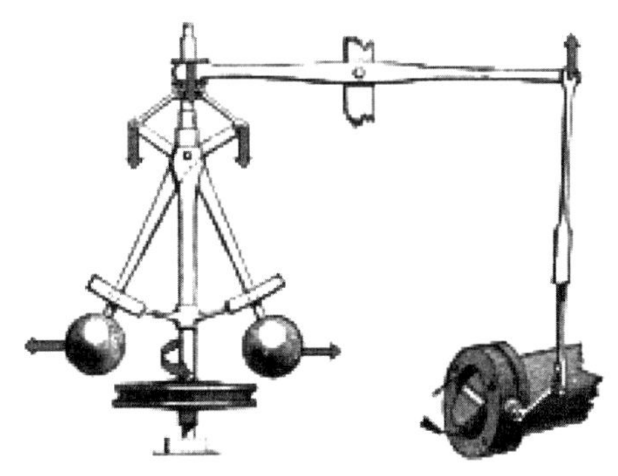

图 9 离心调速器示意

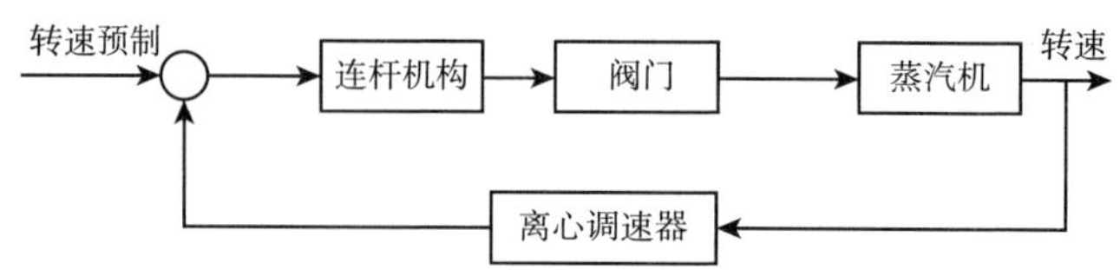

图 10 蒸汽机转速闭环控制示意

基于反馈原理，在控制能力不足的情况下，可以通过闭环控制系统将有限的控制能力不断进行累积，最终达到控制目标。由于闭环控制系统通过反馈形成了一套自我“纠偏”的机制，因此闭环控制系统的控制效果比开环控制系统要好。例如，导弹由于存在制导系统，可形成一个闭环控制系统，而炮弹由于没有制导系统，发射之后无法调整姿态，是一个开环控制系统，因此导弹的精度远远高于炮弹。

同理，在企业内部控制中，最核心和最基本的也应该是反馈原理的应用。“三个闭环”正是反馈原理在企业内部控制中的应用，由于其形成了相对有效的闭环控制系统，其控制效果远比开环控制系统要好。例如，“三个闭环”中的第一个闭环是建立一套涵盖制度流程制定、执行、检查、考核和持续改善在内的完善的制度管理体系，因此形成了一个完整的制度管理闭环，可以有效地检验制度制定是否科学合理，是否能够得到良好的执行，如果发现制度流程的设计缺陷或者执行缺陷就立即进行反馈调节，即内控缺陷的整改，或者制度流程的优化，并且通过持续不断重复这一过程，最终达成管理目标并有效控制风险。

反之，如果一家企业的制度被制定了之后，不管该项制度内容是否合理、是否有缺陷，也不管其实际执行情况如何，那么这将是一个典型的制度开环系统，是无法达到有效控制的目的的。因此，也就形成了很多公司的制度始终停留在纸面上，始终无法有效执行。

同时，类似“开环控制系统”的一个蒸汽机，可以通过蒸汽机和人组成一个新的“闭环控制系统”，通过人调节阀门来控制蒸汽机的转速一样，我们也可以在一家企业的第一道防线之外，通过由内控、合规、风险管理以及内审部等部门形成的第二、第三道防线部门，来监督第一道防线的经营管理。但是，类似于通过人来调节蒸汽阀门，对蒸汽机转速控制的准确性和时效性均不佳，通过第二、第三道防线来监督第一道防线时，同样也将面临人力不足、专业能力不如业务部门、审计和检查时效性等问题，不能及时、有效地进行控制。因此，这就类似于一个能够自动控制转速的蒸汽机，只需要由人负责检查包括离心调速器在内的各个零部件是否出现故障，蒸汽机是否能够正常运转，而不再需要亲自去调节蒸汽阀门来控制蒸汽机的转速。第二、第三防线的主要作用应在于确保第一道防线部门形成真正有效的“闭环控制系统”。

（2）“稳态”。“稳态”起源于生理学，是指正常机体通过调节作用，使得各个器官、系统协调活动，共同维持内环境的相对稳定状态。例如：人们在外界环境变化时，可以通过排汗达到散发热量、降低体温的目的，使得体温一直维持在 37 摄氏度左右的一个相对“稳定的状态”。可见需要通过“闭环控制系统”不断地进行反馈调节才能形成稳态。因此，控制论及生理学学者认为反馈和稳态是密切联系的，没有反馈形成的闭环控制，系统（特别是复杂系统）就很难稳定，也不可能进入“稳态”。

而在风险管理领域，虽然尚未有统一的关于风险的定义，但是人们普遍认为风险是一种不确定性，而“稳态”可以被理解为减少不确定性之后，对风险有效控制的一个相对稳定的状态。因此，只有通过“三个闭环”形成有效的“闭环控制系统”，才能有效控制公司经营中的不确定性和风险，从而进入相对“稳定的状态”。

如图 11 至图 13 所示，在进行稳定性分析的时候，有三种比较常见的类型，图 11 是逐渐收敛，并且逐步趋向稳定的，可以理解为通过闭环控制系统，目标差逐渐缩小，逐步达到控制目标，有效控制了风险和不确定性，最终进入“稳态”的过程。图 12 是逐渐发散和不稳定的，可以理解为目标差越来越大，风险和不确定性逐步加大，系统不稳定的情况。图 13 是始终处于震荡的状态，这种情况下，需要先确定控制目标和风险容忍度，如果在风险容忍度和控制目标范围之内，则可认为风险可控，系统仍然是稳定的（也可被称为临界稳定）；如果超过现有风险容忍度，则系统是不稳定的，需要通过闭环控制进行反馈调节，使之逐渐缩小目标差，逐步进入稳定的状态。这就类似于一些“屡查屡犯”的问题，如果超出了风险容忍度，需要通过“三个闭环”形成有效的闭环控制系统，逐步减少类似的问题，最终达到控制目标，进入“稳态”的过程（通过“三个闭环”

逐步将图 13 转化为图 11）。而如果没有形成闭环控制系统，这些“屡查屡犯”的问题始终没有得到解决，也没有逐渐减少，则始终处于不稳定的状态，因此才会陷入“屡查屡犯、屡犯屡查”的怪圈。

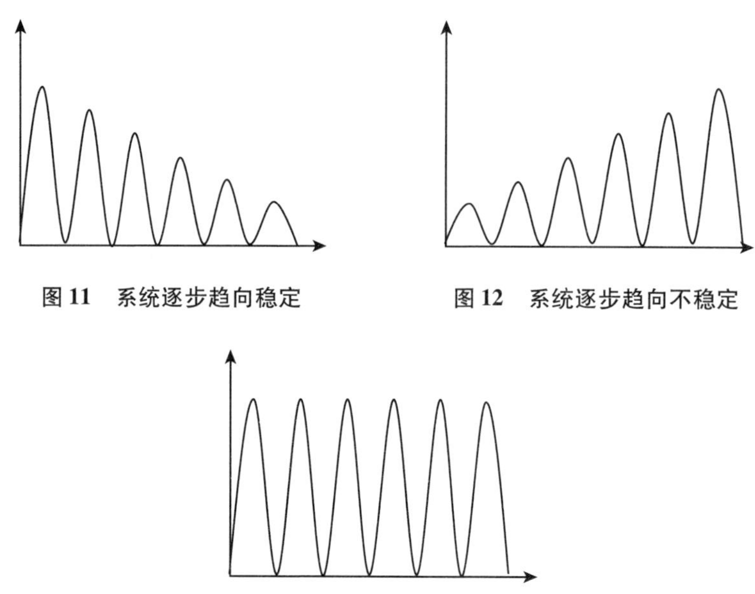

图 11 系统逐步趋向稳定

图 12 系统逐步趋向不稳定

图 13 系统处于临界稳定或不稳定的状态

除了企业风险管理和内部控制之外，控制论中的相关原理同样也可以应用在各个领域。例如，我国在应对新冠肺炎疫情所坚持的“动态清零”总方针，就是通过不断的闭环反馈控制，逐步进入“稳态”的过程。首先，从全国范围来看，某地出现新冠感染病例后，即迅速采取措施尽快实现社会面清零，并且不断重复这一过程，使得全国最终进入“稳态”（类似图 13 中的临界稳定）。其次，从局部来看，在某地出现新冠感染病例后，当地立即采取有效措施，如科学组织多次病毒检测、推动感染者应收尽收、密接人员应隔尽隔，彻底阻断疫情社区传播，尽快实现社会面清零。这一疫情防控的过程，就是通过有效的闭环反馈控制逐步进入“稳态”的过程（类似图 11）。

2. 系统论。“三个闭环”的设想同样也应用到了系统论（或系统科学）中的两个基本原理：一是系统的层次性；二是系统的整体涌现性。

（1）什么是系统。“所谓系统，是由相互制约的各个部分组织成的具有一定功能的整体。一个蒸汽机自动调节器是一个系统，一部自动机器是一个系统，一个生物体是一个系统，一条生产线是个系统，一个企业是个系统……”①

因为系统的各个组成部分有着相互影响，因此我们在处理一些相对复杂的问题时，不能仅仅着眼于局部，一定要坚持进行系统思考，这样才能透过纷繁复杂的表象，发现事物的本质，从而解决问题。例如，内控体系建设项目可以说是一项系统工程，就需要进行系统思考，加强统筹规划，才能顺利开展。同样，对于一些较为复杂的“屡查屡犯”问题，也必须进行系统思考，将各部门、各流程中的情况和问题放在一起进行通盘考虑，才能逐渐解决这些问题。

（2）系统的层次性。系统的层次性是指，对于复杂系统可以细分为不同的子系统，这些子系统又可以分解成更多、更小的子系统。例如，一家公司可以看作一个系统，我们可以把这家公司再细分为不同的部门，这些部门又可以再细分为不同的岗位和人员等。而“三个闭环”中的第三个闭环可以看作是公司层面形成的内部控制的闭环控制系统，第二个闭环是监督体系内（内控、合规、风险管理、内审等部门）的闭环控制系统，第一个闭环是业务部门及流程内的闭环控制系统。同时，还可以在不同的业务板块、业务领域、工作流程、环节、步骤，以及团队、岗位、个人管理中建立各种闭环控制系统。因此，可以把公司分解为不同的子系统，并且在这些子系统中分别建立不同的“闭环控制系统”。由此可见，“三个闭环”其实可以变化为众多个闭环，从而到达有效控制的目的。

（3）系统的整体涌现性。系统的整体涌现性是指，系统的各部分按照系统结构方式相互作用、相互补充、相互制约而激发出来的一种结构效应。可以简单理解为“整体大于部分之和”。例如，一堆汽车零件并不是一辆汽车，但是将各种汽车零件按照其功能进行组装后，由于系统的整体涌现性，这堆汽车零件才能具有汽车的功能。

通过“三个闭环”不仅将第二、第三道防线部门工作进行了有效整合，而且将第一道防线部门之间，以及第一道防线部门及第二、第三道防

---

① 钱学森、宋健：《工程控制论》（修订版），科学出版社 1983 年版。

线部门之间不同的工作进行了整合，避免了各部门各自为战，能够以统一的风险控制清单将各部门相关工作进行有效整合进而发挥巨大的价值。

同样，在内控体系建设第一个闭环的建设中，需要在第一道防线业务部门建立包括制度制定、执行、检查、考核及持续改善的一个完整的制度流程管理的闭环。在第一个闭环中，制度的制定、执行、检查、考核及持续改善等组成部分都是缺一不可的。例如，一家公司如果只是制定了众多的规章制度，制度没有可操作性，或者不去检查制度的执行情况，等等。由于没有形成一个有效的制度管理体系，一些工作是缺失的，或者各项没有建立起紧密的联系，这些都将导致这家公司的制度只能停留在纸面上，无法真正落实，也就无法有效控制风险。

又如，内控手册是“三个闭环”的基础，但是如果只编写了内控手册，而没有好好应用，只是把这些文档放在电脑里和柜子里，内控手册的编写就没有起到其应有的作用。特别是在第二个闭环中，控制有效性测试以及内控缺陷的整改等工作，不仅是内控手册的重要应用，同时也可以通过控制测试和缺陷整改，来逐步完善操作流程和内控手册。

也就是说，内控体系建设过程中的各项工作，包括第一个闭环、第二个闭环以及第三个闭环的各项工作，必须紧密地联系起来，以避免各部门各自为战、各项工作相互割裂，才能实现这一复杂系统（内控体系）应有的功能和目的，也才能体现出“整体大于部分之和”的系统整体涌现性，从而发挥完善的内部控制体系在企业风险管理中的巨大价值。

因此，“三个闭环”是依据控制论及系统论的相关理论建立的，其本质是将公司按照部门、流程、岗位等细分为不同的子系统，依据反馈原理，建立各个子系统内的闭环控制，从而实现管理目标并有效控制风险。

3. 信息论。信息论是一门新兴学科，诞生于20世纪40年代，开始仅局限于通信领域，早期又叫作通信理论。信息论的奠基人是申农（Shannon），申农所创立的信息论（也有学者称其为狭义信息论）是一门应用概率论和数理统计方法研究信息处理和信息传递的科学。它主要研究信息的获取、变换、传输、处理等问题。后来信息论（也可称为广义信息论或信息科学）的一些基本理论已经超越通信领域，逐步推广、运用于其他领域，当然也可以应用到风险管理和企业内部控制领域。

那么什么是信息呢？信息在日常用语中，指的是消息、情报、指令、密码等。信息作为一个科学概念是申农在1948年率先提出的，但是学术界尚没有统一的信息概念和定义。当时申农提出了信息量的概念，他把信息量的公式称作不确定性的度量，信息就是获得信息前后不定性之差。

例如，足球世界杯共有32支球队参赛，32支球队理论上均有获得冠军的可能性。A同事告知，冠军将在进入半决赛的法国、比利时、克罗地亚和英格兰四支队伍中产生，B同事告知冠军是法国队。显然，B同事的信息量更大，也就是在获得信息前后的不确定性之差更大。

同时，申农借鉴了热力学中“熵”的概念，进一步提出了“信息熵”的概念。其计算公式为：

$$H(X) = -\sum_{i=1}^{n} p(x_i)\log p(x_i)$$

其中，$H(X)$ 为信息熵；$p(x_i)$ 为随机事件 x_i 的概率。

以世界杯为例，32支队伍均有可能获得冠军，假设其获得冠军的概率相等，其信息熵 $H(X)=5$ 比特（信息熵的单位为比特），如果已知上述四支队伍进入半决赛，其信息熵为2比特。可见不确定性越高其信息熵将越大，获取信息就是减少不确定性，并降低信息熵的过程。有兴趣的读者可以自行计算，同时也可以证明在32支队伍获得冠军概率不相等的情况下，其信息熵不大于5比特。

正如维纳对控制论的定义“关于在动物和机器中控制和通信的科学”一样，信息和通信与控制是密不可分的，没有信息也就无法进行控制。例如，在前面介绍的人拿笔的过程中，必须通过眼睛观察笔和手的位置信息，大脑才能不断地通过神经系统来控制肌肉，减少手和笔之间的目标差，最终达到控制目标。可见在持续的反馈中必须要获取信息，没有这些信息，就无法进行反馈，也就无法进行有效的控制。因此，很多情况下，无法进行有效控制的原因，恰恰是没有足够的和适当的信息。

同样，在内控体系建设中，必须先要梳理风险点和控制点，形成风险控制矩阵，这些风险点及控制点也是一种信息。在控制测试中，通过抽样检查等方法来获得控制措施是否有效执行这一信息。假如没有这些信息，企业的风险管理和内部控制系统将无法有效运行。例如，没有对风险点及控制点进行较为全面的梳理，就不知道公司经营的风险到底在哪里，目前有哪些控制措施，没有了这些信息，风险管理和内部控制将“无的放矢”。又如，仅是编写了内控手册，知道了风险和控制措施是什么，但是没有进行控制有效性测试，也就无法获得哪里还有执行缺陷的信息，当然也就无法形成有效的“闭环控制系统”，内部控制系统依然是不健全的。

以上是对控制论、系统论和信息论一些基本原理的简单介绍，由于篇幅有限，不再赘述，类似于系统辨识、状态估计、自组织自适应、“黑箱”等内容，有兴趣的读者可以查找相关书籍、资料进一步研究。由于控制论、系统论和信息论有着广泛的应用，影响着众多的学科和领域，但是在企业风险管理和内部控制中，如何应用控制论、系统论和信息论中的基本原理，该方面的研究还不多，仍需要进行大量的研究和实践。例如，如何在风险管理和内部控制中应用“信息熵”的概念，在风险评估中是否可以应用，如何应用？在内控有效性测试中是否可以应用，如何应用？等等，这些都需要在实践中不断探索和总结。

（二）全面质量管理及精益管理

全面质量管理（total quality management，TQM）是指一个组织以质量为中心，以全员参与为基础，目的在于通过顾客满意和本组织所有成员及社会受益而达到长期成功的管理途径。精益管理（lean management），起源于丰田生产方式，其目的是减少浪费、提高产品质量，并提高客户满意度。

起源于制造业的全面质量管理和精益管理、六西格玛等方法，都非常注重产品质量的提升和减少工作中的各种浪费并提高工作效率。例如，六西格玛管理的目标是百万个机会中的缺陷不超过3.4。精益管理中对制造业的各种浪费进行分析并力图减少浪费，从而提高工作效率并降低成本。从某种意义上来说，这与企业内部控制有着很大的共同点，当然其本质上也均应遵循控制论、系统论和信息论的一些基本原理。

1. 戴明环。戴明环即PDCA循环，是由美国质量管理专家哈休特提出，由戴明宣传并推广普及的。PDCA循环是将质量管理分为：计划（plan）、执行（do）、检查（check）和处理（act）四个阶段。PDCA循环本质上也是控制论中反馈原理及闭环控制在企业质量管理领域的应用，与“三个闭环”拥有相同的作用。

正如前面控制论中相关内容所介绍的，控制论中的反馈是一种趋向目的的行为，其本质在于不断把控制结果与目标作比较，并使得目标差在一次一次控制中慢慢减少，最后达到控制的目的。而在 PDCA 循环中，P（plan）是我们要达到的控制目标，D（do）是为了达到这个控制所做的动作，C（check）就是将目前的执行结果与控制目标做比较，如果出现了“目标差”，则需要进行 A（act）不断缩小目标差，这一过程将不断重复直到达到控制目标为止。可见 PDCA 的过程即是一个应用了反馈原理的典型的闭环控制系统，也是控制论在质量管理等领域具体应用的经典案例。如同控制论有着广泛的应用，PDCA 循环不仅在质量管理领域，在人们生产生活的方方面面均有着广泛的应用。

内控体系建设的“三个闭环”也可以看作是一个 PDCA 循环。控制目标和风险点的梳理就是 plan 的阶段，因为偏离了控制目标即为风险。“管理制度化、制度流程化、流程标准化”即为 do 的阶段，是为了确保达成控制目标。控制有效性测试即为 check 的阶段，需要对现有控制措施是否达到控制目标进行检查和测试。如果发现未达到控制目标，即需要启动内控缺陷整改即 act 的阶段。并且这个过程将持续不断地进行，使得整个系统保持“稳定”的状态。

2. 精益管理。精益管理，起源于丰田生产方式，其目的是减少浪费、提高产品质量，并提高客户满意度，与内部控制有着很大的共同点。

精益管理源于精益生产，精益生产（lean production）源于丰田生产方式。美国麻省理工学院教授詹姆斯 · P. 沃麦克等专家通过“国际汽车计划（IMVP）”对全世界 17 个国家 90 多个汽车制造厂进行调查和对比分析，发现丰田生产方式是最适用于现代制造企业的一种生产组织管理方式。

精益管理不仅关注提升工作质量，其更加注重减少各种浪费。“浪费即任何占用时间，但不能创造价值的环节。”[①] 常见的浪费至少包括以下几

① 杰弗瑞 · 莱克：《丰田模式——精益制造的 14 项管理原则［珍藏版］》，机械工业出版社 2016 年版。

类：生产过剩、等候时间、不必要的运输、过度处理或不正确的处理、存货过剩、不必要的移动搬运、瑕疵等。

而通过第一个闭环的建立，通过流程梳理和优化，将尽可能地减少流程的浪费。例如，减少业务流程中过多的审批和复核。因为有些审批是控制过度的表现，还有些审批既不能创造价值也不能控制风险，这些审批是完全可以减少的。又如，通过流程的标准化减少了工作中的工作差错（即瑕疵），做到一次做对，从而减少了返工、修改等浪费。

3. 质量成本及质量免费理论。被誉为“全球质量管理大师”的菲利浦·克劳斯比（Crosbyism）在20世纪60年代初提出“零缺陷”思想。零缺陷管理的思想主张通过发挥人的主观能动性来进行经营管理，生产者、工作者要努力使自己的产品、业务没有缺点，并向着高质量标准的目标而奋斗。零缺陷特别强调预防和过程控制，要求第一次就把事情做正确，使产品符合对顾客的承诺要求。

克劳斯比有一句名言：“质量是免费的。”过去质量管理之所以不能免费是因为“没有第一次把事情做好”，产品不符合质量标准，从而形成了“缺陷”。这种平时不为人注意的浪费被称为“隐形工厂”。统计结果表明：在制造业中，“隐形工厂”的消耗高达销售额的20%～25%；而在服务业中，则高达营运成本的30%～40%。因此，在质量管理中既要保证质量又要降低成本，其结合点是要求每一个人“第一次就把事情做好”（Do it right at first time），亦即人们在每一时刻、对每一作业都需满足工作过程的全部要求。只有这样，那些浪费在补救措施上的时间、金钱和精力才可以避免，这就是“质量是免费的”真实含义。

“三个闭环”的一个作用就是通过建立第一个闭环，让业务部门的基层员工在日常工作中能够“第一次就把事情做好”，从而达到有效控制风险的目的，并通过减少浪费，来弥补内控体系建设中的成本。因此，从某种意义上来说，“内控也应该是免费的”。

五、A保险公司建立内控体系“三个闭环”的探索

2015年启动的A保险公司内控体系建设工作，及其后续关于内控体系

建设“三个闭环”的实践与探索，正是我们在内控体系建设的实践中不断思考、总结、迭代而逐渐形成的。从控制论的角度来讲，这些关于内部控制理论及实践本身也是一种不断接近内部控制目标的反馈控制，同样也是一个不断自我完善的 PDCA 循环。下面就简要介绍一下 A 保险公司在建设内控体系“三个闭环”方面的一些实际案例。

（一）内控手册的编写

在 A 保险公司 2015 年内控体系建设项目中，内控手册的编写是一项关键工作。内控手册包括流程描述、流程图和风险控制矩阵。其中，风险控制矩阵既是“三个闭环”的基础，也是“三个闭环”中各项工作的连接点。通过内控手册的编写，初步将公司的 100 余项主要业务流程进行了梳理，识别了其中的 1 400 余项风险点及对应的控制点约 2 500 项。内控手册的编写，特别是对风险点和控制点的梳理，为今后“三个闭环”的建立打下了坚实的基础。

有关风险控制矩阵（或风险控制清单）的编写方法及模板，有关内部控制的书籍和资料中有较多的介绍，读者可以参照这些模板，根据实际情况设计符合本企业特点的风险控制矩阵，或者依据反馈原理，在实践中不断迭代和完善，这里就不再赘述。

内控手册的编写是在公司主要业务流程进行梳理的基础上，对主要业务流程中的风险点及控制点进行识别的过程，是后续内控体系建设以及“三个闭环”的基础，没有这个基础性工作，后续工作将无从谈起。因为，如果连公司面临的风险是什么都不知道的话，风险管理及内部控制工作将无从谈起。

（二）第二个闭环的建设及探索

由于实务当中，内控体系建设的“三个闭环”不是一蹴而就的，也不是按照第一个闭环、第二个闭环、第三个闭环这样的顺序建立，甚至也可能是“三个闭环”同步建立的。因此，在内控工作中应根据实际情况制定适合本公司的建设规划，有计划地稳步推进内控体系“三个闭环”的建立。

由于实务当中一般是先编写内控手册的，因此需要依托内控手册中的风险控制矩阵（或风险控制清单），初步建立整合第二、第三道防线部门的第二个闭环。A 保险公司内控手册中的风险控制矩阵就是由第二、第三道防线部门中的法律合规部、风险管理部和内审部共同设计的。其在设计之初就考虑到内控手册编写完成后，相关工作的整合和结果的共享。

在编写完成部分内控手册之后，我们即开展了控制有效性测试和内控发现问题（内控缺陷）的整改工作。之所以在编写完内控手册后，必须要进行两项工作，首先是因为需要开展控制有效性测试，以检查内控手册中的控制措施是否有效实施，如果没有执行到位，则需要进行整改，这样才能形成一个完整的闭环控制系统。其次是因为如果不去真正地使用内控手册，我们也不可能真正知道内控手册编写质量如何，是否准确，是否还有遗漏等，也就不可能对其进行不断的完善和迭代。因此，必须形成内控手册编写和使用的闭环，否则如果只是编写内控手册，而不去使用它的话，就只能形成一个内控手册的开环控制系统，我们不仅不知道内控手册中的风险点、控制点是否准确的信息，也不知道内控手册中的控制点是否执行到位的信息，也就无法达到控制目标，而多年以后，内控手册就非常有可能被束之高阁，却不能发挥其应有的作用。

（三）第一个闭环的建设及探索

第一个闭环的建设应该说是“三个闭环”中最为基础和关键的一环。正所谓“第一道防线部门解决 90% 的问题”，没有相对健全、完善的第一个闭环，是不可能建设一个完善的内控体系的。因此是否能够建立其相对完善的第一个闭环决定了是否能建立完善的“三个闭环”。

笔者在公司办公室轮岗交流期间，负责总公司办公室及分公司综合管理部的制度流程梳理及优化项目。正是以此项目为基础，形成了第一个闭环的设想，并积累了一些经验。下面简要介绍一下我们在建设第一个闭环中的一些探索与思考。

1. 基层存在的几个问题及其后果。一般来说，一家公司基层机构的日常经营中面临的主要问题，一是人力编制紧张，一人多岗、身兼数职，且人员流动性大，工作交接很难到位，甚至很多情况下接任者无法与前任进行工作交接。每项工作均可能由大量的新人负责，这将导致很多工作者每年都需要重新进行培训，而且日常工作中也需要大量的咨询和沟通。因此，不仅无法保证工作质量，且工作效率也不高。

二是尚未建立系统化的知识经验积累和传承的体系。由于人员流动性大，加之工作交接不到位，没有形成知识管理体系，导致新人不断摸索、熟悉一项工作之后逐渐离职，新人再摸索、再熟悉、再离职的循环。前者所犯的错误、所经历的困难没有形成良好的记录，也很难告知后者如何避免犯错。不同的机构，不同的人员会在同一件事情上犯错，会被“同一块石头绊倒”。

三是一些流程节点过多，甚至有些烦琐。一些公司虽然在制度方面比较完善，但可能会存在一些工作流程非常复杂，需要层层审批、层层审核，不仅效率不高，甚至逐渐形成“看似人人负责，实际人人无责”的问题。

上述问题在很多企业中是普遍存在的，大家甚至都习以为常了，但是这些问题将产生一些不良后果。一是工作质量不高。由于人员流动性大，工作交接不到位，工作质量无法保证，一些工作差错率较高。二是很多工作即使做对了，也经常需要反复修改，不能一次做对，导致工作效率不高。三是沟通成本高。由于很多工作由新人负责，新人不熟悉相关工作，或者沟通不畅，导致沟通成本较高，最终影响工作效率。也就是说由于缺乏控制所必要的信息（知识、经验的积累和传承），整个公司的管理系统是有缺陷和不稳定的，这些最终都有可能导致内部控制的失效和操作风险的发生。

2. 流程管道，知识活水。那么如何解决这些问题，从而有效控制这些风险呢？我们认为应该通过完善的流程管理，再在加强流程管理的同时，建立完善的知识管理体系，才能解决基层面临的这些问题。流程代表的是企业里工作的流转，可以视为横向的流程，即“流程管道”。在横向的流程流转的同时，在每个流程节点都应该有相应的知识和经验的积累和传承，即“知识活水”（信息的有效传递）。将知识和流程结合起来就是将这种横向的业务流程和知识的应用结合起来。如果公司拥有大量的知识文件，但没有很好地与工作流程结合起来，知识终究是放在“柜子”或者

"文档库"里，是孤立的，其功效也不能得到最大地发挥。

从内部控制的角度来看，所有的控制措施，均可以划分为系统控制和人工控制，即"机控"和"人控"。其中，"人控"的关键在人，而人的控制，除了依靠各类检查、处罚、绩效考核之外，最重要的是教会他如何正确地做事，只有依靠"流程管道，知识活水"，让每一个员工都知道如何"正确地做事"，这些内控体系中的"人控"才能真正有效地实施。

正如本章在控制论及信息论中介绍的，信息和控制是密不可分的，没有信息就无法有效地进行控制。在流程管理和内部控制中，如果没有加上适当的信息，是不可能拥有良好的流程管理能力的，而这些控制所需要的信息，其中一部分即来源于对工作中所需知识经验的积累和传承。

具体来说，可以通过建立一套标准化体系，并且配合知识的积累和传承，"让具体干活的人知道怎么干活"。这需要对流程中的知识和经验进行盘点、提炼、存储、共享，实现把最有经验的人的做法、最佳实践沉淀为表单、经验技巧、检查单，并进行最大可能的复制，从而让每个人都像最有经验的人那样做事。同时，这些标准化的操作流程和最佳实践，也需要不断完善和推陈出新，这就类似于通过不断的反馈控制，进行持续的自我进化和迭代，才能保证"流程管道，知识活水"。只有这样才能实现"标准化操作，第一次就做对"，不仅提高了工作质量，有效地控制了操作风险，还可以通过减少工作中各种浪费，提高工作效率，实现"质量免费"和"内控免费"。

3. 流程标准化。流程标准化是在流程梳理和流程优化基础上，对工作流程的统一化和规范化，以实现日常工作的精细化管理，达到提高工作质量和工作效率的目的。其核心就是对先进工作方法的不断总结、积累和传承，使得具体做事的人能够"标准化操作，第一次做对"，尽量减少工作中返工、浪费等"隐形工厂"，进而提高工作质量和工作效率，才能最终有效控制风险。

许多国内外优秀企业均不约而同地进行了相关工作。例如，麦当劳可以迅速开设分店在世界各地拓展业务，依靠的就是标准化流程所具有的高标准和高度的可复制性。依靠标准化，麦当劳不仅可以大量、快速地开店，还能够最大限度地保证食品安全和服务质量，这对于普通企业而言是很难做到的。

又如，如家酒店拥有16本《运营文件汇编》，其内容包括从服务、管理、硬件到客房几乎一切关于酒店运营的细节标准，从台风应急预案到台面胡椒瓶如何摆放等大小事情都有规定。这16本手册就是如家雇员人人必看、必须执行的如家“管理圣经”。正是这16本“管理圣经”确保如家酒店在快速扩张的同时把风险控制到最小。

从全面质量管理和精益管理的角度来说，通过标准化建设，让基层员工在实际工作中能够做到“标准化操作，第一次做对”，不仅能够提高工作质量，从而有效控制风险，而且能够通过减少“返工”和重复劳动提高效率，消除“隐形工厂”，从而创造价值，并弥补内控体系建设和精益管理所带来的经营成本的增加。

想要求普通员工做到“标准化操作，第一次做对”就需要不断优化和标准化操作流程，研究如何避免工作人员出现差错，在工作流程和信息系统、模板、表单中设计一些“防错”设置，尽量避免操作失误，因为事前预防要比事后处罚更好。例如，针对录入错误，可在信息系统中设置一些自动校验规则进行提示等。

又如，我们可以将所有内控、合规、风险管理、内部审计中发现的问题大体上分为三类。第一类是操作差错类，第二类是合规类，第三类是舞弊类。其中，第一类操作差错类的问题数量较多，最为普遍，但是这些问题基本上是可以通过流程优化和标准化予以解决的。第二类合规类问题中，一部分也是由于操作流程导致的，也是可以通过流程优化和标准化解决的；另一部分合规问题，不能简单地应用“堵”的办法，更多的是需要通过“疏导”的办法予以解决。例如，要解决保险营销人员销售误导这一问题，不仅要告诉广大营销员根据监管规定哪些话是不能讲的（“堵”的办法），更加重要的是要告诉他们应该怎么讲（“疏导”的办法）。而告诉营销员该怎么讲，就是要总结保险营销规律和绩优营销员的销售话术和销售习惯，需要编写既合规又吸引人的优秀话术，只有其掌握了专业化、标准化、规范化、逻辑化、模块化的销售话术并提高了销售技能，在促进其业绩提升的同时引导其合规销售，才能最大限度地解决销售误导的问题。否则可能会出现公司下发的标准话术虽然非常合规，但是实际销售过程中很难应用，导致营销人员在缺乏正确引导的情况下，“误入歧途”而出现一些销售误导等违规问题。第三类舞弊类问题，数量较少，更多的是需要完善流程设计和信息系统建设，通过流程中的相互牵制信息系统控制和各类检查予以有效控制。

而从控制论角度来说，在控制能力不足的情况下，实现控制目标有两种方式，一种是形成“闭环控制系统”，将有限的控制能力进行累加而逐渐达到控制目的。另一种就是提高控制能力，在完全可控的情况下，即使是“开环控制系统”也可以达到控制目的。

而“标准化操作，第一次做对”，就是通过标准化建设提高基层工作人员的技能和整个流程的控制能力。因此，从动态的角度来看，持续优化操作流程，并逐步归纳总结形成最优的标准化操作流程，是一个应用反馈原理形成的“闭环控制系统”。而从静态的角度来看，一旦形成较优的标准化操作流程，并且增加了一些防错机制和信息系统控制，就可以确保“标准化操作，第一次做对”，也可以通过“开环控制系统”实施有效控制。而“开环控制系统”的好处是：可以尽量减少后期的各类检查和复核，从而减少不增值的活动（不必要的仓储、搬运、等待、检查等都是不增值的活动），提高工作效率。事实上，在实际工作中，很多情况下也可将“闭环控制系统”和“开环控制系统”进行组合，共同形成有效的控制系统。

所以，从控制论的角度来说，通过标准化最终可以减少各项工作流程输出结果的不确定性（减少可能性空间），使得系统逐步进入相对稳定的状态和最优化的状态，从而有效控制风险，实现控制目标。

4. 制度流程梳理及优化项目。为规范 A 保险公司办公室条线制度流程管理，并且提高分公司综合管理部的基础管理水平（A 保险公司各省级分公司下设综合管理部对口总公司办公室），2019 年启动了办公室及综合管理专业制度流程梳理项目，通过对办公室及综合管理专业 8 个典型业务涉及的制度及工作流程进行一次全面、彻底地梳理，对流程进行标准化，并编写较为详尽的操作指南，为基层工作人员实务工作提供详尽的指导。

在制度流程梳理优化项目中，通过梳理和优化工作流程，并且编写标准化的操作手册，从而对基层工作人员给予了极大的帮助，并且通过流程的标准化，进一步降低了工作差错，一定程度上减少了操作风险。

制度流程梳理项目的工作步骤主要包括梳理制度流程、编写流程标准化手册、梳理流程中的风险点和控制点、编写各业务流程的检查要点及检查方法、查找问题并提出改善建议、完善制度和考核指标、开展制度和标准化手册的专项培训等。可以看出，制度流程梳理项目是形成了一个涵盖制度流程制定、执行、检查、考核，以及复盘和改善在内的完整的内控体系建设的第一个闭环，不仅是控制论中反馈控制的应用，同时也是一个PDCA 循环。

此外，我们在制度流程梳理项目中，还广泛地应用了反馈控制和 PDCA 循环。由于公文管理、会议管理等流程较为通俗易懂，且不涉及公司任何敏感信息，因此本部分以公文管理、会议管理流程为例，对第一个闭环建设中如何应用反馈控制和 PDCA 循环进行简要说明。读者可将其方法应用于其他各项业务流程。例如，我们在编写完公文管理流程操作手册，下发分公司综合管理部后，要求基层工作人员积极反馈手册中的问题，使得我们不断优化、完善操作手册。因此，从控制论或者 PDCA 循环的角度来说，操作手册是否写得好，制度流程梳理及优化项目的效果是否真的好，不是“领导说了算”，而是“基层的广大工作人员说了算”，如果基层工作人员经常使用和翻看的话，那么这个操作手册就实现了其应有的作用，制度流程梳理及优化项目就是有价值的。反之，如果基层广大工作人员，因为操作手册写得或者不全面、或者不准确、或者不通俗易懂，而不去看这些操作手册的话，即使获得了领导的表扬和认可，那这些操作手册也不是“真的好”。因此。在编写操作手册和设计一些表格、模板时，我们力图做到“简单化、通俗化和模板化”，让基层操作人员更加容易掌握。我们认为对于基层工作人员来说，不需要很复杂的要求，不需要经常查看制度和内控手册，只需要按照表格、模板等简单的操作即可掌握的，才是最好的。

又如，我们在编写会议管理流程的标准化手册时，也会应用到闭环反馈控制和 PDCA 循环。由于公司办公室负责管理层各项重要会议的准备工作，需要控制各类风险，以确保重要会议的顺利召开。而进行流程标准化就是有效控制风险的手段之一。为了更好地编写标准化流程操作手册，同时也为了更好地做好会议管理工作，我们在每次重要会议之后都会进行复盘，对此次会议的准备情况、会议召开情况等进行总结，对此次会议的基本情况和一些突发的特殊情况进行记录，并且总结归纳哪里做得好，哪里做得不好，做得好或者做得不好的原因是什么，从中总结的经验和规律是什么，今后的注意事项和改进建议有哪些，涉及更新标准化流程的内容也会对标准化操作手册进行更新。由此可见，复盘的过程其实和控制论中闭环反馈控制，和质量管理中的 PDCA 循环有着同样的作用和效果。

同时，我们在编写标准化手册时，也会依据系统论中的系统层次性原理。例如，在编写公文管理流程操作手册的时候，需要将公文管理流程划分多个层次，分别编写标准化手册。在实际的公文管理工作中，总公司公文管理员负责总公司的公文管理，并负责对分公司公文管理进行指导和检查；省级分公司的公文管理员负责分公司公文管理以及对各地市级分公司公文管理的指导和检查；总、分公司各部门的公文管理员负责本部门的收发文，并对本部门员工在公文管理，如收文、发文、公文管理系统操作方面的指导。那么在编写公文管理的操作手册时，需要至少编写三个层次的操作手册，第一个层次是总、分公司公文管理员使用的操作手册（分为总公司版本和省级分公司/地市级公司版本），对其具体操作进行指导；第二个层次是总、分公司各部门公文管理员使用的操作手册，指导其本部门的收发文操作；第三个层次是针对普通员工的操作手册及各类表格、清单、模板，便于各级员工在具体收文、发文时参考。我们认为，虽然公司有公文管理的各类制度，但是对于普通的基层员工来说，需要进行“简单化、通俗化、模板化”，也就是将众多制度规定，融入一些表单和模板中，让基层员工，特别是新员工，只要会填模板，看得懂简单的说明文字，就能进行基本的操作，这样提高了工作效率，并且极大地降低了工作差错和操作风险的发生，从而有效控制了风险。

（四）第三个闭环的建设及探索

内控体系建设的第三个闭环就是第一道防线业务部门与第二、第三道防线部门之间的整合。因此，通过办公室和综合管理专业制度流程梳理项目的开展，初步建立了内控体系建设的第一个闭环的雏形后，即可开始进行第三个闭环的建设。首先，通过制度流程梳理和优化项目，推动了办公室和综合管理专业制度流程的完善，并且在给基层广大工作人员提供了标准化操作手册和简单易用的表格、模板后，将内控手册的一些关键控制措施嵌入具体的工作流程和表单、模板中，有效地提高了工作质量和工作效率，减少了工作差错的发生，夯实了内部控制的基础。同时，建立了涵盖制度流程制定、执行、检查、考核和持续改善在内的完善的制度管理体系，形成第一个闭环之后，随着制度流程的完善，内控手册中的风险点和控制点也就比较完善了。

其次，通过对办公室及综合管理部业务自查中的检查方法、抽样方法、底稿留存、自查报告等内容进行规范，逐步建立一套依托统一的风险控制清单的过程可控、方法科学的业务自查体系，提升了业务自查的质量，将办公室自查结果与内审、内控、合规、风险管理等部门进行交流，提高了工作效率。

最后，将近年来各项内控合规检查、风险排查、内部审计发现的问题按照部门和工作职责进行分类，提供给相关处室，将这些问题放到操作流程中去看，对这些问题进行彻底全面的分析，通过流程优化，加强流程管理能力，从根本上解决这些的问题。

例如：《风险控制清单及检查方法》就是我们在实际工作中将风险点、控制点及检查方法和问题分析和改善进行整合的一张表。其中，风险点及控制点的描述总体上与风险控制矩阵中风险点及控制点是一致的，并通过对业务自查的规范，来检查制度流程的执行情况，并且为内控合规部门、风险管理部门和内审部门提供了一定的参考。即业务自查如果能够实现过程可控、底稿可追溯、样本科学、结果可靠的话，是可以很大程度上减轻内控、合规、风险管理及内审部门的工作量的，整个内控体系将更有效率。

同时，我们在进行风险分析及检查方法制定时，特别增加了剩余风险分析的环节。即业务操作流程中的一些固有风险经过业务流程中的控制措施，一部分是完全能够控制的，这部分没有必要进行后续检查；另一部分是仍有剩余风险，需要业务部门通过自查/复核等方式进行管控，经过业务部门自查后，仍然存在的剩余风险（和检查风险）再由内控、合规、风险管理部门进行检查，最后仍存在的剩余风险（和检查风险）再由内审部门进行审计。这样逐级分解、层层递进的方法将尽量减少不必要的检查程序和抽样，使得三道防线真正地形成合力，提高检查效率。因此，通过对于固有风险和剩余风险的逐级分析，并制定有针对性的检查程序是十分有意义的。

同时，整个自查体系的建立是按照“三个闭环”的框架搭建的，也遵循了控制论及系统论中的一些基本原理。以公文管理的自查体系为例：

首先，公文管理员的自查是根据公文管理相关制度和操作手册进行的。如附表所示，我们在根据公文管理相关制度编写操作手册后，制作了公文管理常见错误的清单，通过清单表格的方式将日常收文、发文的要点和常见错误进行了归纳、总结。而在公文管理员自查时的自查要点也是根据公文管理的制度、操作手册和常见错误清单整理归纳的，并且在检查发现错误之后，需要对这些错误进行分析，通过优化操作流程、修改操作手册、加强培训等减少工作差错的发生，从而形成了一个遵循控制论中反馈原理的闭环控制系统，当然这也是一个完整 PDCA 循环。

其次，根据系统论可知，系统是具有层次性的，如建设第一个闭环时，在编写公文管理的操作手册时，我们将公文管理划分为不同层次来编写操作手册，同样在业务自查时也需要分为多个层次来进行。第一个层次是总公司公文管理员对分公司公文管理的检查；第二个层次是分公司公文管理员对照着自查表和常见错误清单，对中心支公司及分公司各部门公文管理的检查；第三个层次是普通员工和部门公文管理员在具体收文、发文时，也可以对照着常见错误清单进行自查，以做到“第一次就做对”。

最后，需要对检查发现问题进行分析，分析错误的原因，并通过流程优化、表单的修改、加强培训和自查等措施，力争减少错误再次发生的可能性。例如，在公文管理检查中发现问题的原因可能是，制度和操作手册写得不够通俗易懂、流程设置不合理、专业培训不到位、发文表单设计需要优化等，这样才可以有针对性地解决问题。要么更新操作手册使其更加通俗，或者加强培训，或者优化流程、修改表单，在流程和表单、模板中增加一些防错设置，减少错误的发生，等等。当然，在具体分析问题时，可以使用丰田生产方式中的 5why 方法，就是出现一个问题时，问至少 5 个为什么，找到问题的根源，并从根源上解决，才是真正、彻底地解决问题。

由此可见，只有在第三个闭环中建立规范、统一、科学的自查体系，才能促进制度流程管理第一个闭环的完善，也才能将业务部门的自查结果提供第二、第三道防线部门应用。否则就像通过人来控制蒸汽机的阀门一样，通过第二、第三道防线部门来进行闭环反馈控制，将面临人力不足、专业性不够、时效不佳等问题，只有对业务部门的自查进行标准化和严格的培训和指导、检查，应用业务部门的自查结果，才能够像在蒸汽机上安装离心调速器一样，有效地控制第一道防线业务部门的工作质量。

以上就是我们在建设内控体系“三个闭环”中的一些探索和实践，虽然这些工作取得了一定的效果，也是一次有益的尝试，但是这些工作总体上来说还处于探索阶段，仍然不够完善，还需要在今后的工作中不断总结和完善。而从某种意义上来说，2015 年启动的 A 保险公司内控体系建设工作，及其后续关于内控体系建设“三个闭环”的实践与探索，正是通过我们在内控体系建设的实践中不断思考、总结、迭代而逐渐形成的。从控制论的角度来讲，这些关于内部控制的理论及实践本身也是一种不断接近内部控制目标的反馈控制，同时也是一个不断自我完善的 PDCA 循环。

六、依托“三个闭环”最终建立自我完善的内控体系

以上即是内控体系建设中“三个闭环”的初步设想、理论基础，以及一些有益的实践、探索。如果一家公司能够逐步建立内控体系的“三个闭环”，则这家公司已形成“管理制度化、制度流程化、流程标准化”，实现了精细化管理，并且初步建立了内部控制自我更新、自我完善的机制，这家公司将进入一个相对“稳定”的状态，从而有效地控制风险。

因此，我们在“三个闭环”的基础上，结合 A 保险公司 2015 年启动的内控体系建设项目的实践，将内控体系建设大体上划分三个阶段，即导入期、发展期和成熟期。这里之所以称之为“大体上”，是因为每家公司的实际情况不同，也可以在此基础上细分为四个阶段，甚至五个阶段等，但是其总体方向是一致的。

（一）导入期：建立框架、编写手册

内控体系建设的导入期，类似A保险公司2015～2017年内控体系建设项目，其主要工作依托内控手册进行，基于梳理公司流程架构，以查找主要业务流程中风险点和控制点为基础，并在此基础上进行控制有效性测试和内控缺陷的改善。在这一时期由于公司刚刚广泛开展内控工作，重点在于初步建立内控体系的框架，引入内部控制的基本概念。导入期的核心工作是通过编写内控手册，识别公司主要风险点及现有控制措施，并完善已发现的内控缺陷。

（二）发展期：夯实基础、注重整合

内控体系建设的发展期，可能需要5～10年甚至更长的时间，主要特点在于通过加强基础管理，提升公司精细化管理程度，管理逐渐迈向规范化、统一化、精细化和专业化，在不断提升基础管理水平的前提下，逐步完善内控体系，并达到内控工作与第一道防线和第二、第三道防线部门工作的充分整合，形成内控体系建设的“三个闭环”。

（三）成熟期：自我完善、持续改善

内控体系建设经过发展期，各项制度流程已日臻完善，内控体系建设将逐渐进入第三阶段“成熟期”。在这一阶段，内控手册已日渐成熟，公司精细化管理初见成效，已形成“管理制度化、制度流程化、流程标准化”，并且经过“三个闭环”持续的反馈，有效地控制了风险，公司进入控制论中相对“稳定”的状态。此时，公司还应逐步建立内控体系的自我完善机制，应更加关注如何建立一套制度流程的持续改善[①]（kaizen）机制，内控文化和逐渐改善的文化已形成企业文化的重要组成部分。

以上就是我们关于内部控制体系建设“三个闭环”的一些探索和实践。可见“三个闭环”是依据控制论及系统论等理论建立的，其本质是将

① 持续改善是指小的、持续的改善活动，最早是由今井正明提出，后被众多日本企业广泛应用。

公司按照部门、流程、岗位等细分为不同的子系统，依据反馈原理，建立各个子系统内的闭环控制，使得系统逐渐进入“稳态”，从而有效控制风险。否则，一家公司、一个部门或者一个流程中，没有形成一个个“闭环控制系统”，而是一个个“开环控制系统”的话，就不能进行有效的反馈控制，也就不能进入“稳态”，就不能有效控制风险。

由于“三个闭环”的设想还在初步探索和实践中，对于控制论、系统论和信息论等理论如何应用到企业内部控制中来，整体上也还是在摸索中，还很不成熟，还有很长的路要走，为此我们将继续努力探索，同时也希望各位读者与我们一起研究和交流。

附件

附件 1

流程总图（示例）

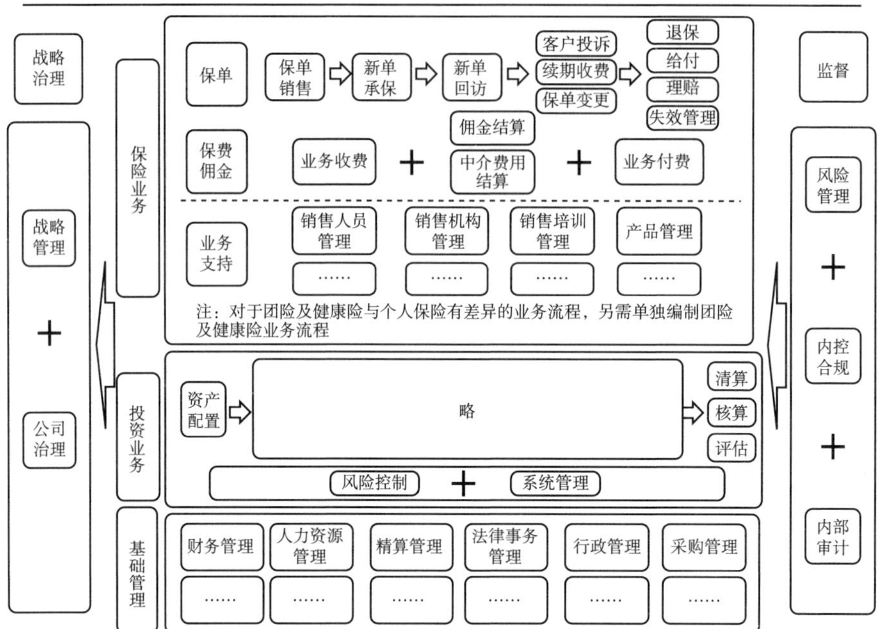

注：1. 公司流程总图是按照银保监会《内部控制基本准则》以及公司实际业务流程，按照业务流程之间的逻辑关系绘制。公司全部业务流程可划分为保险业务、投资业务、基础管理、战略及治理和监督五大领域。

2. 流程总图中的一级业务流程可再细分为二级、三级业务流程，并与公司业务流程清单中的一级业务流程对应。

3. 流程总图略有删节，仅供参考。

附件 2　　风险控制清单及检查方法

类别	关键风险点情况		操作流程中的控制点情况			剩余风险分析		业务检查情况						问题分析及改善			
	控制目标	风险点描述	控制点描述	执行机构/人员	是否重要控制点	剩余风险	是否接受剩余风险	是否需要检查	检查形式	检查频率/时间	检查方法	检查部门/人员	抽样方法	是否存在问题	问题描述	原因分析	改善建议

附件 3　　分公司公文管理（发文）常见错误及自查清单

检查人：　　　　　　　　　　　　检查日期：

复核人：　　　　　　　　　　　　复核日期：

<table>
<tr><th colspan="2" rowspan="2">类别</th><th colspan="2">正确做法</th><th rowspan="2">常见错误</th><th colspan="3">自查情况</th></tr>
<tr><th>要点</th><th>详细解释</th><th>（文件名/日期）</th><th>……</th><th>……</th></tr>
<tr><td colspan="2">发文稿纸</td><td></td><td></td><td></td><td></td><td></td><td></td></tr>
<tr><td colspan="2">审批流程</td><td></td><td></td><td></td><td></td><td></td><td></td></tr>
<tr><td rowspan="6">正文</td><td>红头</td><td></td><td></td><td></td><td></td><td></td><td></td></tr>
<tr><td>标题</td><td></td><td></td><td></td><td></td><td></td><td></td></tr>
<tr><td>正文部分</td><td></td><td></td><td></td><td></td><td></td><td></td></tr>
<tr><td>附件</td><td></td><td></td><td></td><td></td><td></td><td></td></tr>
<tr><td>落款</td><td></td><td></td><td></td><td></td><td></td><td></td></tr>
<tr><td>版记</td><td></td><td></td><td></td><td></td><td></td><td></td></tr>
</table>

附录

附录1　中央企业全面风险管理指引

国务院国有资产管理委员会

2006. 6. 6

第一章　总　则

第一条　为指导国务院国有资产监督管理委员会（以下简称国资委）履行出资人职责的企业（以下简称中央企业）开展全面风险管理工作，增强企业竞争力，提高投资回报，促进企业持续、健康、稳定发展，根据《中华人民共和国公司法》《企业国有资产监督管理暂行条例》等法律法规，制定本指引。

第二条　中央企业根据自身实际情况贯彻执行本指引。中央企业中的国有独资公司董事会负责督导本指引的实施；国有控股企业由国资委和国资委提名的董事通过股东（大）会和董事会按照法定程序负责督导本指引的实施。

第三条　本指引所称企业风险，指未来的不确定性对企业实现其经营目标的影响。企业风险一般可分为战略风险、财务风险、市场风险、运营风险、法律风险等；也可以能否为企业带来盈利等机会为标志，将风险分为纯粹风险（只有带来损失一种可能性）和机会风险（带来损失和盈利的可能性并存）。

第四条　本指引所称全面风险管理，指企业围绕总体经营目标，通过在企业管理的各个环节和经营过程中执行风险管理的基本流程，培育良好的风险管理文化，建立健全全面风险管理体系，包括风险管理策略、风险理财措施、风险管理的组织职能体系、风险管理信息系统和内部控制系统，从而为实现风险管理的总体目标提供合理保证的过程和方法。

第五条　本指引所称风险管理基本流程包括以下主要工作：

（一）收集风险管理初始信息；

（二）进行风险评估；

（三）制定风险管理策略；

（四）提出和实施风险管理解决方案；

（五）风险管理的监督与改进。

第六条　本指引所称内部控制系统，指围绕风险管理策略目标，针对企业战略、规划、产品研发、投融资、市场运营、财务、内部审计、法律事务、人力资源、采购、加工制造、销售、物流、质量、安全生产、环境保护等各项业务管理及其重要业务流程，通过执行风险管理基本流程，制定并执行的规章制度、程序和措施。

第七条　企业开展全面风险管理要努力实现以下风险管理总体目标：

（一）确保将风险控制在与总体目标相适应并可承受的范围内；

（二）确保内外部，尤其是企业与股东之间实现真实、可靠的信息沟通，包括编制和提供真实、可靠的财务报告；

（三）确保遵守有关法律法规；

（四）确保企业有关规章制度和为实现经营目标而采取重大措施的贯彻执行，保障经营管理的有效性，提高经营活动的效率和效果，降低实现经营目标的不确定性；

（五）确保企业建立针对各项重大风险发生后的危机处理计划，保护企业不因灾害性风险或人为失误而遭受重大损失。

第八条　企业开展全面风险管理工作，应注重防范和控制风险可能给企业造成损失和危害，也应把机会风险视为企业的特殊资源，通过对其管理，为企业创造价值，促进经营目标的实现。

第九条　企业应本着从实际出发，务求实效的原则，以对重大风险、重大事件（指重大风险发生后的事实）的管理和重要流程的内部控制为重点，积极开展全面风险管理工作。具备条件的企业应全面推进，尽快建立全面风险管理体系；其他企业应制定开展全面风险管理的总体规划，分步实施，可先选择发展战略、投资收购、财务报告、内部审计、衍生产品交易、法律事务、安全生产、应收账款管理等一项或多项业务开展风险管理工作，建立单项或多项内部控制子系统。通过积累经验，培养人才，逐步建立健全全面风险管理体系。

第十条　企业开展全面风险管理工作应与其他管理工作紧密结合，把风险管理的各项要求融入企业管理和业务流程中。具备条件的企业可建立风险管理三道防线，即各有关职能部门和业务单位为第一道防线；风险管理职能部门和董事会下设的风险管理委员会为第二道防线；内部审计部门和董事会下设的审计委员会为第三道防线。

第二章　风险管理初始信息

第十一条　实施全面风险管理，企业应广泛、持续不断地收集与本企业风险和风险管理相关的内部、外部初始信息，包括历史数据和未来预测。应把收集初始信息的职责分工落实到各有关职能部门和业务单位。

第十二条　在战略风险方面，企业应广泛收集国内外企业战略风险失控导致企业蒙受损失的案例，并至少收集与本企业相关的以下重要信息：

（一）国内外宏观经济政策以及经济运行情况、本行业状况、国家产业政策；

（二）科技进步、技术创新的有关内容；

（三）市场对本企业产品或服务的需求；

（四）与企业战略合作伙伴的关系，未来寻求战略合作伙伴的可能性；

（五）本企业主要客户、供应商及竞争对手的有关情况；

（六）与主要竞争对手相比，本企业实力与差距；

（七）本企业发展战略和规划、投融资计划、年度经营目标、经营战略，以及编制这些战略、规划、计划、目标的有关依据；

（八）本企业对外投融资流程中曾发生或易发生错误的业务流程或环节。

第十三条　在财务风险方面，企业应广泛收集国内外企业财务风险失控导致危机的案例，并至少收集本企业的以下重要信息（其中有行业平均指标或先进指标的，也应尽可能收集）：

（一）负债、或有负债、负债率、偿债能力；

（二）现金流、应收账款及其占销售收入的比重、资金周转率；

（三）产品存货及其占销售成本的比重、应付账款及其占购货额的比重；

（四）制造成本和管理费用、财务费用、营业费用；

（五）盈利能力；

（六）成本核算、资金结算和现金管理业务中曾发生或易发生错误的业务流程或环节；

（七）与本企业相关的行业会计政策、会计估算、与国际会计制度的差异与调节（如退休金、递延税项等）等信息。

第十四条 在市场风险方面，企业应广泛收集国内外企业忽视市场风险、缺乏应对措施导致企业蒙受损失的案例，并至少收集与本企业相关的以下重要信息：

（一）产品或服务的价格及供需变化；

（二）能源、原材料、配件等物资供应的充足性、稳定性和价格变化；

（三）主要客户、主要供应商的信用情况；

（四）税收政策和利率、汇率、股票价格指数的变化；

（五）潜在竞争者、竞争者及其主要产品、替代品情况。

第十五条 在运营风险方面，企业应至少收集与本企业、本行业相关的以下信息：

（一）产品结构、新产品研发；

（二）新市场开发，市场营销策略，包括产品或服务定价与销售渠道，市场营销环境状况等；

（三）企业组织效能、管理现状、企业文化，高、中层管理人员和重要业务流程中专业人员的知识结构、专业经验；

（四）期货等衍生产品业务中曾发生或易发生失误的流程和环节；

（五）质量、安全、环保、信息安全等管理中曾发生或易发生失误的业务流程或环节；

（六）因企业内、外部人员的道德风险致使企业遭受损失或业务控制系统失灵；

（七）给企业造成损失的自然灾害以及除上述有关情形之外的其他纯粹风险；

（八）对现有业务流程和信息系统操作运行情况的监管、运行评价及持续改进能力；

（九）企业风险管理的现状和能力。

第十六条　在法律风险方面，企业应广泛收集国内外企业忽视法律法规风险、缺乏应对措施导致企业蒙受损失的案例，并至少收集与本企业相关的以下信息：

（一）国内外与本企业相关的政治、法律环境；

（二）影响企业的新法律法规和政策；

（三）员工道德操守的遵从性；

（四）本企业签订的重大协议和有关贸易合同；

（五）本企业发生重大法律纠纷案件的情况；

（六）企业和竞争对手的知识产权情况。

第十七条　企业对收集的初始信息应进行必要的筛选、提炼、对比、分类、组合，以便进行风险评估。

第三章　风险评估

第十八条　企业应对收集的风险管理初始信息和企业各项业务管理及其重要业务流程进行风险评估。风险评估包括风险辨识、风险分析、风险评价三个步骤。

第十九条　风险评估应由企业组织有关职能部门和业务单位实施，也可聘请有资质、信誉好、风险管理专业能力强的中介机构协助实施。

第二十条　风险辨识是指查找企业各业务单元、各项重要经营活动及其重要业务流程中有无风险，有哪些风险。风险分析是对辨识出的风险及其特征进行明确的定义描述，分析和描述风险发生可能性的高低、风险发生的条件。风险评价是评估风险对企业实现目标的影响程度、风险的价值等。

第二十一条　进行风险辨识、分析、评价，应将定性与定量方法相结合。定性方法可采用问卷调查、集体讨论、专家咨询、情景分析、政策分析、行业标杆比较、管理层访谈、由专人主持的工作访谈和调查研究等。定量方法可采用统计推论（如集中趋势法）、计算机模拟（如蒙特卡罗分析法）、失效模式与影响分析、事件树分析等。

第二十二条　进行风险定量评估时，应统一制定各风险的度量单位和风险度量模型，并通过测试等方法，确保评估系统的假设前提、参数、数据来源和定量评估程序的合理性和准确性。要根据环境的变化，定期对假设前提和参数进行复核和修改，并将定量评估系统的估算结果与实际效果对比，据此对有关参数进行调整和改进。

第二十三条 风险分析应包括风险之间的关系分析，以便发现各风险之间的自然对冲、风险事件发生的正负相关性等组合效应，从风险策略上对风险进行统一集中管理。

第二十四条 企业在评估多项风险时，应根据对风险发生可能性的高低和对目标的影响程度的评估，绘制风险坐标图，对各项风险进行比较，初步确定对各项风险的管理优先顺序和策略。

第二十五条 企业应对风险管理信息实行动态管理，定期或不定期实施风险辨识、分析、评价，以便对新的风险和原有风险的变化重新评估。

第四章 风险管理策略

第二十六条 本指引所称风险管理策略，指企业根据自身条件和外部环境，围绕企业发展战略，确定风险偏好、风险承受度、风险管理有效性标准，选择风险承担、风险规避、风险转移、风险转换、风险对冲、风险补偿、风险控制等适合的风险管理工具的总体策略，并确定风险管理所需人力和财力资源的配置原则。

第二十七条 一般情况下，对战略、财务、运营和法律风险，可采取风险承担、风险规避、风险转换、风险控制等方法。对能够通过保险、期货、对冲等金融手段进行理财的风险，可以采用风险转移、风险对冲、风险补偿等方法。

第二十八条 企业应根据不同业务特点统一确定风险偏好和风险承受度，即企业愿意承担哪些风险，明确风险的最低限度和不能超过的最高限度，并据此确定风险的预警线及相应采取的对策。确定风险偏好和风险承受度，要正确认识和把握风险与收益的平衡，防止和纠正忽视风险，片面追求收益而不讲条件、范围，认为风险越大、收益越高的观念和做法；同时，也要防止单纯为规避风险而放弃发展机遇。

第二十九条 企业应根据风险与收益相平衡的原则以及各风险在风险坐标图上的位置，进一步确定风险管理的优选顺序，明确风险管理成本的资金预算和控制风险的组织体系、人力资源、应对措施等总体安排。

第三十条　企业应定期总结和分析已制定的风险管理策略的有效性和合理性，结合实际不断修订和完善。其中，应重点检查依据风险偏好、风险承受度和风险控制预警线实施的结果是否有效，并提出定性或定量的有效性标准。

第五章　风险管理解决方案

第三十一条　企业应根据风险管理策略，针对各类风险或每一项重大风险制定风险管理解决方案。方案一般应包括风险解决的具体目标，所需的组织领导，所涉及的管理及业务流程，所需的条件、手段等资源，风险事件发生前、中、后所采取的具体应对措施以及风险管理工具（如：关键风险指标管理、损失事件管理等）。

第三十二条　企业制定风险管理解决的外包方案，应注重成本与收益的平衡、外包工作的质量、自身商业秘密的保护以及防止自身对风险解决外包产生依赖性风险等，并制定相应的预防和控制措施。

第三十三条　企业制定风险解决的内控方案，应满足合规的要求，坚持经营战略与风险策略一致、风险控制与运营效率及效果相平衡的原则，针对重大风险所涉及的各管理及业务流程，制定涵盖各个环节的全流程控制措施；对其他风险所涉及的业务流程，要把关键环节作为控制点，采取相应的控制措施。

第三十四条　企业制定内控措施，一般至少包括以下内容：

（一）建立内控岗位授权制度。对内控所涉及的各岗位明确规定授权的对象、条件、范围和额度等，任何组织和个人不得超越授权做出风险性决定；

（二）建立内控报告制度。明确规定报告人与接受报告人，报告的时间、内容、频率、传递路线、负责处理报告的部门和人员等；

（三）建立内控批准制度。对内控所涉及的重要事项，明确规定批准的程序、条件、范围和额度、必备文件以及有权批准的部门和人员及其相应责任；

（四）建立内控责任制度。按照权利、义务和责任相统一的原则，明确规定各有关部门和业务单位、岗位、人员应负的责任和奖惩制度；

（五）建立内控审计检查制度。结合内控的有关要求、方法、标准与流程，明确规定审计检查的对象、内容、方式和负责审计检查的部门等；

（六）建立内控考核评价制度。具备条件的企业应把各业务单位风险管理执行情况与绩效薪酬挂钩；

（七）建立重大风险预警制度。对重大风险进行持续不断的监测，及时发布预警信息，制定应急预案，并根据情况变化调整控制措施；

（八）建立健全以总法律顾问制度为核心的企业法律顾问制度。大力加强企业法律风险防范机制建设，形成由企业决策层主导、企业总法律顾问牵头、企业法律顾问提供业务保障、全体员工共同参与的法律风险责任体系。完善企业重大法律纠纷案件的备案管理制度；

（九）建立重要岗位权力制衡制度，明确规定不相容职责的分离。主要包括：授权批准、业务经办、会计记录、财产保管和稽核检查等职责。对内控所涉及的重要岗位可设置一岗双人、双职、双责，相互制约；明确该岗位的上级部门或人员对其应采取的监督措施和应负的监督责任；将该岗位作为内部审计的重点等。

第三十五条　企业应当按照各有关部门和业务单位的职责分工，认真组织实施风险管理解决方案，确保各项措施落实到位。

第六章　风险管理的监督与改进

第三十六条　企业应以重大风险、重大事件和重大决策、重要管理及业务流程为重点，对风险管理初始信息、风险评估、风险管理策略、关键控制活动及风险管理解决方案的实施情况进行监督，采用压力测试、返回测试、穿行测试以及风险控制自我评估等方法对风险管理的有效性进行检验，根据变化情况和存在的缺陷及时加以改进。

第三十七条　企业应建立贯穿于整个风险管理基本流程，连接各上下级、各部门和业务单位的风险管理信息沟通渠道，确保信息沟通的及时、准确、完整，为风险管理监督与改进奠定基础。

第三十八条　企业各有关部门和业务单位应定期对风险管理工作进行自查和检验，及时发现缺陷并改进，其检查、检验报告应及时报送企业风险管理职能部门。

第三十九条　企业风险管理职能部门应定期对各部门和业务单位风险管理工作实施情况和有效性进行检查和检验，要根据本指引第三十条要求对风险管理策略进行评估，对跨部门和业务单位的风险管理解决方案进行评价，提出调整或改进建议，出具评价和建议报告，及时报送企业总经理或其委托分管风险管理工作的高级管理人员。

第四十条　企业内部审计部门应至少每年一次对包括风险管理职能部门在内的各有关部门和业务单位能否按照有关规定开展风险管理工作及其工作效果进行监督评价，监督评价报告应直接报送董事会或董事会下设的风险管理委员会和审计委员会。此项工作也可结合年度审计、任期审计或专项审计工作一并开展。

第四十一条　企业可聘请有资质、信誉好、风险管理专业能力强的中介机构对企业全面风险管理工作进行评价，出具风险管理评估和建议专项报告。报告一般应包括以下几方面的实施情况、存在缺陷和改进建议：

（一）风险管理基本流程与风险管理策略；

（二）企业重大风险、重大事件和重要管理及业务流程的风险管理及内部控制系统的建设；

（三）风险管理组织体系与信息系统；

（四）全面风险管理总体目标。

第七章　风险管理组织体系

第四十二条　企业应建立健全风险管理组织体系，主要包括规范的公司法人治理结构，风险管理职能部门、内部审计部门和法律事务部门以及其他有关职能部门、业务单位的组织领导机构及其职责。

第四十三条　企业应建立健全规范的公司法人治理结构，股东（大）会（对于国有独资公司或国有独资企业，即指国资委，下同）、董事会、监事会、经理层依法履行职责，形成高效运转、有效制衡的监督约束机制。

第四十四条　国有独资公司和国有控股公司应建立外部董事、独立董事制度，外部董事、独立董事人数应超过董事会全部成员的半数，以保证董事会能够在重大决策、重大风险管理等方面作出独立于经理层的判断和选择。

第四十五条　董事会就全面风险管理工作的有效性对股东（大）会负责。董事会在全面风险管理方面主要履行以下职责：

（一）审议并向股东（大）会提交企业全面风险管理年度工作报告；

（二）确定企业风险管理总体目标、风险偏好、风险承受度，批准风险管理策略和重大风险管理解决方案；

（三）了解和掌握企业面临的各项重大风险及其风险管理现状，做出有效控制风险的决策；

（四）批准重大决策、重大风险、重大事件和重要业务流程的判断标准或判断机制；

（五）批准重大决策的风险评估报告；

（六）批准内部审计部门提交的风险管理监督评价审计报告；

（七）批准风险管理组织机构设置及其职责方案；

（八）批准风险管理措施，纠正和处理任何组织或个人超越风险管理制度做出的风险性决定的行为；

（九）督导企业风险管理文化的培育；

（十）全面风险管理其他重大事项。

第四十六条　具备条件的企业，董事会可下设风险管理委员会。该委员会的召集人应由不兼任总经理的董事长担任；董事长兼任总经理的，召集人应由外部董事或独立董事担任。该委员会成员中需有熟悉企业重要管理及业务流程的董事，以及具备风险管理监管知识或经验、具有一定法律知识的董事。

第四十七条　风险管理委员会对董事会负责，主要履行以下职责：

（一）提交全面风险管理年度报告；

（二）审议风险管理策略和重大风险管理解决方案；

（三）审议重大决策、重大风险、重大事件和重要业务流程的判断标准或判断机制，以及重大决策的风险评估报告；

（四）审议内部审计部门提交的风险管理监督评价审计综合报告；

（五）审议风险管理组织机构设置及其职责方案；

（六）办理董事会授权的有关全面风险管理的其他事项。

第四十八条　企业总经理对全面风险管理工作的有效性向董事会负责。总经理或总经理委托的高级管理人员，负责主持全面风险管理的日常工作，负责组织拟订企业风险管理组织机构设置及其职责方案。

第四十九条　企业应设立专职部门或确定相关职能部门履行全面风险管理的职责。该部门对总经理或其委托的高级管理人员负责，主要履行以下职责：

（一）研究提出全面风险管理工作报告；

（二）研究提出跨职能部门的重大决策、重大风险、重大事件和重要业务流程的判断标准或判断机制；

（三）研究提出跨职能部门的重大决策风险评估报告；

（四）研究提出风险管理策略和跨职能部门的重大风险管理解决方案，并负责该方案的组织实施和对该风险的日常监控；

（五）负责对全面风险管理有效性评估，研究提出全面风险管理的改进方案；

（六）负责组织建立风险管理信息系统；

（七）负责组织协调全面风险管理日常工作；

（八）负责指导、监督有关职能部门、各业务单位以及全资、控股子企业开展全面风险管理工作；

（九）办理风险管理其他有关工作。

第五十条　企业应在董事会下设立审计委员会，企业内部审计部门对审计委员会负责。审计委员会和内部审计部门的职责应符合《中央企业内部审计管理暂行办法》（国资委令第 8 号）的有关规定。内部审计部门在风险管理方面，主要负责研究提出全面风险管理监督评价体系，制定监督评价相关制度，开展监督与评价，出具监督评价审计报告。

第五十一条　企业其他职能部门及各业务单位在全面风险管理工作中，应接受风险管理职能部门和内部审计部门的组织、协调、指导和监督，主要履行以下职责：

（一）执行风险管理基本流程；

（二）研究提出本职能部门或业务单位重大决策、重大风险、重大事件和重要业务流程的判断标准或判断机制；

（三）研究提出本职能部门或业务单位的重大决策风险评估报告；

（四）做好本职能部门或业务单位建立风险管理信息系统的工作；

（五）做好培育风险管理文化的有关工作；

（六）建立健全本职能部门或业务单位的风险管理内部控制子系统；

（七）办理风险管理其他有关工作。

第五十二条　企业应通过法定程序，指导和监督其全资、控股子企业建立与企业相适应或符合全资、控股子企业自身特点、能有效发挥作用的风险管理组织体系。

第八章　风险管理信息系统

第五十三条　企业应将信息技术应用于风险管理的各项工作，建立涵盖风险管理基本流程和内部控制系统各环节的风险管理信息系统，包括信息的采集、存储、加工、分析、测试、传递、报告、披露等。

第五十四条　企业应采取措施确保向风险管理信息系统输入的业务数据和风险量化值的一致性、准确性、及时性、可用性和完整性。对输入信息系统的数据，未经批准，不得更改。

第五十五条　风险管理信息系统应能够进行对各种风险的计量和定量分析、定量测试；能够实时反映风险矩阵和排序频谱、重大风险和重要业务流程的监控状态；能够对超过风险预警上限的重大风险实施信息报警；能够满足风险管理内部信息报告制度和企业对外信息披露管理制度的要求。

第五十六条　风险管理信息系统应实现信息在各职能部门、业务单位之间的集成与共享，既能满足单项业务风险管理的要求，也能满足企业整体和跨职能部门、业务单位的风险管理综合要求。

第五十七条　企业应确保风险管理信息系统的稳定运行和安全，并根据实际需要不断进行改进、完善或更新。

第五十八条　已建立或基本建立企业管理信息系统的企业，应补充、调整、更新已有的管理流程和管理程序，建立完善的风险管理信息系统；尚未建立企业管理信息系统的，应将风险管理与企业各项管理业务流程、管理软件统一规划、统一设计、统一实施、同步运行。

第九章　风险管理文化

第五十九条　企业应注重建立具有风险意识的企业文化，促进企业风险管理水平、员工风险管理素质的提升，保障企业风险管理目标的实现。

第六十条　风险管理文化建设应融入企业文化建设全过程。大力培育和塑造良好的风险管理文化，树立正确的风险管理理念，增强员工风险管理意识，将风险管理意识转化为员工的共同认识和自觉行动，促进企业建立系统、规范、高效的风险管理机制。

第六十一条　企业应在内部各个层面营造风险管理文化氛围。董事会应高度重视风险管理文化的培育，总经理负责培育风险管理文化的日常工作。董事和高级管理人员应在培育风险管理文化中起表率作用。重要管理及业务流程和风险控制点的管理人员和业务操作人员应成为培育风险管理文化的骨干。

第六十二条　企业应大力加强员工法律素质教育，制定员工道德诚信准则，形成人人讲道德诚信、合法合规经营的风险管理文化。对于不遵守国家法律法规和企业规章制度、弄虚作假、徇私舞弊等违法及违反道德诚信准则的行为，企业应严肃查处。

第六十三条　企业全体员工尤其是各级管理人员和业务操作人员应通过多种形式，努力传播企业风险管理文化，牢固树立风险无处不在、风险无时不在、严格防控纯粹风险、审慎处置机会风险、岗位风险管理责任重大等意识和理念。

第六十四条　风险管理文化建设应与薪酬制度和人事制度相结合，有利于增强各级管理人员特别是高级管理人员风险意识，防止盲目扩张、片面追求业绩、忽视风险等行为的发生。

第六十五条　企业应建立重要管理及业务流程、风险控制点的管理人员和业务操作人员岗前风险管理培训制度。采取多种途经和形式，加强对风险管理理念、知识、流程、管控核心内容的培训，培养风险管理人才，培育风险管理文化。

第十章　附　则

第六十六条　中央企业中未设立董事会的国有独资企业，由经理办公会议代行本指引中有关董事会的职责，总经理对本指引的贯彻执行负责。

第六十七条　本指引在中央企业投资、财务报告、衍生产品交易等方面的风险管理配套文件另行下发。

第六十八条　本指引的《附录》对本指引所涉及的有关技术方法和专业术语进行了说明。

第六十九条　本指引由国务院国有资产监督管理委员会负责解释。

第七十条　本指引自印发之日起施行。

附：风险管理常用技术方法简介

风险管理常用技术方法简介

一、风险坐标图

风险坐标图是把风险发生可能性的高低、风险发生后对目标的影响程度，作为两个维度绘制在同一个平面上（即绘制成直角坐标系）。对风险发生可能性的高低、风险对目标影响程度的评估有定性、定量等方法。定性方法是直接用文字描述风险发生可能性的高低、风险对目标的影响程度，如“极低”、“低”、“中等”、“高”、“极高”等。定量方法是对风险发生可能性的高低、风险对目标影响程度用具有实际意义的数量描述，如对风险发生可能性的高低用概率来表示，对目标影响程度用损失金额来表示。

下表列出某公司对风险发生可能性的定性、定量评估标准及其相互对应关系，供实际操作中参考。

定量方法一	评分	1	2	3	4	5
定量方法二	一定时期发生的概率	10%以下	10%～30%	30%～70%	70%～90%	90%以上
定性方法	文字描述一	极低	低	中等	高	极高
	文字描述二	一般情况下不会发生	极少情况下才发生	某些情况下发生	较多情况下发生	常常会发生
	文字描述三	今后10年内发生的可能少于1次	今后5～10年内可能发生1次	今后2～5年内可能发生1次	今后1年内可能发生1次	今后1年内至少发生1次

下表列出某公司关于风险发生后对目标影响程度的定性、定量评估标准及其相互对应关系，供实际操作中参考。

<table>
<tr><td rowspan="7">适用于所有行业</td><td>定量方法一</td><td colspan="2">评分</td><td>1</td><td>2</td><td>3</td><td>4</td><td>5</td></tr>
<tr><td>定量方法二</td><td colspan="2">企业财务损失占税前利润的百分比（%）</td><td>1%以下</td><td>1%～5%</td><td>6%～10%</td><td>11%～20%</td><td>20%以上</td></tr>
<tr><td rowspan="5">定性方法</td><td colspan="2">文字描述一</td><td>极轻微的</td><td>轻微的</td><td>中等的</td><td>重大的</td><td>灾难性的</td></tr>
<tr><td colspan="2">文字描述二</td><td>极低</td><td>低</td><td>中等</td><td>高</td><td>极高</td></tr>
<tr><td rowspan="3">文字描述三</td><td>企业日常运行</td><td>不受影响</td><td>轻度影响（造成轻微的人身伤害，情况立刻受到控制）</td><td>中度影响（造成一定人身伤害，需要医疗救援，情况需要外部支持才能得到控制）</td><td>严重影响（企业失去一些业务能力，造成严重人身伤害，情况失控，但无致命影响）</td><td>重大影响（重大业务失误，造成重大人身伤亡，情况失控，给企业致命影响）</td></tr>
<tr><td>财务损失</td><td>较低的财务损失</td><td>轻微的财务损失</td><td>中等的财务损失</td><td>重大的财务损失</td><td>极大的财务损失</td></tr>
<tr><td>企业声誉</td><td>负面消息在企业内部流传，企业声誉没有受损</td><td>负面消息在当地局部流传，对企业声誉造成轻微损害</td><td>负面消息在某区域流传，对企业声誉造成中等损害</td><td>负面消息在全国各地流传，对企业声誉造成重大损害</td><td>负面消息流传世界各地，政府或监管机构进行调查，引起公众关注，对企业声誉造成无法弥补的损害</td></tr>
</table>

续表

适用于开采业、制造业	定性与定量结合	安全	短暂影响职工或公民的健康	严重影响一位职工或公民健康	严重影响多位职工或公民健康	导致一位职工或公民死亡	引致多位职工或公民死亡
		营运	-对营运影响微弱 -在时间、人力或成本方面不超出预算1%	-对营运影响轻微 -受到监管者责难 -在时间、人力或成本方面超出预算1%~5%	-减慢营业运作 -受到法规惩罚或被罚款等 -在时间、人力或成本方面超出预算6%~10%	-无法达到部分营运目标或关键业绩指标 -受到监管者的限制 -在时间、人力或成本方面超出预算11%~20%	-无法达到所有的营运目标或关键业绩指标 -违规操作使业务受到中止 -时间、人力或成本方面超出预算20%
		环境	-对环境或社会造成短暂的影响 -可不采取行动	-对环境或社会造成一定的影响 -应通知政府有关部门	-对环境造成中等影响 -需一定时间才能恢复 -出现个别投诉事件 -应执行一定程度的补救措施	-造成主要环境损害 -需要相当长的时间来恢复 -大规模的公众投诉 -应执行重大的补救措施	-无法弥补的灾难性环境损害 -激起公众的愤怒 -潜在的大规模的公众法律投诉

对风险发生可能性的高低和风险对目标影响程度进行定性或定量评估后，依据评估结果绘制风险坐标图。如：某公司对9项风险进行了定性评估，风险①发生的可能性为“低”，风险发生后对目标的影响程度为“极低”；……；风险⑨发生的可能性为“极低”，对目标的影响程度为“高”，则绘制风险坐标图如下：

可能性＼影响程度	极低	低	中等	高	极高
极高				⑥	
高		②			⑧
中等		⑤	③		
低	①		④		⑦
极低				⑨	

如某公司对 7 项风险进行定量评估，其中：风险①发生的可能性为 83%，发生后对企业造成的损失为 2 100 万元；风险②发生的可能性为 40%，发生后对企业造成的损失为 3 800 万元……而风险⑦发生的可能性为 55% ~62%，发生后对企业造成的损失为 7 500 万 ~9 100 万元，在风险坐标图上用一个区域来表示，则绘制风险坐标图如下：

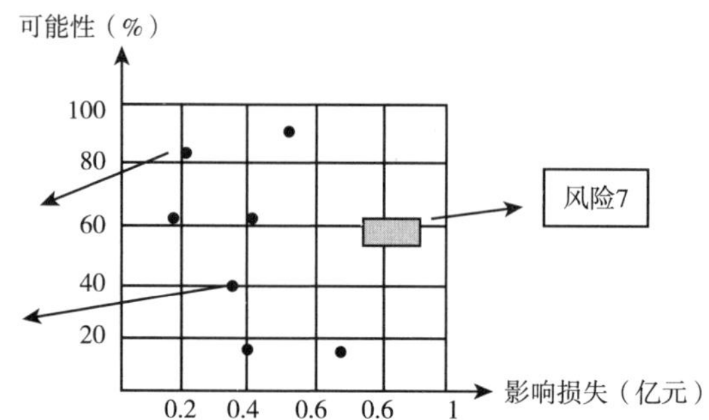

绘制风险坐标图的目的在于对多项风险进行直观的比较，从而确定各风险管理的优先顺序和策略。如：某公司绘制了如下风险坐标图，并将该图划分为 A、B、C 三个区域，公司决定承担 A 区域中的各项风险且不再增加控制措施；严格控制 B 区域中的各项风险且专门补充制定各项控制措施；确保规避和转移 C 区域中的各项风险且优先安排实施各项防范措施。

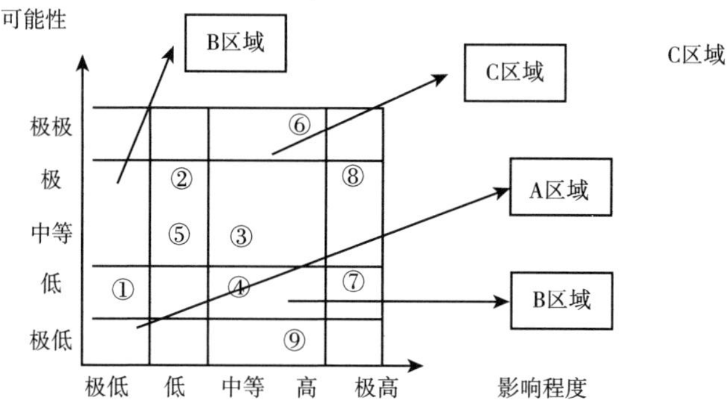

二、蒙特卡罗方法

蒙特卡罗方法是一种随机模拟数学方法。该方法用来分析评估风险发生可能性、风险的成因、风险造成的损失或带来的机会等变量在未来变化的概率分布。具体操作步骤如下：

1. 量化风险。将需要分析评估的风险进行量化，明确其度量单位，得到风险变量，并收集历史相关数据。

2. 根据对历史数据的分析，借鉴常用建模方法，建立能描述该风险变量在未来变化的概率模型。建立概率模型的方法很多，例如：差分和微分方程方法，插值和拟合方法等。这些方法大致分为两类：一类是对风险变量之间的关系及其未来的情况作出假设，直接描述该风险变量在未来的分布类型（如正态分布），并确定其分布参数；另一类是对风险变量的变化过程作出假设，描述该风险变量在未来的分布类型。

3. 计算概率分布初步结果。利用随机数字发生器，将生成的随机数字代入上述概率模型，生成风险变量的概率分布初步结果。

4. 修正完善概率模型。通过对生成的概率分布初步结果进行分析，用实验数据验证模型的正确性，并在实践中不断修正和完善模型。

5. 利用该模型分析评估风险情况。

正态分布是蒙特卡罗风险方法中使用最广泛的一类模型。通常情况下，如果一个变量受很多相互独立的随机因素的影响，而其中每一个因素的影响都很小，则该变量服从正态分布。在自然界和社会中大量的变量都满足正态分布。描述正态分布需要两个特征值：均值和标准差。其密度函数和分布函数的一般形式如下：

密度函数：$\varphi(x) = \frac{1}{\sigma\sqrt{2\pi}}e^{-\frac{(x-\mu)^2}{2\sigma^2}}, -\infty < x < +\infty$

分布函数：$\Phi(x) = P(X \leqslant x) = \int_{-x}^{x}\frac{1}{\sigma\sqrt{2\pi}}e^{-\frac{(x-\mu)^2}{2\sigma^2}}dt, -\infty < x < +\infty$

其中 μ 为均值，σ 为标准差。

由于蒙特卡罗方法依赖于模型的选择，因此，模型本身的选择对于蒙特卡罗方法计算结果的精度影响甚大。蒙特卡罗方法计算量很大，通常借助计算机完成。

三、关键风险指标管理

一项风险事件发生可能有多种成因，但关键成因往往只有几种。关键风险指标管理是对引起风险事件发生的关键成因指标进行管理的方法。具体操作步骤如下：

1. 分析风险成因，从中找出关键成因。

2. 将关键成因量化，确定其度量，分析确定导致风险事件发生（或极有可能发生）时该成因的具体数值。

3. 以该具体数值为基础，以发出风险预警信息为目的，加上或减去一定数值后形成新的数值，该数值即为关键风险指标。

4. 建立风险预警系统，即当关键成因数值达到关键风险指标时，发出风险预警信息。

5. 制定出现风险预警信息时应采取的风险控制措施。

6. 跟踪监测关键成因数值的变化，一旦出现预警，即实施风险控制措施。

以易燃易爆危险品储存容器泄漏引发爆炸的风险管理为例。容器泄漏的成因有：使用时间过长、日常维护不够、人为破坏、气候变化等因素，但容器使用时间过长是关键成因。如容器使用最高期限为50年，人们发现当使用时间超过45年后，则易发生泄漏。该“45年”即为关键风险指标。为此，制定使用时间超过“45年”后需采取的风险控制措施，一旦使用时间接近或达到“45年”时，发出预警信息，即采取相应措施。

该方法既可以管理单项风险的多个关键成因指标，也可以管理影响企业主要目标的多个主要风险。使用该方法，要求风险关键成因分析准确，且易量化、易统计、易跟踪监测。

四、压力测试

压力测试是指在极端情景下，分析评估风险管理模型或内控流程的有效性，发现问题，制定改进措施的方法，目的是防止出现重大损失事件。具体操作步骤如下：

1. 针对某一风险管理模型或内控流程，假设可能会发生哪些极端情景。极端情景是指在非正常情况下，发生概率很小，而一旦发生，后果十分严重的事情。假设极端情景时，不仅要考虑本企业或与本企业类似的其他企业出现过的历史教训，还要考虑历史上不曾出现，但将来可能会出现的事情。

2. 评估极端情景发生时，该风险管理模型或内控流程是否有效，并分析对目标可能造成的损失。

3. 制定相应措施，进一步修改和完善风险管理模型或内控流程。

以信用风险管理为例。如：一个企业已有一个信用很好的交易伙伴，该交易伙伴除发生极端情景，一般不会违约。因此，在日常交易中，该企业只需“常规的风险管理策略和内控流程”即可。采用压力测试方法，是假设该交易伙伴将来发生极端情景（如其财产毁于地震、火灾、被盗），被迫违约对该企业造成了重大损失。而该企业“常规的风险管理策略和内控流程”在极端情景下不能有效防止重大损失事件，为此，该企业采取了购买保险或相应衍生产品、开发多个交易伙伴等措施。

风险管理专业术语解释

1. 风险理财：利用金融手段管理风险的方法，包括：预提风险准备金、购买保险或使用专业自保公司、衍生产品交易以及风险融资等。

2. 情景分析：通过假设、预测、模拟等手段生成未来情景，并分析其对目标产生影响的方法，包括：历史情景重演法、预期法、因素分解法、随机模拟法等方法。

3. 集中趋势法：指根据随机变量的分布情况，计算出该变量分布的集中特性值（均值、中数、众数等），从而预测未来情况的方法。它是数据推论方法的一种。

4. 失效模式与影响分析：通过辨识系统失去效用后的各种状况，分析其影响，并采取相应措施的方法。

5. 事件树分析：以树状图形方式分析风险事件间因果关系的方法。

6. 风险偏好：为了实现目标，企业在承担风险的种类、大小等方面的基本态度。

7. 风险承受度：企业愿意承担的风险限度，也是企业风险偏好的边界。

8. 风险对冲：通过承担多个风险，使相关风险能够互相抵消的方法。使用该方法，必须进行风险组合，而不是对单一风险进行规避、控制。

如：资产组合、多种外币结算、战略上的分散经营、套期保值等。

9. 损失事件管理：对可能给企业造成重大损失的风险事件的事前、事中、事后管理的方法。损失包括企业的资金、声誉、技术、品牌、人才等。

10. 返回测试：将历史数据输入到风险管理模型或内控流程中，把结果与预测值对比，以检验其有效性的方法。

11. 穿行测试：在正常运行条件下，将初始数据输入内控流程，穿越全流程和所有关键环节，把运行结果与设计要求对比，以发现内控流程缺陷的方法。

附录2　企业内部控制基本规范

财政部　证监会　审计署　银监会　保监会

2008. 5. 22

第一章　总　则

第一条　为了加强和规范企业内部控制，提高企业经营管理水平和风险防范能力，促进企业可持续发展，维护社会主义市场经济秩序和社会公众利益，根据《中华人民共和国公司法》、《中华人民共和国证券法》、《中华人民共和国会计法》和其他有关法律法规，制定本规范。

第二条　本规范适用于中华人民共和国境内设立的大中型企业。

小企业和其他单位可以参照本规范建立与实施内部控制。

大中型企业和小企业的划分标准根据国家有关规定执行。

第三条　本规范所称内部控制，是由企业董事会、监事会、经理层和全体员工实施的、旨在实现控制目标的过程。

内部控制的目标是合理保证企业经营管理合法合规、资产安全、财务报告及相关信息真实完整，提高经营效率和效果，促进企业实现发展战略。

第四条　企业建立与实施内部控制，应当遵循下列原则：

（一）全面性原则。内部控制应当贯穿决策、执行和监督全过程，覆盖企业及其所属单位的各种业务和事项。

（二）重要性原则。内部控制应当在全面控制的基础上，关注重要业务事项和高风险领域。

（三）制衡性原则。内部控制应当在治理结构、机构设置及权责分配、业务流程等方面形成相互制约、相互监督，同时兼顾运营效率。

（四）适应性原则。内部控制应当与企业经营规模、业务范围、竞争状况和风险水平等相适应，并随着情况的变化及时加以调整。

（五）成本效益原则。内部控制应当权衡实施成本与预期效益，以适当的成本实现有效控制。

第五条　企业建立与实施有效的内部控制，应当包括下列要素：

（一）内部环境。内部环境是企业实施内部控制的基础，一般包括治理结构、机构设置及权责分配、内部审计、人力资源政策、企业文化等。

（二）风险评估。风险评估是企业及时识别、系统分析经营活动中与实现内部控制目标相关的风险，合理确定风险应对策略。

（三）控制活动。控制活动是企业根据风险评估结果，采用相应的控制措施，将风险控制在可承受度之内。

（四）信息与沟通。信息与沟通是企业及时、准确地收集、传递与内部控制相关的信息，确保信息在企业内部、企业与外部之间进行有效沟通。

（五）内部监督。内部监督是企业对内部控制建立与实施情况进行监督检查，评价内部控制的有效性，发现内部控制缺陷，应当及时加以改进。

第六条　企业应当根据有关法律法规、本规范及其配套办法，制定本企业的内部控制制度并组织实施。

第七条　企业应当运用信息技术加强内部控制，建立与经营管理相适应的信息系统，促进内部控制流程与信息系统的有机结合，实现对业务和事项的自动控制，减少或消除人为操纵因素。

第八条　企业应当建立内部控制实施的激励约束机制，将各责任单位和全体员工实施内部控制的情况纳入绩效考评体系，促进内部控制的有效实施。

第九条　国务院有关部门可以根据法律法规、本规范及其配套办法，明确贯彻实施本规范的具体要求，对企业建立与实施内部控制的情况进行监督检查。

第十条　接受企业委托从事内部控制审计的会计师事务所，应当根据本规范及其配套办法和相关执业准则，对企业内部控制的有效性进行审计，出具审计报告。会计师事务所及其签字的从业人员应当对发表的内部控制审计意见负责。

为企业内部控制提供咨询的会计师事务所，不得同时为同一企业提供内部控制审计服务。

第二章　内部环境

第十一条　企业应当根据国家有关法律法规和企业章程，建立规范的公司治理结构和议事规则，明确决策、执行、监督等方面的职责权限，形成科学有效的职责分工和制衡机制。

股东（大）会享有法律法规和企业章程规定的合法权利，依法行使企业经营方针、筹资、投资、利润分配等重大事项的表决权。

董事会对股东（大）会负责，依法行使企业的经营决策权。

监事会对股东（大）会负责，监督企业董事、经理和其他高级管理人员依法履行职责。

经理层负责组织实施股东（大）会、董事会决议事项，主持企业的生产经营管理工作。

第十二条　董事会负责内部控制的建立健全和有效实施。监事会对董事会建立与实施内部控制进行监督。经理层负责组织领导企业内部控制的日常运行。

企业应当成立专门机构或者指定适当的机构具体负责组织协调内部控制的建立实施及日常工作。

第十三条　企业应当在董事会下设立审计委员会。审计委员会负责审查企业内部控制，监督内部控制的有效实施和内部控制自我评价情况，协调内部控制审计及其他相关事宜等。

审计委员会负责人应当具备相应的独立性、良好的职业操守和专业胜任能力。

第十四条　企业应当结合业务特点和内部控制要求设置内部机构，明确职责权限，将权利与责任落实到各责任单位。

企业应当通过编制内部管理手册，使全体员工掌握内部机构设置、岗位职责、业务流程等情况，明确权责分配，正确行使职权。

第十五条　企业应当加强内部审计工作，保证内部审计机构设置、人员配备和工作的独立性。

内部审计机构应当结合内部审计监督，对内部控制的有效性进行监督检查。内部审计机构对监督检查中发现的内部控制缺陷，应当按照企业内部审计工作程序进行报告；对监督检查中发现的内部控制重大缺陷，有权直接向董事会及其审计委员会、监事会报告。

第十六条　企业应当制定和实施有利于企业可持续发展的人力资源政

策。人力资源政策应当包括下列内容：

（一）员工的聘用、培训、辞退与辞职。

（二）员工的薪酬、考核、晋升与奖惩。

（三）关键岗位员工的强制休假制度和定期岗位轮换制度。

（四）掌握国家秘密或重要商业秘密的员工离岗的限制性规定。

（五）有关人力资源管理的其他政策。

第十七条　企业应当将职业道德修养和专业胜任能力作为选拔和聘用员工的重要标准，切实加强员工培训和继续教育，不断提升员工素质。

第十八条　企业应当加强文化建设，培育积极向上的价值观和社会责任感，倡导诚实守信、爱岗敬业、开拓创新和团队协作精神，树立现代管理理念，强化风险意识。

董事、监事、经理及其他高级管理人员应当在企业文化建设中发挥主导作用。

企业员工应当遵守员工行为守则，认真履行岗位职责。

第十九条　企业应当加强法制教育，增强董事、监事、经理及其他高级管理人员和员工的法制观念，严格依法决策、依法办事、依法监督，建立健全法律顾问制度和重大法律纠纷案件备案制度。

第三章　风险评估

第二十条　企业应当根据设定的控制目标，全面系统持续地收集相关信息，结合实际情况，及时进行风险评估。

第二十一条　企业开展风险评估，应当准确识别与实现控制目标相关的内部风险和外部风险，确定相应的风险承受度。

风险承受度是企业能够承担的风险限度，包括整体风险承受能力和业务层面的可接受风险水平。

第二十二条　企业识别内部风险，应当关注下列因素：

（一）董事、监事、经理及其他高级管理人员的职业操守、员工专业胜任能力等人力资源因素。

（二）组织机构、经营方式、资产管理、业务流程等管理因素。

（三）研究开发、技术投入、信息技术运用等自主创新因素。

（四）财务状况、经营成果、现金流量等财务因素。

（五）营运安全、员工健康、环境保护等安全环保因素。

（六）其他有关内部风险因素。

第二十三条　企业识别外部风险，应当关注下列因素：

（一）经济形势、产业政策、融资环境、市场竞争、资源供给等经济因素。

（二）法律法规、监管要求等法律因素。

（三）安全稳定、文化传统、社会信用、教育水平、消费者行为等社会因素。

（四）技术进步、工艺改进等科学技术因素。

（五）自然灾害、环境状况等自然环境因素。

（六）其他有关外部风险因素。

第二十四条　企业应当采用定性与定量相结合的方法，按照风险发生的可能性及其影响程度等，对识别的风险进行分析和排序，确定关注重点和优先控制的风险。

企业进行风险分析，应当充分吸收专业人员，组成风险分析团队，按照严格规范的程序开展工作，确保风险分析结果的准确性。

第二十五条　企业应当根据风险分析的结果，结合风险承受度，权衡风险与收益，确定风险应对策略。

企业应当合理分析、准确掌握董事、经理及其他高级管理人员、关键岗位员工的风险偏好，采取适当的控制措施，避免因个人风险偏好给企业经营带来重大损失。

第二十六条　企业应当综合运用风险规避、风险降低、风险分担和风险承受等风险应对策略，实现对风险的有效控制。

风险规避是企业对超出风险承受度的风险，通过放弃或者停止与该风险相关的业务活动以避免和减轻损失的策略。

风险降低是企业在权衡成本效益之后，准备采取适当的控制措施降低风险或者减轻损失，将风险控制在风险承受度之内的策略。

风险分担是企业准备借助他人力量，采取业务分包、购买保险等方式和适当的控制措施，将风险控制在风险承受度之内的策略。

风险承受是企业对风险承受度之内的风险，在权衡成本效益之后，不准备采取控制措施降低风险或者减轻损失的策略。

第二十七条　企业应当结合不同发展阶段和业务拓展情况，持续收集与风险变化相关的信息，进行风险识别和风险分析，及时调整风险应对策略。

第四章　控制活动

第二十八条　企业应当结合风险评估结果，通过手工控制与自动控制、预防性控制与发现性控制相结合的方法，运用相应的控制措施，将风险控制在可承受度之内。

控制措施一般包括：不相容职务分离控制、授权审批控制、会计系统控制、财产保护控制、预算控制、运营分析控制和绩效考评控制等。

第二十九条　不相容职务分离控制要求企业全面系统地分析、梳理业务流程中所涉及的不相容职务，实施相应的分离措施，形成各司其职、各负其责、相互制约的工作机制。

第三十条　授权审批控制要求企业根据常规授权和特别授权的规定，明确各岗位办理业务和事项的权限范围、审批程序和相应责任。

企业应当编制常规授权的权限指引，规范特别授权的范围、权限、程序和责任，严格控制特别授权。常规授权是指企业在日常经营管理活动中按照既定的职责和程序进行的授权。特别授权是指企业在特殊情况、特定条件下进行的授权。

企业各级管理人员应当在授权范围内行使职权和承担责任。

企业对于重大的业务和事项，应当实行集体决策审批或者联签制度，任何个人不得单独进行决策或者擅自改变集体决策。

第三十一条　会计系统控制要求企业严格执行国家统一的会计准则制度，加强会计基础工作，明确会计凭证、会计账簿和财务会计报告的处理程序，保证会计资料真实完整。

企业应当依法设置会计机构，配备会计从业人员。从事会计工作的人员，必须取得会计从业资格证书。会计机构负责人应当具备会计师以上专业技术职务资格。

大中型企业应当设置总会计师。设置总会计师的企业，不得设置与其职权重叠的副职。

第三十二条　财产保护控制要求企业建立财产日常管理制度和定期清查制度，采取财产记录、实物保管、定期盘点、账实核对等措施，确保财产安全。

企业应当严格限制未经授权的人员接触和处置财产。

第三十三条　预算控制要求企业实施全面预算管理制度，明确各责任单位在预算管理中的职责权限，规范预算的编制、审定、下达和执行程序，强化预算约束。

第三十四条　运营分析控制要求企业建立运营情况分析制度，经理层应当综合运用生产、购销、投资、筹资、财务等方面的信息，通过因素分析、对比分析、趋势分析等方法，定期开展运营情况分析，发现存在的问题，及时查明原因并加以改进。

第三十五条　绩效考评控制要求企业建立和实施绩效考评制度，科学设置考核指标体系，对企业内部各责任单位和全体员工的业绩进行定期考核和客观评价，将考评结果作为确定员工薪酬以及职务晋升、评优、降级、调岗、辞退等的依据。

第三十六条　企业应当根据内部控制目标，结合风险应对策略，综合运用控制措施，对各种业务和事项实施有效控制。

第三十七条　企业应当建立重大风险预警机制和突发事件应急处理机制，明确风险预警标准，对可能发生的重大风险或突发事件，制定应急预案、明确责任人员、规范处置程序，确保突发事件得到及时妥善处理。

第五章　信息与沟通

第三十八条　企业应当建立信息与沟通制度，明确内部控制相关信息的收集、处理和传递程序，确保信息及时沟通，促进内部控制有效运行。

第三十九条　企业应当对收集的各种内部信息和外部信息进行合理筛选、核对、整合，提高信息的有用性。

企业可以通过财务会计资料、经营管理资料、调研报告、专项信息、内部刊物、办公网络等渠道，获取内部信息。

企业可以通过行业协会组织、社会中介机构、业务往来单位、市场调查、来信来访、网络媒体以及有关监管部门等渠道，获取外部信息。

第四十条　企业应当将内部控制相关信息在企业内部各管理级次、责任单位、业务环节之间，以及企业与外部投资者、债权人、客户、供应商、中介机构和监管部门等有关方面之间进行沟通和反馈。信息沟通过程中发现的问题，应当及时报告并加以解决。

重要信息应当及时传递给董事会、监事会和经理层。

第四十一条　企业应当利用信息技术促进信息的集成与共享，充分发挥信息技术在信息与沟通中的作用。

企业应当加强对信息系统开发与维护、访问与变更、数据输入与输出、文件储存与保管、网络安全等方面的控制，保证信息系统安全稳定运行。

第四十二条　企业应当建立反舞弊机制，坚持惩防并举、重在预防的原则，明确反舞弊工作的重点领域、关键环节和有关机构在反舞弊工作中的职责权限，规范舞弊案件的举报、调查、处理、报告和补救程序。

企业至少应当将下列情形作为反舞弊工作的重点：

（一）未经授权或者采取其他不法方式侵占、挪用企业资产，牟取不当利益。

（二）在财务会计报告和信息披露等方面存在的虚假记载、误导性陈述或者重大遗漏等。

（三）董事、监事、经理及其他高级管理人员滥用职权。

（四）相关机构或人员串通舞弊。

第四十三条　企业应当建立举报投诉制度和举报人保护制度，设置举报专线，明确举报投诉处理程序、办理时限和办结要求，确保举报、投诉成为企业有效掌握信息的重要途径。

举报投诉制度和举报人保护制度应当及时传达至全体员工。

第六章　内部监督

第四十四条　企业应当根据本规范及其配套办法，制定内部控制监督制度，明确内部审计机构（或经授权的其他监督机构）和其他内部机构在内部监督中的职责权限，规范内部监督的程序、方法和要求。

内部监督分为日常监督和专项监督。日常监督是指企业对建立与实施内部控制的情况进行常规、持续的监督检查；专项监督是指在企业发展战略、组织结构、经营活动、业务流程、关键岗位员工等发生较大调整或变化的情况下，对内部控制的某一或者某些方面进行有针对性的监督检查。

专项监督的范围和频率应当根据风险评估结果以及日常监督的有效性等予以确定。

第四十五条　企业应当制定内部控制缺陷认定标准，对监督过程中发现的内部控制缺陷，应当分析缺陷的性质和产生的原因，提出整改方案，采取适当的形式及时向董事会、监事会或者经理层报告。

内部控制缺陷包括设计缺陷和运行缺陷。企业应当跟踪内部控制缺陷整改情况，并就内部监督中发现的重大缺陷，追究相关责任单位或者责任人的责任。

第四十六条　企业应当结合内部监督情况，定期对内部控制的有效性进行自我评价，出具内部控制自我评价报告。

内部控制自我评价的方式、范围、程序和频率，由企业根据经营业务调整、经营环境变化、业务发展状况、实际风险水平等自行确定。

国家有关法律法规另有规定的，从其规定。

第四十七条　企业应当以书面或者其他适当的形式，妥善保存内部控制建立与实施过程中的相关记录或者资料，确保内部控制建立与实施过程的可验证性。

第七章　附　则

第四十八条　本规范由财政部会同国务院其他有关部门解释。

第四十九条　本规范的配套办法由财政部会同国务院其他有关部门另行制定。

第五十条　本规范自 2009 年 7 月 1 日起实施。

附录3　中央企业合规管理指引（试行）

国务院资产管理委员会

2018. 11. 2

第一章　总　则

第一条　为推动中央企业全面加强合规管理，加快提升依法合规经营管理水平，着力打造法治央企，保障企业持续健康发展，根据《中华人民共和国公司法》、《中华人民共和国企业国有资产法》等有关法律法规规定，制定本指引。

第二条　本指引所称中央企业，是指国务院国有资产监督管理委员会（以下简称国资委）履行出资人职责的国家出资企业。

本指引所称合规，是指中央企业及其员工的经营管理行为符合法律法规、监管规定、行业准则和企业章程、规章制度以及国际条约、规则等要求。

本指引所称合规风险，是指中央企业及其员工因不合规行为，引发法律责任、受到相关处罚、造成经济或声誉损失以及其他负面影响的可能性。

本指引所称合规管理，是指以有效防控合规风险为目的，以企业和员工经营管理行为为对象，开展包括制度制定、风险识别、合规审查、风险应对、责任追究、考核评价、合规培训等有组织、有计划的管理活动。

第三条　国资委负责指导监督中央企业合规管理工作。

第四条　中央企业应当按照以下原则加快建立健全合规管理体系：

（一）全面覆盖。坚持将合规要求覆盖各业务领域、各部门、各级子企业和分支机构、全体员工，贯穿决策、执行、监督全流程。

（二）强化责任。把加强合规管理作为企业主要负责人履行推进法治建设第一责任人职责的重要内容。建立全员合规责任制，明确管理人员和各岗位员工的合规责任并督促有效落实。

（三）协同联动。推动合规管理与法律风险防范、监察、审计、内控、风险管理等工作相统筹、相衔接，确保合规管理体系有效运行。

（四）客观独立。严格依照法律法规等规定对企业和员工行为进行客观评价和处理。合规管理牵头部门独立履行职责，不受其他部门和人员的干涉。

第二章 合规管理职责

第五条 董事会的合规管理职责主要包括：

（一）批准企业合规管理战略规划、基本制度和年度报告；

（二）推动完善合规管理体系；

（三）决定合规管理负责人的任免；

（四）决定合规管理牵头部门的设置和职能；

（五）研究决定合规管理有关重大事项；

（六）按照权限决定有关违规人员的处理事项。

第六条 监事会的合规管理职责主要包括：

（一）监督董事会的决策与流程是否合规；

（二）监督董事和高级管理人员合规管理职责履行情况；

（三）对引发重大合规风险负有主要责任的董事、高级管理人员提出罢免建议；

（四）向董事会提出撤换公司合规管理负责人的建议。

第七条 经理层的合规管理职责主要包括：

（一）根据董事会决定，建立健全合规管理组织架构；

（二）批准合规管理具体制度规定；

（三）批准合规管理计划，采取措施确保合规制度得到有效执行；

（四）明确合规管理流程，确保合规要求融入业务领域；

（五）及时制止并纠正不合规的经营行为，按照权限对违规人员进行责任追究或提出处理建议；

（六）经董事会授权的其他事项。

第八条 中央企业设立合规委员会，与企业法治建设领导小组或风险控制委员会等合署，承担合规管理的组织领导和统筹协调工作，定期召开会议，研究决定合规管理重大事项或提出意见建议，指导、监督和评价合规管理工作。

第九条　中央企业相关负责人或总法律顾问担任合规管理负责人，主要职责包括：

（一）组织制订合规管理战略规划；

（二）参与企业重大决策并提出合规意见；

（三）领导合规管理牵头部门开展工作；

（四）向董事会和总经理汇报合规管理重大事项；

（五）组织起草合规管理年度报告。

第十条　法律事务机构或其他相关机构为合规管理牵头部门，组织、协调和监督合规管理工作，为其他部门提供合规支持，主要职责包括：

（一）研究起草合规管理计划、基本制度和具体制度规定；

（二）持续关注法律法规等规则变化，组织开展合规风险识别和预警，参与企业重大事项合规审查和风险应对；

（三）组织开展合规检查与考核，对制度和流程进行合规性评价，督促违规整改和持续改进；

（四）指导所属单位合规管理工作；

（五）受理职责范围内的违规举报，组织或参与对违规事件的调查，并提出处理建议；

（六）组织或协助业务部门、人事部门开展合规培训。

第十一条　业务部门负责本领域的日常合规管理工作，按照合规要求完善业务管理制度和流程，主动开展合规风险识别和隐患排查，发布合规预警，组织合规审查，及时向合规管理牵头部门通报风险事项，妥善应对合规风险事件，做好本领域合规培训和商业伙伴合规调查等工作，组织或配合进行违规问题调查并及时整改。

监察、审计、法律、内控、风险管理、安全生产、质量环保等相关部门，在职权范围内履行合规管理职责。

第三章　合规管理重点

第十二条　中央企业应当根据外部环境变化，结合自身实际，在全面推进合规管理的基础上，突出重点领域、重点环节和重点人员，切实防范合规风险。

第十三条　加强对以下重点领域的合规管理：

（一）市场交易。完善交易管理制度，严格履行决策批准程序，建立健全自律诚信体系，突出反商业贿赂、反垄断、反不正当竞争，规范资产交易、招投标等活动；

（二）安全环保。严格执行国家安全生产、环境保护法律法规，完善企业生产规范和安全环保制度，加强监督检查，及时发现并整改违规问题；

（三）产品质量。完善质量体系，加强过程控制，严把各环节质量关，提供优质产品和服务；

（四）劳动用工。严格遵守劳动法律法规，健全完善劳动合同管理制度，规范劳动合同签订、履行、变更和解除，切实维护劳动者合法权益；

（五）财务税收。健全完善财务内部控制体系，严格执行财务事项操作和审批流程，严守财经纪律，强化依法纳税意识，严格遵守税收法律政策；

（六）知识产权。及时申请注册知识产权成果，规范实施许可和转让，加强对商业秘密和商标的保护，依法规范使用他人知识产权，防止侵权行为；

（七）商业伙伴。对重要商业伙伴开展合规调查，通过签订合规协议、要求作出合规承诺等方式促进商业伙伴行为合规；

（八）其他需要重点关注的领域。

第十四条　加强对以下重点环节的合规管理：

（一）制度制定环节。强化对规章制度、改革方案等重要文件的合规审查，确保符合法律法规、监管规定等要求；

（二）经营决策环节。严格落实“三重一大”决策制度，细化各层级决策事项和权限，加强对决策事项的合规论证把关，保障决策依法合规；

（三）生产运营环节。严格执行合规制度，加强对重点流程的监督检查，确保生产经营过程中照章办事、按章操作；

（四）其他需要重点关注的环节。

第十五条　加强对以下重点人员的合规管理：

（一）管理人员。促进管理人员切实提高合规意识，带头依法依规开展经营管理活动，认真履行承担的合规管理职责，强化考核与监督问责；

（二）重要风险岗位人员。根据合规风险评估情况明确界定重要风险岗位，有针对性加大培训力度，使重要风险岗位人员熟悉并严格遵守业务涉及的各项规定，加强监督检查和违规行为追责；

（三）海外人员。将合规培训作为海外人员任职、上岗的必备条件，确保遵守我国和所在国法律法规等相关规定；

（四）其他需要重点关注的人员。

第十六条　强化海外投资经营行为的合规管理：

（一）深入研究投资所在国法律法规及相关国际规则，全面掌握禁止性规定，明确海外投资经营行为的红线、底线；

（二）健全海外合规经营的制度、体系、流程，重视开展项目的合规论证和尽职调查，依法加强对境外机构的管控，规范经营管理行为。

（三）定期排查梳理海外投资经营业务的风险状况，重点关注重大决策、重大合同、大额资金管控和境外子企业公司治理等方面存在的合规风险，妥善处理、及时报告，防止扩大蔓延。

第四章　合规管理运行

第十七条　建立健全合规管理制度，制定全员普遍遵守的合规行为规范，针对重点领域制定专项合规管理制度，并根据法律法规变化和监管动态，及时将外部有关合规要求转化为内部规章制度。

第十八条　建立合规风险识别预警机制，全面系统梳理经营管理活动中存在的合规风险，对风险发生的可能性、影响程度、潜在后果等进行系统分析，对于典型性、普遍性和可能产生较严重后果的风险及时发布预警。

第十九条　加强合规风险应对，针对发现的风险制定预案，采取有效措施，及时应对处置。对于重大合规风险事件，合规委员会统筹领导，合规管理负责人牵头，相关部门协同配合，最大限度化解风险、降低损失。

第二十条　建立健全合规审查机制，将合规审查作为规章制度制定、重大事项决策、重要合同签订、重大项目运营等经营管理行为的必经程序，及时对不合规的内容提出修改建议，未经合规审查不得实施。

第二十一条　强化违规问责，完善违规行为处罚机制，明晰违规责任范围，细化惩处标准。畅通举报渠道，针对反映的问题和线索，及时开展调查，严肃追究违规人员责任。

第二十二条　开展合规管理评估，定期对合规管理体系的有效性进行分析，对重大或反复出现的合规风险和违规问题，深入查找根源，完善相关制度，堵塞管理漏洞，强化过程管控，持续改进提升。

第五章　合规管理保障

第二十三条　加强合规考核评价，把合规经营管理情况纳入对各部门和所属企业负责人的年度综合考核，细化评价指标。对所属单位和员工合规职责履行情况进行评价，并将结果作为员工考核、干部任用、评先选优等工作的重要依据。

第二十四条　强化合规管理信息化建设，通过信息化手段优化管理流程，记录和保存相关信息。运用大数据等工具，加强对经营管理行为依法合规情况的实时在线监控和风险分析，实现信息集成与共享。

第二十五条　建立专业化、高素质的合规管理队伍，根据业务规模、合规风险水平等因素配备合规管理人员，持续加强业务培训，提升队伍能力水平。

海外经营重要地区、重点项目应当明确合规管理机构或配备专职人员，切实防范合规风险。

第二十六条　重视合规培训，结合法治宣传教育，建立制度化、常态化培训机制，确保员工理解、遵循企业合规目标和要求。

第二十七条　积极培育合规文化，通过制定发放合规手册、签订合规承诺书等方式，强化全员安全、质量、诚信和廉洁等意识，树立依法合规、守法诚信的价值观，筑牢合规经营的思想基础。

第二十八条　建立合规报告制度，发生较大合规风险事件，合规管理牵头部门和相关部门应当及时向合规管理负责人、分管领导报告。重大合规风险事件应当向国资委和有关部门报告。

合规管理牵头部门于每年年底全面总结合规管理工作情况，起草年度报告，经董事会审议通过后及时报送国资委。

第六章　附　则

第二十九条　中央企业根据本指引，结合实际制定合规管理实施细则。

地方国有资产监督管理机构可以参照本指引，积极推进所出资企业合规管理工作。

第三十条　本指引由国资委负责解释。

第三十一条　本指引自公布之日起施行。

附录4　关于加强中央企业内部控制体系建设与监督工作的实施意见

国务院国有资产管理委员会

2019. 10. 19

为深入贯彻习近平新时代中国特色社会主义思想和党的十九大精神，认真落实党中央、国务院关于防范化解重大风险和推动高质量发展的决策部署，充分发挥内部控制（以下简称内控）体系对中央企业强基固本作用，进一步提升中央企业防范化解重大风险能力，加快培育具有全球竞争力的世界一流企业，根据《中共中央国务院关于深化国有企业改革的指导意见》《国务院关于印发改革国有资本授权经营体制方案的通知》《国务院办公厅关于加强和改进企业国有资产（监）督防止国有资产流失的意见》，制定本实施意见。

一、建立健全内控体系，进一步提升管控效能

（一）优化内控体系。建立健全以风险管理为导向、合规管理监督为重点，严格、规范、全面、有效的内控体系。进一步树立和强化管理制度化、制度流程化、流程信息化的内控理念，通过“强监管严问责”和加强信息化管理，严格落实各项规章制度，将风险管理和合规管理要求嵌入业务流程，促使企业依法合规开展各项经营活动，实现“强内控、防风险、促合规”的管控目标，形成全面、全员、全过程、全体系的风险防控机制，切实全面提升内控体系有效性，加快实现高质量发展。

（二）强化集团管控。进一步完善企业内部管控体制机制，中央企业主要领导人员是内控体系监管工作第一责任人，负责组织领导建立健全覆盖各业务领域、部门、岗位，涵盖各级子企业全面有效的内控体系。中央企业应明确专门职能部门或机构统筹内控体系工作职责；落实各业务部门内控体系有效运行责任；企业审计部门要加强内控体系监督检查工作，准确揭示风险隐患和内控缺陷，进一步发挥查错纠弊作用，促进企业不断优

化内控体系。

（三）完善管理制度。全面梳理内控、风险和合规管理相关制度，及时将法律法规等外部监管要求转化为企业内部规章制度，持续完善企业内部管理制度体系。在具体业务制度的制定、审核和修订中嵌入统一的内控体系管控要求，明确重要业务领域和关键环节的控制要求和风险应对措施。将违规经营投资责任追究内容纳入企业内部管理制度中，强化制度执行刚性约束。

（四）健全监督评价体系。统筹推进内控、风险和合规管理的监督评价工作，将风险、合规管理、制度建设及实施情况纳入内控体系监督评价范畴，制定定性与定量相结合的内控缺陷认定标准、风险评估标准和合规评价标准，不断规范监督评价工作程序、标准和方式方法。

二、强化内控体系执行，提高重大风险防控能力

（五）加强重点领域日常管控。聚焦关键业务、改革重点领域、国有资本运营重要环节以及境外国有资产监管，定期梳理分析相关内控体系执行情况，认真查找制度缺失或流程缺陷，及时研究制定改进措施，确保体系完整、全面控制、执行有效。要在投资并购、改革改制重组等重大经营事项决策前开展专项风险评估，并将风险评估报告（含风险应对措施和处置预案）作为重大经营事项决策的必备支撑材料，对超出企业风险承受能力或风险应对措施不到位的决策事项不得组织实施。

（六）加强重要岗位授权管理和权力制衡。不断深化内控体系管控与各项业务工作的有机结合，以保障各项经营业务规范有序开展。按照不相容职务分离控制、授权审批控制等内控体系管控要求，严格规范重要岗位和关键人员在授权、审批、执行、报告等方面的权责，实现可行性研究与决策审批、决策审批与执行、执行与监督检查等岗位职责的分离。不断优化完善管理要求，重点强化采购、销售、投资管理、资金管理和工程项目、产权（资产）交易流转等业务领域各岗位的职责权限和审批程序，形成相互衔接、相互制衡、相互监督的内控体系工作机制。

（七）健全重大风险防控机制。积极采取措施强化企业防范化解重大风险全过程管控，加强经济运行动态、大宗商品价格以及资本市场指标变

化监测，提高对经营环境变化、发展趋势的预判能力，同时结合内控体系监督评价工作中发现的经营管理缺陷和问题，综合评估企业内外部风险水平，有针对性地制定风险应对方案，并根据原有风险的变化情况及应对方案的执行效果，有效做好企业间风险隔离，防止风险由“点”扩“面”，避免发生系统性、颠覆性重大经营风险。

三、加强信息化管控，强化内控体系刚性约束

（八）提升内控体系信息化水平。各中央企业要结合国资监管信息化建设要求，加强内控信息化建设力度，进一步提升集团管控能力。内控体系建设部门要与业务部门、审计部门、信息化建设部门协同配合，推动企业“三重一大”投资和项目管理、财务和资产、物资采购、全面风险管理、人力资源等集团管控信息系统的集成应用，逐步实现内控体系与业务信息系统互联互通、有机融合。要进一步梳理和规范业务系统的审批流程及各层级管理人员权限设置，将内控体系管控措施嵌入各类业务信息系统，确保自动识别并终止超越权限、逾越程序和审核材料不健全等行为，促使各项经营管理决策和执行活动可控制、可追溯、可检查，有效减少人为违规操纵因素。集团管控能力和信息化基础较好的企业要逐步探索利用大数据、云计算、人工智能等技术，实现内控体系实时监测、自动预警、监督评价等在线监管功能，进一步提升信息化和智能化水平。

四、加大企业监督评价力度，促进内控体系持续优化

（九）全面实施企业自评。督促所属企业每年以规范流程、消除盲区、有效运行为重点，对内控体系的有效性进行全面自评，客观、真实、准确揭示经营管理中存在的内控缺陷、风险和合规问题，形成自评报告，并经董事会或类似决策机构批准后按规定报送上级单位。

（十）加强集团监督评价。要在子企业全面自评的基础上，制定年度监督评价方案，围绕重点业务、关键环节和重要岗位，组织对所属企业内控体系有效性进行监督评价，确保每 3 年覆盖全部子企业。要将海外资产纳入监督评价范围，重点对海外项目的重大决策、重大项目安排、大额资金运作以及境外子企业公司治理等进行监督评价。

（十一）强化外部审计监督。要根据监督评价工作结果，结合自身实际情况，充分发挥外部审计的专业性和独立性，委托外部审计机构对部分子企业内控体系有效性开展专项审计，并出具内控体系审计报告。内控体系监管不到位、风险事件和合规问题频发的中央企业，必须聘请具有相应资质的社会中介机构进行审计评价，切实提升内控体系管控水平。

（十二）充分运用监督评价结果。要加大督促整改工作力度，指导所属企业明确整改责任部门、责任人和完成时限，对整改效果进行检查评价，按照内控体系一体化工作要求编制内控体系年度工作报告并及时报国资委，同时抄送企业纪委（纪检监察组）、组织人事部门等。指导所属企业建立健全与内控体系监督评价结果挂钩的考核机制，对内控制度不健全、内控体系执行不力、瞒报漏报谎报自评结果、整改落实不到位的单位或个人，应给予考核扣分、薪酬扣减或岗位调整等处理。

五、加强出资人监督，全面提升内控体系有效性

（十三）建立出资人监督检查工作机制。加强对中央企业国有资产监管政策制度执行情况的综合检查工作，建立内控体系定期抽查评价工作制度，每年组织专门力量对中央企业经营管理重要领域和关键环节开展内控体系有效性抽查评价，发现和堵塞管理漏洞，完善相关政策制度，并加大监督检查工作结果在各项国有资产监管及干部管理工作中的运用力度。

（十四）充分发挥企业内部监督力量。通过完善公司治理，健全相关制度，整合企业内部监督力量，发挥企业董事会或委派董事决策、审核和监督职责，有效利用企业监事会、内部审计、企业内部巡视巡察等监督检查工作成果，以及出资人监管和外部审计、纪检监察、巡视反馈问题情况，不断完善企业内控体系建设。

（十五）强化整改落实工作。进一步强化对企业重大风险隐患和内控缺陷整改工作跟踪检查力度，将企业整改落实情况纳入每年内控体系抽查评价范围，完善对中央企业提示函和通报工作制度，对整改不力的印发提示函和通报，进一步落实整改责任，避免出现重复整改、形式整改等问题。

（十六）加大责任追究力度。严格按照《中央企业违规经营投资责任

追究实施办法（试行）》（国资委令第 37 号）等有关规定，及时发现并移交违规违纪违法经营投资问题线索，强化监督警示震慑作用。对中央企业存在重大风险隐患、内控缺陷和合规管理等问题失察，或虽发现但没有及时报告、处理，造成重大资产损失或其他严重不良后果的，要严肃追究企业集团的管控责任；对各级子企业未按规定履行内控体系建设职责、未执行或执行不力，以及瞒报、漏报、谎报或迟报重大风险及内控缺陷事件的，坚决追责问责，层层落实内控体系监督责任，有效防止国有资产流失。

附录5　中央企业合规管理办法

（公开征求意见稿）

国务院国有资产监督管理委员会

2022. 4. 1

第一章　总　则

第一条【立法目的】　为深入贯彻习近平法治思想，落实全面依法治国战略部署，进一步推动中央企业切实加强合规管理，着力打造法治央企，不断提升依法合规经营管理水平，有力保障深化改革、高质量发展，根据《中华人民共和国公司法》、《中华人民共和国企业国有资产法》等有关法律法规，制定本办法。

第二条【适用范围】　本办法所称中央企业，是指国务院国有资产监督管理委员会（以下简称国资委）履行出资人职责的国家出资企业。

第三条【相关概念】　本办法所称合规，是指中央企业及其员工的经营管理行为符合法律法规、党内法规、监管规定、行业准则和国际条约、规则、标准，以及企业章程、规章制度等要求。

本办法所称合规风险，是指中央企业及其员工因不合规行为，引发法律责任、受到相关处罚、造成经济或声誉损失以及其他负面影响的可能性及其后果。

本办法所称合规管理，是指以有效防控合规风险为目的，以提升依法合规经营管理水平为导向，以企业和员工经营管理行为为对象，开展包括制度制定、风险识别处置、合法合规性审查、合规风险应对、合规报告、合规评价、违规责任追究、合规培训等有组织、有计划的管理活动。

第四条【国资委职责】　国资委负责指导监督中央企业合规管理工作，并对合规管理体系建设情况开展评价。

第五条【基本原则】　中央企业应当按照以下原则建立健全合规管理体系：

（一）全面覆盖。坚持将合规要求覆盖生产经营管理各领域各环节，落实到各部门、各级子企业、分支机构和全体员工，贯穿决策、执行、监督全过程。

（二）客观公正。合规管理牵头部门独立履行职责，严格依照法律法规和企业内部规定等对企业和员工行为进行客观评价，坚持统一标准对违规行为进行处理。

（三）专业有效。制定符合监管要求的合规管理制度，建立与企业实际相适应的工作机制，并根据发展需要持续改进完善，不断提升人员队伍专业化水平，确保合规管理发挥实效。

（四）实时精准。通过信息化手段将合规要求全面融入经营管理活动，利用大数据、云计算等对重点领域、关键节点开展实时动态监测，加快提升合规管理数字化、智能化水平。

第二章　组织和职责

第六条【党委（党组）作用】　党委（党组）发挥把方向、管大局、促落实的领导作用，在职责范围内积极推进合规管理工作，保障党中央关于深化法治建设、加强合规管理的重大决策部署在企业得到全面贯彻落实。

第七条【董事会职责】　董事会充分发挥定战略、作决策、防风险职能，履行以下合规管理职责：

（一）审议批准企业合规管理基本制度和体系建设方案等；

（二）研究决定合规管理重大事项，审议批准合规管理年度报告；

（三）根据有关规定和程序，决定聘任或者解聘首席合规官；

（四）决定合规管理牵头部门的设置和职能；

（五）按照权限决定有关违规人员的处理事项；

（六）法律法规、公司章程等规定的其他合规管理职责。

第八条【经理层职责】　经理层切实履行谋经营、抓落实、强管理职能，履行以下合规管理职责：

（一）拟订合规管理体系建设方案，经董事会批准后组织实施；

（二）拟订合规管理基本制度，批准合规管理具体制度、年度计划等；

（三）制定合规管理工作流程，确保合规要求融入业务领域；

（四）及时制止并纠正不合规的经营管理行为，按照权限对违规人员进行责任追究或提出处理建议；

（五）对重大合规风险及时采取应对措施；

（六）指导、监督和评价各部门、各子企业合规管理工作；

（七）提名首席合规官人选；

（八）法律法规、公司章程等规定的其他合规管理职责。

第九条【第一责任人职责】 企业主要负责人作为推进法治建设的第一责任人，应当切实履行依法合规经营重要组织者、推动者和实践者职责，积极推动合规管理各项工作。

第十条【合规委员会职责】 中央企业设立合规委员会，可以与企业法治建设领导小组或风险控制委员会等合署，履行合规管理的组织领导和统筹协调职责，定期召开会议，研究讨论合规管理重点工作，向经理层提出意见和建议。

中央企业可以根据需要设立合规委员会办公室，办公室负责人由首席合规官或合规管理牵头部门负责人担任，相关部门负责人为办公室成员。

第十一条【首席合规官职责】 中央企业设立首席合规官，由总法律顾问担任并对主要负责人负责，履行以下合规管理职责：

（一）参与企业重大经营决策，提出合法合规性审核意见；

（二）领导合规管理牵头部门推进合规管理体系建设；

（三）向董事会、企业主要负责人汇报合规管理重大事项；

（四）指导业务部门合规管理工作，对合规管理职责落实情况提出意见和建议；

（五）指导子企业合规管理工作，对子企业首席合规官的任免、合规管理体系建设情况提出意见；

（六）法律法规、公司章程等规定的其他合规管理职责。

第十二条【业务部门职责】 业务部门是本领域合规管理责任主体，负责日常相关工作，履行“第一道防线”职责：

（一）按照合规要求完善本领域业务管理制度和流程，制定本领域合规管理指引及有关清单；

（二）开展本领域合规风险识别和隐患排查，及时发布合规预警；

（三）对本领域内制度、文件、合同及经营管理行为等进行合法合规性审查；

（四）及时向合规管理牵头部门通报风险事项，组织或配合开展合规风险事件应对处置；

（五）做好本领域合规培训和商业伙伴合规调查等工作；

（六）组织或配合进行本领域合规评估、违规问题调查并及时整改；

（七）向合规管理牵头部门报送本领域合规管理年度计划、工作总结；

（八）公司章程等规定的其他职责。

业务部门应当设置合规管理员，由部门或处室负责人兼任，负责本部门合规风险识别、评估、处置等工作，接受合规管理牵头部门业务指导和培训。

第十三条【牵头部门职责】　合规管理牵头部门组织开展日常工作，履行“第二道防线”职责：

（一）起草合规管理年度计划及工作报告、基本制度和具体制度规定等；

（二）参与企业重大事项合法合规性审查，提出意见和建议；

（三）组织开展合规风险识别和预警，组织做好重大合规风险应对；

（四）组织开展合规评价与考核，督促违规行为整改和持续改进；

（五）指导其他部门和子企业合规管理工作；

（六）受理职责范围内的违规举报，组织或参与对违规事件的调查，并提出处理建议；

（七）组织或协助业务部门、人事部门开展合规培训；

（八）公司章程等规定的其他职责。

合规管理牵头部门应当配备与企业经营规模、业务范围、风险水平相适应的专职人员，持续加强业务培训，不断提升合规管理队伍专业化水平。

境外重要子企业及重点项目应当明确合规管理牵头部门，配备合规管理人员，落实全程参与机制，强化重大决策合法合规性审核把关，切实防控境外合规风险。

第十四条【监督部门职责】 纪检监察机构和审计、巡视等部门在职权范围内履行“第三道防线”职责：

（一）对企业经营管理行为进行监督，为违规行为提出整改意见；

（二）会同合规管理牵头部门、相关业务部门对合规管理工作开展全面检查或专项检查；

（三）对企业和相关部门整改落实情况进行监督检查；

（四）在职责范围内对违规事件进行调查，并结合违规事实、造成损失等追究相关部门和人员责任；

（五）对完善企业合规管理体系提出意见和建议；

（六）公司章程等规定的其他职责。

第十五条【全员合规责任】 全体员工应当熟悉并遵守与本岗位职责相关的法律法规、企业内部制度和合规义务，依法合规履行岗位职责，接受合规培训，对自身行为的合法合规性承担责任。

第三章　制度建设

第十六条【建立制度体系】 中央企业全面梳理本系统内合规管理制度文件，根据适用范围、效力层级等，建立以基本制度、重点领域合规指南、操作手册等为主体的分级分类合规管理制度体系。

第十七条【基本制度】 中央企业应当制定合规管理基本制度，明确合规管理总体目标、机构职责、管理流程、考核监督、奖惩问责等。

涉外业务较多的中央企业可以针对特定业务领域或国别（地区）的合规要求，结合实际需要，制定相应的涉外业务合规管理办法。

第十八条【重点领域制度】 在合规管理基本制度的基础上，针对合规风险较高的业务领域制定专项合规管理指南，强化重点领域合规风险防范。

第十九条【岗位职责清单】 全面梳理各部门岗位合规风险，制定岗位合规职责清单，依据风险水平等进行分级管理，将合规要求纳入岗位职责。

第二十条【制度修订完善】 定期对企业规章制度进行修订完善，结合法律法规修订、政策变化和监管动态等，及时将外部合规要求转化为内部规章制度。

第二十一条【宣贯与执行】 定期组织对规章制度进行宣贯，对执行落实情况进行检查。

第四章　运行机制

第二十二条【合规风险识别预警】 中央企业应当建立合规风险识别预警机制，全面系统梳理经营管理活动中存在的合规风险，建立合规风险库，对风险发生的可能性、影响程度、潜在后果等进行系统分析，对于典型性、普遍性和可能产生较严重后果的风险及时发布预警。

合规管理牵头部门归口管理合规风险库，组织业务部门定期更新完善。

第二十三条【合规风险应对】 完善合规风险应对机制，针对发现的风险制定预案，采取有效措施及时处置。发生重大合规风险事件，合规委员会应当统筹领导，首席合规官牵头，相关部门加强协同配合，采取措施妥善应对，最大限度化解风险、降低损失。

中央企业应当定期完善应急预案，强化日常演练，不断提升重大合规风险应对处置能力。

第二十四条【合法合规性审查机制】 建立健全合法合规性审查机制，将其作为经营管理行为的必经前置程序。业务部门加强对本领域日常经营管理行为的审核把关，合规管理牵头部门加大对规章制度制定、重大决策事项、重要合同签订、重大项目运营等合法合规性审查力度，必要时可以对业务部门审核结果进行复审，对严重违反法律法规或企业规章制度的一票否决。

中央企业应当建立健全合法合规性审查后评估机制，及时掌握审查意见采纳情况，不断提升工作质量。

第二十五条【问题整改】 对合规风险应对及合法合规性审查中暴露的问题及时进行整改，通过健全制度机制、优化业务流程等方式，堵塞管理漏洞，形成长效机制。定期对合规整改情况进行检查，根据需要将其纳入对部门及子企业的考核。

第二十六条【合规举报】 健全合规举报制度，设立违规举报平台，对外公布首席合规官及职责、举报电话、邮箱和信箱。合规管理牵头部门按照职责受理违规举报，并就举报问题进行调查和处理，涉嫌违纪违法的，及时移交相关纪检监察机构处理。

进行调查的部门和相关人员应当对举报人的身份和举报事项严格保密，任何单位和个人不得采取任何形式对举报人进行打击报复。

第二十七条【合规报告】 完善合规报告制度，发生合规风险事件，合规管理牵头部门和相关部门应当第一时间向首席合规官报告，重大合规风险事件应当在7个工作日内向国资委和有关部门报告，后续有关进展和处置情况要及时报告。

合规管理牵头部门于每年年底全面总结合规管理工作情况，年度报告经董事会审议通过后及时报送国资委。

第二十八条【协同机制】 中央企业应当结合实际，积极探索构建法治框架下合规管理与法律、内部控制、风险管理的协同运作机制，加强统筹协调，提高管理效能。

第二十九条【经费保障】 中央企业应当将合规管理体系建设经费纳入预算，保障相关工作有序开展。

第五章 评价与追责

第三十条【合规评价】 建立合规管理评价机制，合规管理牵头部门定期对合规管理体系运行情况进行全面评价，针对重点业务合规情况可以适时开展专项评价，对合规风险和违规问题组织整改。

第三十一条【纳入考核】 将合规管理情况作为法治建设重要内容，纳入对各部门和子企业负责人的年度综合考核，细化评价指标。强化考核结果运用，将合规职责履行情况作为员工考核、干部任用、评优评先等工作的重要依据。

第三十二条【违规行为记录制度】 建立个人违规行为记录制度，根据行为性质、发生次数、危害程度等，将其作为个人年度考评、评优评先的依据。

第三十三条【违规追责】 完善违规行为追责问责机制，进一步明确违规责任范围，细化惩处标准，针对反映的问题和线索，及时开展调查，